二十一世纪"双一流"建设系列精品规划教材

新编预算会计

（第二版）

主　编　罗绍德　邬励军

西南财经大学出版社

中国·成都

图书在版编目(CIP)数据

新编预算会计/罗绍德,邬励军主编. —2 版.—成都:西南财经大学出版社,2019.9

ISBN 978-7-5504-4090-6

Ⅰ.①新… Ⅱ.①罗…②邬… Ⅲ.①预算会计 Ⅳ.①F810.6

中国版本图书馆 CIP 数据核字(2019)第 170796 号

新编预算会计(第二版)

主编 罗绍德 邬励军

责任编辑:李晓嵩

责任校对:杜显钰

封面设计:墨创文化 张姗姗

责任印制:朱曼丽

出版发行	西南财经大学出版社(四川省成都市光华村街 55 号)
网 址	http://www.bookcj.com
电子邮件	bookcj@foxmail.com
邮政编码	610074
电 话	028-87353785
照 排	四川胜翔数码印务设计有限公司
印 刷	四川五洲彩印有限责任公司
成品尺寸	185mm×260mm
印 张	23
字 数	589 千字
版 次	2019 年 9 月第 2 版
印 次	2019 年 9 月第 1 次印刷
印 数	1— 2000 册
书 号	ISBN 978-7-5504-4090-6
定 价	49.80 元

总　序

从经济学的角度看，会计是服务于经济管理的信息系统。经济越发达，经济结构、经济运行机制也越复杂，作为为经济管理服务的会计也就越重要；反过来，会计的发展也会制约或促进经济的发展。

自1978年实行改革开放政策以来，我国的经济发展已深刻地影响和改变了我国的会计环境。会计环境的变化，使得会计所起的作用发生了根本性的变化。为适应经济改革的需要，我国于1992年首次出台了《企业会计准则》，并于1993年7月1日起正式施行。2006年，我国财政部制定了38项具体会计准则。2014—2018年，财政部又修订了多项准则，并新发布了4项具体会计准则，合计42项具体会计准则。与此同时，我国于2017年11月4日第三次修订了《中华人民共和国会计法》（以下简称《会计法》），于2018年10月26日第四次修订《中华人民共和国公司法》。自2016年5月1日起，我国全面推开营业税改征增值税试点工作。会计改革进程的加快，必将促进会计学科教育的改革。因此，会计教学必须及时调整会计学科体系，更新会计教材的内容，以保证会计理论与会计实务能够有机结合，适应改革形势的需要。

教材规定了教学的基本内容，是教师授课取材之源，也是学生求取真知之本。教材的优劣直接关系教学质量的好坏。不关注教学内容的及时补充和修改，不提供高质量的教学课本，是不可能提高教学质量的。因此，为学生提供一套高水平的会计学教材，对于提高会计教学质量有着十分重要的意义。

本系列教材立足于会计学学科，内容涵盖整个会计学学科体系的主干课程和相关的选修课程。本套会计系列教材主要有《初级财务会计学》《中级财务会计》《高级财务会计》《成本会计学》《新编管理会计学》《新编金融企业会计》《新编预算会计》以及相关学科的教材。为保证本套系列教材的时效性和实用性，编者将根据我国会计改革的进程，定期进行修订。

本系列教材由暨南大学管理学院会计系罗绍德教授组织编写。参加编写的作者均多年从事会计教学和科研工作，具有丰富的会计教学经验和扎实的会计理论基础。编写者认真分析研究了全国各院校的会计系列教材，充分了解了各教材在使用中存在的优点和不足，并结合个人的教学经验和科研成果，在此基础上通力合作编写出这一套高质量的通用会计系列教材，奉献给广大读者。

目前，随着我国经济的进一步发展，上市公司大量出现，资本市场逐步兴旺，从某种意义上说，我们正处在一个人人都需要学习和运用一些会计知识的新时代。愿各类读者朋友能从我们这套系列教材中各取所需，获得收益；愿本系列教材的出版能为我们这个时代的进步做出一定的贡献。

罗绍德

2019 年 8 月于暨南大学

第二版前言

近年来，我国预算会计发生了较大的变化。随着我国财政、预算、国库等制度的改革，预算会计改革也在不断地向前推进。其主要表现有：部门预算的改革、国库单一账户制度的实行、政府采购制度的全面推广、政府收支科目分类改革的实施以及行政事业单位新的会计准则和会计制度的出台。财政部陆续发布了《政府会计准则——基本准则》（2015年）、政府会计准则第1~7号和《政府会计制度——行政事业单位会计科目和报表》（2017年），还有一些准则正在制定当中。所有这些都对预算会计的管理和会计核算提出了新的要求。鉴于此，我们根据财政部近年推出的改革方案和新政策重新修订了此书，便于读者更系统、及时地掌握和了解预算会计管理与核算的新要求和新变化。

本书依据我国现行的《财政总预算会计制度》（2015年）、《政府会计准则——基本准则》（2015年）、《政府会计准则第1号——存货》（2016年）、《政府会计准则第2号——投资》（2016年）、《政府会计准则第3号——固定资产》（2016年）、《政府会计准则第4号——无形资产》（2016年）、《政府会计准则第5号——公共基础设施》（2017年）、《政府会计准则第6号——政府储备物资》（2017年）和《政府会计制度——行政事业单位会计科目和报表》（2017年）等，以及营业税改征增值税等财税改革政策规定，紧密结合我国预算管理体制的变化与发展，全面反映了预算会计最新的理论与实务。同时，本书系统地介绍了国库集中收付制度、新的政府收支会计科目和行政事业单位的最新会计准则与制度及核算方法。另外，本书也十分注重实际操作，每章都有大量的例题，在章后还附有本章的思考题、练习题，方便读者及时复习与巩固，从而进行深入思考。本书新颖实用，内容全面系统，结构层次分明，不仅适合各本科院校会计专业和财税专业的学生作为教材使用，也是广大行政事业单位财会人员进行继续教育与自学的良师益友。

本书共分为四篇。第一篇是导论，介绍了预算会计的基本理论及其核算方法；第二篇是财政总预算会计，介绍了财政总预算的资产、负债、净资产、收入、支出的会计核算与财政总预算的会计报告；第三篇是行政单位会计，介绍了行政单位的资产、负债、净资产、收入、支出的会计核算与行政单位的会计报告；第四篇是事业单位会计，介绍了事业单位的资产、负债、净资产、收入、支出的会计核算与事业单位的会计报告。

本书由暨南大学管理学院会计系罗绍德、邬励军主编。邬励军副教授编写了第一篇、第四篇；罗绍德教授编写了第二篇、第三篇。周芳、甘芳萍、李旭艳、何敏燕为本书的编写做了大量的工作，在此表示感谢。在编写本书的过程中，我们参阅了行政事业单位会计准则、会计制度相关说明和指南，还参考了大量相关预算会计的资料，并从中吸取了许多精华和有价值的东西，在此表示感谢。本书配有丰富的教学资源，请关注西南财经大学出版社教学服务平台公众号索取相关教学资源。

由于我们的水平有限，加上时间也较为仓促，书中可能存在不足，恳请读者批评指正！

罗绍德

2019 年 8 月于暨南大学

目　录

第一篇　导　论

第二篇　财政总预算会计

第三篇 行政单位会计

第四篇　事业单位会计

第一篇
导　论

随着我国社会主义经济体制改革的不断深入，整个会计体系发生了极其深刻的变化，作为会计的重要分支，预算会计在反映与监督政府、行政单位和事业单位资金活动方面，发挥着越来越重要的作用。

第一章

预算会计的基本理论

预算会计是我国两大类会计体系之一，是整个会计学科体系的重要组成部分。学习预算会计，应从基本理论和方法开始。

通过本章的学习，应该掌握以下内容：

- 预算会计的概念及特点
- 预算会计的组成体系
- 预算会计的目标、核算前提和一般原则
- 预算会计的核算对象和会计要素
- 国库集中收付制度

第一节　预算会计的概念及特点

一、预算会计的概念

（一）预算会计的形成

会计按其适用范围和核算对象可分为两大类：企业会计体系和预算会计体系。

企业会计反映和监督社会再生产过程中属于生产、流通领域中的各类企业经营资金的活动。这类企业的主要特征是以营利为目的。它们基本上属于物质生产部门，通过从事各项生产经营活动，向社会提供各种必需的生产资料和生活资料，由此而推动整个社会的经济发展。企业会计体系主要包括工业、商业、交通、农业、金融、旅游、邮电、房地产等企业会计。

预算会计反映和监督中央与地方各级政府的财政资金以及行政事业单位的业务资金活动。预算会计体系主要包括财政总预算会计、行政单位会计和国有事业单位会计等。政府、行政单位和事业单位都属于非物质生产部门，它们不直接提供物质产品，而是通过各种专业业务活动，向社会生产和人民生活提供服务，在社会再生产过程中同样起着不可忽视的作用。

政府财政机关是各级政府负责组织国家财政收支、办理政府预算决算的工作部门，它执行财政总预算会计，并以各级政府为会计主体，对各级政府的各项财政收支进行管理和核算。

行政单位是指管理国家事务、组织经济建设和文化建设、维护社会公共秩序的国家机关及其派出机构，包括国家立法机关、行政机关、司法机关。各党派和社会各团体不属于行政单位，但在预算管理和会计核算上比照行政单位处理。行政单位会计以单位为会计主体，对本单位的各项财务收支进行管理和核算。

事业单位也称公立非营利组织，是指不具有物质产品生产和国家事务管理职能，主要以精神产品和各种劳务形式，向社会提供生产性或生活性服务的单位。国有事业单位包括科学、教育、文艺、广播电视、信息服务、卫生、体育等科学文化事业单位；气象、水利、地震、环保等公益事业单位；儿童福利院、养老院等社会福利救济事业单位。事业单位会计也是以单位为会计主体，对事业单位的各项财务收支进行管理和核算。对于事业单位所属的经济实体，则适用于企业会计。

上述非物质生产部门虽然不直接创造物质财富，但对于整个社会再生产起着基础、先行的作用，是整个国民经济不可缺少的组成部分。通过预算会计的核算，可以反映和监督政府预算资金的集中、分配、使用和结果的全过程，反映和监督政府预算执行的实际效果，为政府预算管理提供有效的信息。

（二）政府预算及其构成

什么是政府预算？政府预算是指经法定程序批准的政府年度公共财政收支计划。预算指的是"事先、预先的计划或打算"，特别是指资金收支方面，政府预算则是指政府的资金筹集、使用计划及相关的一系列制度，具有法制性的根本特性。我国政府预算体系由中央政府预算和地方政府预算组成，并分别由中央和地方人民代表大会按法定程序审批。

我国各级政府为了执行其职能，按照国家法规将国民收入有计划地集中起来，形成政府预算收入。这一收入反映着国民经济的发展规模、积累水平和国家财力。各级政府根据其施政方针以及国民经济和社会发展规划，把集中起来的预算资金统筹兼顾进行有计划的再分配，形成政府预算支出。这一支出则体现了社会再生产的规模、建设及国民经济各部门的发展。通过政府预算的编制，就可以有计划地组织收入和合理地安排支出，贯彻国家的各项方针政策，保证各项工作的完成。

政府预算的编制只是政府预算管理的起点。政府预算收支项目和数字，只反映了政府筹集和分配预算资金的客观可能性。要真正实现这一可能性，就必须加强预算执行和管理工作。为了反映和监督政府预算收入的实现和预算支出的使用，需借助于会计这一有效工具，因而形成了预算会计。

综上所述，预算会计是以预算管理为中心的宏观管理信息系统和管理手段，是核算、反映和监督中央与地方各级政府以及行政事业单位收支预算执行情况的一种专业会计。预算会计与其他会计一样都是以货币为主要计量单位，对会计主体的经济业务，采用专门的会计方法，进行连续、系统、完整的反映和监督。

二、预算会计的特点

预算会计的特点主要是与企业会计相比较而言的。政府、行政单位和事业单位等的性质、任务和资金运动方式与企业不同，不仅核算的对象、任务不同，而且核算的内容、方法也有很大的差别。

企业会计反映和监督的内容是社会再生产过程中生产、流通领域企业经营资金的运动及其结果。企业会计的主要特点是核算费用成本，计算经营盈亏，会计核算以经营盈亏核算为中心。

预算会计反映和监督的内容则是社会再生产过程中分配领域里的政府预算资金运作及其结果。政府、行政单位和事业单位等预算单位主要完成行政事业的业务工作，其业务目标在于谋求最广泛的社会效益。其资金来源除事业单位有程度不同的市场业务收入以外，大部分是直接或间接来自纳税人及其他出资者，并在此条件下力求做到收支相抵。因此，预算会计的主要特点是核算业务收支，计算收支余超，会计核算以收支结余核算为中心。

具体来说，预算会计的特点可表现在以下几个方面：

（一）具有公共性、非营利性和财政性

预算会计是以预算管理为中心的，以经济和社会事业发展为目的，适用于各级政府和各类行政、事业单位的会计。因此，公共性、非营利性和财政性是预算会计的典型特征。所谓公共性，是指预算会计主体（政府和行政、事业单位）属于公共部门，以实现公共职能为目的，以公共资金为核算对象，以公共义务为核算依据，以公共业务成果为主要考核指标。这些特征是一般企业会计所不具有的。所谓非营利性，就是预算会计主体不以营利为目的。行政、事业单位的公共性，决定财政部门必须在经费上予以保证，而财政的拨款或补助收入，是不要求回报也不可能有回报的。行政、事业单位开展经济业务活动，使用财政资金，主要讲求社会效益，而不是追求经济效益。因此，不论事业单位以何种方式进入市场，其经济活动的非营利性并没有改变。这也是企业会计主体所不具有的。所谓财政性，是指预算会计与国家财政存在着密不可分的联系。第一，预算会计是政府预算管理的基础，它本身就是政府预算管理工作的一部分。第二，各单位会计虽然都是独立的会计主体，但都必须遵守财政政策和财政纪律，既有自主性的一面，又有统一性的一面，两者是相辅相成的。第三，预算会计所管理和核算的主要是财政拨付的预算资金和政府凭借权力收取的各种财政性资金。第四，预算会计的指标体系要与《政府收支分类科目》相一致，以反映政府预算的执行情况。预算会计的收支必须按《政府收支分类科目》设置明细科目核算。所有这些，更是一般企业会计所不具有的。

（二）不进行盈亏核算，但资金的使用具有限制性

企业会计必须按照经济核算的原则，进行成本核算，确定企业盈亏。预算会计不以营利为目的，并且在预算年度发生的收入和支出一般并无直接的配比关系，其收支差额不反映经营成果，只反映资金使用的余缺，因此不核算成本、不计算盈亏。在某些事业单位中，为了考核经济效益、促进增收节支、改善事业管理，也可以进行成本核算，如科研课题成本核算、医疗成本核算、出版成本核算等。但是，财政资金的使用具有严格的用途，不得挪作他用。

（三）政府会计由财务会计和预算会计构成

财务会计应当采用权责发生制；预算会计一般采用收付实现制，实行权责发生制的特定事项应当符合相关规定。事业单位会计一般采用收付实现制，但部分经济业务或者事项的核算应当按照规定采用权责发生制。

在预算会计中，从预算的角度出发，为了如实反映当期预算收入和预算支出的货币金额，平衡当期的货币收支，政府预算会计主要采用收付实现制的会计基础。对于某些应收、应付业务，可设置暂收、暂付、应缴等科目，行政单位会计还可以设置计提折旧科目。由于事业单位的种类繁多、资金来源多渠道，可根据情况进行选择。对于需要成本核算的事业单位，为了对收入、支出进行配比核算，考核业务成果，可采用权责发生制。对于一般事业单位则可主要选择收付实现制，个别业务选择权责发生制。

第二节　预算会计的组成体系

一、预算会计体系的构成

我国预算会计体系是为政府预算管理服务的，政府预算体系决定了预算会计体系的群体构成。我国政府预算体系是根据国家政权结构、行政区域划分和财政管理体制而确定的预算级次和预算单位按一定的方式组合成的统一整体。政府预算按照预算收支管理范围，分为总预算和部门预算。为实现事权与财政的统一，我国各预算级次的设置与政权体系的层次基本对应，实行一级政府一级预算，设立中央、省（自治区、直辖市）、市（自治州）、县（自治县、市）、乡（民族乡、镇）五级预算。

总预算由中央预算和地方预算组成。中央总预算，即中央政府预算，主要承担国家的安全、外交和中央国家机关运转所需的经费，调整国民经济结构、协调地区发展、实施宏观调控的支出以及由中央直接管理的事业发展支出。地方各级总预算由本级政府预算和下一级政府总预算组成，地方预算担负着地方行政管理和经济建设、文化教育、卫生以及抚恤等支出，特别是支持农村经济的发展。我国政府预算收入绝大部分来自地方预算，政府预算支出也相当大部分通过地方预算实现，地方预算在政府预算中占有重要地位。部门预算是指纳入地方总预算的国家机关、事业单位和其他单位的收支计划，是政府预算的基本组成部分。各部门预算由本部门及其所属各单位预算组成。

根据我国政府预算体系的组成及分类，由财政总预算会计反映和监督中央预算和地方预算的执行情况；由行政单位会计和事业单位会计分别反映和监督单位预算的执行情况。在组织各级总预算和部门预算的执行中，除了前述三个会计外，还需要其他一些部门参与。财政资金的收入、拨出和留解，是由中国人民银行代理的国库经办的，由此形成国库会计；税务机关、海关负责征收税收收入，由此形成收入征解会计；国家基建拨款由专门银行负责，由此形成基建拨款会计。这一预算会计体系是我国在市场经济发展过程中，总结并继承多年来的会计管理经验而形成规范的预算会计模式和运行机制，对于保护国家公共财产的安全完整和强化政府预算管理具有重要作用。

二、预算会计的分级

（一）财政总预算会计的分级

我国的政府预算是按照统一领导、分级管理原则进行的，每一级政府设立一级总预算，每一级总预算都设置相应的总预算会计。由此，我国的五级政府预算都设立总预算会计，即财政部设立中央财政总预算会计；省级（包括自治区、直辖市）的财政厅（局）设立省级财政总预算会计；市（地、州）财政局设立市级财政总预算会计；县（市）财政局设立县级财政总预算会计；乡（镇）财政所设立乡级财政总预算会计。

各级总预算会计不仅要做好自身的会计核算、反映和监督工作，还要负责组织和指导本地区的整个预算会计工作，指导下级总预算工作，保证政府预算工作的顺利完成。

（二）行政、事业单位会计的分级

我国的行政、事业单位按照现行的管理体制、预算拨款关系和单位财务收支计划的编制程序，可分为以下三级会计组织系统：

（1）主管会计单位，简称主管单位。与同级财政部门直接发生经费领拨关系或建立财务关系，并有所属会计单位的，为主管会计单位。

（2）二级会计单位，简称二级单位。与主管会计单位或上级会计单位发生经费领拨关系、财务收支计划与会计决算审批关系，并有所属会计单位的，为二级会计单位。二级会计单位下面没有所属会计单位的视同基层会计单位。

（3）三级会计单位，也称基层会计单位。与主管会计单位或二级会计单位直接发生经费领拨关系、财务收支计划与会计决算审批关系，下面没有附属会计单位的为三级会计单位。

以上的会计单位，都应建立独立的单位预算，实行完善的会计核算制度。不具备独立核算条件的，实行单据报账制度，作为"报账单位"管理。

三、预算会计组成体系中各部分的联系

（一）总预算会计、行政单位会计和事业单位会计的联系

总预算会计、行政单位会计和事业单位会计都是参与政府预算执行的主要部门，三者之间有着直接的联系，主要表现如下：

1. 单位财务收支是同级政府预算的重要组成部分

政府预算核拨的行政、事业经费和从财政专户核拨的非税收入资金，是同级行政、事业单位收入的主要来源之一。单位会计与财政总预算会计相互配合，共同为促进社会事业发展，加强政权建设服务。

2. 在缴拨款上有着直接的联系

单位应上缴财政的收入，要按规定缴入国家金库，应上缴的非税资金，要按时缴入同级财政专户。而各级财政应拨付的行政事业经费和从财政专户核拨的非税资金，要按计划及时拨给主管部门和单位。上述缴款、拨款手续，均应通过各级财政总预算会计和单位会计办理。

3. 会计报表是联系的桥梁

各单位在预算执行过程中，平时要向主管部门和同级财政部门报送月报或季报，年终要报送年报。同级财政总预算会计要对各单位或主管部门的月报、季报、年报进行审核，并据以编制预算执行月报、季报和财政决算报表。

4. 总预算会计负有对单位会计的管理和监督责任

行政、事业单位作为会计主体，具有一定的自主权，但必须接受同级财政总预算会计的管理与监督，执行本级财政部门提出的检查意见。各级财政总预算会计也要加强单位会计的工作指导，提高单位会计的管理水平。

（二）财政总预算会计和收入征解会计、国库会计的联系

财政总预算会计和收入征解会计、国库会计同属预算会计体系，是核算、反映和监督各级财政预算执行情况的专业会计，是财政预算管理的重要基础工作。在政府预算执行中，它们的共同目的是为圆满完成中央预算和地方预算服务。其中，财政总预算会计是主要核算、反映和监督本级财政预算资金集中和分配的职能机构，掌握本级财政预算收支的全面情况和结果，处于综合的地位。收入征解会计是核算、反映和监督中央预算和地方预算中各级税收征管、缴库过程资金运动的职能机构，负责核算各项税收的组织、实现与缴纳，处于专业的地位。国库会计是办理各级预算收支缴拨的机关，一切预

算收入均由国库收纳，一切支出均由国库拨付，处于重要的出纳地位。

从整个会计核算程序来看，财、税、库三者的联系非常密切。例如，收入征解会计的缴款书由国库收纳后，既是税务部门的实际入库凭证，又是国库入库的原始凭证，同时也是财政总预算会计收入记账的原始凭证。收入征解会计的"实际缴库款"同各级国库的实际入库数以及财政总预算会计相应的预算收入数应当是一致的，尤其是在年终清理时。在财、税、库的对账工作中，国库起着重要作用。各级国库每日应向各级征收机关报送预算收入日报表，同时也向财政总预算会计报送预算收入日报表。财政总预算会计凭国库编制的预算收入日报表记录预算收入明细账和总账，同时根据财政库存日报表核对预算支出拨款及库存余额。财政总预算会计的预算收入、预算支出和国库存款数与国库会计的收入、支出和库款余额应当保持一致。

第三节 预算会计的基本理论

预算会计的基本理论以目标为先导、在确定核算前提和核算原则的基础上，规定会计要素的基本内容，运用具体的核算程序和方法。

一、预算会计的目标

会计目标是指会计的目的或宗旨，是会计人员在一定时期内和一定条件下从事会计实践活动所追求和希望达到的预期结果。会计目标是连接会计理论与会计实践的纽带和桥梁。会计目标可分为基本目标和直接目标。现代会计作为一个经济信息系统，其基本目标是提供符合客观实际的会计信息。因此，会计目标是会计理论结构的最高层次，并指导会计准则的制定和会计业务的处理。

同样，预算会计应在会计基本目标的确定下，明确自身的直接目标。从预算会计的宗旨来看，其直接目标就是通过编制会计报表、分析财政和财务收支执行情况、实行会计监督，向各级政府、单位主管部门、社会公众和广大纳税人提供预算会计信息，让其了解政府财政资金的使用和效益。围绕此目标而制定的核算前提、一般原则、核算程序和核算方法才能体现预算会计的要求和内容。

二、预算会计的核算前提

会计前提又称会计假设，是指组织会计核算工作必须具备的前提条件。进一步说，这些前提都是人们在长期的会计实践中多次实行过，虽尚未形成具体的原则和理论，但已是人们在处理会计工作时习惯通行的做法。这是人们对会计领域中尚未肯定的事项所进行的合乎情理的设想，是进行正常会计工作的基本前提和制约条件，也是会计理论的基础。预算会计前提包括：会计主体、持续运行、会计分期和货币计量。

（一）会计主体

会计主体是指预算会计工作特定的空间范围，也就是应当对其自身发生的经济业务或者事项进行会计核算。预算会计主体应为各级政府和各类行政、事业单位。财政总预算会计的主体是各级政府而不是财政机关，因为财政总算各项收支的安排、使用，是国家各级政府的职权范围，财政机关只是代表政府执行预算、管理财政收支。行政、事业单位的会计主体，是指会计为之服务的单位，这一单位在经济上是独立的或相对独立的，不能把单位会计主体视作财政总预算会计的附属，忽视其独立的主体地位。

（二）持续运行

持续运行是指各会计主体的会计核算应当以各项经济业务活动持续正常地进行为前提。只有在这一前提下，预算会计处理才能按照正常的会计核算程序和方法进行，账面价值合理地进行计算，单位的债权债务才能得到合理的清偿。

（三）会计分期

会计分期是指会计核算应当划分会计期间，分期结算账目和编制财务报告。会计期间至少分为年度和月度。会计年度、月度等会计期间的起讫日期采用公历日期。

（四）货币计量

货币计量是指政府与行政、事业单位的会计核算以人民币作为记账本位币。发生外币业务时，应当将有关外币金额折算为人民币金额计量，同时登记外币金额。编制会计报表时，也应按照编报日的人民币外汇汇率折算为人民币反映。货币计量是会计的基本特征。同时，还要假设币值是相对稳定的。

三、预算会计的一般原则

会计的一般原则是对会计核算提供信息的基本要求，是处理具体会计业务的基本依据。会计原则既是会计理论的概括，又是会计实践经验的总结。会计原则在会计准则中居于主导地位，指导着会计要素准则的制定和会计方法的选择，因此也就成为衡量会计信息质量的重要标准。预算会计核算原则有以下8项，并划分为两大类：一类是会计信息质量要求；另一类是会计确认和计量要求。

（一）会计信息质量要求

会计信息质量要求是衡量信息质量的标准或控制信息质量的要求。这是对会计信息的最基本要求，对所有会计都是适用的。属于会计信息质量要求的核算原则如下：

1. 客观性

客观性也称可靠性，是指政府与事业单位的会计核算应当以实际发生的经济业务或者事项为依据进行会计核算，每项经济业务必须取得或填制合法的书面凭证，做到明了可靠、内容真实、数字准确、手续完备，如实反映各项会计要素的情况和结果，保证会计信息真实可靠。

2. 全面性

全面性是指政府与事业单位应当将发生的各项经济业务或者事项统一纳入会计核算，确保会计信息能够全面反映政府及事业单位的财务状况、运行情况、现金流量和预算执行情况等。

3. 及时性

及时性是指政府与事业单位对已经发生的经济业务或者事项，应当及时进行会计核算，不得提前或者延后，以发挥会计信息的效应。失去时效的会计信息，便成了历史材料，不能对决策有用。

4. 可比性

可比性是指政府与事业单位提供的会计信息应当具有可比性。

同一政府与事业单位不同时期发生的相同或者相似的经济业务或者事项，应当采用一致的会计政策，不得随意变更。确需变更的，应当将变更的内容、理由和对财务状况及运行情况的影响在附注中予以说明。

不同政府与事业单位发生的相同或者相似的经济业务或者事项，应当采用一致的会计政策，确保同类会计信息口径一致，相互可比。

5. 清晰性

清晰性也称可理解性，是指政府与事业单位提供的会计信息应当清晰明了，数字和文字说明一目了然，简明、清晰，便于财务报告使用者理解和使用。

（二）对会计确认和计量要求的原则

会计确认和计量要求是对会计信息处理方法和程序的要求，规定了对会计要素确认和计量的基本原则，实际上也是规范财务报告列示的原则。

1. 收付实现制和权责发生制原则

具体来说，行政、事业单位会计核算一般采用收付实现制，部分经济业务或者事项可采用权责发生制；政府的财务会计采用权责发生制。不同的会计主体实行不一样的记账基础，而且在执行中还可能有程度上的差别，这是预算会计一般原则方面的重要特征。

2. 专款专用原则

专款专用原则是指对国家预算拨款和其他指定用途的资金，应当按规定的用途使用，不能擅自改变用途，挪作他用。这也是预算会计一般原则方面的重要特征。

3. 历史成本原则

历史成本原则是指各项财产物资应当按取得或购进时的实际成本计价，当市场价格发生变化时，除国家另有规定外，不得自行调整账面价值。

四、预算会计的核算对象

一般来说，会计核算对象是指会计所反映、监督的内容。预算会计核算的对象应是政府预算的执行情况。由于各级政府以及各类行政、事业单位的业务活动和收支范围不尽相同，财政总预算会计、行政单位会计和事业单位会计的对象也就存在一定的差异，必须分别加以研究。

各级政府为了实现宪法赋予的使命，保障经济和社会的健康发展，要有计划地集中一部分国民收入，按照国家的施政方针以及国民经济和社会发展计划进行再分配。来自各种类型企业和经济组织的税收、政府性基金预算收入、国有资本经营预算收入和社会保险基金预算收入，形成了政府预算收入。国家集中的各种收入，通过预算拨款和经费使用的方式，有计划地分配给企业、机关、事业和行政单位，并按照规定的用途用于经济建设、发展社会文化事业、支付国家军政费用等，形成了政府预算支出。尚未分配使用的资金和每年预算执行的结果，则形成收支结余。因此，财政总预算会计的对象，就是在执行总预算过程中各级政府财政资金的集中、分配及其结果。

行政单位为了行使政府职能、执行国家机关的工作任务，需要向财政部门或上级部门领拨经费，形成单位的收入。行政单位将这些经费按规定用于有关的人员经费和公用经费方面，形成单位的支出。尚未使用部分则是行政单位的收支结余。因此，行政单位会计的对象，就是在执行单位预算过程中各级行政单位财政资金领拨、使用及其结果。

国有事业单位的业务活动多种多样，资金来源有自身的业务收入、政府拨款、有关机构拨款以及通过市场取得的收入，由此形成单位的资金收入。事业单位为了开展业务活动，需要购置设备和材料物资、支付有关费用，由此形成单位的资金支出。收支相抵后，即表现为事业单位的收支结余。因此，事业单位会计的对象，就是国有事业单位各类业务资金的取得、使用及其结果。

由此可知，预算会计的对象，既包括各级政府财政资金的集中和分配，也包括行政单位财政资金和事业单位业务资金的取得和运用。预算会计既反映非物质生产部门的财政资金、业务资金的活动，也反映了物质生产部门的缴款以及对经济建设和经营单位的拨款。因此，资金来源和用途的广泛性、资金活动不具有完全的周转性，是预算会计对象的特点。

第四节　国库集中收付制度

国库集中收付制度是指以国库单一账户体系为基础，将所有财政性资金都纳入国库单一账户体系管理，收入直接缴入国库和财政专户，支出通过国库单一账户体系直接支付到商品和劳务供应者或用款单位的一项国库管理制度。这一制度的本质在于实现两个"直达"，即"收入直缴，支出直拨"。通过这两个"直达"，对财政收入直接缴入国库和财政支出以预算分配、资金拨付、资金使用、银行清算以及财政资金到达商品和劳务提供者的整个过程实施有效的监控。

实行国库集中收付制度，改革了以往财政资金主要通过征收机关和预算单位设立多重账户分散进行缴库和拨付的方式，有利于财政性资金按规定程序在国库单一账户体系内规范运作，有利于收入缴库和支出拨付过程的有效监管，有利于预算单位用款及时，解决了财政性资金截留、挤占、挪用等问题。

一、国库单一账户体系

（一）国库单一账户体系的构成

国库单一账户体系由下列银行账户构成：

（1）财政部门在中国人民银行开设的国库单一账户（简称国库单一账户）。

（2）财政部门在商业银行开设的零余额账户（简称财政部门零余额账户）。

（3）财政部门在商业银行为预算单位开设的零余额账户（简称预算单位零余额账户）。

（4）财政部门在商业银行开设的财政专户。

（5）经国务院或国务院授权财政部批准为预算单位在商业银行开设的特殊专户（简称特设专户）。

（二）各账户的功能

1. 国库单一账户

国库单一账户用于记录、核算、反映财政预算资金和纳入预算管理的政府性基金的收入和支出。代理银行应当按日将支付的财政预算内资金和纳入预算管理的政府性基金与国库单一账户进行清算。国库单一账户在财政总预算会计中使用，行政单位和事业单位会计中不设置该账户。

2. 财政部门零余额账户

财政部门零余额账户用于财政直接支付和与国库单一账户清算。该账户每日发生的支付，于当日营业终了前与国库单一账户清算；营业中单笔支付额 5 000 万元人民币以上（含 5 000 万元）的，应当及时与国库单一账户清算。财政部门零余额账户在财政总预算会计和国库会计中使用，行政单位和事业单位会计中不设置该账户。

3. 预算单位零余额账户

预算单位零余额账户用于财政授权支付和清算。该账户每日发生的支付，于当日营业终了前，由代理银行在财政部门批准的用款额度内与国库单一账户清算；营业中单笔支付额在 5 000 万元人民币以上（含 5 000 万元）的，应及时与国库单一账户清算。预算单位零余额账户可以办理转账、提取现金等结算业务，可以向本单位按账户管理规定保留的相应账户划拨工会经费、住房公积金及提租补贴以及经财政部门批准的特殊款项，不得违反规定向本单位其他账户和上级主管单位、所属下级单位账户划拨资金。预算单位零余额账户在行政单位和事业单位会计中设置和使用。

4. 财政专户

财政专户用于记录、核算和反映非税资金的收入和支出活动，并用于非税资金日常收支清算。

5. 特设专户

特设专户用于记录、核算和反映预算单位的特殊专项支出活动，并用于与国库单一账户清算。特设专户在按规定申请设置特设专户的预算单位中使用。

（三）国库集中收付制度中各部门的职责

财政部门是持有和管理国库单一账户体系的职能部门，任何单位不得擅自设立、变更或撤销国库单一账户体系中的各类银行账户。中国人民银行按照有关规定，对国库单一账户和代理银行进行管理和监督。这里所指的代理银行，是指由财政部门确定的、具体办理财政性资金支付业务的商业银行。

预算单位使用财政资金，应当按照规定的程序和要求，向财政部门提出设立零余额账户、特设专户等银行账户的申请，财政部门审核同意后，书面通知代理银行，为预算单位开设预算单位零余额账户。一个基层预算单位开设一个预算单位零余额账户。凡是需要开设特设专户的预算单位，需经财政部审核并报国务院批准或经国务院授权财政部批准后，由财政部在代理银行为预算单位开设。

二、收入的收缴程序

财政收入的收缴分为直接缴库和集中汇缴两种方式，并形成相应的缴款程序。

（一）直接缴库程序

直接缴库的税收收入，由纳税人或税务代理人提出纳税申报，经征收机关审核无误后，由纳税人通过开户银行将税款缴入国库单一账户。直接缴库的其他收入，比照上述程序缴入国库单一账户或财政专户。

（二）集中汇缴程序

小额零散税收和法律另有规定的应缴收入，由征收机关于收缴收入的当日汇总缴入国库单一账户。非税收入中的现金缴款，比照本程序缴入国库单一账户或财政专户。

三、支出的拨付程序

（一）支出的类型及方式

按照国库管理办法的规定，财政支出总体上分为购买性支出和转移性支出。根据支付管理需要，具体分为工资支出、购买支出、零星支出、转移支出等。其中，工资支出是指预算单位的工资性支出。购买支出是指预算单位除工资支出、零星支出之外购买服务、货物、工程项目等支出。零星支出是指预算单位购买支出中的日常小额部分，除"政府采购品目分类表"所列品目以外的支出，或虽列入"政府采购品目分类表"所列品目，但未达到规定数额的支出。转移支出是指拨付给预算单位或下级财政部门、未指明具体用途的支出，包括拨付企业补贴和未指明具体用途的资金、中央对地方的一般性转移支付等。

财政性资金的支付方式包括财政直接支付和财政授权支付。其中，财政直接支付是指由财政部门向中国人民银行和代理银行签发支付指令，代理银行根据支付指令通过国库单一账户体系将资金直接支付到收款人（商品或劳务的供应商等，下同）或用款单位（具体申请和使用财政性资金的预算单位，下同）账户方式。财政授权支付是指预算单位按照财政部门的授权，自行向代理银行签发支付指令，代理银行根据支付指令，在财政部门批准的预算单位的用款额度内，通过国库单一账户体系将资金支付到收款人账户的方式。财政直接支付方式和财政授权支付方式的流程分别如图 1-1、图1-2所示。

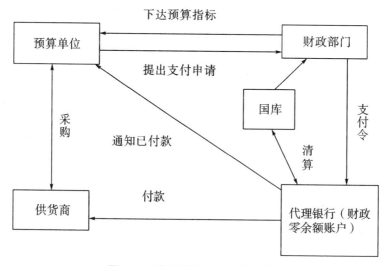

图1-1 财政直接支付方式流程图

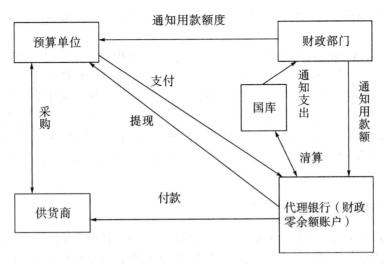

图 1-2 财政授权支付方式流程图

（二）支付程序

1. 财政直接支付程序

预算单位实行财政直接支付的财政性资金包括工资支出、工程采购支出、物品和服务采购支出。

在财政直接支付方式下，预算单位按照批复的部门预算和资金使用计划，提出支付申请；财政直接支付的申请由一级预算单位汇总，填写"财政直接支付汇总申请书"，报财政部门国库支付执行机构。财政部门国库支付执行机构根据批复的部门预算和资金使用计划及相关要求，对一级预算单位提出的支付申请审核无误后，开具"财政直接支付汇总清算额度通知单"和"财政直接支付凭证"，经财政部门国库管理机构加盖印章签发后，分别送中国人民银行和代理银行。

代理银行根据"财政直接支付凭证"及时将资金直接支付给收款人或用款单位。代理银行依据财政部门国库支付执行机构的支付指令，将当日实际支付的资金，按一级预算单位分预算科目汇总，并附上实际支付清单与国库单一账户进行资金清算。

代理银行根据"财政直接支付凭证"办理支出后，开具"财政直接支付入账通知书"发给一级预算单位和基层预算单位。"财政直接支付入账通知书"作为一级预算单位和基层预算单位付出或收到款项的凭证。一级预算单位有所属二级或多级预算单位的，由一级预算单位负责向二级或多级预算单位提供收到和付出款项的凭证。预算单位根据收到的支付凭证做好相应的会计核算。

2. 财政授权支付程序

财政授权支付适用于未纳入工资支出、工程采购支出、物品及服务采购支出管理的购买支出和零星支出，具体包括单件物品或单项服务购买额不足 10 万元人民币的购买支出、年度财政投资不足 50 万元人民币的工程采购支出、特别紧急的支出、经财政部门批准的其他支出。

在财政授权支付方式下，预算单位按照批复的部门预算和资金使用计划，申请授权支付的月度用款限额。财政授权支付的月度用款限额申请由一级预算单位汇总，报财政部门国库支付执行机构。财政部门根据批准的一级预算单位用款计划中月度授权支付额度，每月 25 日前以"财政授权支付汇总清算额度通知单"和"财政授权支付额度通知单"的形式分别通知中国人民银行和代理银行。

代理银行在收到财政部门下达的"财政授权支付额度通知单"时，向相关预算单位发出"财政授权支付额度到账通知书"。基层预算单位凭"财政授权支付额度到账通知书"所确定的额度支用资金。代理银行凭据"财政授权支付额度通知单"受理预算单位财政授权支付业务，控制预算单位的支付金额，并与国库单一账户进行资金清算。

预算单位支用授权额度时，填制财政部门统一制定的"财政授权支付凭证"（或新版银行票据和结算凭证）送代理银行，代理银行根据"财政授权支付凭证"，通过零余额账户办理资金支付。

四、年终预算结余资金的处理

预算结余资金是指实行国库集中收付制度的预算单位在预算年度内，按照财政部门批复的部门预算，当年尚未支用并按有关规定应留归预算单位继续使用的资金。预算单位结余资金的数额按照财政部门批复的部门预算数额加上年预算结余数额减去当年财政国库已支付数额（包括财政直接支付数额和财政授权支付数额）和应缴回财政部门数额后的余额计算。

预算单位的预算结余资金应按规定程序由财政部门核定。财政部门核定下达预算结余后，预算单位根据财政部门核定的上一年度预算结余和下一年度预算，按规定的程序申请使用资金。

目前，我国中央预算和地方预算都普遍进行了国库管理制度的改革，最明显的是结合政府采购制度的实施，实行国库集中收付制度。现代国库集中收付管理制度的正式实施后，将会影响传统的预算会计体系和分级。建立了国库单一账户体系后，传统的预算领拨款关系将发生变化，前述的行政单位和事业单位会计的分级含义也将会随之发生变化，主管会计单位、二级会计单位和基层会计单位之间的经费领拨关系淡化。但是，各级单位的会计仍将保留，仍然发挥着会计核算和会计监督作用。

思考题

1. 什么是预算会计？它有哪些特点？
2. 预算会计的对象如何确定？
3. 预算会计有哪些核算原则？对会计信息的质量要求有哪些原则？
4. 预算会计组成体系包括哪些部分？
5. 预算会计的基本理论包括哪些内容？
6. 什么是国库集中收付制度？
7. 国库集中收付制度对预算会计有哪些影响？

第二章

预算会计的核算方法

运用预算会计对各级政府、行政单位、事业单位的业务进行核算，必须确定会计要素及其之间的关系，采取适当的核算方法和程序。

通过本章的学习，应该掌握以下内容：

- 预算会计的会计要素
- 预算会计的会计等式及其关系
- 预算会计对科目设置的要求
- 借贷记账法在预算会计中的运用
- 预算会计的会计凭证和会计账簿

第一节　会计要素及会计等式

一、预算会计要素

会计要素就是会计对象的构成要素，又是设置会计科目、构成报表结构的基础。会计核算的具体内容多种多样，为了对有关核算内容进行确认、计量、记录、报告，就需要对会计对象进行基本的、带有规律性的科学分类。将会计对象分解为若干基本的构成要素，这就是会计要素。

按照会计制度的规定，预算会计要素可分为资产、负债、净资产、收入、支出或费用五个要素，各要素的具体内容由各具体会计制度或准则加以确定。

（一）资产

资产是指单位能以货币计量的经济资源，包括各种财产、债权以及其他各种权利。资产包括以下特征：

（1）资产必须是一种经济资源。经济资源能为单位带来经济利益或为单位提供服务。资产主要表现为货币资金、财产物资、机器设备、专利权、债权以及其他各种权利等。不是经济资源的，不能作为单位的资产纳入其会计核算。

（2）资产必须能用货币计量。资产是能用货币计量出来的，并据以登记入账、核算反映的经济资源。不能用货币计量的资产不能纳入预算会计的核算。

（3）资产必须是单位拥有或使用的资源。只有单位享有对某项资源的占有权和使用权（所有权），才能作为单位的资产进行会计核算。

（4）资产有多种表现形式，既有以实物形态存在的，也有以非实物形态存在的。由于资产的成因是资产存在和计价的基础，未来的、尚未发生的事项的可能后果不能确认为单位的资产。一些已经不能为单位带来经济利益流入的项目，如陈旧、过时、被损坏的实物资产以及已无望收回的债权等都不能再作为单位的资产来核算和列报。只有这样才能保证预算会计信息的真实性。

会计主体的资产按照流动性，分为流动资产和非流动资产。

流动资产是指预计在 1 年内（含 1 年）变现或者耗用的资产，包括货币资金、短期投资、应收及预付款项、存货等。

非流动资产是指流动资产以外的资产，包括固定资产、公共基础设施、在建工程、无形资产、长期投资等。

（二）负债

负债是指单位承担的、能以货币计量的、需要用资产或劳务偿还的各种债务。负债是单位的现时义务，履行该义务预期会导致含有服务潜能或经济利益的经济资源流出。负债包括以下特征：

（1）负债是单位或会计主体业已发生、必须在未来的某个特定的时刻予以了结的现时义务。了结债务需要单位流出资产或付出劳务。单位或会计主体在未来发生的承诺、签订的合同等事项，不形成负债。现时义务的履行预期会导致经济利益流出会计主体，即用资产或劳务偿还债务。

（2）负债是单位或会计主体能够用货币计量的债务。不能用货币计量的经济责任是不能作为负债来进行核算的。

（3）负债通常都有确切的债权人和偿付日期，因此在会计核算上，均要求按照负债的类别和债权人进行明细核算。

（4）负债一般都以契约、合同、协议或法律约束为前提。

负债按照流动性，分为流动负债和非流动负债。

流动负债是指预计在 1 年内（含 1 年）偿还的负债，包括短期借款、短期债券、应付及预收款项、应付职工薪酬、应缴款项等。

非流动负债是指流动负债以外的负债，包括长期借款、长期应付款、应付政府债券、预计负债等。

行政事业单位不是生产物质产品的纯经营单位，应该严格控制负债规模。

（三）净资产

净资产是指资产扣除负债后的净额。净资产包括以下特征：

（1）净资产是政府和事业单位资产的基本来源，资财供给者对净资产没有要求权，但对资金使用有限制权。

（2）净资产具有长期使用性质，在单位持续运行中，资产供给者不能将其抽走。

（3）资产增值会使净资产增加，会计主体收支结余也使净资产增加。

不同的会计主体，其净资产的内容有较大的差别。财政总预算会计的净资产包括预算结余、基金预算结余、专用基金结余和预算周转金等；行政单位的净资产包括财政拨款结转、财政拨款结余、其他资金结转结余、资产基金、待偿债净资产等；事业单位会计的净资产包括事业基金、非流动资产基金、专用基金、财政补助结转结余、非财政补助结转结余等。

（四）收入

收入是指会计主体为执行公共事务、开展业务活动和其他活动而依法取得的经济利益流入，主要为非偿还性资金流入。收入导致政府净资产增加的服务潜能。

收入包括以下特征：

（1）单位取得的收入必须是非偿还性的，需要偿还的资金来源不能作为收入确认入账，而是属于负债的范畴。

（2）在市场经济条件下，收入的表现形式通常为资金，即能以货币计量，对于特殊情况下取得的非资金性收入，也应能以货币计量，才能确认为单位的收入入账。

不同的会计主体的收入的含义有差别。

（1）财政总预算会计的收入是各级政府为实现其职能，根据法令和法规所取得的非偿还性资金，是一级财政的资金来源。它包括一般公共预算收入、政府性基金预算收入、国有资本经营预算收入和社会保险基金预算收入等。

（2）行政单位会计的收入是指单位为了完成业务活动，从同级财政部门取得的各项非偿还性财政拨款以及按规定取得的其他收入。

（3）事业单位会计的收入是指单位为开展业务活动和其他活动，依法取得的非偿还性资金，包括财政补助收入、事业收入、上级补助收入、附属单位上缴收入、经营收入和其他收入等。

（五）支出或费用

行政事业单位的支出或费用是指会计主体为开展公共服务活动和其他活动所发生的经济利益流出，即一级政府和单位按照批准的预算所发生的资产耗费和损失。

支出的特征包括：

（1）支出是单位的资产的耗费和损失。单位的支出最终将表现为单位资产的减少。

（2）支出能用以计量。

不同会计主体的支出的含义有一定差别。

（1）财政总预算会计的支出是指一级政府为实现其职能，而对财政资金的再分配。财政总预算会计的支出包括一般公共预算支出、政府性基金预算支出、国有资本经营预算支出和社会保险基金预算支出等。

（2）行政单位会计的支出是指行政单位为完成公务所发生的各项实际耗费和支出。行政单位会计的支出包括经费支出、拨出经费等。

（3）事业单位会计的支出或费用是指事业单位为开展业务活动和其他活动所发生的各项资金耗费及损失。事业单位会计的支出包括事业支出、对附属单位补助支出、上缴上级支出、经营支出和其他支出等。

二、会计等式及其关系

以上五个会计要素可用会计等式表示其相互关系。会计等式也称会计平衡式，反映会计要素的基本关系，是复式记账得以建立的基础，也是进行会计核算、设计会计报表的理论依据。

从一般核算来看，静态会计要素的平衡关系式为：

资产＝负债＋净资产

预算会计净资产的变化在很大程度上是由于收入和支出或费用的发生而形成的，其动态会计要素的平衡关系式为：

收入－支出（费用）＝结余（净资产）

以上两种平衡式可以结合在一起，形成会计要素的综合平衡式：

资产＝负债＋原净资产＋收入－支出（费用）

资产－负债＝原净资产＋结余

资产－负债＝新净资产

任何一个预算会计主体在其业务活动和经营活动过程中，随着收支业务的发生，必然要引起资产、负债、净资产不断地发生变化。然而不管它们怎么变化，始终不会破坏上述会计平衡式。从这个意义上讲，会计平衡式是恒等的。

第二节　会计科目和记账方法

一、预算会计的会计科目

会计科目是对预算会计的核算对象即会计要素，按其经济内容或用途所做的进一步的科学分类。会计科目是设置账户的依据，也是逐级汇总与检查预算资金活动情况和执行结果的统一项目标准。

会计要素是对会计对象的基本分类。为了提供更为具体的会计信息，还需要对会计要素做进一步的具体分类，从而将会计要素分为若干个项目。每一个项目都可以设置一个会计科目。为了使预算会计提供的会计信息口径一致、相互可比，应按照一定的原则统一制定会计科目。在我国，会计科目是由财政部统一制定的。财政总预算会计科目、行政单位会计科目和事业单位会计科目分别参见本书各相关章节的具体介绍。

预算会计科目设置的基本原则如下：

第一，会计科目要适应各单位业务活动的特点，适应预算管理要求。各级政府、行政和事业单位的业务活动与企业的生产经营活动不一样，它们之间的业务活动差别也很明显，具体表现在它们的会计要素的具体内容有很大的差别。例如，事业单位可实行有偿服务，有一定的经营收入，而行政单位只能按规定履行公务，没有自身的业务收入；事业单位中有的要进行成本核算，而行政单位则不存在成本核算问题。因此，会计科目要充分考虑各单位业务活动的实际需要来设置。同时，对于收入、支出科目应按照《政府收支分类科目》来设置明细科目，以便将核算结果同政府预算进行对比分析，加强预算管理。

第二，会计科目设置应统一准确、简明扼要，特别是一级科目宜简不宜繁。

第三，要充分体现各会计主体的主体地位。收入科目按来源设置，支出科目按用途统一设置。

财政部制定的统一会计科目，非经财政部同意，各地区、各部门不得自行增减或更改。对其中在本地区、本部门不需要的科目，可以不必使用；各地区、各部门如对财政部统一制定的会计科目感到有所不足时，可以根据需要予以补充，但不得与财政部统一制定的会计科目相抵触或矛盾。

各会计科目的编号，主要便于编制会计凭证、登记账簿、查阅账目和实行会计电算化。各单位在使用会计科目编号时，应与会计科目名称同时使用。可以只用会计科目名称而不用编号，但不得只用科目编号而不写会计科目名称。会计科目编号不得打乱重编，在某些会计科目之间留有一定的空号，供各单位根据实际需要增设会计科目之用。

财政部统一制定的会计科目只是预算会计的总账科目，都是一些概括性、综合性的科目，对于总括地反映预算资金的收支与结存是完全必要的。但正因为其概括性强，从而使它们不能详细地反映每一笔预算收支的具体情况，所以有必要根据预算收支核算的要求，分别在总账科目下，设置必要的明细科目。明细科目是对总账科目的详细再分类，说明总账科目的更具体、更详细的内容。按照财政部门的规定，明细科目可以由各地区、各部门根据需要自行设置。

二、预算会计的核算程序和记账方法

预算会计作为一种专业会计，也应当遵循一般会计的核算程序和方法进行核算，只是在内容上体现自己的特点。

预算会计的核算程序应体现出会计凭证、会计账簿和会计报表有机联系的过程。根据核算内容，预算会计可选择记账凭证核算程序或科目汇总表核算程序进行核算，并按照会计基础工作规范的要求进行填制凭证、登记账簿和编制会计报表。核算程序在行政、事业单位会计中的运用如图2-1所示。

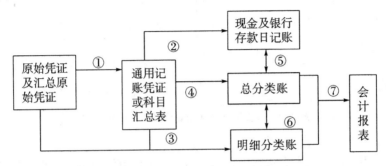

图2-1 行政、事业单位会计核算程序图

记账方法是根据一定的原则，运用一定的符号和记账规则，记录经济业务于账簿之中的一种手段。记账方法按其记录是否完整分为单式记账法和复式记账法。

单式记账法是对发生的经济业务引起的会计要素增减变化，在一个会计账户中进行单方面记录的一种记账方法。

复式记账法是指对每笔经济业务发生所引起的一切变化，都以相同的金额在两个或两个以上的账户中进行相互联系地进行登记的会计记账方法。采用复式记账法能够把每笔业务相互联系地、全面地记录在有关账户中，从而能够完整地、系统地反映各单位资金运动的来龙去脉。

预算会计的记账方法应采用借贷记账法。借贷记账法是国际通用的复式记账法。在我国，复式记账法曾经分为增减复式记账法、收付复式记账法和借贷复式记账法。1998年以前，我国预算会计一直采用收付复式记账法。为了与其他各国政府及非营利组织会计进行沟通，从1998年开始，我国预算会计采用借贷记账法。

借贷记账法中的"借"表示资产和支出类账户的增加，以及负债、净资产和收入类账户的减少或转销；"贷"则表示资产和支出类账户的减少或转销，以及负债、净资产和收入类账户的增加。

借贷记账法的基本内容如下：

（一）记账符号

借贷记账法以"借"和"贷"作为记账符号。各个账户都分为"借方"和"贷方"，用来反映各会计要素的增减变动。"借"和"贷"两字已不含原来的字义。

（二）账户设置及其结构

借贷记账法的账户设置与预算会计的"资产＝负债＋净资产"的平衡公式有联系。按照平衡公式左边"资产"的有关具体项目（科目）设置的账户，一般都属于借方余额型账户，借方登记增加，贷方登记减少。按照平衡公式右边的"负债"和"净资产"

的有关具体项目（科目）设置的账户，一般都属于贷方余额型账户，贷方登记增加，借方登记减少。按照收入的具体科目设置的账户类似于净资产的账户，贷方登记增加，借方登记减少，只是在期末结账后无余额。按照支出的具体科目设置的账户类似于资产账户，借方登记增加，贷方登记减少，只是在期末结账后无余额。借贷记账法在预算会计中的账户结构如图2-2所示。

借　方	贷　方
资产类账户的增加	负债类账户的增加
支出类账户的增加	净资产账户的增加
负债类账户的减少	收入类账户的增加
净资产账户的减少	资产类账户的减少
收入类账户的减少或转销	支出类账户的减少或转销
资产账户余额	负债和净资产账户余额

图2-2　借贷记账法在预算会计中的账户结构

（三）记账规则

记账规则不是由人们主观意志决定的，而是由记账方法各组成要素有机结合构成的方法体系本身的内在要求决定的。记账规则可以作为某种记账方法记录经济业务的指导，也可以用作事后检查记账、算账是否正确的依据。因此，记账规则的科学与否直接体现某种记账方法的科学与否。

从上述账户的结构中，不难发现，资产和支出的账户结构相同，可视为资产类账户；负债、净资产和收入的账户结构相同，可视为负债类账户。这样，单位发生的所有经济业务可归纳为以下四种情况：

（1）引起资产类账户一增（借）一减（贷）。

（2）引起负债类账户一增（贷）一减（借）。

（3）引起资产类账户增加（借），引起负债类账户增加（贷）。

（4）引起资产类账户减少（贷），引起负债类账户减少（借）。

图2-3就是这四种情况的变动结果。

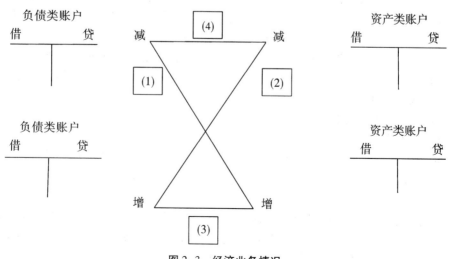

图2-3　经济业务情况

下面以事业单位会计事项为例说明以上记账规则的运用。

【例2-1】某事业单位从银行提取现金1 000元。

这笔经济业务涉及现金资产的增加，应该记入"库存现金"账户的借方；同时，引起银行存款资产的减少，应记入"银行存款"账户的贷方。

借：库存现金　　　　　　　　　　　　　　　　　　　　1 000

　　贷：银行存款　　　　　　　　　　　　　　　　　　1 000

【例2-2】某事业单位以财政直接支付方式购买自用材料一批，收到国库支付中心委托代理银行转来的"财政直接支付入账通知书"及有关原始凭证，材料已入库价款为100 000元。

这笔经济业务涉及存货资产的增加，应该记入"存货"账户的借方；同时，引起财政补助收入的增加，应记入"财政补助收入"账户的贷方。

借：存货　　　　　　　　　　　　　　　　　　　　　100 000

　　贷：财政补助收入　　　　　　　　　　　　　　　100 000

【例2-3】某事业单位以银行存款偿还应付账款50 000元。

这笔经济业务涉及银行存款资产的减少，应记入"银行存款"账户的贷方；同时，引起应付账款负债的减少，应记入"应付账款"账户的借方。

借：应付账款　　　　　　　　　　　　　　　　　　　50 000

　　贷：银行存款　　　　　　　　　　　　　　　　　50 000

【例2-4】某事业单位接银行通知，收到上级单位拨入的补助款80 000元。

这笔业务涉及银行存款资产的增加，应记入"银行存款"账户的借方；同时，引起上级补助收入的增加，应记入"上级补助收入"账户的贷方。

借：银行存款　　　　　　　　　　　　　　　　　　　80 000

　　贷：上级补助收入　　　　　　　　　　　　　　　80 000

从以上四笔经济业务的记账情况不难发现，借贷记账法本身存在着这样一个规律：任何一笔业务发生记入账户时，都要记入一个账户（或几个账户）的借方；同时，还要记入另一个账户（或几个账户）的贷方，并且借、贷方的金额相等。没有哪笔业务只记入某一账户的借方，而不记入另一账户的贷方，或者借、贷方金额不相等的情况。因此，人们将这一规律用10个字归纳为"有借必有贷、借贷必相等"。这就是借贷记账法的记账规则。

（四）试算平衡

试算平衡是根据一定的原理采用一定的方法测算会计记录数据是否平衡，以检查会计记录的正确性的一种方法。

借贷记账法的试算平衡方法有两种：本期发生额试算平衡和余额试算平衡。

1. 本期发生额试算平衡

本期发生额试算平衡是运用"有借必有贷、借贷必相等"这一记账规则进行试算的。其试算平衡公式为：

所有账户本期借方发生额合计＝所有账户本期贷方发生额合计

2. 余额试算平衡

余额试算平衡是运用"资产＝负债+净资产"这一平衡原理进行试算的。其试算平衡公式为：

所有资产账户期末借方余额合计＝所有负债和净资产账户期末贷方余额合计

本期发生额试算平衡方法一般用于平时试算平衡，余额试算平衡方法一般用于期末试算平衡。事业会计总账科目试算平衡表如表 2-1 所示。

表 2-1　总账科目试算平衡表　　　　　　　　　　　　单位：元

会计科目	期初余额		本期发生额		期末余额	
	借方	贷方	借方	贷方	借方	贷方
库存现金						
银行存款						
……						
合计	36 000	36 000	31 160	31 160	47 000	47 000

第三节　会计凭证和会计账簿

一、会计凭证

（一）会计凭证的概念和意义

会计凭证是用来记录经济业务、明确经济责任的书面证明，是登记账簿的重要依据。

会计凭证不仅具有初步记载经济业务、作为记账依据和重要经济档案的作用，而且还具有管理、协调经济活动，传输经济信息的作用。填制和审核会计凭证，对于完成会计任务、发挥会计在反映和监督预算收支执行情况过程中的作用，具有十分重要的意义。

（1）会计凭证可以及时、如实地反映财务收支等业务内容，是登记账簿的依据。

（2）会计凭证可以发挥会计监督的作用。通过填制和审核凭证可以检查、监督业务支出的合理性、合法性。

（3）会计凭证可以分清经济责任。每张会计凭证都详细地记录了经济业务的内容、时间，并有经办单位相关人员签字或盖章，这就明确了有关人员的经济责任。

会计凭证按照填制程序和用途，可分为原始凭证和记账凭证。

（二）原始凭证

原始凭证是经济业务发生时取得的书面证明，是会计事项的唯一合法凭证，是登记明细账的依据。

1. 原始凭证的内容

原始凭证记录和反映的经济业务是多样的，各种原始凭证的具体内容和格式也不尽相同。但是一般来说，原始凭证具备的基本内容为：

（1）原始凭证的名称。

（2）填制原始凭证的日期和凭证编号。

（3）接收原始凭证的单位名称。

（4）经济业务内容，包括业务名称、数量、单价、金额等。

（5）填制凭证单位及其有关经办人签字、盖章。

2．原始凭证的种类

原始凭证按取得的来源不同，可分为自制原始凭证和外来原始凭证。

原始凭证按使用次数不同，可分为一次使用原始凭证和多次（累计）使用原始凭证。

原始凭证按经济内容不同，可分为：

（1）收款凭证。

（2）借款凭证。

（3）预算拨款凭证。

（4）各种税票。

（5）材料出、入库单。

（6）固定资产出、入库单。

（7）开户银行转来的收、付款凭证。

（8）往来结算凭证。

（9）其他足以证明会计事项发生经过的凭证和文件等。

3．原始凭证的基本要求

正确填制和审核原始凭证是如实反映经济活动的关键。填制原始凭证就是要根据经济业务的实际情况，依据一定的填写要求，在规定的凭证格式中，逐项填写内容。只有通过审核后确认有效的原始凭证才能作为记账的依据。原始凭证的基本要求如下：

（1）原始凭证的内容必须齐全。

（2）外来原始凭证应盖有填制单位的公章和个人的签名或盖章。自制原始凭证必须有领导人或指定人员的签名或盖章。

（3）凡填有大写和小写金额的原始凭证，大小写金额应当一致。购货凭证应有验收证明，支款凭证应有收款单位和收款人证明。

（4）一式几联的原始凭证应当注明各联的用途，只能以一联作为报销凭证。一式几联的发票和收据必须用双面复写纸套写，并连续编号。作废时应当加盖"作废"戳记，连同存根一起保存，不得撕毁。

（5）发生销货退回，除填制退货发票外，还必须有退货验收证明。退款时，必须取得对方的收款收据或者汇款银行凭证，不得以退货发票代替收据。

（6）职工出差借款凭证必须附在记账凭证之后。收回借款时，应当另开收据或者退还借据副本，不得退还原借款收据。

（7）经上级有关部门批准的经济业务，应当将批准文件作为原始凭证附件。

此外，原始凭证不得涂改、挖补。发现原始凭证有错误的，应当由开出单位重开或者更正，更正处应当加盖开出单位的公章。会计机构、会计人员要根据审核无误的原始凭证填制记账凭证。

（三）记账凭证

记账凭证是由本单位会计人员根据审核无误的原始凭证编制的，载有反映经济业务的会计分录及简要内容，是直接作为登记账簿依据的一种会计凭证。

记账凭证可以分为收款凭证、付款凭证和转账凭证，也可以只使用通用记账凭证。其格式分别参见本书财政总预算会计、行政单位会计和事业单位会计的相关章节。

1. 记账凭证的内容

记账凭证的内容如下：

（1）记账凭证的名称。

（2）记账凭证的编号。

（3）填制记账凭证的日期。

（4）经济业务的内容摘要。

（5）会计分录。

（6）记账标记。

（7）所附原始凭证的张数。

（8）有关人员签名、盖章。

2. 记账凭证的填制要求

填制记账凭证时，应当按记账凭证的格式、内容填列清楚，并对记账凭证进行连续编号。一笔经济业务需要填制两张以上记账凭证的，可以采用分数编号法编号。

记账凭证可以根据每一张原始凭证填制或者根据若干张同类原始凭证汇总填制，也可以根据原始汇总表填制，但不得将不同内容和类别的原始凭证汇总填在一张记账凭证上。

除结账和更正错误的记账凭证可以不附原始凭证外，其他记账凭证必须附有原始凭证。如果一张原始凭证涉及几张记账凭证，可以把原始凭证附在一张主要的记账凭证后面，并在其他记账凭证上注明附有该原始凭证的记账凭证的编号或者附上原始凭证复印件。

一张原始凭证所列支出需要几个单位共同负担的，应当将其他单位负担的部分，开给对方原始凭证分割单，进行结算。原始凭证分割单必须具备原始凭证的基本内容。

如果在填制记账凭证时发生错误，应当重新填制。已经登记入账的记账凭证，在当年内发现填写错误时，可以用红字填制一张与原内容相同的记账凭证，在摘要栏注明"注销某月某日某号凭证"字样，登记入账；同时，再用蓝字重新填制一张正确的记账凭证，注明"订正某月某日某号凭证"字样，并登记入账。如果会计科目未错，只是金额错误，也可以将正确数字与错误数字之间的差额，另编一张调整的记账凭证，调增用蓝字，调减用红字。发现以前年度记账凭证有错误的，应当用蓝字填制一张更正的记账凭证。

记账凭证填制完经济业务事项后，如有空行，应当自金额栏最后一笔金额数字下的空行处划线注销。

填制会计凭证，字迹必须清晰、工整，符合规定的要求，并进行严格的审核。

实行会计电算化的单位，对于机制记账凭证要认真审核，做到会计科目使用正确、数字准确无误。打印的机制记账凭证要加盖制单人员、审核人员、记账人员及会计机构负责人、会计主管人员印章或者签字。

（四）会计凭证的传递和保管

各单位会计凭证的传递程序应当科学、合理，具体办法由各单位根据会计业务需要自行规定。会计机构、会计人员要妥善保管会计凭证。会计凭证应当及时传递，不得积压。会计凭证登记完毕后，应当按照分类和编号顺序保管，不得散乱丢失。

记账凭证应当连同所附的原始凭证汇总表，按照编号顺序，按期装订成册并加具封面，注明单位名称、年度、月份和起讫日期、凭证种类、起讫号码，由装订人在装订线签名处签名或盖章。

二、会计账簿

（一）会计账簿的概念和意义

预算单位的预算收支业务都是在有关会计凭证上加以反映和监督的。由于会计凭证数量多、种类杂，又比较分散，并且每张凭证只能反映个别业务情况，不能全面地、综合地反映单位在一定时期内同类或全部预算收支的完成情况。因此，就有必要设置账簿将会计凭证所提供的各种分散资料加以归类，登记到各种专设的账簿中。

会计账簿是由具有一定格式、互相联系的账页组成的，以供会计人员在会计凭证的基础上，全面、连续、系统地记录和反映各项收支业务的簿籍。

设置和登记账簿的主要意义在于：

（1）账簿是系统地、全面地归纳积累会计核算资料的基本形式。

（2）账簿是单位定期编制会计报告，提供综合会计信息的基础。

（3）账簿是划清特定范围经济责任的有效工具。

（4）账簿是会计分析和会计检查的重要依据。

（5）账簿是单位重要的经济档案。

（二）会计账簿的种类

会计账簿按用途，可分为分类账簿、序时账簿和备查账簿。

1. 分类账簿

分类账簿是对全部经济业务按其性质分类设置账户进行登记的账簿。分类账簿的登记是以会计科目为经，以时间顺序为纬来进行的。分类账簿又可分为总分类账簿和明细分类账簿。总分类账簿是按一级会计科目设置并进行分类登记的账簿，用来核算会计要素的总内容；明细分类账簿是按明细科目设置并进行分类登记的账簿，用来核算会计要素的明细内容。总分类账簿和明细分类账簿有一定的统属关系。总账中所登记的金额总数，应与其有关的各明细账中所登记金额之和相等。明细账中登记的详细数字是对总账内容的具体化和详细说明。

2. 序时账簿

序时账簿也称日记账，是按经济业务发生的时间先后顺序，逐日逐笔连续登记的账簿。日记账又分为现金日记账和银行存款日记账。现金日记账用来核算单位现金收支情况，一般采用订本式的三栏式账簿，由出纳人员根据现金收支原始凭证按照业务发生的先后顺序逐日逐笔登记。每日结出现金余额与库存现金核对。银行存款日记账是用来核算单位存入开户银行的款项收支情况。其外表形式与格式和现金日记账一样。出纳人员应根据银行存款收支凭证按照业务发生的先后顺序逐日逐笔登记，并定期与银行对账单核对。

3. 备查账簿

备查账簿是指对某些未能在分类账簿和序时账簿中进行登记的会计事项进行补充登记的辅助账簿。

实行会计电算化的单位，用计算机打印的会计账簿必须连续编号，经审核无误后装订成册，并由记账人员和会计机构负责人、会计主管人员签字或盖章。

　　启用会计账簿时，应当在账簿封面上写明单位名称和账簿名称。在账簿扉页上应当附启用表，内容包括启用日期、账簿页数、记账人员和会计机构负责人、会计主管人员姓名，并加盖名章和单位公章。记账人员或者会计机构负责人、会计主管人员调动工作时，应当注明交接日期、接办人员或者监交人员姓名，并由交接双方人员签名或者盖章。

　　启用订本式账簿时，应当从第一页到最后一页按顺序编定页码数，不得跳页、缺号。使用活页式账簿，应当按账户顺序编号，并定期装订成册。装订后再按实际使用的账页顺序编定页码。

　　（三）登记会计账簿的要求

　　会计人员应当根据审核无误的会计凭证登记账簿。相关基本要求如下：

　　（1）登记会计账簿时，应当将会计凭证日期、编号、业务内容摘要、金额和其他有关资料逐项记入账内，做到数字准确、摘要清楚、登记及时、字迹工整。

　　（2）登记完毕，要在记账凭证上签名或盖章，并注明已经登账的符号，表示已经记账。

　　（3）账簿中书写的文字和数字上面要留有适当的空格，不要写满格，一般应占格距的1/2。

　　（4）登记账簿要用蓝黑墨水或碳素墨水书写，不得使用圆珠笔或者铅笔书写。

　　（5）下列情况可用红色墨水书写：①按照红字冲账法的记账凭证，冲销错误记录；②在不设借、贷栏的多栏式账页中，登记减少数；③在三栏式账户的余额栏前，如未印明余额方向的，在余额栏内登记负数余额。

　　（6）各种账簿按页次顺序登记，不得隔页、跳行。如果发生跳行、隔页，应当将空行、空页划线注销并由记账员盖章。

　　（7）凡需要结出余额的账户，结出余额后，应当在"借"或"贷"等栏内写明"借"或"贷"等字样。没有余额的账户，应当在"借"或"贷"栏内写上"平"字，并在余额栏内用"0"表示。现金日记账和银行存款日记账必须逐日结出余额。

　　（8）每一账页登记完毕结转下页时，应当结出本页合计数及余额，写在本页最后一行和下页第一行有关栏内，并在摘要栏内注明"过次页"和"承前页"字样；也可以将本页合计数及金额只写在下页第一行有关栏内，并在摘要栏内注明"承前页"字样。对需要结计本月发生额的账户，结计"过次页"的本页合计数应当为自本月月初起至本页末止的发生额合计数；对需要结计本年累计发生额的账户，结计"过次页"的本页合计数应当为自本年年初起至本页末止的累计数；对既不需要结计本月发生额也不需要结计本年累计发生额的账户，也可只将每页末的余额结转次页。

　　（四）账簿错误的更正方法

　　如果账簿记录发生错误，不准涂改、挖补、刮擦或者用药水消除字迹，不准重新抄写，必须按照下列方法进行更正：

　　（1）登记账簿时发生错误，应当将错误的文字或者数字划红线注销，但必须使原有字迹仍可辨认；然后在划线上方填写正确的文字或者数字，并由记账人员在更正处盖章。对于错误的数字，应当全部划红线更正，不得只更正其中的错误数字。对于错误的文字，可只划去错误的部分。

　　（2）由于记账凭证错误而使账簿记录发生错误，应当按更正的记账凭证登记账簿。

　　（五）对账

　　对账是指对各会计账簿的记录，依据借贷记账法的原理和有关勾稽关系进行账簿核对的过程。

　　各单位应当定期对会计账簿记录的有关数字与库存实物、货币资金、有价证券、往来单位或者个人等进行相互核对，保证账证相符、账账相符、账实相符。对账工作每年至少进行一次。

　　（1）账证核对。核对会计账簿记录与原始凭证、记账凭证的时间、凭证字号、内容、金额是否一致，记账方法是否相符。

　　（2）账账核对。核对不同会计账簿之间的账簿记录是否相符。这包括总账与有关的账户余额核对、总账与明细账核对、总账与日记账核对、会计部门的财产物资明细账与财产物资保管和使用部门的有关明细账核对等。

　　（3）账实核对。核对会计账簿记录与财产等实有数额是否相符。这包括现金日记账账面余额与现金实际库存数相核对、银行存款日记账账面余额定期与银行对账单相核对、各种财物明细账账面余额与财物实存数相核对以及各种应收、应付款明细账账面余额与有关债务、债权单位或者个人核对等。

　　（六）结账

　　结账是在每个会计期末，将所发生的经济业务全部记录入账的基础上，结出本期各账簿发生额和期末余额并进行试算平衡的过程。各单位应当按照规定定期结账。

　　（1）结账前，必须将本期内所发生的各项经济业务全部登记入账，然后在此基础上进行期末余额试算平衡。

　　（2）结账时，应当结出每个账户的期末余额。需要结出当月发生额的，应当在摘要栏内注明"本月合计"字样，并在下面通栏划双红线。需要结出本年累计发生额的，应当在摘要栏内注明"本年累计"字样，并在下面通栏划单红线；12月末的本年累计就是全年累计发生额。全年累计发生额下面应当通栏划双红线。年度终了结账时，所有总账账户都应当结出全年发生额和年末余额。

　　（3）年度终了，需要将各账户的余额结转到下一会计年度，并在摘要栏注明"结转下年"字样；在下一会计年度新建有关账簿的第一行余额栏内，填写上年结转的余额，在摘要栏注明"上年结转"字样。

思考题

　　1. 预算会计的会计要素有哪些？

　　2. 设置会计科目的原则有哪些？

　　3. 什么是借贷记账法？其要点有哪些？

　　4. 预算会计凭证如何分类？

　　5. 原始凭证的内容和填制要求有哪些？

　　6. 记账凭证的种类和填制要求有哪些？

　　7. 账簿分为哪几类？如何登记账簿？

第二篇
财政总预算会计

　　财政总预算会计通过会计核算程序，全面反映和监督各项财政资金的活动情况，为各级政府及广大纳税人提供有用的会计信息。

第三章

财政总预算会计概述

要进行财政总预算会计的核算，必须明确财政总预算会计的具体概念及特点，掌握政府预算的管理体制、具体会计核算原则和账务处理要求。

通过本章的学习，应该掌握以下内容：

- 财政总预算会计的特点
- 财政总预算会计的核算原则
- 财政总预算会计科目及会计账簿的设置要求

第一节　财政总预算会计的概念及组成

一、财政总预算会计的概念及特点

（一）财政总预算会计的概念

财政总预算会计简称总预算会计，是各级政府财政部门核算、反映和监督政府一般公共预算资金、政府性基金预算资金、国有资本经营预算资金、社会保障基金预算资金以及财政专户管理资金、专用基金资金和代管资金等资金活动的专业会计。财政总预算会计是预算会计的重要组成部分。财政总预算会计的会计主体是中央和地方各级政府。财政总预算会计具体由中央和地方各级政府的财政机关实施。

财政总预算会计的分级是由国家总预算的分级决定的。国家总预算分为中央预算和地方预算。地方预算又分为省、市、县、乡4级。因此，财政总预算会计也分为中央财政总预算会计和地方财政总预算会计。中央财政总预算会计核算和反映中央财政预算的执行情况，由财政部办理。地方财政总预算会计又分为省、市、县、乡4级。地方财政总预算会计核算和反映各级地方预算的财政执行情况，由各地财政部门办理。

财政总预算会计的分级如表3-1所示。

表 3-1　财政总预算会计分级表

政府部门	职能部门	财政总预算会计分级
中央人民政府	财政部	中央级财政总预算会计
省（自治区、直辖市）政府	财政厅（财政局）	省（自治区、直辖市）级财政总预算会计
市（地州）政府	财政局	市（地州）级财政总预算会计
县（市）政府	财政局	县（市）级财政总预算会计
乡（镇）政府	财政所	乡（镇）级财政总预算会计

财政预算总预算会计的主体是各级政府，而不是各级财政部门，各级财政机关是具体办理者。各级财政机关是各级行政事业单位会计的会计主体，具体由各级财政部门的财务核算部门办理，核算各级财政部门本身的行政经费收支。

财政机关集中各项财政资金形成财政收入，是一级财政的资金来源；以拨款和支出的形式分配使用财政资金，形成财政支出，是对财政资金的运用；在执行财政收支后，尚未使用的资金形成各项资金结余，是一级政府财政预算执行的结果。这种财政资金的收支、结存活动就是财政总预算会计反映、监督的基本内容。按照现行政府预算体制的要求，我国的五级政府预算都设置了财政总预算会计，并在全国组成了一个相互联系的信息网络。

（二）财政总预算会计的特点

财政总预算会计的特点是同行政单位会计、事业单位会计以及企业会计相比较而言的。各级政府与一般行政单位、事业单位以及企业的经济活动有着明显的差异。

根据《财政总预算会计制度》的规定，财政总预算会计的主要任务是进行会计核算，反映预算执行，实行会计监督，参与预算管理，合理调度资金。

财政机关是代表各级政府组织财政收支，办理政府预算、决算的管理机关，其主要职责是如何组织财政资金的收入和使用。行政单位、事业单位的主要任务是进行预算管理，组织经济、文化建设，发展社会各项事业，其所需资金大部分由财政资金分配拨付。企业是以盈利为主要目标的经济组织，独立地从事商品生产经营活动，需要独立核算，自负盈亏。这些经济活动的差异，决定了财政总预算会计具有如下几个特点：

（1）财政总预算会计是为政府预算服务的，对财政资金进行核算与监督，为管理调度资金提供会计信息。财政总预算会计与预算管理有着紧密的联系，受预算管理制度的制约。政府预算体现了国家社会经济发展规划，是国民收入分配的一个重要环节，对国家经济建设和各项事业的发展都起到重要作用。财政总预算会计作为反映和监督政府预算执行情况的专业会计，具有宏观意义，在预算会计体系中居主导地位。

（2）财政总预算会计提供的信息不仅要符合一般的会计原则，还要符合《中华人民共和国预算法》的要求，以满足上级财政部门及本级政府对预算管理和财政决策方面的需要。财政总预算会计的信息使用者是上级财政部门、政府部门、广大纳税人和社会公众，其需要了解财政资金的收支情况，需要了解财政资金的使用效益，从而明确政府所做的工作。这一点，财政总预算会计与企业会计有很大的区别。

（3）财政总预算会计核算各级政府的预算收支情况，不需要进行成本核算和损益计算。财政总预算会计的对象和职能决定了它主要反映财政资金的收入、支出情况，合理调度财政资金，提高资金使用效益，不像企业会计和某些事业单位会计，需要进行成本核算和损益核算。

（4）财政总预算会计核算的对象是财政总预算资金的运动，具体包括财政总预算资金的收入和支出以及由此形成的财政总预算资金的结余等内容。财政总预算的编制形式和收支分类是财政总预算会计组织会计核算的主要依据。

（5）财政总预算会计以收付实现制为主要核算基础，部分事项采用权责发生制核算。预算会计一般采用收付实现制，实行权责发生制的特定事项应当符合国务院的规定。

二、财政总预算会计管理工作

（一）财政总预算会计的岗位设置

财政总预算会计的岗位设置如下：

（1）账户管理岗位。

（2）资金调度岗位。

（3）审核岗位。

（4）支付岗位。

（5）会计核算岗位。

（6）监督管理岗位。

（二）银行账户管理

（1）国库单一账户在中国人民银行国库部门开设。未设中国人民银行机构的地方，应当在商业银行、信用社开设代理国库。国库单一账户为实存财政资金账户。

（2）财政专户在有关商业银行开设。财政部门开立财政专户应当按规定办理审批手续。

（3）零余额账户在有关商业银行开设。

（4）预算单位银行账户在有关商业银行开设。

（三）财政资金管理

各级财政部门应当按照国库集中收付制度的规定，建立科学规范的财政资金收付管理流程，将所有财政资金收付纳入信息系统管理，实现资金收付各环节之间的有效制衡。

（四）会计核算管理

各级财政部门应当按照现行法律法规和有关国家统一会计制度的规定建立会计账册，进行会计核算，及时提供真实完整的会计信息。

（五）会计监督检查

监督检查相对独立于具体业务工作，其目的是确保各项具体业务工作规范运行。

第二节　财政总预算会计的核算组织

财政总预算会计的核算组织主要包括设置会计科目、采用适当的记账方法、规定会计凭证、设置会计账簿以及设计会计报表等内容，现主要对财政总预算会计的会计科目、会计凭证和会计账簿进行介绍，其他内容在本书相关章节介绍。

一、财政总预算会计科目的设置原则、预算特点、设置和使用要求

（一）财政总预算会计科目的设置原则

会计科目是对会计对象具体内容进行分类核算的项目，是会计要素的进一步分类。因此，会计科目是各级财政总预算会计设置账户、确定核算内容的依据，也是汇总和检查财政资金活动情况及其结果的基本依据。财政总预算会计应当按照下列原则设置会计科目：

（1）各级财政总预算会计应当对有关法律、法规允许进行的经济活动按照《财政总预算会计制度》的规定使用会计科目进行会计核算。

（2）各级财政总预算会计应当按照《财政总预算会计制度》的规定设置和使用会计科目，不需使用的总账科目可以不用；在不影响会计处理和编制会计报表的前提下，各级财政总预算会计可以根据实际情况自行增设该制度规定以外的科目，或者自行减

少、合并该制度规定的明细科目。

（3）各级财政总预算会计应当使用《财政总预算会计制度》统一规定的会计科目编号，不得随意打乱重编。

（二）财政总预算会计科目的预算特点

财政总预算会计科目是根据统一性、适应性和简明性的要求设置的，与其他预算会计比较具有以下的特点：

（1）收支科目相对应，并占据主要位置。总预算会计的收支科目较多，并有直接的对应关系，主要是遵循专款专用的原则。

（2）收支科目与政府收支分类科目相适应。收支科目以政府收支分类科目的级次设置明细科目，即总预算会计的明细科目要与政府收支分类科目的类、款、项一致。这样使会计记录和反映的结果能与政府预算相对应，便于分析和比较，从而更好地为预算管理服务。

（3）不核算实物资产，因此不设置这一类会计科目，也没有"库存现金"科目。

（三）财政总预算会计科目的设置

根据《财政总预算会计制度》的规定，财政总预算会计设置资产、负债、净资产、收入和支出5类会计科目，总共59个会计科目，其中资产类设置了15个会计科目，负债类设置了11个会计科目，净资产类设置了9个会计科目，收入类设置了12个会计科目，支出类设置了12个会计科目，具体设置的会计科目如表3-2所示。

表3-2　财政总预算会计科目

序号	编号	会计科目名称	序号	编号	会计科目名称
一、资产类					
1	1001	国库存款	9	1022	应收股利
2	1003	国库现金管理存款	10	1031	与下级往来
3	1004	其他财政存款	11	1036	其他应收款
4	1005	财政零余额账户存款	12	1041	应收地方政府债券转贷款
5	1006	有价证券	13	1045	应收主权外债转贷款
6	1007	在途款	14	1071	股权投资
7	1011	预拨经费	15	1081	待发国债
8	1021	借出款项			
二、负债类					
16	2001	应付短期政府债券	22	2022	借入款项
17	2011	应付国库集中支付结余	23	2026	应付地方政府债券转贷款
18	2012	与上级往来	24	2027	应付主权外债转贷款
19	2015	其他应付款	25	2045	其他负债
20	2017	应付代管资金	26	2091	已结报支出
21	2012	应付长期政府债券			
三、净资产类					
27	3001	一般公共预算结转结余		308103	股权投资

表3-2(续)

序号	编号	会计科目名称	序号	编号	会计科目名称
28	3002	政府性基金预算结转结余		308104	应收股利
29	3003	国家资本经营预算结转结余	35	3082	待偿债净资产
30	3005	财政专户管理资金结余		308201	应付短期政府债券
31	3007	专用基金结余		308202	应付长期政府债券
32	3031	预算稳定调节基金		308203	借入款项
33	3033	预算周转金		308204	应付地方政府债券转贷款
34	3081	资产基金		308205	应付主权外债转贷款
	308101	应收地方政府债券转贷款		308206	其他负债
	308102	应收主权外债转贷款			
四、收入类					
36	4001	一般公共预算本级收入	43	4013	地区间援助收入
37	4002	政府性基金预算本级收入	44	4021	调入资金
38	4003	国有资本经营预算本级收入	45	4031	动用预算稳定调节基金
39	4005	财政专户管理资金收入	46	4041	债务收入
40	4007	专用基金收入	47	4042	债务转贷收入
41	4011	补助收入			
42	4012	上解收入			
五、支出类					
48	5001	一般公共预算本级支出	54	5012	上解支出
49	5002	政府性基金预算本级支出	55	5013	地区间援助支出
50	5003	国有资本经营预算本级支出	56	5021	调出资金
51	5005	财政专户管理资金支出	57	5031	安排预算稳定调节基金
52	5007	专用基金收入	58	5041	债务还本支出
53	5011	补助支出	59	5042	债务转贷支出

（四）财政总预算会计科目的使用要求

（1）应当使用按规定统一设置的会计科目，不需要的可以不用，但不得擅自更改统一设置的会计科目的名称。

（2）明细科目的名称，除已有统一规定的外，各级财政总预算会计可根据需要自行设置。

（3）为便于编制会计凭证、登记会计账簿、查阅账目和实行会计电算化，对于已按规定统一编制的会计科目的编码，各级财政总预算会计不得随意变更或打乱重编。

（4）各级财政总预算会计在填制会计凭证、登记会计账簿时，应填列会计科目的名称，或同时填列会计科目的名称和编码，但不得只填编码而不填名称。

二、财政总预算会计账务处理的要求

会计凭证是记录经济业务、明确经济责任的书面证明，也是登记会计账簿的依据。政府会计在核算各项经济业务时，都应取得或填制原始凭证，并根据审核无误的原始凭证填制记账凭证。

（一）原始凭证的构成

原始凭证是经济业务发生时，载明其经济业务完成情况的原始证明。

各级财政总预算会计采用的原始凭证主要如下：

（1）国库报来的各种收入日报表及附件，如各种"缴款书""收入退还书""更正通知书"等；

（2）各种拨款和转账收款凭证，如预算拨款凭证、各种银行汇款凭证等；

（3）主管部门报来的各种非包干专项拨款支出报表和基本建设支出月报等；

（4）其他足以证明会计事项发生经过的凭证和文件。

（二）记账凭证的格式

记账凭证是会计人员根据审核无误的原始凭证填制的记录经济事项、借贷方向、会计科目及其金额的证明文件，是登记账簿的依据。政府会计的记账凭证不分收、付、转三种专用格式，一律采用通用记账凭证。其基本格式有两种，如表3-3所示。

表3-3 记账凭证　　　　　　　　总号_____
年　月　日　　　　　　　　分号_____

对方单位	摘要	借　方		贷　方		金额	记账符号	
		科目编号	科目编号	科目编号	科目编号			附凭证
								张

会计主管　　　记账　　　稽核　　　出纳　　　制单　　　领缴款人

记账凭证应按制度的规定进行编制和执行，有关人员必须履行自己的职责。月末，应将记账凭证按顺序号整理，连同所附的原始凭证加上封面，装订成册保管。记账凭证封面格式如表3-4所示。

表3-4　（财政部门或单位名称）
记账凭证封面

时　　间	年　　　　月　份
册　　数	本月共　　册　　本册是第　　册
张　　数	本册自第　　号至第　　　号

会计主管　　　　　　　　　　　装订人

（三）会计账簿的设置

账簿是由一定的格式、互相联系的账页组成，以供会计人员在会计凭证的基础上，全面、连续、系统地记录和反映各项经济业务的簿籍。为了核算各级政府、行政单位的财政资金，政府会计应根据需要设置以下账簿：

1. 总账

总账是用来核算财政总预算会计资金活动的总括情况、平衡账务、控制和核对各种明细账的账簿。总账格式采用三栏式账簿，并按会计科目名称设置账户。总账格式如表3-5所示。

表3-5　总　账　　　　　会计科目：_____

本账页数	
本户页数	

户名：_____

年		凭证号	摘　要	借方金额	贷方金额	余　额	
月	日					借或贷	金　额

2. 明细账

明细账是用来核算对总账有关科目进行明细核算的账簿。明细账可以选用三栏式账簿或多栏式账簿。多栏式账簿格式如表3-6所示。

表3-6　明　细　账

明细科目或户名：_____　　　　　　　　　　　　　　　　　第　页

年		凭证号	摘　要	借方	贷方	余额	借（贷）方余额分析			
月	日									

说明：各种收支明细账可采用本账格式。

本账作为支出明细核算时，"借（贷）方余额分析"栏以借方为主。

本账作为收入明细核算时，"借（贷）方余额分析"栏以贷方为主。

具体来说，财政总预算会计需设置的主要明细账如下：

（1）收入明细账，包括一般预算收入明细账、基金预算收入明细账、专用基金收入明细账、上解收入明细账等。

（2）支出明细账，包括一般预算支出明细账、基金预算支出明细账、专用基金支出明细账、补助支出明细账等。

（3）往来明细账，包括暂付款明细账、暂存款明细账、与下级往来明细账等。

（4）存款明细账，包括一般预算存款明细账、基金预算存款明细账、专用基金存款明细账、未设国库的乡镇财政预算资金存款明细账等。

思考题

1. 什么是财政总预算会计？
2. 财政总预算会计的对象是什么？
3. 财政总预算会计有哪些特点？
4. 财政总预算会计的管理体系是如何构成的？
5. 财政总预算会计科目的设置有哪些特点？
6. 财政总预算会计应设置哪些账簿？

第四章

财政总预算会计资产的核算

财政总预算会计所核算的资产，是一级财政掌管或控制的能以货币计量的经济资源，包括货币资金和债权两大部分。

通过本章的学习，应该掌握以下内容：

- 总预算会计资产的内容
- 各项资产的管理要求
- 各项资产的账务处理

第一节　财政性存款的核算

从财政总预算会计核算的角度来看，财政性存款是指政府财政部门代表政府管理的国库存款、国库现金管理存款、其他财政存款、财政零余额账户存款、在途存款等财政存款。财政性存款的支配权属于同级政府财政部门，并由财政总预算会计负责管理，统一在国库或选定的银行开立账户，统一收付，不得透支，不得提取现金。

一、财政性存款的管理

（一）财政国库管理制度

根据《财政国库管理制度改革试点方案》的有关规定，财政国库管理制度包括以下内容：

1. 国库单一账户制度

国库单一账户制度是指政府所有财政资金都集中在中国人民银行的国库存款账户，银行存款账户下不存放财政资金的制度。实行国库单一账户制度后，所有财政收入都直接缴入国库存款账户，不再通过有关部门或单位在商业银行开设收入过渡账户；所有财政支出都直接从国库存款账户支付给货品和劳务的提供者或用款单位，也不再通过有关部门或单位在商业银行开设的支出过渡账户。建立国库单一账户制度从源头上解决了有关部门或单位截留和挪用财政资金、滥设财政资金收支过渡账户和财政资金统一调度效率不高的问题。

2. 国库单一账户体系

（1）财政部门开设银行存款账户。财政部门开设"国库存款"账户、"财政零余额账户存款"账户、"特设银行存款"账户。

财政部门在中国人民银行开设"国库存款"账户。该账户用来核算纳入财政预算管理的财政收入和财政支出，并用于与财政部门在商业银行开设的"财政零余额账户存款"账户和财政部门为预算单位在商业银行开设的"零余额账户用款额度"账户进行清算，实现支付。

财政部门按资金使用性质在商业银行开设"财政零余额账户存款"账户。该账户用于财政直接支付，与"国库存款"账户进行清算，为过渡性质的账户。当商业银行根据财政部门开具的支付指令通过该账户向有关商品或劳务提供者支付款项，并按日向"国库存款"账户申请清算收回款项后，该账户余额为零，因此被称为"财政零余额账户存款"账户。"财政零余额账户存款"账户不实存财政资金。

财政部门开设"特设银行存款"账户，是经国务院和省级人民政府批准或授权财政部门开设的特殊过渡性账户。该账户用来核算预算单位的特殊专项支出费用，并用于与国库单一账户进行清算。一般情况下，该账户为实存资金账户。

（2）财政部门为预算单位开设的银行存款账户。财政部门为预算单位在商业银行开设"零余额账户用款额度"账户。该账户用于财政直接支付，与"国库存款"账户进行清算，为过渡性质的账户。当商业银行根据预算单位开具的支付指令，向有关商品和劳务提供者支付款项，并按日向"国库存款"账户申请清算收回支付款项后，该账户的余额为零，因此被称为"零余额账户用款额度"账户。"零余额账户用款额度"账户不实存财政资金。

（二）财政性存款的管理原则

财政总预算会计的财政性存款是财政部门代表政府所掌管的财政资金，包括国库存款和其他财政存款。财政性存款的支配权属于同级财政部门，由财政总预算会计负责管理和统一收付。财政总预算会计在管理财政性存款中应当遵循以下原则：

1. 集中资金，统一调度

各种应由财政部门掌管的资金，都要纳入财政总预算会计的存款账户，并根据各项业务的进度拨付资金，以满足计划内各项正常支出的需要。实行集中资金，统一调度，一方面有利于资金周转，提高资金的使用效益；另一方面又有利于明确职责，健全内部控制机制。

2. 严格控制存款开户

各级政府的预算资金除财政部有明确规定者外，都要由财政总预算会计统一在国库或指定的银行开立存款账户。不得在国家规定之外将预算资金或其他财政资金任意转存其他金融机构。

3. 执行预算，计划支拨

财政总预算会计应根据人民代表大会通过的年度预算和经财政有关职能部门批准的单位季度分月用款计划拨付财政资金，不得办理超预算、无计划的拨款。尤其在行政事业单位实行经费包干、财政总预算"以拨列支"的情况下，必须严格执行预算和用款计划，以加强源头控制。

4. 转账结算，不提现金

财政总预算会计的各种支拨凭证，都只能用以转账结算，不得提取现金。财政部门是资金分配部门，不是财政资金的具体使用单位，采用转账结算，符合财政总预算会计的实际情况，也有利于保护国库存款的安全。

5. 在存款余额内支付，不得透支

财政总预算会计只能在国库存款和其他财政存款余额内办理支付。不得透支是金融管理的常规，也是管理财政资金的原则。不得透支，能够使各级财政部门做好季节间的资金调度工作，确保财政收支平衡。

（三）财政性存款的开户

对于财政性存款，一般由财政机关开具证明，加盖机关公章，并提交印鉴卡，到同级国库或指定的银行办理开户，待第一笔收入收到后，该户即开始成立。

开户时提交的印鉴卡应预留财政机关名称、机关首长、预算部门负责人和会计的印鉴。

二、国库存款的核算

国库存款是各级政府财政部门存放在中国人民银行国库单一账户的财政预算资金存款，如一般公共预算资金存款、政府性基金预算存款和国有资本经营预算资金存款等。

为了反映和监督国库存款的增减变动及其结存情况，财政总预算会计应当设置"国库存款"科目。该科目的借方登记国库存款的增加数；贷方登记国库存款的减少数；余额在借方，反映国库存款的结存数。该账户可设置"一般公共预算存款""政府性基金预算存款""国有资本经营预算存款"等明细账户进行明细核算。

【例4-1】中央财政收到国库报来的一般公共预算收入日报表及缴款书，内列当日公共预算收入2 000万元；收到国库报来的政府性基金预算收入日报表，内列政府性基金预算收入3 000万元；收到国库报来的国有资本经营预算收入日报表，内列当日国有资本经营预算收入4 000万元。财政部应编制如下会计分录：

借：国库存款——一般公共预算存款　　　　　　　　　20 000 000
　　　　　　——政府性基金预算存款　　　　　　　　30 000 000
　　　　　　——国有资本经营预算存款　　　　　　　40 000 000
　　贷：一般公共预算本级收入——税收　　　　　　　　　20 000 000
　　　　政府性基金预算基金本级收入　　　　　　　　　　30 000 000
　　　　国有资本经营预算本级收入　　　　　　　　　　　40 000 000

"财政零余额账户存款"账户是用来核算财政直接支付以及与"国库存款"账户进行清算的过渡性质的账户。当商业银行根据财政部门开具的支付指令通过该账户向有关商品或劳务提供者支付款项，并按日向"国库存款"账户申请清算收回款项后，该账户余额为零，该账户不实存财政资金。

财政总预算会计收到预算收入时，根据国库报来的预算收入日报表入账。收到上级预算补助时，根据国库转来有关结算凭证入账。办理库款支付时，根据支付凭证回单入账。

"其他财政存款"科目是用来核算各级财政总预算会计未列入"国库存款"科目反映的各项财政性存款的增减变动及结存情况。其他财政存款包括未设国库的乡（镇）财政在专业银行的预算资金存款，由财政部指定存入专业银行的专用基金存款以及政府采购资金存款等。该科目借方登记其他财政存款的增加数；贷方登记其他财政存款的减少数；余额在借方，反映其他财政存款的结存数。为便于分类管理，"其他财政存款"总账科目下应按交存地点和资金分设明细账，进行明细分类核算。

【例4-2】某市财政局收到国库报来本市预算收入日报表及缴款书等原始凭证，列示当日市级预算收入为1 500 000元，国有资本经营预算收入为780 000元。该财政局应编制如下会计分录：

借：国库存款——一般公共预算存款 2 280 000
　　贷：一般公共预算本级收入 1 500 000
　　　　国有资本经营预算本级收入 780 000

【例4-3】某市财政局收到国库报来基金预算收入日报表，列明收入为5 000 000元。该财政局应编制如下会计分录：

借：国库存款——政府性基金预算存款 5 000 000
　　贷：政府性基金预算本级收入 5 000 000

【例4-4】某市财政局收到下级财政上解的预算收入300 000元。该财政局应编制如下会计分录：

借：国库存款 300 000
　　贷：上解收入 300 000

【例4-5】某市财政局收到国库存款利息400 000元。该财政局应编制如下会计分录：

借：国库存款 400 000
　　贷：一般公共预算本级收入 400 000

【例4-6】某市财政局收到缴入国库来源不清的款项500 000元。该财政局应编制如下会计分录：

借：国库存款 500 000
　　贷：其他应付款——收入项目待查款 500 000

【例4-7】某市财政局按计划拨付市民政局本月行政经费250 000元，拨付国有资本经营预算支出380 000元。该财政局应编制如下会计分录：

借：一般公共预算本级支出 250 000
　　国有资本经营预算本级支出 380 000
　　贷：国库存款 630 000

三、国库现金管理存款的核算

财政部和中国人民银行于2014年出台了《地方国库现金管理试点办法》，在预算管理水平高、财政专户清理力度大、政府债务约束考评机制相对完善的省（区、市）试点地方国库现金管理办法。国库现金管理存款是指政府财政实行国库现金管理业务存放在商业银行的款项。国库现金是指地方政府存放在同级国库的财政资金。国库现金管理是指在确保国库现金安全和资金支付需要的前提下，为提高财政资金的使用效率，运用金融工具有效运作国库存款的管理活动。中央国库现金管理操作方式主要有商业银行定期存款和买回国债等；地方国库现金管理操作方式是商业银行定期存款。

为了反映和监督国库现金管理存款的增减变化及其结存情况，各级财政总预算会计应当设置"国库现金管理存款"账户，该账户的借方登记国库现金管理存款的增加数；贷方登记国库现金管理存款的减少数；余额在借方，反映政府财政实行国库现金管理业务持有的数额。该账户可以按照国库现金管理操作方式分户进行明细核算。

【例4-8】某市财政局结余资金较多，为了提高资金使用效益，将2亿元资金转到某商业银行，作为定期存款，期限1年。该财政局应编制如下会计分录：

借：国库现金管理存款 200 000 000
　　贷：国库存款 200 000 000

【例4-9】某市财政局将存入某商业银行的国库现金管理存款收回，本金2亿元，利息400万元。该财政局应编制如下会计分录：

借：国库存款 204 000 000

贷：国库现金管理存款 200 000 000

一般公共预算本级收入 4 000 000

四、其他财政存款的核算

其他财政存款是指各级政府财政未列入"国库存款""国库现金管理存款"账户核算的各项存款。其他财政存款包括专用基金存款、财政专户管理资金存款、代管资金存款、特设账户存款、未设国库的乡（镇）财政在商业银行的预算资金存款等。

为了反映和监督各级财政其他财政存款的增减变动及其结存情况，各级财政总预算会计应当设置"其他财政存款"账户。该账户的借方登记其他财政存款的增加数；贷方登记其他财政存款的减少数；余额在借方，反映各级政府财政持有的其他财政存款数。

其他财政存款的主要来源有专用基金收入、财政专户管理资金收入、应付代管资金及利息收入等。

其他财政收入产生的利息收入，除规定作为专户资金收入外，其他利息收入都应缴入国库纳入一般公共预算管理。取得其他财政利息收入时，对实际获得的利息收入金额按不同情况进行处理：第一，按规定作为专户资金收入的，借记"其他财政存款"科目，贷记"应付代管资金""财政专户管理资金收入"等科目。第二，按规定应缴入国库的，借记"其他财政存款"科目，贷记"其他应付款"科目，将其他财政存款利息收入缴入国库时，借记"其他应付款"科目，贷记"其他财政存款"科目；同时借记"国库存款"科目，贷记"一般公共预算本级收入"科目。

【例4-10】某市财政局收到上级拨来的专用基金800 000元，收到为某预算单位代管预算资金600 000元，收到财政专户管理资金700 000元，存入指定的商业银行。该财政局应编制如下会计分录：

借：其他财政存款——专用基金存款 800 000

——代管资金存款 600 000

——财政专户管理资金存款 700 000

贷：专用基金收入 800 000

应付代管资金——某预算单位 600 000

财政专户管理资金收入 700 000

【例4-11】某市财政局收到应付代管资金的其他财政存款利息收入100 000元，收到专用基金和财政专户资金存款的利息收入分别为150 000元和120 000元，需要上缴国库。该财政局应编制如下会计分录：

借：其他财政存款——代管资金存款 100 000

——专用基金存款 150 000

——财政专户管理资金存款 120 000

贷：应付代管资金——某预算单位 100 000

其他应付款——专用基金存款利息 150 000

——财政专户管理资金存款利息 120 000

该财政局将收到的专用基金和财政专户资金存款的利息收入上缴国库，应编制如下会计分录：

借：其他应付款——专用基金存款	150 000
——财政专户管理资金存款	120 000
贷：其他财政存款	270 000

同时，该财政局将利息收入作为一般公共预算收入，应编制如下会计分录：

借：国库存款	270 000
贷：一般公共预算本级收入——非税收入	270 000

【例4-12】某市财政局拨付一笔专用基金400 000元给A单位用于经批准实施的某一专门项目，支付应付B单位代管资金1 000 000元，拨付C单位财政专户管理资金支出300 000元。该财政局应编制如下会计分录：

借：专用基金支出——A单位	400 000
应付代管资金——B单位	1 000 000
财政专户管理资金支出——C单位	300 000
贷：其他财政存款——专用基金存款	400 000
——代管资金存款	1 000 000
——财政专户管理资金存款	300 000

【例4-13】某乡财政总预算未设国库，收到县财政总预算会计返回的一般预算收入890 000元。该财政部门应编制如下会计分录：

借：其他财政存款	890 000
贷：一般公共预算本级收入	890 000

【例4-14】接例4-13，某乡财政总预算会计开出付款通知单，向乡所属中学拨付本月经费560 000元。该财政部门应编制如下会计分录：

借：一般公共预算本级支出	560 000
贷：其他财政存款	560 000

五、财政零余额账户存款的核算

财政部门按资金使用性质在商业银行开设"财政零余额账户存款"账户，该账户是用于核算财政国库支出执行机构在代理银行办理直接支付的业务及与"国库存款"账户进行清算而设置的账户，是过渡性质的账户。该账户不得提取现金。当商业银行根据财政部门开具的支付指令通过该账户向有关商品或劳务提供者支付款项，并按日向"国库存款"账户申请清算收回款项后，该账户余额为零，因此被称为"财政零余额账户存款"账户。"财政零余额账户存款"账户不实存财政资金。

【例4-15】某市财政局为公安局通过"财政零余额账户存款"账户直接支付办公材料购置款180 000元。该财政局应编制如下会计分录：

借：一般公共预算本级支出——公安局	180 000
贷：财政零余额账户存款	180 000

财政国库支付执行机构每日将按部门分类、款、项汇总的预算支出结算清单等结算单与中国人民银行国库划款凭证核对无误后，送总预算会计结算资金，按照结算的金额借记"财政零余额账户存款"科目，贷记"已结报支出"科目。

【例4-16】例4-15中当日资金支付业务终了后，某市财政局国库处将当日的支出业务汇总，与国库划款凭证核对无误后，送总预算会计结算资金，当日的一般公共预算本级支出为180 000元。该财政局应编制如下会计分录：

借：财政零余额账户存款   180 000

 贷：已结报支出   180 000

第二节　有价证券投资的核算

一、有价证券投资的管理要求

有价证券是国家指定的证券发行部门依照法定程序发行的，并约定在一定期限内还本付息的信用凭证。财政总预算会计核算的有价证券是指政府财政按照有关规定取得并持有的中央政府以信用方式发行的国家公债。发行有价证券是政府调节宏观经济、平衡预算、集中财力、筹集国家重点建设项目资金的一种手段。财政总预算会计对有价证券投资的管理与核算有以下几个方面的要求：

（1）各级政府只能用各项财政结余资金（指一般预算结余和基金预算结余）购买国家指定的有价证券，如国库券、国家重点建设债券等，但不能购买公司债券和股票。

（2）支付购买有价证券的资金不能列作支出。

（3）当期有价证券兑付的利息及转让有价证券取得的收入，与有价证券账面成本的差额，应按购入有价证券时的资金来源作为一般预算收入或基金预算收入。

（4）有价证券（含债券收款单）要视同货币一样妥善保管。

二、有价证券投资的核算

为了反映和监督各级财政部门有价证券的购买、兑换及结存情况，需设置"有价证券"科目。

"有价证券"科目用来核算各级政府按国家统一规定用各项财政结余购买有价证券的库存数。该科目借方登记购入款；贷方登记到期兑付款；余额在借方，反映尚未兑换的有价证券实际库存款。

【例4-17】某市财政局根据市政府指示用预算结余购买国库券5 000 000元；用政府性基金预算结余购买国库券1 000 000元。该财政局应编制如下会计分录：

借：有价证券   6 000 000

 贷：国库存款——一般预算存款   5 000 000

   政府性基金预算存款   1 000 000

【例4-18】上述国库券到期，收回本金6 000 000元，利息180 000元（利率3%）。该财政局应编制如下会计分录：

借：国库存款——一般公共预算存款   5 150 000

    ——政府性基金预算存款   1 030 000

 贷：有价证券   6 000 000

   一般公共预算本级收入   150 000

   政府性基金预算本级收入   30 000

第三节 财政债权的核算

财政总预算会计债权主要有三类：一是对用款单位借垫款形成的债权，二是财政部门上下级往来形成的债权，三是预拨款项形成的债权。这些债权具体包括借出款项、上下级往来款、预拨经费、在途款、其他应收款、应收转贷款等。

一、借出款项的核算

借出款项是指政府财政根据对外借款管理的相关规定借给预算单位的临时急需并需按期收回的款项。在预算执行过程中，财政部门和预算单位之间发生一些临时性的借款是经常的，财政总预算会计应当加强借款的核算和管理。

为了核算借出款项业务，各级财政总预算会计需设置"借出款项"科目。该科目借方登记借款的增加数；贷方登记借款的清偿数；余额在借方，反映尚未清偿的借款数。该科目应及时清理结算，年终该科目原则上应无余额。该科目应按资金性质及借款单位名称设置明细账，进行明细分类核算。

预算执行过程中，财政部门和预算单位之间会发生一些临时性的应收、暂付款项，如对所属预算单位和其他单位的临时急需借款和其他应收暂付款，政府采购采用国库集中收付方式时，也会产生暂付款。这一债权是待结算资金，既可能收回，也可能转为支出。财政总预算会计应设置"暂付款"科目进行核算。由于暂付款属于债权性质，财政总预算会计应及时组织清理，不能长期挂账。

为了核算暂付款业务，财政总预算会计需设置"暂付款"总账科目。该科目借方登记债权的发生数；贷方登记债权的清偿数；余额在借方，反映尚未清偿的债权数。该科目应及时清理结算，年终该科目原则上应无余额。该科目应按资金性质及借款单位名称设置明细账，进行明细分类核算。

【例4-19】 某市因救灾急需，按领导指示，市财政局借给民政局自然灾害救灾款350 000元。该财政局应编制如下会计分录：

借：借出款项——民政局	350 000
贷：国库存款	350 000

收回借款时进行相反的会计处理。大部分情况会将借入经费支出。

【例4-20】 接上例，经研究，该暂付款已落实预算，全数转为对民政局的经费拨款。该财政局应编制如下会计分录：

借：一般公共预算本级支出	350 000
贷：借出款项	350 000

【例4-21】 某市财政局将预算资金250 000元划入政府采购资金专户，用于A部门采购设备。该财政局应编制如下会计分录：

借：暂付款——政府采购款	250 000
贷：国库存款	250 000

同时：

借：其他财政存款——财政部门零余额账户	250 000
贷：暂存款——政府采购款	250 000

【例4-22】接上例，A部门采购的设备价款为240 000元，国库支付局根据有关文件和资料拨付款项，并将节约的资金划回财政总预算会计。该财政局应编制如下会计分录：

借：暂存款——政府采购款（支付）   240 000
　　　　　——政府采购款（划回）   10 000
　　贷：其他财政存款——财政部门零余额账户   250 000

【例4-23】市财政总预算会计将政府采购所用预算资金240 000元列报支出，并收到划回的政府采购资金。该财政局应编制如下会计分录：

借：一般公共预算本级支出   240 000
　　贷：暂付款——政府采购款   240 000
借：国库存款   10 000
　　贷：暂付款——政府采购款   10 000

二、上下级往来款的核算

财政部门在执行总预算过程中，有时会出现年度内预算收入和预算支出不平衡的情况。当预算支出大于预算收入时，按规定可以先动用本级财政的预算周转金；如果预算收支仍不平衡，下级财政部门可以向上级财政部门申请短期借款。上级财政部门也可以向有结余的下级财政部门借入款项。这些款项就形成了财政上下级之间的债权债务。另外，年终财政体制结算中，全年上下级财政的实际上解或补助款与应上解或应补助款之间也会形成暂时借垫款项，这也是财政上下级之间的债权债务。

为了核算与下级往来业务，应设置"与下级往来"科目。该科目借方登记借给下级财政的款项、下级财政应上缴款项的增加数、应付给下级财政款项的减少数；贷方登记收回下级财政偿还的款项、应补助下级财政的增加数额、下级财政应缴款项的上缴减少数；余额在借方，反映下级财政应归还本级财政的款项。如余额在贷方，则反映本级财政欠下级财政的款项，在编制资产负债表时应以负数表示。

该科目应及时清理结算，转作补助支出的部分，应在当年结清，不得长期挂账；其他年终未能结清的余额，结转下年。该科目应按资金性质和下级财政部门名称设置明细账，进行明细分类核算。

【例4-24】某市财政局同意其下属A财政单位申请临时借款500 000元，以作周转调度用。该财政局应编制如下会计分录：

借：与下级往来——A财政单位   500 000
　　贷：国库存款——一般公共预算存款   500 000

【例4-25】市财政局同意将上述借款的80%转作对下属财政单位的补助款，20%归还给本局，并已收到还款。该财政局应编制如下会计分录：

借：国库存款——一般公共预算存款   100 000
　　补助支出   400 000
　　贷：与下级往来   500 000

【例4-26】财政体制结算中，某市财政应收下级财政上交的款项150 000元未收到。该财政局应编制如下会计分录：

借：与下级往来   150 000
　　贷：上解收入   150 000

【例4-27】在财政体制结算中，某市财政应补助所属某县财政款项235 000元未拨付。该财政局应编制如下会计分录：

借：补助支出　　　　　　　　　　　　　　　　　　　　　　235 000
　　贷：与下级往来　　　　　　　　　　　　　　　　　　　　　　235 000

三、预拨经费的核算

预拨款项是各级财政机关根据核定的预算计划，按规定预拨给用款单位的待结算资金。

（一）预拨经费的含义及管理要求

预拨经费是由于特殊情况预拨给预算单位，不在当期列支的经费。发生预拨经费主要有两种特殊情况：一是交通不便的边远地区，需要上级部门提前拨付下一个月的经费；二是上年预拨属于下年预算的经费。凡是年度预算执行中，财政总预算会计用预算资金预拨出应在以后各期列支的款项以及会计年度终了前预拨给用款单位的下年度经费均应作为预拨经费管理。

财政总预算会计对于预拨经费的管理要求如下：

（1）预拨经费应掌握个别、特殊的原则，并控制在计划额度内，不能任意预拨。

（2）预拨经费应按照单位经费领报关系预拨。凡有上级主管部门的单位，不能直接与各级财政部门发生领拨经费关系。

（3）预拨经费应在规定的列支期间及时列为支出，不能长期挂账。

（二）应设置的会计科目及账务处理

财政总预算会计为了核算预拨款项，应设置"预拨经费"科目。"预拨经费"科目用来核算财政部门预拨给行政事业单位、尚未列为预算支出的经费。该科目借方登记预拨款；贷方登记转列支出数或用款单位交回款；余额在借方，反映尚未转列支出或尚未收回的预拨经费数。该科目应按拨款单位设置明细账。凡是拨出经费属于本期支出的，应直接通过有关支出科目核算，不能记入"预拨经费"科目。

【例4-28】某市财政局根据下年度计划和水利局申请，预拨给水利局下年度农田水利经费80万元。该财政局应编制如下会计分录：

借：预拨经费——水利局——下年度水利经费　　　　　　　　800 000
　　贷：国库存款——一般公共预算存款　　　　　　　　　　　　800 000

【例4-29】某市财政局7月份按预算预拨给市教委下月教育经费100万元。该财政局应编制如下会计分录：

借：预拨经费——市教委　　　　　　　　　　　　　　　　1 000 000
　　贷：国库存款——一般公共预算存款　　　　　　　　　　　1 000 000

【例4-30】接上例，经审核，市财政局将预拨给市教委的经费转列支出。该财政局应编制如下会计分录：

借：一般公共预算本级支出　　　　　　　　　　　　　　　1 000 000
　　贷：预拨经费——市教委　　　　　　　　　　　　　　　　1 000 000

四、在途款的核算

在途款是指在决算清理期和库款报解整理期内，财政总预算会计收到的属于上年度的收入、收回的不属于上年度的支出和其他需要作为在途款过渡的款项。财政总预算会计在决算清理期和库款报解整理期收到的属于上年度的预算收入应当计入上年度的账项，上年度已经拨付的不属于上年度的支出应当予以收回。这些经济业务发生在新会计年度，发生时虽然已收到，但会计事项属于上个会计年度，从上个会计年度来讲，这些款尚未到达，属于在途款项，需要在"在途款"账户进行过渡核算。财政总预算会计在国库存款的报解整理期内应认真分析整理上年度财政收支的具体情况，确定上年度末在途款及财政收支的数额。

为了反映和监督各级政府财政的在途款的增减变动及其结存情况，财政部门需要设置"在途款"科目。该科目的借方记录各级国库在决算清理期内和库款报解整理期内收到应属于上年度的收入款以及收回上年已拨付款，但不属于上年度列支的款项；贷方登记收到的在途款已冲销转入国库存款的数额；余额在借方，反映政府财政持有的仍未到达的在途款数额。该科目应按在途款项目分户进行明细核算。

财政部门在决算清理期和库款报解整理期内，收到属于上年度的收入的款项时，在上年度的账务中借记"在途款"科目，贷记"一般公共预算本级收入"等科目；收回上年度已拨付但不属于上年度的支出款项时，借记"在途款"科目，贷记"预拨经费"科目或"一般公共预算本级支出"等有关科目；冲转在途款时，在本年度账务中借记"国库存款"科目，贷记"在途款"科目。

【例4-31】某市财政局在决算清理期和库款报解整理期内收到国库报来的一般公共预算本级收入日报表，属于上年度的一般公共预算收入500 000元。该财政局应编制如下会计分录：

在上年度的账务中编制的会计分录如下：

借：在途款　　　　　　　　　　　　　　　　　　　　　500 000
　　贷：一般公共预算本级收入　　　　　　　　　　　　　　500 000

在本年度的账务中编制的会计分录如下：

借：国库存款　　　　　　　　　　　　　　　　　　　　500 000
　　贷：在途款　　　　　　　　　　　　　　　　　　　　500 000

【例4-32】某市财政局在决算清理期和库款报解整理期内收回上年度多拨经费200 000元。该财政局应编制如下会计分录：

在上年度的账务中编制的会计分录如下：

借：在途款　　　　　　　　　　　　　　　　　　　　　200 000
　　贷：预拨经费　　　　　　　　　　　　　　　　　　　200 000

如果已做了支出，则应冲减"一般公共预算本级支出"科目，在本年度的账务中编制的会计分录如下：

借：国库存款　　　　　　　　　　　　　　　　　　　　200 000
　　贷：在途款　　　　　　　　　　　　　　　　　　　　200 000

五、其他应收款的核算

其他应收款是指政府财政临时发生的其他应收款、暂付款和垫付款项，项目单位拖欠外国政府和国际金融组织贷款本息与相关费用导致相关政府财政履行担保责任，代偿的贷款本息和其他费用。

为了反映和监督各级财政的其他应收款，财政总预算会计需要设置"其他应收款"科目。该科目借方记录各种其他应收款的增加数；贷方记录各种其他应收款的收回数；余额在借方，反映尚未收回的其他应收款的结存数。该科目应及时清理结算，年终原则上无余额。该科目应按资金性质和债务单位分户进行明细核算。

【例4-33】某市财政局用一般公共预算资金为农业局垫付了一笔资金200 000元。该财政局应编制如下会计分录：

借：其他应收款——农业局   200 000

  贷：国库存款——一般公共预算存款   200 000

收回时进行相反的会计处理。转作农业局的预算支出时记入相关支出账户。

【例4-34】假设财政局将该笔垫款120 000元转作预算支出，80 000元收回。

借：国库存款   80 000

  一般公共预算本级支出   120 000

  贷：其他应收款——农业局   200 000

政府财政对项目单位拖欠外国政府和国际金融组织贷款本息与相关费用履行担保责任，代偿的贷款本息和其他费用，借记"其他应收款"科目，贷记"国库存款""其他财政存款"等科目；收回则编制相反的会计分录，批准转销作为经费支出时，借记相关支出科目，贷记"其他应收款"科目。

【例4-35】某市财政局为W预算单位代偿提供担保的世界银行贷款10 000 000元，利息800 000元。该财政局应编制如下会计分录：

借：其他应收款——W预算单位   10 800 000

  贷：国库存款——一般公共预算存款   10 800 000

收回时编制相反的会计分录。转作W预算单位的预算支出时记入相关支出账户。

【例4-36】假设市财政局将该笔垫款10 300 000元转作预算支出，500 000元收回。该财政局应编制如下会计分录：

借：国库存款——一般公共预算存款   500 000

  一般公共预算本级支出   10 300 000

  贷：其他应收款——W预算单位   10 800 000

六、应收转贷款的核算

应收转贷款是指政府财政将借入的资金转贷给下级政府财政的款项，包括应收地方政府债券转贷款和应收主权外债转贷款。

（一）应收地方政府债券转贷款

地方政府债券转贷款指本级政府财政转贷给下级政府财政的地方政府债券资金。为了核算地方政府债券转贷款情况，财政总预算会计需要设置"应收地方政府债券转贷款"科目。该科目借方记录地方政府债券转贷款的增加数；贷方记录地方政府债券转贷款的减少数；余额在借方，反映政府财政应收未收的地方政府债券转贷款的本金和利息。该科目应按"应收地方政府一般债券转贷款""应收地方政府专项债券转贷款"设置明细科目，并按转贷对象进行明细核算。

（1）向下级政府财政转贷地方政府债券资金时，按照转贷的金额借记"债务转贷支出"科目，贷记"国库存款"科目；同时根据债务管理部门转来的相关资料借记

"应收地方政府债券转贷款"科目，贷记"资产基金——应收地方政府债券转贷款"科目。

【例4-37】中央财政为D省的某个建设项目发行专项债券2亿元，并向D省转贷。中央财政（财政部）应编制如下会计分录：

借：债务转贷支出　　　　　　　　　　　　　　　　　　　200 000 000
　　贷：国库存款　　　　　　　　　　　　　　　　　　　　　200 000 000

同时：

借：应收地方政府债券转贷款——应收地方政府专项债券转贷款（本金）——D省
　　　　　　　　　　　　　　　　　　　　　　　　　　　200 000 000
　　贷：资产基金——应收地方政府债券转贷款　　　　　　　200 000 000

（2）期末确认应收地方政府债券转贷款的应收利息，根据债务管理部门计算出的应收未收利息借记"应收地方政府债券转贷款"科目，贷记"资产基金"科目。

【例4-38】期末确认应收未收利息为400万元。中央财政（财政部）应编制如下会计分录：

借：应收地方政府债券转贷款——应收地方政府专项债券转贷款（利息）——D省
　　　　　　　　　　　　　　　　　　　　　　　　　　　4 000 000
　　贷：资产基金——应收地方政府债券转贷款　　　　　　　　4 000 000

（3）收回下级政府财政偿还的转贷本息时，借记"国库存款"科目，贷记"其他应付款"或"其他应收款"科目；同时借记"资产基金——应收地方政府债券转贷款"科目，贷记"应收地方政府债券转贷款"科目。

【例4-39】假设D省偿还了全部的转贷本金和利息2.04亿元，中央财政（财政部）应编制如下会计分录：

借：国库存款　　　　　　　　　　　　　　　　　　　　　204 000 000
　　贷：其他应付款　　　　　　　　　　　　　　　　　　　　204 000 000

同时：

借：资产基金——应收地方政府债券转贷款——应收地方政府专项债券转贷款（本金）——D省　　　　　　　　　　　　　　　　　　　　200 000 000
　　　　　　　　——应收地方政府专项债券转贷款（利息）——D省　4 000 000
　　贷：应收地方政府债券转贷款——应收地方政府专项债券转贷款（本金）
　　　　——D省　　　　　　　　　　　　　　　　　　　　200 000 000
　　　　　　　　　——应收地方政府专项债券转贷款（利息）
　　　　——D省　　　　　　　　　　　　　　　　　　　　4 000 000

（4）扣缴下级政府财政的转贷款本息时，借记"与下级往来"科目，贷记"其他应付款"或"其他应收款"科目；同时借记"资产基金——应收地方政府债券转贷款"科目，贷记"应收地方政府债券转贷款"科目。

【例4-40】假设年末体制结算，中央财政对D省的补助中扣缴全部本息。中央财政（财政部）应编制如下会计分录：

借：与下级往来　　　　　　　　　　　　　　　　　　　　204 000 000
　　贷：其他应付款　　　　　　　　　　　　　　　　　　　　204 000 000

同时：

借：资产基金——应收地方政府债券转贷款 204 000 000
　　贷：应收地方政府债券转贷款——应收地方政府专项债券转贷款（本金）
　　　　　——D 省 200 000 000
　　　　　　　　　　　　　——应收地方政府专项债券转贷款（利息）
　　　　　——D 省 4 000 000

（二）应收主权外债转贷款

应收主权外债转贷款指本级政府财政转贷给下级政府财政的外国政府和国际金融组织贷款等主权外债资金。

为了核算主权外债转贷款情况，财政总预算会计需要设置"应收主权外债转贷款"科目。该科目借方记录应收主权外债转贷款的增加数；贷方记录应收主权外债转贷款的减少数；余额在借方，反映政府财政应收未收的主权外债转贷款的本金和利息。该科目应按"应收本金""应收利息"设置明细科目，并按转贷对象进行明细核算。

（1）本级政府向下级政府财政转贷主权外债资金时，并且主权外债最终还款责任由下级政府财政承担的，本级政府财政支付转贷资金时，借记"债务转贷支出"科目，贷记"其他财政存款"科目；同时根据债务管理部门转来的相关资料借记"应收主权外债转贷款"科目，贷记"资产基金——应收主权外债转贷款"科目。

【例 4-41】某省政府财政获得外国政府贷款，在本省投资基础设施建设，现将贷款 1 亿元转贷给所属的 M 市，用于 M 市的基础设施建设。省财政（财政厅）应编制如下会计分录：

借：债务转贷支出 100 000 000
　　贷：其他财政存款 100 000 000
同时：
借：应收主权外债转贷款——应收本金——M 市 100 000 000
　　贷：资产基金——应收主权外债转贷款 100 000 000

（2）外方将贷款资金直接支付给用款单位或供应商时，本级财政根据转贷资金支付相关资料，借记"债务转贷支出"科目，贷记"债务收入"科目或"债务转贷收入"科目；借记"应收主权外债转贷款"科目，贷记"资产基金"科目；借记"待偿债净资产"科目，贷记"借入款项"或"应付主权外债转贷款"科目。

【例 4-42】某省政府财政获得外国政府贷款，在本省投资基础设施建设，现将贷款 1.2 亿元由外国贷款机构直接支付给所属的 F 市，用于 F 的基础设施建设。省财政（财政厅）应编制如下会计分录：

借：债务转贷支出 120 000 000
　　贷：债务收入 120 000 000
同时：
借：应收主权外债转贷款——应收本金——F 市 120 000 000
　　贷：资产基金——应收主权外债转贷款 120 000 000
还需要编制如下会计分录：
借：待偿债净资产 120 000 000
　　贷：借入款项 120 000 000

（3）期末确认应收主权外债转贷款的应收利息，根据债务管理部门计算出的应收未收利息，借记"应收主权外债转贷款"科目，贷记"资产基金"科目。

【例4-43】期末确认应收未收利息为200万元。省财政（财政厅）应编制如下会计分录：

借：应收主权外债转贷款——应收利息——F省 2 000 000
　　贷：资产基金——应收主权外债转贷款 2 000 000

（4）收回转贷给下级政府财政主权外债的本息时，按收回的金额，借记"其他财政存款"科目，贷记"其他应付款"或"其他应收款"科目；同时借记"资产基金——应收主权外债转贷款"科目，贷记"应收主权外债转贷款"科目。

【例4-44】假设M市偿还了全部的转贷本金1亿元和利息200万元。省财政（财政厅）应编制如下会计分录：

借：其他财政存款 102 000 000
　　贷：其他应付款 102 000 000

同时：

借：资产基金——应收主权外债转贷款 102 000 000
　　贷：应收主权外债转贷款——应收本金——M市 100 000 000
　　　　　　　　　　　　　　——应收利息——M市 2 000 000

（5）扣缴下级政府财政的转贷款本息时，借记"与下级往来"科目，贷记"其他应付款"或"其他应收款"科目；同时借记"资产基金——应收主权外债转贷款"科目，贷记"应收主权外债转贷款"科目。

【例4-45】假设年末体制结算，省财政扣缴F市全部本金1.2亿元和利息240万元。省财政（财政厅）应编制如下会计分录：

借：与下级往来 122 400 000
　　贷：其他应付款 22 400 000

同时：

借：资产基金——应收主权外债转贷款 122 400 000
　　贷：应收主权外债转贷款——应收本金——F市 120 000 000
　　　　　　　　　　　　　　——应收利息——F市 2 400 000

第四节　股权投资的核算

股权投资是指政府持有的各类股权投资资产，包括国际金融组织股权投资、投资基金股权投资和企业股权投资等。为了核算各级财政的股权投资，财政总预算会计需要设置"股权投资"科目用来核算财政部门股权投资的增减变动及结存情况。该科目借方登记股权投资的增加；贷方登记股权投资减少；余额在借方，反映各级政府持有的各种股权投资的投资金额。该科目应按照"国际金融组织股权投资""投资基金股权投资""企业股权投资"设置明细科目，并设置"投资成本""收益转增投资""损益调整""其他权益变动"三级明细科目进行明细核算。财政总预算会计的股权投资一般采用权益核算。

一、对国际金融组织股权投资的核算

政府财政代表政府对金融组织进行投资，即认缴国际金融组织的股本时，按照确定的股权投资成本，借记"股权投资"科目，贷记"资产基金"科目；同时按照实际支付的金额，借记"一般公共预算本级支出"等科目，贷记"国库存款"科目。

【例 4-46】中央财政代表中华人民共和国政府认缴亚洲基础设施投资银行（亚投行）投资款 100 亿美元，折合人民币 650 亿元，并以一般公共预算资金支付。假设实际投资即为投资成本。中央财政（财政部）应编制如下会计分录：

借：股权投资——亚投行——投资成本　　　　　　　　　　　65 000 000 000
　　贷：资产基金——股权投资　　　　　　　　　　　　　　　65 000 000 000
同时：
借：一般公共预算本级支出　　　　　　　　　　　　　　　　65 000 000 000
　　贷：国库存款　　　　　　　　　　　　　　　　　　　　　65 000 000 000

如果撤回投资，则编制相反的会计分录。

【例 4-47】中央财政代表中华人民共和国政府撤回对亚洲基础设施投资银行投资款 20 亿美元，折合人民币 130 亿元，并存入国库存款。假设实际投资即为投资成本。中央财政（财政部）应编制如下会计分录：

借：资产基金——股权投资　　　　　　　　　　　　　　　　13 000 000 000
　　贷：股权投资——亚投行——投资成本　　　　　　　　　　13 000 000 000
同时：
借：国库存款　　　　　　　　　　　　　　　　　　　　　　13 000 000 000
　　贷：一般公共预算本级支出　　　　　　　　　　　　　　　13 000 000 000

二、对投资基金股权投资的核算

政府财政对投资基金进行股权投资时，按照实际支付的金额，借记"股权投资"科目，按照确定的在被投资基金中占有的权益金额，贷记"资产基金——股权投资"科目，按照确定的在被投资基金中占有的权益金额与实际支付金额的差额（相当于股权投资差额），借记或贷记"股权投资——其他权益变动"科目；同时按照实际支付的金额，借记"一般公共预算本级支出"科目，贷记"国库存款"科目。

【例 4-48】某省政府财政向 G 基金公司投资，以 2.2 亿元购入该基金面值 2 亿元的股权，用一般公共预算资金支付。该省财政（财政厅）应编制如下会计分录：

借：股权投资——投资基金股权——投资成本　　　　　　　　　220 000 000
　　贷：资产基金——股权投资　　　　　　　　　　　　　　　200 000 000
　　　　股权投资——其他权益变动　　　　　　　　　　　　　　20 000 000
借：一般公共预算本级支出　　　　　　　　　　　　　　　　　220 000 000
　　贷：国库存款　　　　　　　　　　　　　　　　　　　　　220 000 000

【例 4-49】某省政府财政向 G 基金公司投资，以 1.9 亿元购入该基金面值 2 亿元的股权，用一般公共预算资金支付。该省财政（财政厅）应编制如下会计分录：

借：股权投资——投资基金股权——投资成本　　　　　　　　　190 000 000
　　股权投资——其他权益变动　　　　　　　　　　　　　　　10 000 000
　　贷：资产基金——股权投资　　　　　　　　　　　　　　　200 000 000
借：一般公共预算本级支出　　　　　　　　　　　　　　　　　190 000 000
　　贷：国库存款　　　　　　　　　　　　　　　　　　　　　190 000 000

收回投资，编制相反的会计分录。

年末，根据政府在被投资基金当期净利润或净亏损中占有的份额，借记或贷记"股权投资——损益调整"科目，贷记或借记"资产基金——股权投资"科目。

【例4-50】假设上述被投资单位实现年度利润30 000 000元，本省政府投资占20%的份额。该省财政（财政厅）应编制如下会计分录：

借：股权投资——投资基金股权——损益调整　　　　　　　　　　6 000 000
　　贷：资产基金——股权投资　　　　　　　　　　　　　　　　　　6 000 000

政府财政将归属财政的收益留作基金滚动使用时，借记"股权投资——收益转增投资"科目，贷记"股权投资——损益调整"科目。

【例4-51】经批准，该省政府财政将G基金公司归属财政的收益4 000 000元留作基金滚动使用。该省财政（财政厅）应编制如下会计分录：

借：股权投资——投资基金股权——收益转增投资　　　　　　　4 000 000
　　贷：股权投资——损益调整　　　　　　　　　　　　　　　　　　4 000 000

被投资基金宣告发放现金股利或利润时，按照应分为的股利或利润金额，借记"应收股利"科目，贷记"资产基金——应收股利"科目；同时借记"资产基金——股权投资"科目，贷记"股权投资——损益调整"科目。

【例4-52】假设上述被投资单位宣告分配年度利润25 000 000元，本省政府投资占20%的份额。该省财政（财政厅）应编制如下会计分录：

借：应收股利　　　　　　　　　　　　　　　　　　　　　　　5 000 000
　　贷：资产基金——应收股利　　　　　　　　　　　　　　　　　　5 000 000

同时：

借：资产基金——股权投资　　　　　　　　　　　　　　　　　5 000 000
　　贷：股权投资——损益调整　　　　　　　　　　　　　　　　　　5 000 000

被投资基金公司发生除净损益以外的其他权益变动时，按照政府财政持股比例计算应享有的部分，借记或贷记"股权投资——其他权益变动"科目，贷记或借记"资产基金——股权投资"科目。

【例4-53】被投资基金公司发生除净损益以外的其他权益变动，增加权益8 000 000元，本省政府投资占20%的份额。该省财政（财政厅）应编制如下会计分录：

借：股权投资——其他权益变动　　　　　　　　　　　　　　　1 600 000
　　贷：资产基金——股权投资　　　　　　　　　　　　　　　　　　1 600 000

收到被投资基金公司发放的现金股利时，借记"国库存款"科目，贷记"一般公共预算本级收入"科目；同时借记"资产基金——应收股利"科目，贷记"应收股利——某投资基金公司"科目。

【例4-54】假设上述被投资单位宣告分配年度利润25 000 000元已经收到存入国库存款，本省政府投资占20%的份额。该省财政（财政厅）应编制如下会计分录：

借：国库存款　　　　　　　　　　　　　　　　　　　　　　　5 000 000
　　贷：一般公共预算本级收入　　　　　　　　　　　　　　　　　　5 000 000

同时：

借：资产基金——应收股利　　　　　　　　　　　　　　　　　5 000 000
　　贷：应收股利——投资基金公司　　　　　　　　　　　　　　　　5 000 000

思考题

1. 财政性存款的管理原则是什么？财政性存款有哪些？
2. "其他财政存款"科目主要核算哪些存款？

3. 什么是有价证券? 什么是有价证券投资? 各级政府如何购买国库券?

4. 财政总预算会计的"与下级往来"科目核算的内容表现在什么方面?

5. 在途款业务是如何形成的? 应当如何核算?

6. 什么是预拨款项? 它有哪些内容?

7. 财政总预算会计对预算单位的借款用什么科目核算?

8. 什么是应收转贷款? 它包括哪些内容?

9. 什么是财政零余额账户存款? 如何核算财政零余额账户存款?

10. 财政总预算会计的股权投资是什么? 如何进行会计核算?

练习题

1. 某市财政局收到国库报来的一般公共预算本级收入日报表,当日公共预算本级收入为 500 000 元,收到政府性基金预算本级收入 200 000 元。

2. 某市财政局预拨给教育局下月教育经费 100 000 元,以满足边远学校经费开支。

3. 某市财政局预拨给市水利局下月行政经费 200 000 元。

4. 在决算清理期间,某市财政局收到国库报来预算收入日报表及其附件,列示所属上年度的基本预算本级收入 450 000 元,政府性基金预算本级收入 250 000 元。

5. 某市财政局收到管理的教育收费 300 000 元存入其他财政存款户。

6. 某市财政局向 H 基金公司投资 100 万元购入该公司的股票,用一般公共预算资金支付。年末收到购买的 H 公司股票投资应分股利 50 000 元存入其他财政存款户。

7. 经审核,某市财政局将预拨给市水利局的经费 500 000 元转作支出。

8. 某市财政局同意县财政局的申请,借给该县财政局临时周转金 300 000 元。

9. 某市财政局用政府性基金预算存款借给市公共事业单位部门临时用款 100 000 元。

10. 某市借给县财政局的临时借款 300 000 元,经批准转作一般公共预算本级支出;借给县财政局的临时借款 100 000 元,经批准转作政府基金预算本级支出。

11. 某市财政局借给市教育局款项 200 000 元,用于维修中小学教室。

12. 上述借款经批准转作预算拨款。

13. 中央财政为 A 省建设投资项目发行专项债券 10 亿元,现向 A 省转贷。期末确定应收利息 3 000 万元。到期收回本金 10 亿元和 2 年利息 6 000 万元(编制中央财政的会计分录)。

14. 某省财政获得德国政府贷款,在本省投资燃气设施改造,现将部分贷款转贷给所属 M 市用于该市的燃气改造,金额 1 亿元。该主权外债最终还款责任由 M 市政府财政承担。年末确定应收利息 300 万元,到期收回本金 1 亿元和 1 年的利息 300 万元(编制省财政的会计分录)。

15. 某省财政获得德国政府贷款,在本省投资燃气设施改造,该款项 1.5 亿元由德国直接支付给 M 市,用于该市的燃气改造。该主权外债最终还款责任由 M 市政府财政承担。年末确定应收利息 450 万元,到期收回本金 1 亿元和 1 年的利息 450 万元(编制省财政的会计分录)。

请根据以上情况编制相应会计分录。

第五章

财政总预算会计负债与净资产的核算

负债是会计主体所承担的、需以资产偿付的债务，而净资产则是指资产减去负债的差额。它们在核算上有着相同的借贷方向，但在核算内容上具有各自的特点和不同的规定。

通过本章的学习，应该掌握以下内容：

- 总预算会计负债的内容及管理要求
- 各项负债的账务处理
- 总预算会计净资产的内容及管理要求
- 各项净资产的账务处理

第一节　流动负债的核算

流动负债是指各级财政承担的需要在 1 年内（含 1 年）偿还的债务。在财政总预算会计中，财政总预算会计的负债是一级财政承担的能以货币计量、需以资产偿付的债务。财政总预算会计的负债应当在对其承担偿还责任，并且能够可靠地进行货币计量时予以确认。符合负债的定义和确认条件的，财政总预算会计应当列入资产负债表。政府承担或有责任的负债，不列入资产负债表，但应当在会计报表附注中加以披露。财政虽然是分配资金的部门，但在预算执行中，也需要发行短期或长期债券、借入主权外债，与上下级财政、与预算单位之间也存在着"人欠"或"欠人"事项，这就形成了财政总预算会计的负债。

一、应付短期政府债券的核算

应付短期政府债券是指政府财政部门以政府的名义，采用发行期限不超过 1 年（含 1 年）的政府债券的方式筹集资金而形成的负债。它包括国债和地方政府债券。

为了核算财政总预算会计的应付短期政府债券的本金和利息，各级财政总预算会计应当设置"应付短期政府债券"科目。该科目贷方记录应付本金和利息的增加数；借方记录应付本金和利息的偿还数；余额在贷方，反映财政尚未偿还的短期政府债券的本金和利息。该科目应当设置"应付国债""应付地方政府一般债券""应付地方政府专项债券"等明细科目，再在明细科目下分别设置"应付本金""应付利息"项目。债务管理部门应当设置辅助账，详细记录每期政府债券金额、种类、期限、发行日、到期日、票面利率、偿还本金及利息等情况。

（一）发行债券时的会计处理

各级政府财政发行债券时，按实际收到的资金金额借记"国库存款"科目，按短期政府债券实际发行额借记"债务收入"科目，按两者的差额借记或贷记有关支出科目；同时根据债券发行确认文件等相关债券管理资料，按照到期应付的短期债券本金金额，借记"待偿债净资产——应付短期政府债券"科目，贷记"应付短期政府债券——应付地方政府一般债券（应付本金）"科目。

【例5-1】某省财政厅于2018年4月1日计划发行为期10月的政府一般债券，利率为4.8%，面值为5亿元，实际收到发行收入4.99亿元。该省财政（财政厅）应编制如下会计分录：

借：国库存款 499 000 000
　　一般公共预算本级支出——其他支出 1 000 000
　贷：债务收入 500 000 000

同时：

借：待偿债净资产——应付短期政府债券 500 000 000
　贷：应付短期政府债券——应付地方政府一般债券（应付本金） 500 000 000

（二）期末应付利息的会计处理

期末财政根据票面利率计算确认应付利息时，借记"待偿债净资产——应付短期政府债券"科目，贷记"应付短期政府债券——应付地方政府一般债券（应付利息）"科目。

【例5-2】承上例，该省财政厅于2018年12月31日计算确认8个月的应付利息0.16亿元。该省财政（财政厅）应编制如下会计分录：

借：待偿债净资产——应付短期政府债券 16 000 000
　贷：应付短期政府债券——应付地方政府一般债券（应付利息） 16 000 000

（三）到期本金和利息的会计处理

债券到期偿还本金和利息时，财政按实际支付的本金和利息分别借记"债务还本支出"科目、"一般公共预算本级支出"科目，按实际支付的本金和利息额，贷记"国库存款"科目；同时按照实际支付的本金和利息金额，借记"应付短期政府债券——应付地方政府一般债券（应付本金）"科目，贷记"待偿债净资产——应付短期政府债券"科目。

【例5-3】承上例，该省财政厅于2019年2月28日债券到期，计算确认2个月的应付利息0.04亿元。该省财政（财政厅）应编制如下会计分录：

（1）先确认2019年2个月的应付利息。

借：待偿债净资产——应付短期政府债券 4 000 000
　贷：应付短期政府债券——应付地方政府一般债券（应付利息） 4 000 000

（2）偿还本金和利息。

借：债务还本支出 500 000 000
　　一般公共预算本级支出——其他支出 20 000 000
　贷：国库存款 520 000 000

同时：

借：应付短期政府债券——应付地方政府一般债券（应付本金） 520 000 000
　贷：待偿债净资产——应付短期政府债券 520 000 000

二、应付国库集中支付结余的核算

应付国库集中支付结余是指在国库集中支付中，按照财政部门批复的部门预算，当年未支而需结转下一年度支付的款项采用权责发生制列支后形成的债务。

为了核算财政总预算会计的应付国库集中支付结余，各级财政总预算会计应当设置"应付国库集中支付结余"科目。该科目贷方记录应付国库集中支付结余的增加数，借方记录以后年度应付国库集中支付结余的实际支付数，期末余额在贷方，反映财政尚未支付的应付国库集中支付结余。该科目应当根据管理需要，按照政府收支分类科目等进行相应的明细核算。

年末，财政对当年形成的国库集中支付结余采用权责发生制列支时，借记"一般公共预算本级支出"等科目，贷记"应付国库集中支付结余"科目。按照原结转预算科目支出的，借记"应付国库集中支付结余"科目，贷记"国库存款"科目。调整支出预算科目的应当按原结转预算科目做冲销处理，借记"应付国库集中支付结余"科目，贷记"一般公共预算本级支出——原项目"科目；同时按调整后实际支出预算科目做列支账务处理，借记"一般公共预算本级支出——调整后项目"科目，贷记"国库存款"科目。

【例5-4】某省财政厅财政国库集中支付的本年度一般公共预算支出5 000 000元，预算单位尚未使用，具体项目为水务环保。该省财政（财政厅）应编制如下会计分录：

借：一般公共预算本级支出——水务环保   5 000 000
 贷：应付国库集中支付结余——水务环保   5 000 000

【例5-5】承上例，次年该应付国库集中支付结余资金实际支付作为水务环保5 000 000元。该省财政（财政厅）次年应编制如下会计分录：

借：应付国库集中支付结余——水务环保   5 000 000
 贷：国库存款   5 000 000

【例5-6】假设上例次年该应付国库集中支付结余资金调整为大气环保5 000 000元。该省财政（财政厅）次年应编制如下会计分录：

（1）先做冲销。

借：应付国库集中支付结余——水务环保   5 000 000
 贷：一般公共预算本级支出——水务   5 000 000

（2）列作大气环保支出。

借：一般公共预算本级支出——大气环保   5 000 000
 贷：国库存款   5 000 000

三、暂收及应付款项的核算

（一）与上级往来的核算

财政部门向上级财政借入调度款和因年终体制结算而形成的债务，称为与上级往来业务。上下级往来业务反映了上下级财政之间的无息债务关系。

为了核算与上级往来业务，需设置"与上级往来"总账科目。该科目贷方登记借入款或应上交的数额；借方登记归还借款、转作上级补助收入或上级应补款项的数额；如余额在贷方，反映为本级财政欠上级财政的款项，如余额在借方，反映为上级财政欠本级财政的款项，在编制"资产负债表"时应以负数反映。"与上级往来"科目应按资金性质和部门名称设置明细账，并应及时清理结算，年终未能结清的余额应结转下年。

【例5-7】某市财政局向省财政厅申请一笔临时借款800 000元获得批准。该财政局应编制如下会计分录：

借：国库存款　　　　　　　　　　　　　　　　　　　　　800 000

　　贷：与上级往来　　　　　　　　　　　　　　　　　　　800 000

【例5-8】省财政厅月末同意将上述临时借款中的600 000元作为预算补助款，200 000元归还给省财政厅。该财政局应编制如下会计分录：

借：与上级往来　　　　　　　　　　　　　　　　　　　　800 000

　　贷：补助收入　　　　　　　　　　　　　　　　　　　　600 000

　　　　国库存款　　　　　　　　　　　　　　　　　　　　200 000

【例5-9】某市财政局在年终财政体制结算中还应上交上级财政款项为500 000元。该财政局应编制如下会计分录：

借：上解支出　　　　　　　　　　　　　　　　　　　　　500 000

　　贷：与上级往来　　　　　　　　　　　　　　　　　　　500 000

（二）其他应付款的核算

其他应付款是指政府财政部门与预算单位之间发生的临时应付、暂收和收到不明性质的款项（称为暂存款业务）。暂存款业务反映了财政与预算单位之间的债务关系。暂存款属于待结算款项，结算时可能需要退还，也可能转为收入。暂存款必须及时清理，不能长期挂账。

为了核算财政部门其他应付款的增减变动情况，总预算会计需设置"其他应付款"科目。该科目贷方登记其他应付款的增加数；借方登记其他应付款的减少数；余额在贷方，反映政府财政尚未结清的其他应付款。

【例5-10】某市财政局收到一笔性质不明的预算款项70 000元。该财政局应编制如下会计分录：

借：国库存款　　　　　　　　　　　　　　　　　　　　　70 000

　　贷：其他应付款　　　　　　　　　　　　　　　　　　　70 000

【例5-11】上述款项查明为工商罚没收入，予以转销。该财政局应编制如下会计分录：

借：其他应付款　　　　　　　　　　　　　　　　　　　　70 000

　　贷：一般公共预算本级收入　　　　　　　　　　　　　　70 000

【例5-12】某市财政局收到社会保障代管资金100万元存入银行。该财政局应编制如下会计分录：

借：国库存款　　　　　　　　　　　　　　　　　　　　1 000 000

　　贷：其他应付款　　　　　　　　　　　　　　　　　　1 000 000

【例5-13】某市财政局收到承担还款责任的外国政府和国际金融组织贷款资金5 000万元。该财政局应编制如下会计分录：

借：其他财政存款　　　　　　　　　　　　　　　　　　50 000 000

　　贷：其他应付款　　　　　　　　　　　　　　　　　　50 000 000

四、其他各种负债的核算

其他各种负债是指政府财政因有关政策明确要求其承担支付责任的事项而形成的负债。在财政总预算会计中，其他各种负债包括其他负债和已结报支出。

（一）其他负债的核算

为了核算财政部门其他负债的增减变动情况，总预算会计需设置"其他负债"科目。该科目贷方登记其他负债的增加数；借方登记其他负债的减少数；余额在贷方，反映政府财政尚未结清的其他负债。

【例5-14】某市财政局承担市地铁公司向国际货币基金组织贷款，现在地铁公司有一笔应偿还国际货币基金组织的贷的尾款300万元未偿还而要由该市财政偿还。该财政局应编制如下会计分录：

借：待偿债净资产   3 000 000
　　贷：其他负债   3 000 000

【例5-15】财政局实际偿还国际货币基金组织贷款300万元。该财政局应编制如下会计分录：

借：一般公共预算本级支出——城市公共设施   3 000 000
　　贷：国库存款   3 000 000
同时：
借：其他负债   3 000 000
　　贷：待偿债净资产   3 000 000

（二）已结报支出的核算

已结报支出是单设国库支付执行机构已清算的国库集中支付支出数额，未单设的地方不存在此项目。

为了核算财政部门单设国库支付执行机构已清算的国库集中支付支出情况，总预算会计需设置"已结报支出"科目。该科目贷方登记预算支出清单累计数；借方登记年末与各种支出科目对冲数；该科目平时的余额在贷方，年末对冲后一般无余额。

【例5-16】某市财政局实行国库集中支付制度，单设财政国库支付执行机构。该财政局收到当日预算支出清单，财政直接支付的一般公共预算本级支出3亿元，政府性基金预算本级支出1亿元，财政授权支付的一般公共预算本级支出0.5亿元，国有资本经营预算本级支出0.3亿元。该财政局应编制如下会计分录：

（1）对于财政授权支付部分的会计处理。

借：一般公共预算本级支出——城市公共设施   50 000 000
　　国有资本经营预算本级支出   30 000 000
　　贷：已结报支出   80 000 000

（2）单设财政国库支付执行机构的会计处理。

借：财政零余额账户存款   400 000 000
　　贷：已结报支出   400 000 000

【例5-17】年终，财政国库支出执行机构与有关部门核对，已结报支出累计8亿元。其中，一般公共预算本级支出5亿元，政府性基金预算本级支出2亿元，国有资本经营预算本级支出1亿元。该财政局应编制如下会计分录：

借：已结报支出　　　　　　　　　　　　　　　　　　　　　　800 000 000
　　贷：一般公共预算本级支出　　　　　　　　　　　　　　　　　500 000 000
　　　　政府性基金预算本级支出　　　　　　　　　　　　　　　　200 000 000
　　　　国有资本经营预算本级支出　　　　　　　　　　　　　　　100 000 000

第二节　非流动负债的核算

非流动负债也叫长期负债，是指各级财政承担的需要在 1 年后偿还的负债。在财政总预算会计中，非流动负债主要包括应付长期政府债券、借入款项、应付转贷款和应付代管资金等。

一、应付长期政府债券的核算

应付长期政府债券是指政府财政部门以政府的名义，采用发行期限超过 1 年的政府债券的方式筹集资金而形成的负债。应付长期政府债券包括国债和地方政府债券。

为了核算财政总预算会计的应付长期政府债券的本金和利息，各级财政总预算会计应当设置"应付长期政府债券"科目。该科目贷方记录应付本金和利息的增加数；借方记录应付本金和利息的偿还数；期末余额在贷方，反映财政尚未偿还的长期政府债券的本金和利息。该科目应当设置"应付国债""应付地方政府一般债券""应付地方政府专项债券"等明细科目，再在明细科目下分别设置"应付本金""应付利息"项目。债务管理部门应当设置辅助账，详细记录每期政府债券金额、种类、期限、发行日、到期日、票面利率、偿还本金及利息等情况。

（一）发行债券时的会计处理

各级政府财政发行债券时，按实际收到的资金金额借记"国库存款"科目，按短期政府债券实际发行额，贷记"债务收入"科目，按两者的差额借记或贷记"一般公共预算本级支出"或"政府性基金预算本级支出"科目；同时根据债券发行确认文件等相关债券管理资料，按照到期应付的短期债券本金金额，借记"待偿债净资产——应付长期政府债券"科目，贷记"应付长期政府债券——应付地方政府一般债券（应付本金）"科目。

【例5-18】某省财政厅于 2018 年 1 月 1 日计划发行为期 5 年的政府专项债券，利率为5%，面值为 8 亿元，实际收到发行收入 7.984 亿元。该省财政（财政厅）应编制如下会计分录：

借：国库存款　　　　　　　　　　　　　　　　　　　　　　　798 400 000
　　政府性基金预算本级支出　　　　　　　　　　　　　　　　　　1 600 000
　　贷：债务收入　　　　　　　　　　　　　　　　　　　　　　800 000 000
同时：
借：待偿债净资产——应付长期政府债券　　　　　　　　　　　　800 000 000
　　贷：应付长期政府债券——应付地方政府专项债券（应付本金）800 000 000

（二）期末应付利息的会计处理

期末，财政根据票面利率计算确认应付利息时，借记"待偿债净资产——应付长期政府债券"科目，贷记"应付长期政府债券——应付地方政府专项债券（应付利息）"科目。

【例5-19】承上例，某省财政厅于2018年12月31日计算确认1年的应付利息0.4亿元。该省财政（财政厅）应编制如下会计分录：

借：待偿债净资产——应付长期政府债券   40 000 000
 贷：应付长期政府债券——应付地方政府专项债券（应付利息） 40 000 000

（三）到期偿还本金和利息的会计处理

债券到期偿还本金和利息时，按实际支付的本金和利息分别借记"债务还本支出""一般公共预算本级支出"或"政府性基金预算本级支出"科目，按实际支付的本金和利息额，贷记"国库存款"科目；同时，按照实际支付的本金和利息金额，借记"应付长期政府债券——应付地方政府一般债券（应付本金）"科目，贷记"待偿债净资产——应付长期政府债券"科目。

【例5-20】承上例，某省财政厅于2022年12月31日债券到期，支付应付本金8亿元和利息2亿元。该省财政（财政厅）应编制如下会计分录：

借：债务还本支出   800 000 000
  政府性基金预算本级支出   200 000 000
 贷：国库存款   1 000 000 000

同时：

借：应付长期政府债券——应付地方政府专项债券（应付本金） 1 000 000 000
 贷：待偿债净资产——应付长期政府债券   1 000 000 000

（四）本级政府偿还下级政府财政承担的地方政府债券本金和利息的核算

本级政府偿还下级政府财政承担的地方政府债券本金和利息时，借记"其他应收款"或"其他应付款"科目，贷记"国库存款"科目，根据债券兑付确认文件等相关债券管理资料，按照实际偿还的长期政府债券本金及已确认的应付利息金额，借记"应付长期政府债券"科目，贷记"待偿债净资产——应付长期政府债券"科目。

【例5-21】某省财政厅偿还所属市财政承担的地方政府债券本金2亿元和利息0.3亿元。该省财政（财政厅）应编制如下会计分录：

借：其他应收款   230 000 000
 贷：国库存款   230 000 000

同时：

借：应付长期政府债券——应付地方政府专项债券（应付本金） 200 000 000
  应付长期政府债券——应付地方政府专项债券（应付利息） 30 000 000
 贷：待偿债净资产——应付长期政府债券   230 000 000

二、借入款项的核算

借入款项是指政府财政部门以政府名义向外国政府、国际金融组织等借入的款项以及经国务院批准通过其他方式借款形成的负债。

为了核算财政总预算会计的借入款项的本金和利息，各级财政总预算会计应当设置"借入款项"科目。该科目贷方记录借入款项的本金和利息的增加数；借方记录借入款项本金和利息的偿还数；期末余额在贷方，反映财政尚未偿还的借入款项的本金和利息。该科目应当分别设置"应付本金""应付利息"明细科目进行明细核算，还要按照债权人分别进行明细核算。债务管理部门应当设置的辅助账，详细记录每期政府债券金额、种类、期限、发行日、到期日、票面利率、偿还本金以及利息等情况。

（一）借入外债的会计处理

各级政府财政收到借入的主权外债资金时，应借记"其他财政存款"科目，贷记"债务收入"科目；同时根据债务管理部门转来的相关资料，按实际承担的债务金额，借记"待偿债净资产——借入款项"科目，贷记"借入款项——应付本金"科目。

【例5-22】某市财政局向法国某金融机构借款折合为人民币 200 000 000 元。该财政局应编制如下会计分录：

借：其他财政存款 200 000 000
　贷：债务收入 200 000 000
同时：
借：待偿债净资产——借入款项 200 000 000
　贷：借入款项——应付本金——法国政府 200 000 000

（二）本级财政借入主权外债，且由外方将贷款资金直接支付给用款单位或供应商

本级财政借入主权外债，且由外方将贷款资金直接支付给用款单位或供应商时，分以下几种情况做不同的处理：

（1）本级政府财政承担还款责任，贷款资金由本级政府财政同级部门（单位）使用的，本级政府财政部门根据贷款资金支付相关资料，借记"一般公共预算本级支出"科目，贷记"债务收入"科目，根据债务管理部门转来的相关资料，按照实际承担的债务金额，借记"待偿债净资产"科目，贷记"借入款项"科目。

【例5-23】某市财政局向法国政府借款折合为人民币 100 000 000 元，本级政府财政承担还款责任，外方将贷款资金直接支付给本级政府财政同意使用的 A 单位。该财政局应编制如下会计分录：

借：一般公共预算本级支出 100 000 000
　贷：债务收入 100 000 000
同时：
借：待偿债净资产——借入款项 100 000 000
　贷：借入款项——应付本金——法国政府 100 000 000

（2）本级政府财政承担还款责任，贷款资金由下级政府财政同级部门（单位）使用的，本级政府财政部门根据贷款资金支付相关资料及预算指标文件，借记"补助支出"科目，贷记"债务收入"科目，根据债务管理部门转来的相关资料，按照实际承担的债务金额，借记"待偿债净资产"科目，贷记"借入款项"科目。

【例5-24】某市财政局向法国政府借款折合为人民币 150 000 000 元，本级政府财政承担还款责任，外方将贷款资金直接支付给下级政府财政同意使用的 B 单位。该财政局应编制如下会计分录：

借：补助支出 150 000 000
　贷：债务收入 150 000 000
同时：
借：待偿债净资产——借入款项 150 000 000
　贷：借入款项——应付本金——法国政府 150 000 000

（3）下级政府财政承担还款责任，贷款资金由下级政府财政同级部门（单位）使用的，本级政府财政部门根据贷款资金支付相关资料，借记"债务转贷支出"科目，贷记"债务收入"科目，根据债务管理部门转来的相关资料，按照实际承担的债务金额，借记"待偿债净资产"科目，贷记"借入款项"科目；同时借记"应收主权外债转贷款"科目，贷记"资产基金——应收主权外债转贷款"科目。

【例 5-25】某市财政局向法国政府借款折合为人民币 120 000 000 元，下级政府财政承担还款责任，外方将贷款资金直接支付给下级政府财政同意使用的 C 单位。该财政局应编制如下会计分录：

借：债务转贷支出 120 000 000
　　贷：债务收入 120 000 000
同时：
借：待偿债净资产——借入款项 120 000 000
　　贷：借入款项——应付本金——法国政府 120 000 000
还要编制应收转贷款的会计分录如下：
借：应收主权外债转贷款 120 000 000
　　贷：资产基金——应收主权外债转贷款 120 000 000

（三）期末确认应付利息的会计处理

期末确认借入主权外债的应付利息时，本级政府财政部门根据债务管理部门计算出来的本期应付未付的利息，借记"待偿债净资产——借入款项"科目，贷记"借入款项——应付利息"。

【例 5-26】假设某市财政局根据债务管理部门计算出来的本期应付利息为 20 000 000元，该财政局应编制如下会计分录：

借：待偿债净资产——借入款项 20 000 000
　　贷：借入款项——应付利息——法国政府 20 000 000

（四）偿还本级政府财政承担的借入主权外债本金的会计处理

财政部门偿还本级政府财政承担借入主权外债本金时，借记"债务还本支出"科目，贷记"国库存款""其他财政存款"等科目；同时，根据债务管理部门转来的相关资料，按照实际还款金额，借记"借入款项——应付本金"科目，贷记"待偿债净资产——借入款项"科目。

【例 5-27】假设某市财政局到期偿还各项借入主权外债本金 8 亿元，通过国库存款支付。该财政局应编制如下会计分录：

借：债务还本支出 800 000 000
　　贷：国库存款 800 000 000
同时：
借：借入款项——应付本金——法国政府 800 000 000
　　贷：待偿债净资产——借入款项 800 000 000

（五）偿还本级政府财政承担的借入主权外债利息的会计处理

财政部门偿还本级政府财政承担借入主权外债利息时，借记"一般公共预算本级支出"科目，贷记"国库存款""其他财政存款"等科目；同时，根据债务管理部门转来的相关资料，按照实际偿还已确认的利息金额，借记"借入款项——应付利息"科目，贷记"待偿债净资产——借入款项"科目。

【例5-28】假设某市财政局到期偿还各项借入主权外债已确认的应付利息0.8亿元（应付利息全部已确认），通过其他财政存款支付。该财政局应编制如下会计分录：

借：一般公共预算本级支出　80 000 000
　贷：其他财政存款　80 000 000
同时：
借：借入款项——应付利息——法国政府　80 000 000
　贷：待偿债净资产——借入款项　80 000 000

（六）偿还下级政府财政承担的借入主权外债本金的会计处理

财政部门偿还下级政府财政承担借入主权外债本金和利息时，借记"其他应收款"或"其他应付款"科目，贷记"国库存款""其他财政存款"等科目；同时，根据债务管理部门转来的相关资料，按照实际偿还的本金和已确认的应付利息金额，借记"借入款项——应付本金""借入款项——应付利息"科目，贷记"待偿债净资产——借入款项"科目。

【例5-29】假设某市财政局到期偿还由下级政府财政承担的各项借入主权外债本金5亿元及应付利息1亿元，通过国库存款支付。该财政局应编制如下会计分录：

借：其他应收款　600 000 000
　贷：国库存款　600 000 000
同时：
借：借入款项——应付本金——法国政府　500 000 000
　借入款项——应付利息——法国政府　100 000 000
　贷：待偿债净资产——借入款项　600 000 000

（七）被上级政府财政扣缴借入主权外债本息的会计处理

被上级政府财政扣缴借入主权外债本金和利息时，本级财政部门借记"其他应收款"科目，贷记"与上级往来"科目；同时，根据债务管理部门转来的相关资料，按照实际扣缴的本金和已确认的应付利息金额，借记"借入款项——应付本金""借入款项——应付利息"科目，贷记"待偿债净资产——借入款项"科目。列报支出时，本级财政部门对应由本级政府财政承担的还本支出，借记"债务还本支出"科目，贷记"其他应收款"科目；对应由本级政府财政承担的利息支出，借记"一般公共预算本级支出"科目，贷记"其他应收款"科目。

【例5-30】假设某市财政局由上级政府财政扣缴借入主权外债本金5亿元及应付利息0.8亿元。该财政局应编制如下会计分录：

借：其他应收款　580 000 000
　贷：与上级往来　580 000 000
同时：
借：借入款项——应付本金——法国政府　500 000 000
　借入款项——应付利息——法国政府　80 000 000
　贷：待偿债净资产——借入款项　580 000 000
列报支出时，还要编制的会计分录如下：
借：债务还本支出　500 000 000
　一般公共预算本级支出　80 000 000
　贷：其他应收款　580 000 000

（八）债权人豁免本级政府财政承担偿还责任借入主权外债本息的会计处理

债权人豁免本级政府财政承担偿还责任借入主权外债本息时，财政部门根据债务管理部门转来的相关资料，按照被豁免的本金和已确认的应付利息金额，借记"借入款项——应付本金""借入款项——应付利息"科目，贷记"待偿债净资产——借入款项"科目。债权人豁免下级政府财政承担偿还责任借入主权外债本息时，财政部门根据债务管理部门转来的相关资料，按照被豁免的本金和已确认的应付利息金额，借记"借入款项——应付本金""借入款项——应付利息"科目，贷记"待偿债净资产——借入款项"科目；同时借记"资产基金——应收主权外债转贷款"科目，贷记"应收主权外债转贷款"科目。

【例 5-31】假设某市财政局借入的由下级政府财政承担还款责任的本金 4 亿元和已确认的应付利息 1 亿元被外国债权人全部豁免。该财政局应编制如下会计分录：

借：借入款项——应付本金——外国政府　　　　　　　　　　400 000 000
　　借入款项——应付利息——外国政府　　　　　　　　　　100 000 000
　　贷：待偿债净资产——借入款项　　　　　　　　　　　　500 000 000
同时：
借：资产基金——应收主权外债转贷款　　　　　　　　　　　500 000 000
　　贷：应收主权外债转贷款——应收本金——某下级财政　　400 000 000
　　　　应收主权外债转贷款——应收利息——某下级财政　　100 000 000

三、应付转贷款的核算

应付转贷款是指地方政府财政向上级政府财政借入转贷资金而形成的负债，包括应付地方政府债券转贷款和应付主权外债转贷款。

（一）应付地方政府债券转贷款

应付地方政府债券转贷款指地方政府财政应付的从上级政府借入的地方政府债券转贷款的本金和应付利息。为了核算地方政府财政从上级政府财政借入的地方政府债券转贷款的本金和应付利息情况，财政总预算会计需要设置"应付地方政府债券转贷款"科目。该科目贷方记录应付地方政府债券转贷款的本金和应付利息的增加数，借方记录应付地方政府债券转贷款的本金和利息的减少数，期末余额在贷方，反映本级政府财政尚未偿还的应付地方政府债券转贷款的本金和利息。该科目应按"应付地方政府一般债券转贷款""应付地方政府专项债券转贷款"设置明细科目，并按转贷对象进行二级明细核算。

（1）收到上级政府财政转贷款的地方政府债券资金时，财政部门借记"国库存款"科目，贷记"债务转贷收入"科目；同时根据债务管理部门转来的相关资料，按照到期应偿还的贷款本金，借记"待偿债净资产——应付地方政府债券转贷款"科目，贷记"应付地方政府债券转贷款"科目。

【例 5-32】某市政府财政收到上级政府财政转贷款的地方政府一般债券资金 3 亿元和地方政府专项债券转贷款 2 亿元。款项已转入本级政府财政国库存款，本级政府财政承担还款责任。该市财政局应编制如下会计分录：

借：国库存款　　　　　　　　　　　　　　　　　　　　　500 000 000
　　贷：债务转贷收入　　　　　　　　　　　　　　　　　　500 000 000

同时：

借：待偿债净资产——应付地方政府债券转贷款　　　　　　　　500 000 000

　　贷：应付地方政府债券转贷款——应付地方政府一般债券转贷款（本金）

　　　　　　　　　　　　　　　　　　　　　　　　　　　300 000 000

　　　　应付地方政府债券转贷款——应付地方政府专项债券转贷款（本金）

　　　　　　　　　　　　　　　　　　　　　　　　　　　200 000 000

（2）期末，财政部门确认应付地方政府债券转贷款的应付利息，根据债务管理部门计算出的应付未付利息金额，借记"待偿债净资产——应付地方政府债券转贷款"科目，贷记"应付地方政府债券转贷款"科目。

【例5-33】期末确认应付未付利息为0.2亿元。该市财政局应编制如下会计分录：

借：待偿债净资产——应付地方政府债券转贷款　　　　　　　　20 000 000

　　贷：应付地方政府债券转贷款——应付地方政府专项债券转贷款（应付利息）

　　　　　　　　　　　　　　　　　　　　　　　　　　　20 000 000

（3）财政部门偿还本级政府财政承担的地方政府债券转贷款本金时，借记"债务还本支出"科目，贷记"国库存款"科目；同时借记"应付地方政府债券转贷款"科目，贷记"待偿债净资产——应付地方政府债券转贷款"科目。

【例5-34】假设市财政局偿还上级财政转贷的地方政府一般债券转贷本金4亿元，专项债券转贷本金2亿元。全部款项由国库支出。该市财政局应编制如下会计分录：

借：债务还本支出　　　　　　　　　　　　　　　　　　　　　600 000 000

　　贷：国库存款　　　　　　　　　　　　　　　　　　　　　600 000 000

同时：

借：应付地方政府债券转贷款——应付地方政府一般债券转贷款（本金）

　　　　　　　　　　　　　　　　　　　　　　　　　　　400 000 000

　　应付地方政府债券转贷款——应付地方政府专项债券转贷款（本金）

　　　　　　　　　　　　　　　　　　　　　　　　　　　200 000 000

　　贷：待偿债净资产——应付地方政府债券转贷款　　　　　　600 000 000

（4）财政部门偿还本级政府财政承担的地方政府债券转贷款的应付利息时，借记"一般公共预算本级支出"或"政府性基金预算本级支出"科目，贷记"国库存款"科目；同时按照实际支付的已确认的应付利息金额，借记"应付地方政府债券转贷款"科目，贷记"待偿债净资产——应付地方政府债券转贷款"科目。

【例5-35】假设市财政局偿还上级财政转贷的地方政府一般债券转贷的应付利息0.4亿元，专项债券转贷应付利息0.2亿元。全部款项由国库支出。该市财政局应编制如下会计分录：

借：一般公共预算本级支出　　　　　　　　　　　　　　　　　40 000 000

　　政府性基金预算本级支出　　　　　　　　　　　　　　　　20 000 000

　　贷：国库存款　　　　　　　　　　　　　　　　　　　　　60 000 000

同时：

借：应付地方政府债券转贷款——应付地方政府一般债券转贷款（利息）

　　　　　　　　　　　　　　　　　　　　　　　　　　　40 000 000

　　应付地方政府债券转贷款——应付地方政府专项债券转贷款（利息）

　　　　　　　　　　　　　　　　　　　　　　　　　　　20 000 000

　　贷：待偿债净资产——应付地方政府债券转贷款　　　　　　60 000 000

（5）财政部门偿还下级政府财政承担的地方政府债券转贷款的应付本息时，借记"其他应收款"或"其他应付"科目，贷记"国库存款"等科目；同时按照实际支付的本金和已确认的应付利息金额，借记"应付地方政府债券转贷款"科目，贷记"待偿债净资产——应付地方政府债券转贷款"科目。

【例5-36】假设市财政局获得上级财政一般债券转贷款，该贷款由本市财政局所属B财政部门使用并承担债券贷款本息。现由本级财政偿还转贷款本金1.5亿元，应付利息0.3亿元。全部款项由国库支出。该市财政局应编制如下会计分录：

借：其他应付款　　　　　　　　　　　　　　　　　　　180 000 000
　　贷：国库存款　　　　　　　　　　　　　　　　　　180 000 000

同时：

借：应付地方政府债券转贷款——应付地方政府一般债券转贷款（本金）
　　　　　　　　　　　　　　　　　　　　　　　　　　150 000 000
　　　应付地方政府债券转贷款——应付地方政府一般债券转贷款（利息）
　　　　　　　　　　　　　　　　　　　　　　　　　　 30 000 000
　　贷：待偿债净资产——应付地方政府债券转贷款　　　180 000 000

（6）财政部门被上级政府财政扣缴地方政府财政债券转贷款本息时，借记"其他应收款"科目，贷记"与上级往来"科目。同时，根据债务管理部门转来的相关资料，按照实际扣缴的本金及已确认的应付利息金额，借记"应付地方政府债券转贷款"科目，贷记"待偿债净资产——应付地方政府债券转贷款"科目。列报支出时，财政部门对应由本级政府财政承担的还本支出，借记"债务还本支出"科目，贷记"其他应收款"科目；对应由本级政府财政承担的利息支出，借记"一般公共预算本级支出"科目，贷记"其他应收款"科目。

【例5-37】假设年末体制结算，市财政因资金困难，在偿还应付地方政府一般债券转贷款时，由省级财政垫付扣缴本金2.5亿元，应付利息0.5亿元。该市财政局应编制如下会计分录：

借：其他应收款　　　　　　　　　　　　　　　　　　　300 000 000
　　贷：与上级往来　　　　　　　　　　　　　　　　　300 000 000

同时：

借：应付地方政府债券转贷款——应付地方政府一般债券转贷款（本金）
　　　　　　　　　　　　　　　　　　　　　　　　　　250 000 000
　　　　　　　　　　　　　——应收地方政府专项债券转贷款（利息）
　　　　　　　　　　　　　　　　　　　　　　　　　　 50 000 000
　　贷：待偿债净资产——应付地方政府债券转贷款　　　300 000 000

列报支出时应编制的会计分录为：

借：债务还本支出　　　　　　　　　　　　　　　　　　250 000 000
　　一般公共预算本级支出　　　　　　　　　　　　　　 50 000 000
　　贷：其他应收款　　　　　　　　　　　　　　　　　300 000 000

（7）采用定向承销方式发行地方政府债券置换存量债务的核算。采用定向承销方式发行地方政府债券置换存量债务时，省级以下（不含省级）财政部门根据上级财政部门提供的债权债务确认相关资料，按照置换本级政府存量债务的额度，借记"债务还本支出"科目，按照置换下级政府存量债务的额度，借记"债务转贷支出"科目，按照置换存量债务的总额度，贷记"债务转贷收入"科目；根据债务管理部门转来的相关资料，按照置换存量债务的总额度，借记"待偿债净资产——应付地方政府债券转贷款"科目，贷记"应付地方政府债券转贷款"科目，同时按照置换下级政府存量债务的额度，借记"应收地方政府债券转贷款"科目，贷记"资产基金——应收地方政府债券转贷款"科目。

【例5-38】市财政采用定向承销方式发行地方政府债券置换存量债务，上级财政提供的债权债务确认相关资料显示置换本级政府存量债务的额度为1亿元，其中市本级财政置换债务0.7亿元，置换下级政府存量债务的额度0.3亿元。该市财政局应编制如下会计分录：

借：债务还本支出   70 000 000
  债务转贷支出   30 000 000
 贷：债务转贷收入   100 000 000
同时：
借：待偿债净资产——应付地方政府债券转贷款   100 000 000
 贷：应付地方政府债券转贷款   100 000 000
此外，还要编制的会计分录为：
借：应收地方政府债券转贷款   100 000 000
 贷：资产基金——应收地方政府债券转贷款   100 000 000

（二）应付主权外债转贷款

应付主权外债转贷款是指本级政府财政应付的从上级政府财政借入的主权外债转贷款的本金和利息。

为了核算各级政府财政借入的主权外债转贷款情况，财政总预算会计需要设置"应付主权外债转贷款"科目。该科目贷方记录应付主权外债转贷款本金和利息的增加数；借方记录应付主权外债转贷款的本金和利息的减少数；期末余额在贷方，反映各级政府财政应付未付的主权外债转贷款的本金和利息。该科目应按"应收本金""应收利息"设置明细科目，并按转贷对象进行明细核算。

（1）财政部门收到上级政府财政转贷的主权外债资金时，借记"其他财政存款"科目，贷记"债务转贷收入"科目；同时根据债务管理部门转来的相关资料，按照实际承担的债务金额，借记"待偿债净资产——应付主权外债转贷款"科目，贷记"应付主权外债转贷款"科目。

【例5-39】某省政府财政收到中央政府财政转贷的主权外债资金20亿元。省财政（财政厅）应编制如下会计分录：

借：其他财政存款   2 000 000 000
 贷：债务转贷收入   2 000 000 000
同时：
借：待偿债净资产——应付主权外债转贷款   2 000 000 000
 贷：应付主权外债转贷款   2 000 000 000

（2）财政部门从上级政府财政借入主权外债转贷款，且由外方将贷款资金直接支付给用款单位或供应商时，应根据以下不同情况处理：

第一，本级政府财政承担还款责任，贷款资金由本级政府财政同级部门（单位）使用的，本级政府财政根据转贷资金支付相关资料，借记"一般公共预算本级支出"科目，贷记"债务转贷收入"科目；根据债务管理部门转来的相关资料，按照实际承担的债务金额，借记"待偿债净资产——应付主权外债转贷款"科目，贷记"应付主权外债转贷款——应付本金"科目。

【例5-40】省政府财政从中央政府财政借入主权外债转贷款，且由外方将贷款资金直接支付给用款单位或供应商，资金总额为10亿元。其中，由本级政府财政承担还款责任，贷款资金由本级政府财政同级部门（单位）使用的资金额度为6亿元。省财政（财政厅）应编制如下会计分录：

借：一般公共预算本级支出 600 000 000
　　贷：债务转贷收入 600 000 000
同时：
借：待偿债净资产——应付主权外债转贷款 600 000 000
　　贷：应付主权外债转贷款——应付本金 600 000 000

第二，本级政府财政承担还款责任，贷款资金由下级政府财政同级部门（单位）使用的，本级政府财政根据转贷资金支付相关资料及预算指标文件，借记"补助支出"科目，贷记"债务转贷收入"科目；根据债务管理部门转来的相关资料，按照实际承担的债务金额，借记"待偿债净资产——应付主权外债转贷款"科目，贷记"应付主权外债转贷款——应付本金"科目。

【例5-41】省政府财政从中央政府财政借入主权外债转贷款，且由外方将贷款资金直接支付给用款单位或供应商，资金总额为10亿元。其中，由本级政府财政承担还款责任，贷款资金由下级政府财政同级部门（单位）使用的资金额度为3亿元。省财政（财政厅）应编制如下会计分录：

借：补助支出 300 000 000
　　贷：债务转贷收入 300 000 000
同时：
借：待偿债净资产——应付主权外债转贷款 300 000 000
　　贷：应付主权外债转贷款——应付本金 300 000 000

第三，下级政府财政承担还款责任，贷款资金由下级政府财政同级部门（单位）使用的，本级政府财政根据转贷资金支付相关资料，借记"债务转贷支出"科目，贷记"债务转贷收入"科目；根据债务管理部门转来的相关资料，按照实际承担的债务金额，借记"待偿债净资产——应付主权外债转贷款——应付本金"科目，贷记"应付主权外债转贷款——应付本金"科目；同时还要借记"应收主权外债转贷款"科目，贷记"资产基金——应收主权外债转贷款"科目。

【例5-42】省政府财政从中央政府财政借入主权外债转贷款，且由外方将贷款资金直接支付给用款单位或供应商，资金总额为10亿元。其中，由下级政府财政承担还款责任，贷款资金由下级政府财政同级部门（单位）使用的资金额度为1亿元。省财政（财政厅）应编制如下会计分录：

借：债务转贷支出 100 000 000
　　贷：债务转贷收入 100 000 000

同时：

借：待偿债净资产——应付主权外债转贷款 100 000 000

　　贷：应付主权外债转贷款——应付本金 100 000 000

此外，还要编制的会计分录为：

借：应收主权外债转贷款——应付本金 100 000 000

　　贷：资产基金——应收主权外债转贷款 100 000 000

（3）期末，财政部门确认应付主权外债转贷款的应付利息，根据债务管理部门计算出的应付未付利息，借记"待偿债净资产——应付主权外债转贷款"科目，贷记"应付主权外债转贷款——应付利息"科目。

【例5-43】省财政厅期末确认从中央财政转贷的主权外债资金的应付未付利息为0.2亿元。省财政（财政厅）应编制如下会计分录：

借：待偿债净资产——应付主权外债转贷款 20 000 000

　　贷：应付主权外债转贷款——应收利息 20 000 000

（4）财政部门偿还本级政府承担的借入主权外债转贷款的本金时，借记"债务还本支出"科目，贷记"其他财政存款"等科目；同时根据债务管理部门转来的相关资料，按照实际偿还的债务本金金额，借记"应付主权外债转贷款——应付本金"科目，贷记"待偿债净资产——应付主权外债转贷款"科目。

【例5-44】省财政厅偿还本级政府财政承担的借入主权外债转贷款本金6亿元。省财政（财政厅）应编制如下会计分录：

借：债务还本支出 600 000 000

　　贷：其他财政存款 600 000 000

同时：

借：应付主权外债转贷款——应付本金 600 000 000

　　贷：待偿债净资产——应收主权外债转贷款 600 000 000

（5）财政部门偿还本级政府承担的借入主权外债转贷款的应付利息时，借记"一般公共预算本级支出"科目，贷记"其他财政存款"等科目；同时根据债务管理部门转来的相关资料，按照实际偿还已确认的应付利息金额，借记"应付主权外债转贷款——应付利息"科目，贷记"待偿债净资产——应付主权外债转贷款"科目。

【例5-45】省财政厅偿还本级政府财政承担的借入主权外债转贷款本金0.25亿元。省财政（财政厅）应编制如下会计分录：

借：一般公共预算本级支出 25 000 000

　　贷：其他财政存款 25 000 000

同时：

借：应付主权外债转贷款——应付利息 25 000 000

　　贷：待偿债净资产——应收主权外债转贷款 25 000 000

（6）财政部门偿还下级政府承担的借入主权外债转贷款的本金和利息时，借记"其他应付款"或"其他应收款"科目，贷记"其他财政存款"等科目；同时根据债务管理部门转来的相关资料，按照实际偿还的债务本金和已确认的应付利息金额，借记"应付主权外债转贷款——应付本金"和"应付主权外债转贷款——应付利息"科目，贷记"待偿债净资产——应付主权外债转贷款"科目。

【例5-46】省财政厅偿还下级政府财政承担的借入主权外债转贷款本金3亿元和应付利息0.15亿元。省财政（财政厅）应编制如下会计分录：

借：其他应付款   315 000 000
　　贷：其他财政存款   315 000 000

同时：

借：应付主权外债转贷款——应付本金   300 000 000
　　应付主权外债转贷款——应付利息   15 000 000
　　贷：待偿债净资产——应付主权外债转贷款   315 000 000

（7）财政部门被上级政府财政扣缴借入主权外债转贷款本息时，借记"其他应收款"科目，贷记"与上级往来"科目；同时根据债务管理部门转来的相关资料，按照实际扣缴的本金及已确认的应付利息金额，借记"应付主权外债转贷款"科目，贷记"待偿债净资产——应付主权外债转贷款"科目。列报支出时，财政部门对应由本级政府财政承担的还本支出，借记"债务还本支出"科目，贷记"其他应收款"科目；对应由本级政府财政承担的利息支出，借记"一般公共预算本级支出"科目，贷记"其他应收款"科目。

【例5-47】因省财政资金困难，中央财政为本省扣缴借入主权外债转贷款的本息8.5亿元，其中本金8亿元，应付利息0.5亿元。省财政（财政厅）应编制如下会计分录：

借：其他应收款项   850 000 000
　　贷：与上级往来   850 000 000

同时：

借：应付主权外债转贷款——应付本金   800 000 000
　　应付主权外债转贷款——应付利息   50 000 000
　　贷：待偿债净资产——应付主权外债转贷款   850 000 000

列报支出时：

借：债务还本支出   800 000 000
　　一般公共预算本级支出   50 000 000
　　贷：其他应收款   850 000 000

（8）上级政府财政豁免主权外债转贷款本息时，根据下列情况分别处理：

第一，豁免本级政府财政承担偿还责任借入主权外债转贷款本息时，财政部门根据债务管理部门转来的相关资料，按照被豁免的转贷款本金和已确认的应付利息金额，借记"应付主权外债转贷款"科目，贷记"待偿债净资产——应付主权外债转贷款"科目。

【例5-48】假设某省财政厅应偿还的由本级财政承担还款责任的主权外债转贷款本息4.5亿元由中央财政垫付，其中本金4亿元，应付利息0.5亿元。中央财政豁免该笔借款。该省财政厅应编制如下会计分录：

借：应付主权外债转贷款——应付本金   400 000 000
　　应付主权外债转贷款——应付利息   50 000 000
　　贷：待偿债净资产——应付主权外债转贷款   450 000 000

第二，豁免下级政府财政承担偿还责任借入主权外债转贷款本息时，财政部门根据债务管理部门转来的相关资料，按照被豁免的转贷款本金和已确认的应付利息金额，借记"应付主权外债转贷款"科目，贷记"待偿债净资产——应付主权外债转贷款"科目；同时借记"资产基金——应收主权外债转贷款"科目，贷记"应收主权外债转贷款"科目。

【例5-49】假设某省财政厅应偿还的由下级财政承担还款责任的主权外债转贷款本息4.5亿元由中央财政垫付，其中本金4亿元，应付利息0.5亿元。中央财政豁免该笔借款。该省财政厅应编制如下会计分录：

借：应付主权外债转贷款——应付本金	400 000 000
应付主权外债转贷款——应付利息	50 000 000
贷：待偿债净资产——应付主权外债转贷款	450 000 000

同时

借：资产基金——应收主权外债转贷款	450 000 000
贷：应收主权外债转贷款	450 000 000

四、应付代管资金的核算

应付代管资金是指政府财政代为管理的、使用权属于被代管主体的资金。应付代管资金属于负债项目。

为了核算各级财政代管资金的增减变动及其结存情况，财政部门需要设置"应付代管资金"科目。该科目贷方记录应付代管资金的增加数；借方记录应付代管资金的减少数；期末余额在贷方，反映各级财政尚未支付的应付代管资金数额。该科目可按应付代管资金的主体进行明细核算。

财政部门收到应付代管资金时，借记"其他财政存款"科目，贷记"应付代管资金"科目。

【例5-50】某省财政厅收到同级A行政部门汇来的应付代管资金200 000元。该省财政厅应编制如下会计分录：

借：其他财政存款	200 000
贷：应付代管资金——A单位	200 000

应付代管资金的利息收入属于代管资金的主体。财政部门收到应付代管资金的利息时，借记"其他财政存款"科目，贷记"应付代管资金"科目。

【例5-51】某省财政厅收到同级A行政部门应付代管资金的利息10 000元。该省财政厅应编制如下会计分录：

借：其他财政存款	10 000
贷：应付代管资金——A单位	10 000

应付代管资金主体使用或收回代管资金的本金和利息时，借记"应付代管资金"科目，贷记"其他财政存款"科目。

【例5-52】某省财政厅退回同级A行政部门应付代管资金的本金和利息210 000元。该省财政厅应编制如下会计分录：

借：应付代管资金——A单位	210 000
贷：其他财政存款	210 000

第三节　净资产的核算

财政总预算会计的净资产是一级政府掌管的资产净值。从会计等式来看，净资产是指资产减去负债的差额。这些净资产正是各级政府可支配的各项结余资金和预算周转资金。

各项结余是财政收支的执行结果，是下年度可以结转使用或重新安排使用的资金，包括一般预算结余、基金预算结余、国有资本经营预算结余和专用基金结余。各项结余必须分别核算，不得混淆。各项结余每年结算一次，平时不结算，年终将各项收入与相应的支出分别结转到有关结余科目后，即成为该项资金的当年结余。当年结余加上上年年末滚存结余为本年年末滚存结余。预算结余可补充预算周转金。

一、一般公共预算结转结余的核算

一般公共预算结转结余是指一般公共预算收支执行结果，表现为一般公共预算类收入减去一般公共预算类支出后的差额。它是各级政府财政执行政府一般公共预算的结果。

按照国家现行预算管理办法和预算会计制度的规定，一般公共预算类收入包括：一般公共预算本级收入、补助收入——一般公共预算补助收入、上解收入——一般公共预算上解收入、地区间援助收入、调入资金——一般公共预算调入资金、债务收入——一般债务收入、债务转贷收入——地方政府一般债务转贷收入、动用预算稳定调节基金等。一般公共预算类支出包括：一般公共预算本级支出、补助支出——一般公共预算补助支出、上解支出——一般公共预算上解支出、地区间援助支出、调出资金——一般公共预算调出资金、债务还本支出——一般债务还本支出、债务转贷支出——地方政府一般债务转贷支出、安排预算稳定调节基金等。

为了反映和监督一般公共预算结转结余情况，总预算会计需要设置"一般公共预算结转结余"科目。该科目贷方记录一般公共预算类收入科目贷方发生额合计转入数；借方记录一般公共预算类支出科目借方发生额合计转入数和增设预算周转金的转出数；年终贷方余额，反映本年度一般公共预算收支相抵后的滚存结转结余，转入下一年度。

（一）年终结转各收入账的会计处理

年终财政部门将各收入账的本期发生额转入"一般公共预算结转结余"科目贷方时，借记一般公共预算类收入有关科目，贷记"一般公共预算结转结余"科目。

【例5-53】年终某市财政进行年终转账，一般公共预算类收入有关科目贷方发生额分别为：一般公共预算本级收入5亿元、补助收入——一般公共预算补助收入0.8亿元、上解收入——一般公共预算上解收入0.5亿元、地区间援助收入0.3亿元、调入资金——一般公共预算调入资金0.6亿元、债务收入——一般债务收入2亿元、债务转贷收入——地方政府一般债务转贷收入1亿元、动用预算稳定调节基金0.4亿元。市财政局应编制如下会计分录：

借：一般公共预算本级收入　　　　　　　　　　　　　　　　500 000 000

　　补助收入——一般公共预算补助收入　　　　　　　　　　80 000 000

上解收入——一般公共预算上解收入	50 000 000
地区间援助收入	30 000 000
调入资金——一般公共预算调入资金	60 000 000
债务收入——一般债务收入	200 000 000
债务转贷收入——地方政府一般债务转贷收入	100 000 000
动用预算稳定调节基金	40 000 000
贷：一般公共预算结转结余	1 060 000 000

（二）年终结转各支出账的会计处理

年终财政部门将各支出账的本期发生额转入"一般公共预算结转结余"科目借方时，借记"一般公共预算结转结余"科目，贷记一般公共预算类支出有关科目。

【例5-54】年终某市财政进行年终转账，一般公共预算类支出有关科目借方发生额分别为：一般公共预算本级支出 4.8 亿元、补助支出——一般公共预算补助支出 0.75 亿元、上解支出——一般公共预算上解支出 0.45 亿元、地区间援助支出 0.28 亿元、调出资金——一般公共预算调出资金 0.58 亿元、债务支出——一般债务支出 1.9 亿元、债务转贷支出——地方政府一般债务转贷支出 0.95 亿元、安排预算稳定调节基金 0.38 亿元。市财政局应编制如下会计分录：

借：一般公共预算结转结余	1 009 000 000
贷：一般公共预算本级支出	480 000 000
补助支出——一般公共预算补助支出	75 000 000
上解支出——一般公共预算上解支出	45 000 000
地区间援助支出	28 000 000
调出资金——一般公共预算调出资金	58 000 000
债务还本支出——一般债务支出	190 000 000
债务转贷支出——地方政府一般债务转贷支出	95 000 000
安排预算稳定调节基金	38 000 000

（三）设置和补充预算周转资金的核算

财政部门设置和补充预算周转资金的，需要设置"预算周转金"科目，年终将结转结余转入"预算周转金"账户。

【例5-55】年终某市财政进行年终转账后，依据财政结余情况，补充预算周转金0.4 亿元。市财政局应编制如下会计分录：

借：一般公共预算结转结余	40 000 000
贷：预算周转金	40 000 000

二、政府性基金预算结转结余的核算

政府性基金预算结转结余是指政府性基金预算收支执行结果，表现为政府性基金预算类收入减去政府性基金预算类支出后的差额。它是各级政府财政执行政府性基金预算的结果。

按照国家现行预算管理办法和预算会计制度的规定，政府性基金预算类收入包括：政府性基金预算本级收入、补助收入——政府性基金预算补助收入、上解收入——政府性基金预算上解收入、调入资金——政府性基金预算调入资金、债务收入——专项债务收入、债务转贷收入——地方政府专项债务转贷收入等。政府性基金预算类支出包括：政府性基金预算本级支出、补助支出——政府性基金预算补助支出、上解支出——政府性基金预算上解支出、调出资金——政府性基金预算调出资金、债务还本支出——专项债务还本支出、债务转贷支出——地方政府专项债务转贷支出等。

为了反映和监督政府性基金预算结转结余情况，总预算会计需要设置"政府性基金预算结转结余"科目。该科目贷方记录政府性基金预算类收入科目贷方发生额合计转入数，借方记录政府性基金预算类支出科目借方发生额合计转入数。该科目年终贷方余额反映本年度政府性基金预算收支相抵后的滚存结转结余，转入下一年度。

（一）年终结转各收入账的会计处理

财政部门年终将各收入账的本期发生额转入"政府性基金预算结转结余"科目贷方时，借记政府性基金预算类收入有关科目，贷记"政府性基金预算结转结余"科目。

【例5-56】年终某市财政进行年终转账，政府性基金预算类收入有关科目贷方发生额分别为政府性基金预算本级收入3亿元、补助收入——政府性基金预算补助收入0.5亿元、上解收入——政府性基金预算上解收入0.3亿元、调入资金——政府性基金预算调入资金0.4亿元、债务收入——专项债务收入1亿元、债务转贷收入——地方政府专项债务转贷收入0.8亿元。市财政局应编制如下会计分录：

借：政府性基金预算本级收入 300 000 000
　　补助收入——政府性基金预算补助收入 50 000 000
　　上解收入——政府性基金预算上解收入 30 000 000
　　调入资金——政府性基金预算调入资金 40 000 000
　　债务收入——专项债务收入 100 000 000
　　债务转贷收入——地方政府专项债务转贷收入 80 000 000
　　　贷：政府性基金预算结转结余 600 000 000

（二）年终结转各支出账的会计处理

年终财政部门将各支出账的本期发生额转入"政府性基金预算结转结余"科目借方时，借记"政府性基金预算结转结余"科目，贷记政府性基金预算类支出有关科目。

【例5-57】年终某市财政进行年终转账，政府性基金预算类支出有关科目借方发生额分别为政府性基金预算本级支出2.8亿元、补助支出——政府性基金预算补助支出0.45亿元、上解支出——政府性基金预算上解支出0.28亿元、调出资金——政府性基金预算调出资金0.38亿元、债务还本支出——专项债务支出0.9亿元、债务转贷支出——地方政府专项债务转贷支出0.75亿元。市财政局应编制如下会计分录：

借：政府性基金预算结转结余 556 000 000
　　贷：政府性基金预算本级支出 280 000 000
　　　　补助支出——政府性基金预算补助支出 45 000 000
　　　　上解支出——政府性基金预算上解支出 28 000 000
　　　　调出资金——政府性基金预算调出资金 38 000 000
　　　　债务还本支出——专项债务支出 90 000 000
　　　　债务转贷支出——地方政府专项债务转贷支出 75 000 000

三、国有资本经营预算结转结余的核算

国有资本经营预算结转结余是指国有资本经营预算收支执行结果，表现为国有资本经营预算类收入减去国有资本经营预算类支出后的差额。它是各级政府财政执行国有资本经营预算的结果。国有资本经营预算收入主要是国有资本经营预算本级收入。国有资本经营预算支出有国有资本经营预算本级支出、调出资金——国有资本经营预算调出资金等。

为了反映和监督各级财政执行国有资本经营预算结果，需要设置"国有资本经营预算结余"科目。该科目贷方登记年终从"国有资本经营预算本级收入"转入的数额；借方登记年终从"国有资本经营预算支出"和"调出资金——国有资本经营预算调出资金"转入的数额；余额在贷方，反映本年国有资本经营预算滚存结转结余数，转入下年度。

（一）年终结转收入账的会计处理

年终财政部门将国有资本经营预算收入账的本期发生额转入"国有资本经营预算结转结余"科目贷方时，借记"国有资本经营预算本级收入"科目，贷记"国有资本经营预算结转结余"科目。

【例5-58】年终某市财政进行年终转账，"国有资本经营预算本级收入"科目本年贷方发生额为3亿元。市财政局应编制如下会计分录：

借：国有资本经营预算本级收入 300 000 000
　　贷：国有资本经营预算结转结余 300 000 000

（二）年终结转各支出账的会计处理

年终财政部门将各支出账的本期发生额转入"政府性基金预算结转结余"科目借方时，借记"政府性基金预算结转结余"科目，贷记政府性基金预算类支出有关科目。

【例5-59】年终某市财政进行年终转账，国有资本经营预算支出有关科目借方发生额分别为国有资本经营预算本级支出3.5亿元、调出资金——国有资本经营预算调出资金0.3亿元。市财政局应编制如下会计分录：

借：国有资本经营预算结转结余 380 000 000
　　贷：国有资本经营预算本级支出 350 000 000
　　　　调出资金——国有资本经营预算调出资金 30 000 000

四、专用基金结余的核算

专用基金结余是指专用基金预算收支执行结果，表现为专用基金收入减去专用基金支出后的差额。它是各级政府财政总预算会计管理的专用基金收支的年度执行结果。

为了反映和监督各级财政专用基金收支执行结果，总预算会计需要设置"专用基金结余"科目。该科目贷方登记年终从"专用基金收入"科目转入的数额；借方登记年终从"专用基金支出"科目转入的数额；余额在贷方，反映本年政府财政管理的专用基金收支相抵后滚存结余数，转入下年度。

（一）年终结转收入账的会计处理

年终财政部门将专用基金收入账的本期发生额转入"专用基金结余"科目贷方时，借记"专用基金收入"科目，贷记"专用基金结余"科目。

【例5-60】年终某市财政进行年终转账，"专用基金收入"本年贷方发生额为0.5亿元。市财政局应编制如下会计分录：

借：专用基金收入 50 000 000
　　贷：专用基金结余 50 000 000

（二）年终结转支出账的会计处理

年终财政部门将专用基金支出账的本期发生额转入"专用基金结余"科目借方时，借记"专用基金结余"科目，贷记"专用基金支出"科目。

【例5-61】年终某市财政进行年终转账，"专用基金支出"科目借方发生额为0.48亿元。市财政局应编制如下会计分录：

借：专用基金结余　　　　　　　　　　　　　　　　　　48 000 000
　　贷：专用基金支出　　　　　　　　　　　　　　　　　　48 000 000

五、财政专户管理资金结余的核算

财政专户管理资金结余是指纳入财政专户管理的教育收费等资金收支的执行结果，表现为财政专户管理资金收入减去财政专户管理资金支出后的差额。它是各级政府财政总预算会计管理的财政专户管理资金收支的年度执行结果。

为了反映和监督各级财政财政专户管理资金收支执行结果，总预算会计需要设置"财政专户管理资金结余"科目。该科目贷方登记年终从"财政专户管理资金收入"科目转入的数额；借方登记年终从"财政专户管理资金支出"科目转入的数额；余额在贷方，反映本年政府财政管理的财政专户管理资金收支相抵后滚存结余数，转入下年度。

（一）年终结转收入账的会计处理

年终财政部门将财政专户管理资金收入账的本期发生额转入"财政专户管理资金结余"科目贷方时，借记"财政专户管理资金收入"科目，贷记"财政专户管理资金结余"科目。

【例5-62】年终某市财政进行年终转账，"财政专户管理资金收入"本年贷方发生额为0.6亿元。市财政局应编制如下会计分录：

借：财政专户管理资金收入　　　　　　　　　　　　　　60 000 000
　　贷：财政专户管理资金结余　　　　　　　　　　　　　　60 000 000

（二）年终结转支出账的会计处理

年终财政部门将财政专户管理资金支出账的本期发生额转入"财政专户管理资金结余"科目借方时，借记"财政专户管理资金结余"科目，贷记"财政专户管理资金支出"科目。

【例5-63】年终某市财政进行年终转账，"财政专户管理资金支出"科目借方发生额为0.58亿元。市财政局应编制如下会计分录：

借：财政专户管理资金结余　　　　　　　　　　　　　　58 000 000
　　贷：财政专户管理资金支出　　　　　　　　　　　　　　58 000 000

六、预算周转金的核算

预算周转金是指各级财政为平衡预算年度内季节性收支差额，保证及时用款而设置的周转资金，是国家财政后备基金的一种形式。

政府预算在年度执行过程中，由于季节性等原因，可能出现暂时的入不敷出的情况。例如，预算收入在征收、报解、转拨的过程中运行需要一定的时间，而且收入是逐日收取的，但每日的支出却要在月初就拨付，如果没有一定的周转金，要完成预算收支任务是难以想象的，这就要求各级财政设置一笔供临时周转垫支使用的预算周转金。

设置必要的预算周转金是各级财政灵活调度预算资金的重要保证，预算周转金的设置必须经上级财政部门批准，从预算结余中提取或补充。对于新成立的一级财政，由于原来没有设置预算周转金，上级财政在财力许可的范围内给予一定的资金。预算周转金只供平衡预算收支的临时周转使用，不能用于安排财政开支。未经上级财政部门批准，不能随意减少预算周转金的数额，并且应随着本级政府预算支出规模的扩大逐年增补。预算周转金不另设存款户，当动用预算周转金时，则表现为国库存款的减少，若国库存款的余额小于预算周转金的余额，即表明预算周转金已经动用。

为了反映和监督各级政府财政设置的用于调剂预算年度内季节性收支差额周转使用的资金情况，需要设置"预算周转金"科目。该科目贷方登记一般公共预算结转结余设置、补充的预算周转金，借方登记年终调入预算稳定调节基金时减少的预算周转金，余额在贷方，反映各级政府财政预算周转金的规模。

（一）设置和补充周转金的会计处理

各级政府财政根据需要设置和补充周转金时，借记"一般公共预算结转结余"科目，贷记"预算周转金"科目。

【例5-64】某市财政经批准用一般公共预算结转结余500 000元作为补充预算周转金。市财政局应编制如下会计分录：

借：一般公共预算结转结余　　　　　　　　　　　　　　　　500 000
　　贷：预算周转金　　　　　　　　　　　　　　　　　　　　500 000

（二）将预算周转金调入预算稳定调节基金的会计处理

各级政府财政将预算周转金调入预算稳定调节基金时，借记"预算周转金"科目，贷记"预算稳定调节基金"科目。

【例5-65】某市政府财政将预算周转金400 000元调入预算稳定调节基金。市财政局应编制如下会计分录：

借：预算周转金　　　　　　　　　　　　　　　　　　　　　400 000
　　贷：预算稳定调节基金　　　　　　　　　　　　　　　　　400 000

七、预算稳定调节基金的核算

预算稳定调节基金是指政府财政安排用于弥补以后年度预算资金不足的储备资金。各级财政在预算执行过程中，往往会出现财政收入"超收"或"短收"的情况。超收是指当年实际财政收入大于收入预算。短收是指当年实际财政收入小于收入预算。超收的财政收入用于追加财政拨款支出，不通过人民代表大会审批进行监督，带有一定的随意性和不规范性。短收通常会影响当年预算收支平衡，造成预算赤字。为解决上述问题，财政部从2007年起实施预算稳定调节基金制度。

在通常情况下，财政收入超收较多的预算年度，从一般公共预算类收入资金中提取一部分形成预算稳定调节基金。基本做法是增加一般公共预算类支出安排预算稳定调节基金，同时增加预算稳定调节基金。这样就可以避免超收追加当年财政支出的随意性，又能减少一般公共预算结转结余。

财政收入短收较多的预算年度，用已提取的预算稳定调节基金补充当年一般公共预算类收入资金，可达到减少当年预算赤字的目的。

为了反映和监督各级政府财政设置的用于弥补以后年度预算资金不足的储备资金的增减变动情况。总预算会计需要设置"预算稳定调节基金"科目。该科目贷方登记一般公共预算超收收入和一般公共预算结转结余补充的预算稳定调节基金以及从预算周转金转入的预算稳定调节基金的增加数;借方登记调用的预算稳定调节基金;余额在贷方,反映各级政府财政预算稳定调节基金的规模。

(一) 设置和补充预算稳定调节基金的会计处理

各级政府财政根据需要使用一般公共预算超收收入或一般公共预算结转结余补充预算稳定调节基金时,借记"安排预算稳定调节基金"科目,贷记"预算稳定调节基金"科目。

【例 5-66】某市财政经用一般公共预算超收收入补充预算稳定调节基金 1 000 000 元。市财政局应编制如下会计分录:

借:安排预算稳定调节基金   1 000 000
　　贷:预算稳定调节基金   1 000 000

(二) 将预算周转金调入预算稳定调节基金的会计处理

各级政府财政将预算周转金调入预算稳定调节基金时,借记"预算周转金"科目,贷记"预算稳定调节基金"科目。

【例 5-67】某市政府财政将预算周转金 700 000 元调入预算稳定调节基金。市财政局应编制如下会计分录:

借:预算周转金   700 000
　　贷:预算稳定调节基金   700 000

(三) 调用预算稳定调节基金的会计处理

各级政府财政调用预算稳定调节基金时,借记"预算稳定调节基金"科目,贷记"动用预算稳定调节基金"科目。

【例 5-68】某市政府财政为平衡一般公共预算,将调用 600 000 元预算稳定调节基金。市财政局应编制如下会计分录:

借:预算稳定调节基金   600 000
　　贷:动用预算稳定调节基金   600 000

八、资产基金的核算

资产基金是指政府财政持有的债权和股权投资等资产(与其相关的资金收支纳入预算管理)在净资产中所占的金额。

为了反映和监督各级政府财政管理的资产基金的增减变动及其结存情况,总预算会计需要设置"资产基金"科目。该科目贷方记录因股权投资和债权投资而增加的资产基金,借方记录因收回股权投资和债权投资而减少的资产基金;期末余额在贷方,反映各级政府财政持有债权投资和股权投资而在净资产中占有的资金。该科目设置"应收地方政府债券转贷款""应收主权外债转贷款""股权投资""应收股利"等明细科目进行明细核算。

资产基金的会计处理参见"应收地方政府债券转贷款""应收主权外债转贷款""股权投资""应收股利"等的举例说明。

九、待偿债净资产的核算

待偿债净资产是指政府财政承担应付短期政府债券、应付长期政府债券、借入款项、应付地方政府债券转贷款、应付主权外债转贷款、其他负债等负债（与相关的资金收支纳入预算管理）而相应需要在净资产中冲减的金额。

为了反映和监督各级政府财政因发生债务相应需要冲减净资产的情况。总预算会计需要设置"待偿债净资产"科目。该科目借方记录因承担负债而相应冲减净资产的数额；贷方记录偿还负债则相应增加净资产的数额；期末余额在借方，反映各级政府财政因承担负债而相应冲减的净资产数额。该科目设置"应付短期政府债券""应付长期政府债券""借入款项""应付地方政府债券转贷款""应付主权外债转贷款""其他负债"等明细科目进行明细核算。

待偿债净资产的会计处理参见"应付短期政府债券""应付长期政府债券""借入款项""应付地方政府债券转贷款""应付主权外债转贷款""其他负债"等的举例说明。

思考题

1. 财政总预算会计的负债包括哪些内容？表明了什么关系？
2. 财政总预算会计的负债需要设置哪些会计科目？
3. 应付债券包括哪些内容？
4. 什么是应付转贷款？包括哪些内容？
5. 暂收及应付款包括哪些内容？

练习题

1. 某市财政局向省财政厅借款 1 200 000 元。
2. 某市财政局收到性质不明的预算缴款 50 000 元，后查明是增值税收入。
3. 经省财政厅批准，同意将上述 1 200 000 元借款转为对其的补助款。
4. 某市财政困难，向上级财政借入临时需要资金 50 万元。
5. 某市财政收到托管资金 200 000 元。
6. 中央财政根据全国人民代表大会的决定在国内发行 100 亿元的国库券，期限为一年，年利率为 2.5%。年末确定应付利息 2.5 亿元。
7. 一年期已到，中央财政总预算会计偿还国库券本金和利息。
8. 在年终体制结算中，市财政应上交省财政款项 280 000 元。
9. 某市财政收到一笔 10 万元的款项，不明性质，暂存于其他财政存款户。
10. 年末省财政按照权责发生制列支一般公共预算本级支出，人大事务经费结余 0.4 亿元，发展与改革事务经费 0.6 亿元，共计 1 亿元。
11. 中央财政借入主权外债资金折合人民币 100 亿元，借款存入商业银行。年末确认应付利息 2 亿元。
12. W 省财政从中央财政借入主权外债转贷款，且由外方直接将贷款支付给该省的用款单位，资金总额 20 亿元，全部贷款均由本级政府财政承担还款责任。年末确认应付利息 0.4 亿元。

13. W 省财政从中央财政借入主权外债转贷款，且由外方直接将贷款支付给该省下级财政的用款单位，资金总额 10 亿元，全部贷款均由本级政府财政承担还款责任。年末确认应付利息 0.4 亿元。

14. W 省财政从中央财政借入主权外债转贷款，且由外方直接将贷款支付给该省下级财政的用款单位，资金总额 10 亿元，全部贷款均由下级政府财政承担还款责任。年末确认应付利息 0.4 亿元。

15. W 省财政从中央财政借入主权外债转贷款，且由外方直接将贷款支付给该省下级财政的用款单位，资金总额 10 亿元，全部贷款均由下级政府财政承担还款责任。年末确认应付利息 0.4 亿元。到期偿还下级政府财政承担还款责任的主权外债转贷款。

16. 某市财政局年末有关收入、支出账户余额如下（单位：元）：

一般公共预算本级收入	3 000 000
补助收入——一般公共预算补助收入	1 500 000
上解收入——一般公共预算补助收入	200 000
地区间援助收入	300 000
调入资金——一般公共预算调入资金	250 000
债务收入——一般债务收入	250 000 000
动用预算稳定调节基金	1 000 000
债务转贷收入——地方政府一般债务转贷收入	100 000 000
一般公共预算本支出	2 600 000
上解支出——一般公共预算上解支出	1 300 000
补助支出——一般公共预算上解支出	160 000
地区间援助支出	280 000
调出资金	150 000
安排预算调节稳定基金	200 000
债务转贷支出——地方政府一般债务转贷支出	200 000 000
债务还贷支出——一般债务还贷支出	80 000 000

17. 某市财政局年末有关收入、支出账户余额如下（单位：元）：

国有资本经营预算本级收入	80 000 000
政府性基金预算本级收入	45 000 000
专用基金收入	60 000 000
财政专户管理资金收入	2 000 000
国有资本经营预算本级支出	70 000 000
政府性基金预算本级支出	40 000 000
专用基金支出	50 000 000
财政专户管理资金收入	1 800 000

18. 某市财政使用超收收入补充预算稳定调节基金 500 万元。

19. 某市财政一般公共预算资金紧张，运用预算周转金 50 万元，调入预算调节基金。

20. 某市财政依据一般公共预算结转结余情况，补充预算周转金 100 万元。

请根据以上情况编制相应会计分录。

第六章
财政总预算会计收入的核算

　　收入是指各级政府为了实现其管理职能，根据法令和法规取得的非偿还性资金，是一级财政的资金来源。财政总预算会计核算的收入包括一般预算收入、国有资本经营预算收入、基金预算收入、专用基金收入、资金调拨收入和债务收入等。

　　通过本章的学习，应该掌握以下内容：

- 预算收入的分类及内容
- 预算收入的收纳、划分和报解
- 国家金库的构成
- 预算收入的账务处理
- 专用基金收入和资金调拨收入的内容及账务处理

第一节　预算收入的分类和内容

　　预算收入是国家为了实现其职能，通过政府预算所集中的资金，是进行社会主义现代化建设的财力保证。财政总预算会计核算的收入包括一般公共预算本级收入、政府性基金预算本级收入、国有资本经营预算本级收入、财政专户管理资金预算收入、专用基金收入、补助收入、上解收入、地区间援助收入、调入资金、动用预算稳定调节基金、债务收入、债务转贷收入等。预算收入项目的具体分类和内容，是按照《政府收支分类科目》的规定，由财政部根据预算管理的要求统一制定的。

　　《政府收支分类科目》是政府预算收支的总分类及明细分类，体现了政府收支分类体系，由收入分类、支出功能分类和支出经济分类三部分构成，从 2007 年 1 月 1 日开始全面实施。

一、政府收入的分类及内容

　　政府收入分类主要反映政府收入的来源和性质。根据我国政府收入构成情况，结合国际通行的分类方法，可将政府收入分为类、款、项、目四级。政府收入分类科目概括了预算收入的全部内容，并将随着社会经济的发展和政府收入形式的变化，及时进行修订。按照《政府收支分类科目》的划分，收入主要由税收收入、社会保险基金收入、非税收入、贷款转贷回收本金收入、债务收入和转移性收入组成。收入分类的类、款级科目主要内容如表 6-1 所示。

表6-1　收入分类科目表

科目编码		科目名称	说明
类	款		
101		税收收入	
	01	增值税	反映按《中华人民共和国增值税暂行条例》征收的国内增值税、进口货物增值税和经审批退库的出口货物增值税
	02	消费税	反映按《中华人民共和国消费税暂行条例》征收的国内消费税、进口消费品消费税和经审批退库的出口消费品消费税
	03	营业税（已取消）	反映税务部门按《中华人民共和国营业税暂行条例》征收的营业税
	04	企业所得税	反映税务机关按《中华人民共和国企业所得税法》征收的企业所得税以及依照《中华人民共和国外商投资企业和外国企业所得税法》征收的外商投资企业和外国企业所得税，税务机关对港澳台商投资企业征收的企业所得税也在此类有关科目反映
	05	企业所得税退税	反映财政部门按"先征后退"政策审批退库的企业所得税，其口径与"企业所得税"相同
	06	个人所得税	反映按《中华人民共和国个人所得税法》《对储蓄存款利息所得征收个人所得税的实施办法》征收的个人所得税
	07	资源税	反映按《中华人民共和国资源税暂行条例》征收的资源税
	08	固定资产投资方向调节税	反映地方税务局按《中华人民共和国固定资产投资方向调节税暂行条例》补征的固定资产投资方向调节税
	09	城市维护建设税	反映按《中华人民共和国城市维护建设税暂行条例》征收的城市维护建设税
	10	房产税	反映地方税务局按《中华人民共和国房产税暂行条例》征收的房产税以及依照《城市房地产税暂行条例》征收的城市房地产税
	11	印花税	反映按《中华人民共和国印花税暂行条例》征收的印花税
	12	城镇土地使用税	反映按《中华人民共和国城镇土地使用税暂行条例》征收的城镇土地使用税
	13	土地增值税	反映按《中华人民共和国土地增值税暂行条例》征收的土地增值税
	14	车船使用和牌照税	反映按《中华人民共和国车船使用税暂行条例》征收的车船使用税以及依照《车船使用牌照税暂行条例》征收的车船使用牌照税
	15	船舶吨税	反映船舶吨税收入
	16	车辆购置税	反映按《中华人民共和国车辆购置税暂行条例》征收的车辆购置税
	17	关税	反映海关按《中华人民共和国进出口关税条例》征收的关税，按《中华人民共和国反倾销条例》征收的反倾销税，按《中华人民共和国反补贴条例》征收的反补贴税，按《中华人民共和国保障措施条例》征收的保障措施关税以及财政部按"先征后退"政策审批退税的关税

表6-1(续)

科目编码		科目名称	说明
类	款		
	18	耕地占用税	反映地方税务局按《中华人民共和国耕地占用税暂行条例》征收的耕地占用税
	19	契税	反映地方税务局按《契税暂行条例》征收的契税
	20	其他税收收入	
102		社会保险基金收入	
	01	基本养老保险基金收入	反映参加基本养老保险的单位和个人缴纳的基本养老保险费、财政补贴、利息等收入
	02	失业保险基金收入	反映参加失业保险的单位和个人缴纳的失业保险费、财政补贴、利息等收入
	03	基本医疗保险基金收入	反映参加基本医疗保险的单位和个人缴纳的基本医疗保险费、财政补贴、利息等收入
	04	工伤保险基金收入	反映参加工伤保险的单位缴纳的工伤保险费、财政补贴、利息等收入
	05	生育保险基金收入	反映参加生育保险的单位缴纳的生育保险费、财政补贴、利息等收入
	06	其他社会保险基金收入	
103		非税收入	
	01	政府性基金收入	反映各级政府及其所属部门根据法律、行政法规以及中共中央、国务院有关文件的规定,向公民、法人和其他组织无偿征收具有专项用途的财政资金(包括基金、资金、附加和专项收费)
	02	专项收入	反映中央和地方政府根据有关规定对排污、资源、矿藏、教育、运输等征收费用形成的共用收入
	03	彩票奖金收入	反映彩票机构上缴财政部门的彩票公益金和发行费等资金
	04	行政事业性收费收入	反映依据法律、行政法规、国务院有关规定、国务院财政部门与计划部门共同发布的规章或者规定以及省、自治区、直辖市的地方性法规、政府规章或者规定,省、自治区、直辖市人民政府财政部门与计划(物价)部门共同发布的规定所收取的各项收费收入。目级科目编码01至50的收入缴入国库,51至99的收入缴入财政专户
	05	罚没收入	反映执法机关依法收缴的罚款(罚金)、没收款、赃款,没收物资、赃物的变价款收入
	06	国有资本经营收入	反映各级人民政府及其部门、机构履行出资人职责的企业上缴的国有资本收益
	07	国有资源(资产)有偿使用收入	反映有偿转让国有资源(资产)使用费而取得的收入
	08	其他收入	

表6-1(续)

科目编码		科目名称	说明
类	款		
104		贷款转贷回收本金收入	
	01	国内贷款回收本金收入	反映收回的技改贷款及其他财政贷款本金收入
	02	国外贷款回收本金收入	反映收回的我国政府向国外政府贷款、向国际组织贷款的本金收入
	03	国内转贷回收本金收入	反映收回的政府部门向外国政府、国际金融机构借款转贷给地方政府、相关部门和企业的款项
	04	国外转贷回收本金收入	反映收回的中央政府部门向外国政府、国际金融机构借款转贷给国外有关机构和企业的款项
105		债务收入	
	01	国内债务收入	反映从国内取得的债务收入
	02	国外债务收入	反映从国外取得的债务收入
110		转移性收入	
	01	返还性收入	反映下级政府收到上级政府的返还性收入
	02	财力性转移收入	反映政府间财力性转移支付收入
	03	专项转移支付收入	反映政府间专项转移支付收入
	04	政府性基金转移收入	反映政府性基金转移收入
	05	彩票公益金转移收入	反映政府间彩票公益金转移收入
	06	预算外转移收入	反映政府间预算外资金转移收入
	07	单位间转移收入	反映各单位间的转移收入
	08	上年结余收入	反映各类资金的上年结余
	09	调入资金	反映不同性质资金之间的调入收入

二、政府收入分类科目与财政总预算会计预算收入科目之间的联系

《政府收支分类科目》反映了我国为适应市场经济条件下的政府职能转变、建立健全公共财政体系的总体要求，而逐步形成的一套既适合我国国情又符合国际通行做法的较为规范合理的政府收支分类体系。该体系的不断完善，将为进一步深化财政改革、提高预算透明度、强化预算监督创造有利条件。

我国在1998年开始实施的财政总预算会计制度是和现行的预算管理方式相适应的。为积极稳妥地推进政府收支分类改革，2007年实施《政府收支分类科目》后，暂不改变现行预算管理的基本流程和管理模式，也不改变财政总预算会计制度核算预算收入和预算支出的科目。因此，财政总预算会计的预算收支科目仍然是一般预算收入、基金预算收入、国有资本经营预算收入以及一般预算支出、基金预算支出、国有资本经营预算支出。分别以《政府收支分类科目》作为明细科目进行核算。

第二节 预算收入的收纳、划分和报解

一、预算收入的组织机构

为了组织和监督预算收入，国家设立了专门的征收和管理机构，包括征收机关和国家金库。

（一）征收机关

政府预算经过法定程序批准后，必须正确地组织实施，保证预算收入任务的完成，这就进入了预算执行阶段。组织预算执行是实现预算收支任务的重要环节。政府预算收入的执行是由财政部门负责组织的，但由于各项预算收入的性质和来源不同，征收的单位也有所不同。我国的征收机关主要有税务机关、财政机关和海关等。

1. 税务机关

税务机关主要负责各项工商税收和企业所得税的征收管理以及国家交办的其他预算收入的征收管理。

2. 财政机关

财政机关主要负责国有企业上缴利润及其他预算收入的征收管理。

3. 海关

海关主要负责对进出口的货物和各种物品、旅客行李等依法征收关税和规费，为税务机关代征进出口产品的增值税、消费税、对台贸易调节税以及政府交办的涉及进出口产品的其他税收的征收管理。

4. 其他机关

不属于上述范围的预算收入，以国家规定负责征收管理的单位为征收机关，如公安、法院、检察院等。

（二）国家金库

1. 国家金库的概念

国家金库是经理政府财政收支的总出纳机关，简称国库。国库负责政府预算资金的收纳、划分、留解和库款支拨的业务。国库的概念包括了两层意思：一是说明国库是政府财政的"财政库"，是国家财政的总出纳机关。国库既不是银行收存金银实物的"实物库"，也不是银行保管货币的"发行库"。二是说明国库作为出纳机关，政府的全部预算收入都由国库收纳入库，一切预算支出都由国库拨付。但国库不是单纯的现金出纳，而是参与组织和执行政府预算的专门机关。因此，国库必须认真执行国家的方针、政策和财经制度，发挥国库的执行作用、促进作用和反映作用。

2. 国家金库的管理体制和组织机构

从世界各国的情况看，政府预算收支的保管出纳制度主要有独立国库制、委托国库制和银行制三种。独立国库制指的是国家单独设立经管国家财政预算收支的机构，办理国家财政预算收支的保管出纳工作；委托国库制指的是委托银行办理政府预算收支工作；银行制指的是国家不设国库，国家的财政收入作为一般存款存入银行进行管理。

我国的国库制度一直采用委托制，即国家金库由中国人民银行代理。目前世界各国，尤其是经济较发达的国家大多数采用委托制。实行委托制的优点在于：一是可利用遍及全国城乡的银行机构，方便缴款和拨款；二是通过银行单位能迅速灵活地划转预算收支的上解下拨；三是通过银行办理有利于加强对预算收支的监督管理。

我国国家金库的组织机构是按照国家财政管理体制设立的，原则上一级财政设立一级国库。根据《中华人民共和国预算法》及《中华人民共和国预算法实施条例》的规定，我国国库分设中央国库和地方国库两套机构，并分别向中央财政和地方财政负责。中央国库业务由中国人民银行经理；地方国库业务由中国人民银行分支机构经理；未设中国人民银行分支机构的地区，由中国人民银行及地方财政委托有关银行办理。

目前，我国国库设有总库、分库、中心支库、支库，有部分地方建立了乡镇国库。中国人民银行总行负责经理总库；各省、自治区、直辖市分行负责经理分库，计划单列市分行可设置分库，其国库业务受省分库领导；省辖市、自治州和成立一级财政的地区，由市、地（州）分支行经理中心支库；县（市）支行经理支库。支库以下可设置国库经收处，业务由专业银行的分支机构办理，负责收纳、报解财政库款。国库经收处不是一级独立的国库，其业务工作受支库领导。

二、预算收入的收纳

（一）缴库方式

政府预算收入的收缴，一律通过国库办理。按国库集中收付制度的规定，预算收入的缴库方式分为直接缴库和集中汇缴两种。

1. 直接缴库

直接缴库是指由缴款单位或缴款人按有关法律法规规定，直接将应缴收入缴入国库单一账户或预算外资金财政专户。具体来说，就是通过缴款人所在地的开户行，以转账方式将款项缴入国库。这种方式使政府预算收入的收缴减少了层层汇总缴款的繁琐手续，同时便于税务机关的监督和指导。目前，我国企业、事业单位等纳税人主要采用直接缴库方式。

2. 集中汇缴

集中汇缴是指由征收机关（有关法定单位）按有关法律规定，于收缴收入的当日汇总，将所收的应缴收入缴入国库单一账户或预算外资金财政专户。这种方式主要适用于农村集贸市场、个体商贩及农民缴纳的小额零散税款、个人的进口关税及法律另有规定的应缴收入和非税收入中的现金缴款。

（二）预算收入的缴款凭证

国库在办理收入缴库时，必须填制缴款凭证，即缴款书。缴款书是国库办理收纳预算收入唯一合法的原始凭证，也是各级征收机关、国库、银行和缴款单位分析检查预算收入任务完成情况，进行记账、统计的重要基础资料。缴款书一般分为工商税收专用缴款书、一般缴款书和其他缴款书三种。

1. 工商税收专用缴款书

工商税收专用缴款书共分六联：第一联为收据（代完税证），国库收款盖章后退缴款单位或纳税人；第二联为付款凭证，由缴款单位开户行作付出传票；第三联为收款凭证，由收款国库作收入传票；第四联为回执，国库收款盖章后退征收机关；第五联为报查，国库收款盖章后退基层征收机关；第六联为存根，由征收机关根据需要增加，由税务机关留存。

2. 一般缴款书

实行利润承包的国有企业上缴利润等收入、各机关事业单位上缴有关收入等使用一般缴款书。一般缴款书一式五联，一至四联的用途与工商税收专用缴款书相同，第五联为报查，国库收款盖章后退同级财政部门。

3. 其他专用缴款书

其他专用缴款书主要包括企业所得税专用缴款书、涉外税收专用缴款书、海关专用缴款书以及其他不属于税收、利润和其他收入的缴款书等。其他专用缴款书共分六联，与工商税收专用缴款书各联内容相同。

三、预算收入的划分和报解

（一）预算收入的划分

各级国库对于每日收纳入库的预算收入，应按照预算管理体制规定的范围和比例，将预算收入在中央预算与地方预算之间以及地方各级预算之间正确地进行划分。预算收入在各级财政之间的划分是国家预算管理体制的一项基本内容，是实现国家预算分级管理，确保财权、事权统一，解决中央财政与地方财政之间分配关系的核心内容。我国公共财政预算收入一般可划分为固定收入、分成收入两大部分。固定收入分为"中央固定收入"和"地方固定收入"，固定为各级的预算收入；分成收入按各级财政的财力情况以比例或其他方法进行分配。公共财政预算收入在中央财政和地方财政之间的划分如下：

1. 中央财政固定收入

中央财政固定收入包括关税、海关代征的进口环节消费税和增值税、消费税以及未纳入共享范围的中央企业所得税等。

2. 地方财政固定收入

地方财政固定收入包括城镇土地使用税、耕地占用税、土地增值税、房产税、车船税、契税等。

3. 中央财政与地方财政共享收入

中央财政与地方财政共享收入包括增值税、企业所得税、个人所得税、资源税、印花税等。

公共财政预算收入在地方各级财政之间的划分情况，由上一级财政制定本级和下级财政之间的财政管理体制，按规定划分的方法执行。由于各地的情况不同，其划分的方法也不尽相同。这种分税、分征和分管的制度，规范了中央与地方的财力分配关系，保证了中央财政收入的稳定，也调动了地方财政组织收入的积极性。

基金预算收入也按预算级次划分为中央基金预算收入、地方基金预算收入和中央、地方共享基金收入，具体项目的划分目前仍按原规定执行。

（二）预算收入的报解

预算收入的报解是指通过国库向上级国库和财政部门报告预算收入情况，并将属于上级财政的预算收入解缴到中心支库、分库和总库的过程。"报"就是国库要向各级财政机关报告预算收入的情况，以便各级财政机关掌握预算收入的进度和情况；"解"就是国库要在对各级预算收入的划分和办理收入分成后，将财政库款解缴到各级财政的国库存款账户上。

支库是基层国库，各级预算收入款项应以缴入支库为正式入库。国库经收处只是代收，不能作为正式入库。支库收到属于中央预算固定收入、省级预算固定收入、地（市）级预算固定收入时，凭"缴款书"，直接编制"预算收入日报表"，将款项逐级报解到上级国库。"预算收入日报表"填写时附"缴款书"报查联随划款报单上报分库或中心支库。收到属于本级预算固定收入时，应按"缴款书"编制"预算收入日报表"一式三份，一份留存，一份附缴款书回执联送交征收机关，一份送县财政总预算会计。收到属于分成收入时，还应编制"分成收入计算日报表"，按上级规定的分成比例对参与分成的收入办理分成留解，"分成收入计算日报表"一份留存，一份送县财政总预算会计，一份随划款报单上报中心支库。

中心支库、分库和总库预算收入的报解程序与支库的报解程序基本相同。

"预算收入日报表"和"分成收入计算日报表"的格式分别如表6-2、表6-3所示。

表6-2　预算收入日报表

级次：　　　　　　　　　　年　月　日　　　　　　　　第　号　　单位：元

预算科目编号	预算科目名称	本日收入金额

国库（公章）　　　　　　　复核　　　　　　　制表

表6-3　分成收入计算日报表

级次：　　　　　　　　　　年　月　日　　　　　　　　　　　　单位：元

分成项目	本月收入	本年累计
收入总额		
60%地（市）级分成		
40%县级分成		

国库（公章）　　　　　　　复核　　　　　　　制表

四、预算收入的退库

预算收入退库是指在预算收入执行过程中，经本级财政部门批准，将已入库的预算收入退还给原缴款单位或个人。退库属于减少政府预算收入，需要认真审核。办理退库时，必须遵守《中华人民共和国国家金库条例》及《中华人民共和国国家金库条例实施细则》规定的退库范围和审批程序。凡是不符合规定的收入退库，各级财政机关、税务机关和海关不得办理审批手续，各级国库对不符合规定的退库有权拒绝办理。

（一）预算收入退库的原则和范围

一切预算收入均应及时足额缴入国库，已缴入国库的收入数额，属于正当理由需要办理退库的，应遵循以下原则：

（1）应经财政机关或其授权的主管征收机关，如税务局、海关批准，从国库中退库支款，国库经收处只办理库款收纳，不办理预算收入退库。

（2）办理收入退库必须由申请退库的单位或个人提出书面申请，经财政或征收机关审查批准后，退给申请单位或个人。国库办理库款的退付，应当凭财政或征收机关填制的"收入退还书"办理。

（3）预算收入的退库，应按预算收入的级次办理，即中央预算收入退库，从中央级库款中退付；地方各级预算固定收入的退库，从地方各级库款中退付；各级分成收入的退库，按规定的分成比例分别从上级和本级库款中退付。

（4）各级预算收入的退库，原则上通过转账办理，不能支付现金。对个别特殊情况，必须退付现金时，财政征收机关在从严审查核定后，在"收入退还书"上加盖"退付现金"的戳记，由收款人持其向指定的国库按规定审查退库。

预算收入的退库必须在国家规定的退库范围内，按照规定的审批程序办理，属于下列范围的可以办理退库：

（1）技术性的差错和结算性质的退库，如预算收入的错缴或缴错预算级次。

（2）对国有企业的所得税退税和计划亏损补贴。

（3）企业按计划上缴税利，超过应缴税额需要退库的。

（4）财政部明文规定或专项批准的其他退库项目。

（二）预算收入退库的手续

缴款单位或缴款人申请退库，应向财政机关申报填写退库申请书，严格履行退库手续。退库申请书经财政机关审核批准后，在退库申请书上签署审批意见和核定退库金额，并填制收入退还书，加盖公章，交申请单位或申请人持收入退还书向指定的国库办理退库。

收入退还书是通知国库退付库款的唯一合法凭证。收入退还书一式五联：第一联为报查联，由退款国库盖章后退签发收入退还书的机关；第二联为付款凭证，由退款国库作付出传票；第三联为收入凭证，由收款单位开户行作收入传票；第四联为收账通知，由收款单位开户银行通知收款单位收账；第五联为付款通知，由国库随收入日报表送退款的财政机关。收入退还书第五联的格式如表6-4所示。

表6-4　收入退还书（付款通知）

| | | | | | | 年　月　日 | | | | | | | | 编号 |

收款单位	全　称			退款单位	机关全称		第五联　由国库随收入日报表送退款的财政机关
	账　号				预算级次		
	开户银行				退款国库		

预算科目			金　额									退库原因
款	项	目	百	十	万	千	百	十	元	角	分	
合　　　计												

人民币（大写）：

上列款项已办妥退库手续，并划转收款单位账户

国库（银行）盖章

年　月　日

第三节 基本预算收入的核算

基本预算收入是指政府财政筹集的纳入本级预算管理的税收收入和非税收入。

税收收入是指政府从开征的各种税收中取得的收入。这体现了政府与纳税人之间的非交换性交易关系。税收收入包括：增值税、消费税、企业所得税、企业所得税退税、个人所得税、资源税、城市维护建设税、房产税、印花税、城镇土地使用税、土地增值税、车船税、船舶吨税、车辆购置税、关税、耕地占用税、契税、烟叶税、环境保护税和其他税收收入。

非税收入是指各级政府及其所属部门和单位依法利用行政权力、政府信誉、国家资源或提供特定公共服务征收、收取、提取、募集的除税收和政府债务收入以外的财政收入。非税收入包括专项收入、行政事业性收费收入、罚没收入、国有资源有偿使用收入、国有资本经营收入、捐赠收入和其他收入等。

一、一般公共预算本级收入的核算

各级财政总预算会计办理一般公共预算本级收入的核算，主要是以同级国库报来的"预算收入日报表""分成收入计算日报表"及所附的"缴款书""收入退还书"等原始凭证为依据。财政总预算会计不得直接收纳任何预算收入，也不得自行调整国库报来的数字。财政总预算会计收到上述原始凭证后，应进行认真的审核，经审核无误才能进行账务处理。

为了核算各级财政部门组织的纳入一般公共预算的收入，需要设置"一般公共预算本级收入"科目。该科目贷方登记从国库报来的各项预算收入数，以红字记录亏损补贴数和退库数；平时的贷方余额（累计发生额），反映预算收入累计数；年终，借方登记将贷方余额全数转入"一般公共预算结转结余"科目的数额。该科目应根据《政府收支分类科目》中的收入分类科目下应列入一般预算收入的类、款、项、目级科目设置相应明细账，进行明细分类核算。

财政总预算会计收到国库报来的预算收入日报表等凭证时，经审核无误，应按所列当日预算收入数，借记"国库存款"科目，贷记"一般公共预算本级收入"科目。如果当日的收入为负数时，应以红字记入。年终结账时，"一般公共预算本级收入"科目的贷方余额全数转入"一般公共预算结转结余"科目。

【例6-1】某市财政局收到国库报来本市市级"预算收入日报表"，列示当日增值税税收收入为1 100 000元。该财政局应编制如下会计分录：

借：国库存款　　　　　　　　　　　　　　　　　　　　　1 100 000
　　贷：一般公共预算本级收入——税收收入——增值税　　　　　　1 100 000

【例6-2】某市财政局收到国库报来本市市级"预算收入日报表"，列示一般公共预算本级收入为负数100 000元，其中增值税税收收入为200 000元，个人所得税税收收入为100 000元，国有企业计划亏损补贴退库280 000元，企业所得税退税120 000元。该财政局应编制如下会计分录：

借：国库存款 $\boxed{100\ 000}$

贷：一般公共预算本级收入——税收收入——增值税 200 000

——个人所得税 100 000

——国有企业计划亏损补贴 $\boxed{280\ 000}$

——企业所得税退税 $\boxed{120\ 000}$

【例6-3】某市财政局收到"收入退还书"一联，计应退A单位一般公共预算本级收入80 000元，经批准同意退还。该财政局应编制如下会计分录：

借：国库存款 $\boxed{80\ 000}$

贷：一般公共预算本级收入 $\boxed{80\ 000}$

【例6-4】某市财政局收到"分成收入日报表"，列示当日一般公共预算本级收入为300 000元，按分成比例本级收入为60%，上级收入为40%。该财政局应编制如下会计分录：

借：国库存款 300 000

贷：一般公共预算本级收入 300 000

借：上解支出 120 000

贷：国库存款 120 000

【例6-5】某市财政局年终将"一般公共预算本级收入"科目的贷方余额2 850 000元全部转入"一般公共预算结转结余"科目。该财政局应编制如下会计分录：

借：一般公共预算本级收入 2 850 000

贷：一般公共预算结转结余 2 850 000

二、政府性基金预算本级收入的核算

政府性基金预算本级收入是指政府财政筹集的纳入本级政府性基金预算管理的非税收入。

政府性基金预算收入是专用性较强的资金，应纳入政府性基金预算管理。根据2011年1月1日实施的《政府性基金管理暂行办法》的规定，政府性基金是指各级人民政府及其所属部门根据法律、行政法规和中共中央、国务院文件规定，为支持特定公共基础设施建设和公共事业发展，向公民、法人和其他组织无偿征收的具有专项用途的财政资金。政府性基金实行中央一级审批制度，遵循统一领导、分组管理的原则，作为政府非税收入，全额纳入财政预算，实行"收支两条线"管理。

财政总预算会计在管理与核算基金预算收入时，应遵循以下基本要求：

（1）以收定支，自求平衡。财政总预算会计应当在已有基金预算收入数额内办理基金预算支出。财政总预算会计要坚持收入按标准、支出按规定的原则。基金预算收入与基金预算支出应当做到自求平衡。

（2）专款专用，分项核算，结余结转下年安排使用。基金预算收入应当用于相应的基金预算支出项目，各项基金预算收入与基金预算支出之间不能相互调剂。各项基金预算收入、支出和结余要单独核算，不能相互混淆。

各项基金预算收入的核算以缴入国库数额记账。基金预算收入全额纳入预算，收入全部上缴国库，实行收支两条线管理。财政总预算会计在核算基金预算支出时，其支出

数额必须控制在已有的基金预算收入数额范围之内。基金预算收入与基金预算支出应当做到自求平衡。

政府基金预算收入的收缴方式和程序、划分和报解方法与一般公共预算收入一样。

为了核算各级财政部门管理的政府性基金预算收入，财政总预算会计需要设置"政府性基金预算本级收入"科目。该科目贷方登记收到的政府性基金预算收入数，借方登记年终将贷方余额全数转入"政府性基金预算结转结余"科目的数额。结转后该科目无余额。

【例6-6】某市财政局收到国库报来的"政府性基金预算收入日报表"，其中交通部门基金收入180 000元，文教部门基金收入60 000元，地方教育附加收入10 000元。该财政局应编制如下会计分录：

借：国库存款 250 000

　　贷：政府性基金预算本级收入——非税收入——政府性基金收入 250 000

【例6-7】某市财政局当日收到国库报来的"政府性基金预算收入日报表"，其中旅游发展基金收入500 000元，铁路建设基金收入50 000元。该财政局应编制如下会计分录：

借：国库存款 550 000

　　贷：政府性基金预算本级收入——非税收入——政府性基金收入 550 000

【例6-8】年终，某市财政局总预算会计将"政府性基金预算本级收入"账户贷方余额100万元转入"政府性基金预算结余"账户。该财政局应编制如下会计分录：

借：政府性基金预算本级收入 1 000 000

　　贷：政府性基金预算结转结余 1 000 000

三、国有资本经营预算收入的账务处理

国有资本经营预算收入是指政府财政筹集的纳入本级国有资本经营预算管理的非税收入。建立国有资本经营核算，对增强政府的宏观调控能力、规范国家与国有企业的分配关系、深化国有企业改革、推进国有经济布局和结构的战略性调整、推动国有企业发展，具有重要意义。财政总预算会计在管理与核算国有资本经营预算收入时，应遵循以下基本要求：第一，统筹兼顾，适度集中；第二，相对独立，相互衔接。

为了核算政府财政筹集的纳入本级国有资本经营预算管理的非税收入，财政总预算会计需要设置"国有资本经营预算本级收入"科目。该科目贷方登记各级政府及其部门以所有者身份依法取得的国有资本经营收入数，平时贷方余额反映当年国有资本经营预算收入累计数。年终，借方登记将贷方余额全数转入"国有资本经营预算结转结余"科目的数额。该科目应按《政府收支分类科目》中的收入分类科目中应列入国有资本经营预算收入的类、款、项、目级科目设置明细账，进行明细分类核算。

国有资本经营预算本级收入是对国有资本收益作出支出安排的资金来源。国有资本经营预算应当按照收支平衡的原则编制，不列赤字，并安排资金调入一般公共预算。

【例6-9】某市财政局当日收到国库报来的"国有资本经营预算收入日报表"，其中金融企业利润收入1 500 000元，房地产企业利润收入500 000元。该财政局应编制如下会计分录：

借：国库存款 2 000 000

　　贷：国有资本经营预算本级收入——非税收入——国有资本经营收入2 000 000

【例6-10】年终，某市财政局总预算会计将"国有资本经营预算本级收入"账户贷方余额1 200万元转入"国有资本经营预算结转结余"账户。该财政局应编制如下会计分录：

借：国有资本经营预算本级收入　　　　　　　　　　　　　12 000 000
　　贷：国有资本经营预算结转结余　　　　　　　　　　　　　12 000 000

第四节　其他收入的核算

在财政总预算会计的收入中，其他收入是指除基本预算收入、债务收入和转移性收入以外的其他收入。它包括财政专户管理资金收入、专用基金收入。

一、财政专户管理资金收入的核算

财政专户管理资金收入是指财政总预算会计管理的纳入财政专户管理的教育收费等资金收入。根据《政府收支分类科目》的规定，纳入财政专户管理的资金收入包括高中以上学费、住宿费、高校委托培训费以及函大、夜大、电大、研训班培训费等教育收费。

财政专户管理资金实行收支两条线管理，既不纳入一般公共预算管理和政府性基金预算管理，也不用于与有关财政预算资金之间的调剂。财政部门收到有关单位和部门交来的财政专户资金时，确认为财政专户管理资金收入。

为了核算财政专户管理资金收入业务，财政总预算会计应设置"财政专户管理资金收入"科目。该科目贷方登记当年财政专户管理资金取得数；借方登记年终将贷方余额全部转入"财政专户管理资金结余"科目的数额。该科目平时余额在贷方，反映财政部门当年财政专户管理资金收入累计数，年终结转后，该科目无余额。

【例6-11】某市财政局收到教育行政性事业收费收入——高等学校学费1 500 000元。该财政局应编制如下会计分录：

借：其他财政存款　　　　　　　　　　　　　　　　　　　1 500 000
　　贷：财政专户管理资金收入　　　　　　　　　　　　　　　1 500 000

【例6-12】年终，某市财政局将本年"财政专户管理资金收入"科目贷方余额8 200 000元转入"财政专户管理资金结余"科目。该财政局应编制如下会计分录：

借：财政专户管理资金收入　　　　　　　　　　　　　　　8 200 000
　　贷：财政专户管理资金结余　　　　　　　　　　　　　　　8 200 000

二、专用基金收入的核算

专用基金收入是指财政总预算会计管理的各项具有专门用途的资金收入，如粮食风险基金收入等。各级财政总预算会计可按规定用本级预算支出设置或从上级财政部门拨入等途径取得专用基金，并设置有关科目进行核算。

专用基金收入与政府性基金预算收入在管理要求上的相同之处是它们都需要专款专用，不能随意改变用途；它们也都需要做到先收后支、量入为出。不同的是，政府性基金预算收入是财政部门按规定收取的纳入预算管理的资金收入，而专用基金收入是财政部门按规定设置或取得的在政府性基金预算收入之外单独管理的资金收入；政府性基金预算收入需要缴入国库，而专用基金收入则要求开立专户。

为了核算专用基金收入业务，财政总预算会计应设置"专用基金收入"总账科目。该科目贷方登记从上级财政部门或通过本级预算支出安排的取得数；借方登记专用基金收入的退回数；年终借方登记将贷方余额全部转入"专用基金结余"科目的数额。该科目平时余额在贷方，反映财政部门当年专用基金收入累计数，年终结转后，该科目无余额。专用基金收入以财政总预算会计实际收到数额为准。

【例6-13】某市财政局收到从上级财政部门取得专用基金收入600 000元。该财政局应编制如下会计分录：

借：其他财政存款　　　　　　　　　　　　　　　　600 000
　　贷：专用基金收入　　　　　　　　　　　　　　　　600 000

【例6-14】某市财政局从一般公共本级预算支出安排取得专用基金收入400 000元。该财政局应编制如下会计分录：

借：其他财政存款　　　　　　　　　　　　　　　　400 000
　　贷：专用基金收入　　　　　　　　　　　　　　　　400 000
借：一般公共预算本级支出　　　　　　　　　　　　400 000
　　贷：国库存款　　　　　　　　　　　　　　　　　　400 000

【例6-15】年终，某市财政局将本年"专用基金收入"科目贷方余额200 000元转入"专用基金结余"科目。该财政局应编制如下会计分录：

借：专用基金收入　　　　　　　　　　　　　　　　200 000
　　贷：专用基金结余　　　　　　　　　　　　　　　　200 000

第五节　转移性收入的核算

转移性收入是指在各级政府财政之间进行资金调拨以及在本级政府财政不同类型资金之间调剂形成的收入，包括补助收入、上解收入、调入资金和地区间援助收入等。

一、补助收入的核算

补助收入是指上级政府财政按财政管理体制规定或因专项、临时性资金需求等原因对本级财政进行补助而形成的收入。补助收入包括税收返还收入、按财政管理体制规定由上级财政补助的款项、上级财政对本级的专项补助和临时补助等。

补助收入属于上级财政对本级财政的资金转移，其结果是减少上级财政的资金，增加本级财政资金，但上级财政和本级财政的资金合计数未变。

为了核算补助收入业务，财政总预算会计应设置"补助收入"总账科目。该科目贷方登记从上级财政部门获得的补助资金数；借方登记补助资金的冲减和转销数；年终将贷方余额全部转入"一般公共预算结转结余""政府性基金预算结转结余"科目的数额。该科目平时余额在贷方，反映财政部门当年获得的上级补助收入累计数，年终结转后，该科目无余额。补助收入以财政总预算会计实际收到数额为准。该科目应当按照资金性质设置"一般公共预算补助收入"和"政府性基金预算补助收入"等明细科目。

（1）收到上级政府财政拨入的补助款时，财政部门借记"国库存款"科目，贷记"补助收入"科目。

【例6-16】某市财政局收到从上级财政部门取得一般公共预算补助金收入800 000元。该财政局应编制如下会计分录：

借：国库存款   800 000

 贷：补助收入——一般公共预算补助收入   800 000

（2）专项转移支付资金实行特设专户管理的，政府财政应当根据上级政府财政下达的预算文件确认补助收入。在年度当中收到资金时，财政部门借记"其他财政存款"科目，贷记"与上级往来"科目；年度终了，根据专项转移支付资金预算文件，借记"与上级往来"科目，贷记"补助收入"科目。

【例6-17】某市财政局从上级财政获得专项转移支付资金5 000 000元，并按要求存入特设账户。该专项转移支付资金由上级政府性基金预算收入设立。该财政局应编制如下会计分录：

借：其他财政存款   5 000 000

 贷：与上级往来   5 000 000

年度终了，根据专项转移支付资金预算文件确认收入。

借：与上级往来   5 000 000

 贷：补助收入——政府性基金预算补助收入 5 000 000

（3）有主权外债业务的财政部门，贷款资金由本级政府财政同级部门（单位）使用，且贷款的最终还款责任由上级政府财政承担的，本级政府财政部门收到贷款资金时，借记"其他财政存款"科目，贷记"补助收入"科目；外方将贷款直接支付给供应商或用款单位时，借记"一般公共预算本级支出"科目，贷记"补助收入"科目。

【例6-18】某市财政局有两笔主权外债业务，贷款责任是由上级财政部门承担，用于本级政府财政同级单位使用，收到第一笔主权外债0.2亿元，第二笔主权外债资金由外方直接支付给用款单位0.5亿元。该财政局应编制如下会计分录：

财政部门收到款项：

借：其他财政存款   20 000 000

 贷：补助收入   20 000 000

外方将贷款直接支付给用款单位：

借：一般公共预算本级支出   50 000 000

 贷：补助收入   50 000 000

（4）年终财政部门与上级政府财政结算时，根据预算文件，按照尚未收到的补助款金额，借记"与上级往来"科目，贷记"补助收入"科目；退还或核减补助收入时，借记"补助收入"科目，贷记"其他财政存款"科目。

【例6-19】年终，某市财政局与上级财政结算，存在应收尚未收到的补助款800 000元。该财政局应编制如下会计分录：

借：与上级往来   800 000

 贷：补助收入   800 000

（5）年度终了时，财政部门应根据不同情况转账，借记"补助收入"科目，贷记"一般公共预算结转结余""政府性基金预算结转结余"科目。

【例 6-20】年终，某市财政局将本年"补助收入"科目贷方余额 0.8 亿元全数转入"一般公共预算结转结余"和"政府性基金预算结转结余"科目，其中一般公共预算补助收入 0.7 亿元，政府性基金预算补助收入 0.1 亿元。该财政局应编制如下会计分录：

借：补助收入——一般公共预算补助收入　　　　　　　　　　　70 000 000
　　　　　　——政府性基金预算补助收入　　　　　　　　　　10 000 000
　　贷：一般公共预算结转结余　　　　　　　　　　　　　　　70 000 000
　　　　政府性基金预算结转结余　　　　　　　　　　　　　　10 000 000

二、上解收入的核算

上解收入是指按财政管理体制规定由下级财政上交给本级财政的收入。上解收入包括按财政管理体制规定由国库在下级预算收入中直接划解给本级财政的收入、按财政管理体制结算后由下级财政补缴给本级财政的收入和各种专项上解收入等。上解收入一般包括一般性转移支付上解收入、专项转移支付上解收入、政府性基金转移支付上解收入。

为了核算上解收入业务，财政总预算会计应设置"上解收入"科目。该科目贷方登记下级财政上解收入的增加数；借方登记下级财政上解收入的冲减和转销数；年终将贷方余额全部转入"一般公共预算结转结余"和"政府性基金预算结转结余"科目的数额。该科目平时余额在贷方，反映财政部门当年下级上解收入的累计数，年终结转后，该科目无余额。上解收入以财政总预算会计实际收到数额为准。该科目应当按照资金性质设置"一般公共预算上解收入"和"政府性基金预算上解收入"等明细科目。

（1）财政部门收到下级政府财政上解收入时，借记"国库存款"科目，贷记"上解收入"科目。

【例 6-21】某市财政局收到下级财政部门上解收入款 700 000 元。该财政局应编制如下会计分录：

借：国库存款——一般公共预算存款　　　　　　　　　　　　700 000
　　贷：上解收入　　　　　　　　　　　　　　　　　　　　700 000

（2）年终财政部门与下级政府财政结算时，根据预算文件，按照尚未收到的上解款金额，借记"与上级往来"科目，贷记"上解收入"科目；退还或核减上解收入时，借记"上解收入"科目，贷记"国库存款"科目。

【例 6-22】年终，某市财政局与下级财政结算，存在应上解尚未上解的一般公共预算资金收入款 1 500 000 元，作往来处理。该财政局应编制如下会计分录：

借：与上级往来——某下级财政　　　　　　　　　　　　　　1 500 000
　　贷：上解收入——一般公共预算上解收入　　　　　　　　　1 500 000

（3）年度终了时，财政部门应根据不同情况转账，借记"上解收入"科目，贷记"一般公共预算结转结余""政府性基金预算结转结余"科目。

【例 6-23】年终，某市财政局将本年"补助收入"科目贷方余额 0.5 亿元全数转入"一般公共预算结转结余"和"政府性基金预算结转结余"科目，其中一般公共预算补助收入 0.3 亿元，政府性基金预算补助收入 0.2 亿元。该财政局应编制如下会计分录：

借：上解收入——一般公共预算补助收入　　　　　　　　　　30 000 000
　　　　　　——政府性基金预算补助收入　　　　　　　　　　20 000 000
　　贷：一般公共预算结转结余　　　　　　　　　　　　　　30 000 000
　　　　政府性基金预算结转结余　　　　　　　　　　　　　20 000 000

三、调入资金的核算

调入资金是指一级政府财政中不同性质的资金之间的调入调出，为平衡一般公共预算收支，从政府基金预算结余调入一般公共预算的资金以及按规定从其他渠道调入的资金。调入资金发生在一般公共预算与政府性基金预算中。调入资金的目的是平衡一般预算或基金预算。调入资金不会影响本级财政和上下级财政的预算资金数额，但会使本级财政不同性质的财政资金发生数额变化。

为了核算各级政府财政的调入资金增减变动情况，总预算会计需要设置"调入资金"科目用来核算各级财政部门因平衡一般预算收支，从有关渠道调入的资金。该科目贷方登记调入资金增加数，借方登记冲减或转销数，年终将贷方余额全部转入"一般公共预算结转结余"和"政府性基金预算结转结余"科目。该科目平时余额在贷方，反映财政部门当年调入资金的累计数，年终结转后，该科目无余额。该科目应当按照资金性质设置"一般公共预算调入资金"和"政府性基金预算调入资金"等明细科目。

调入资金属于预算资金的横向调度，不涉及上下级财政的收支变动。调入资金仅限于地方弥补财政总决算赤字，未经财政部批准，不得扩大调入资金范围。

（1）发生调入资金时，财政部门借记"国库存款"科目，贷记"调入资金"科目；同时借记"调出资金"科目，贷记"国库存款"科目。

【例6-24】某市财政局按规定从政府性基金预算结余中调入资金6 000 000元用于一般预算收支。该财政局应编制如下会计分录：

借：国库存款——一般公共预算存款　　　　　　　　　　　　　　6 000 000
　　贷：调入资金——一般公共预算调入资金　　　　　　　　　　　　6 000 000
同时：
借：调出资金——政府性基金预算调出资金　　　　　　　　　　　6 000 000
　　贷：国库存款——政府性基金预算存款　　　　　　　　　　　　6 000 000

【例6-25】某市财政局按规定从一般公共预算结余中调入资金2 000 000元用于政府性基金预算收支。该财政局应编制如下会计分录：

借：国库存款——政府性基金预算存款　　　　　　　　　　　　　2 000 000
　　贷：调入资金——政府性基金预算调入资金　　　　　　　　　　2 000 000
同时：
借：调出资金——一般公共预算调出资金　　　　　　　　　　　　2 000 000
　　贷：国库存款——一般公共预算存款　　　　　　　　　　　　　2 000 000

（2）年终财政部门结账时，借记"调入资金"科目，贷记"一般公共预算结转结余"和"政府性基金预算结转结余"科目。

【例6-26】某市财政局年终将"调入资金"科目贷方累计余额3 500 000元，转入"一般公共预算结转结余"和"政府性基金预算结转结余"科目。其中一般公共预算结转结余2 000 000元，政府性基金预算结转结余1 500 000元。该财政局应编制如下会计分录：

借：调入资金——一般公共预算调入资金　　　　　　　　　　　　2 000 000
　　　　　　——政府性基金预算调入资金　　　　　　　　　　　　1 500 000
　　贷：一般公共预算结转结余　　　　　　　　　　　　　　　　　2 000 000
　　　　政府性基金预算结转结余　　　　　　　　　　　　　　　　1 500 000

四、地区间援助收入的核算

地区间援助收入是指受援助方政府财政收到援助方政府财政援助的可统筹使用的各类援助、捐赠等资金收入。地区间援助收入由受援助方政府接受，使用主体为各级财政部门，其他部门不能使用。接受援助资金的性质为一般公共预算资金，其他发生的资金和各地按照国家统一要求对口援助西藏、新疆、青海的资金除外。

为了核算各级政府财政的援助资金增减变动情况，财政总预算会计需要设置"地区间援助收入"科目。该科目贷方登记接受援助资金增加数，借方登记援助收入冲减或转销数，年终将贷方余额全部转入"一般公共预算结转结余"科目的数额。该科目平时余额在贷方，反映财政部门当年接受援助资金的累计数，年终结转后，该科目无余额。

（1）财政部门收到援助方政府财政转来的资金时，借记"国库存款"科目，贷记"地区间援助收入"科目。

【例6-27】某市财政局收到H省财政援助资金5 000 000元存入国库存款。该财政局应编制如下会计分录：

借：国库存款——一般公共预算存款　　　　　　　　　　　　5 000 000
　　贷：地区间援助收入——一般公共预算援助收入　　　　　　　　5 000 000

（2）年终财政部门转账时，借记"地区间援助收入——一般公共预算援助收入"科目，贷记"一般公共预算结转结余"科目

【例6-28】年终某市财政局"地区间援助收入"7 000 000元转账。该财政局应编制如下会计分录：

借：地区间援助收入——一般公共预算援助收入　　　　　　　　7 000 000
　　贷：一般公共预算结转结余　　　　　　　　　　　　　　　　7 000 000

第六节　债务收入的核算

债务收入是指政府财政根据法律法规等规定，通过发行债券、向外国政府或国际金融组织借款等方式筹集的纳入预算管理的资金收入。从权责发生制的角度来看，债务不是收入，是一项需要偿还的负债。但从收付实现制的角度来看，债务是一项现金收入。由于财政总预算会计主要采用是收付实现制，因此将债务作为一项收入核算。债务收入有一般性债务收入和债务转贷收入。

一、债务收入的核算

按照《财政部代理发行地方政府债券财政总预算会计核算办法》的规定，地方财政总预算会计应设置"债务收入"和"债务转贷收入"两个收入类科目，以核算财政部代理发行的地方政府债券收入。

为了核算省级财政部门作为债务主体发行地方政府债券收到的发行收入业务，以及向外国政府或国际金融组织等机构借款取得的纳入预算管理的债务收入，省级财政总预算会计应设置"债务收入"科目。该科目贷方记录债务收入的增加数，借方记录债务收入的冲减数或转销数，平时余额在贷方，反映年度内债务收入的累计数。年度终了结

账转入"一般公共预算结转结余""政府性基金预算结转结余"科目后无余额。该科目按照《政府收支分类科目》中"债务收入"科目的规定进行明细核算。

（一）政府发行债券取得债务收入的核算

省级以上政府财政发行债券收到发行资金时，按实际收到的资金金额借记"国库存款"科目，按照政府债券实际发行额，贷记"债务收入"科目，按两者的差额，借记或贷记"一般公共预算本级支出"或"政府性基金预算本级支出"科目；同时根据债券发行确认文件等相关债券管理资料，按照到期应付债券本金金额，借记"待偿债净资产——应付长期政府债券"科目、"待偿债净资产——应付短期政府债券"科目，贷记"应付长期政府债券——应付本金"科目、"应付短期政府债券——应付本金"科目。

【例6-29】某省财政厅于2019年1月1日计划发行为期5年的政府专项债券，利率为5%，面值为10亿元，实际收到发行收入9.98亿元。该省财政（财政厅）应编制如下会计分录：

借：国库存款 998 000 000
　　政府性基金预算本级支出 2 000 000
　　贷：债务收入——专项债务收入 1 000 000 000
同时：
借：待偿债净资产——应付长期政府专项债券 1 000 000 000
　　贷：应付长期政府债券——应付本金 1 000 000 000

【例6-30】某省财政厅于2019年1月1日计划发行为期1年的政府债券，利率为4%，面值为5亿元，实际收到发行收入4.99亿元。该省财政（财政厅）应编制如下会计分录：

借：国库存款 499 000 000
　　一般公共预算本级支出 1 000 000
　　贷：债务收入——一般债务收入 500 000 000
同时：
借：待偿债净资产——应付短期政府债券 500 000 000
　　贷：应付短期政府债券——应付本金 500 000 000

（二）政府财政借入主权外债取得债务收入的核算

政府财政向外国政府、国际金融组织等机构借款取得债务收入时，按借入资金，借记"国库存款"或"其他财政存款"科目，贷记"债务收入"科目；同时根据债务管理部门转来的相关资料，按照实际承担的债务金额，借记"待偿债净资产——借入款项"科目，贷记"借入款项"科目。

【例6-31】某省财政厅向德国某金融机构借款折合为人民币300 000 000元。该省财政厅应编制如下会计分录：

借：其他财政存款 300 000 000
　　贷：债务收入——一般债务收入 300 000 000
同时：
借：待偿债净资产——借入款项 300 000 000
　　贷：借入款项——应付本金——德国某金融机构 300 000 000

（三）本级财政借入主权外债，且由外方将贷款资金直接支付给用款单位或供应商债务收入的核算

本级财政借入主权外债，且由外方将贷款资金直接支付给用款单位或供应商时，分以下几种情况做不同的处理：

（1）本级政府财政承担还款责任，贷款资金由本级政府财政同级部门（单位）使用的，本级政府财政部门根据贷款资金支付相关资料，借记"一般公共预算本级支出"等科目，贷记"债务收入"科目，根据债务管理部门转来的相关资料，按照实际承担的债务金额，借记"待偿债净资产"科目，贷记"借入款项"科目。

【例6-32】某省财政厅向德国政府借款折合为人民币200 000 000元，本级政府财政承担还款责任，外方将贷款资金直接支付给本级政府财政同意使用的A单位。该省财政厅应编制如下会计分录：

借：一般公共预算本级支出　　　　　　　　　　　　　　　　　　　200 000 000
　　贷：债务收入——一般债务收入　　　　　　　　　　　　　　　　200 000 000
同时：
借：待偿债净资产——借入款项　　　　　　　　　　　　　　　　　　200 000 000
　　贷：借入款项——应付本金——德国政府　　　　　　　　　　　　200 000 000

（2）本级政府财政承担还款责任，贷款资金由下级政府财政同级部门（单位）使用的，本级政府财政部门根据贷款资金支付相关资料及预算指标文件，借记"补助支出"科目，贷记"债务收入"科目，根据债务管理部门转来的相关资料，按照实际承担的债务金额，借记"待偿债净资产"科目，贷记"借入款项"科目。

【例6-33】某省财政厅向德国政府借款折合为人民币800 000 000元，本级政府财政承担还款责任，外方将贷款资金直接支付给下级政府财政同意使用的B单位。该省财政厅应编制如下会计分录：

借：补助支出　　　　　　　　　　　　　　　　　　　　　　　　　800 000 000
　　贷：债务收入——一般债务收入　　　　　　　　　　　　　　　　800 000 000
同时：
借：待偿债净资产——借入款项　　　　　　　　　　　　　　　　　　800 000 000
　　贷：借入款项——应付本金——德国政府　　　　　　　　　　　　800 000 000

（3）下级政府财政承担还款责任，贷款资金由下级政府财政同级部门（单位）使用的，本级政府财政部门根据贷款资金支付相关资料，借记"债务转贷支出"科目，贷记"债务收入"科目，根据债务管理部门转来的相关资料，按照实际承担的债务金额，借记"待偿债净资产"科目，贷记"借入款项"科目；同时借记"应收主权外债转贷款"科目，贷记"资产基金——应收主权外债转贷款"科目。

【例6-34】某省财政厅向德国政府借款折合为人民币500 000 000元，下级政府财政承担还款责任，外方将贷款资金直接支付给下级政府财政同意使用的C单位。该省财政厅应编制如下会计分录：

借：债务转贷支出　　　　　　　　　　　　　　　　　　　　　　　500 000 000
　　贷：债务收入——一般债务收入　　　　　　　　　　　　　　　　500 000 000
同时：
借：待偿债净资产——借入款项　　　　　　　　　　　　　　　　　　500 000 000
　　贷：借入款项——应付本金——德国政府　　　　　　　　　　　　500 000 000

此外，还要编制应收转贷款的会计分录：

借：应收主权外债转贷款　　　　　　　　　　　　　　　　　500 000 000

　　贷：资产基金——应收主权外债转贷款　　　　　　　　　　500 000 000

（四）年终转账的核算

年终转账时，财政部门借记"债务收入——一般债务收入""债务收入——专项债务收入"科目，贷记"一般公共预算结转结余"" 政府性基金预算结转结余"科目。

【例6-35】年终，假设某省财政的"债务收入——一般债务收入"科目贷方余额为20亿元，"债务收入——专项债务收入"科目贷方余额为15亿元进行转账。该省财政厅应编制如下会计分录：

借：债务收入——一般债务收入　　　　　　　　　　　　　2 000 000 000

　　债务收入——专项债务收入　　　　　　　　　　　　　1 500 000 000

　　贷：一般公共预算结转结余　　　　　　　　　　　　　2 000 000 000

　　　　政府性基金预算结转结余　　　　　　　　　　　　1 500 000 000

二、债务转贷收入的核算

债务转贷收入是指本级地方政府财政收到上级政府财政借入转贷资金的债务收入，包括收到地方政府债券转贷收入和收到主权外债转贷收入。

为了核算省级以下（不含省级）政府财政收到上级政府财政借入的政府债券转贷收入情况，财政总预算会计需要设置"债务转贷收入"科目。该科目贷方记录债务转贷收入的增加数，借方记录债务转贷收入的冲减或转销数，平时余额在贷方，反映债务转贷收入的累计数；年终结账转入"一般公共预算结转结余"" 政府性基金预算结转结余"科目，结转后无余额。该科目应按"地方政府一般债务转贷收入""地方政府专项债务转贷收入"设置明细科目进行明细核算。

（一）收到地方政府债券转贷收入的核算

省级以下（不含省级）政府收到地方政府债券转贷收入指地方政府财政收到的从上级政府借入的地方政府债券转贷款的债务收入。

财政部门收到上级政府财政转贷款的地方政府债券资金时，借记"国库存款"科目，贷记"债务转贷收入"科目；同时根据债务管理部门转来的相关资料，按照到期应偿还的贷款本金，借记"待偿债净资产——应付地方政府债券转贷款"科目，贷记"应付地方政府债券转贷款"科目。

【例6-36】某市政府财政收到上级政府财政转贷的地方政府一般债券资金5亿元和地方政府专项债券转贷款1亿元。款项已转入本级政府财政国库存款，本级政府财政承担还款责任。该市财政局应编制如下会计分录：

借：国库存款　　　　　　　　　　　　　　　　　　　　　600 000 000

　　贷：债务转贷收入　　　　　　　　　　　　　　　　　　600 000 000

同时：

借：待偿债净资产——应付地方政府债券转贷款　　　　　　600 000 000

　　贷：应付地方政府债券转贷款——应付地方政府一般债券转贷款（本金）

　　　　　　　　　　　　　　　　　　　　　　　　　　　500 000 000

　　　　应付地方政府债券转贷款——应付地方政府专项债券转贷款（本金）

　　　　　　　　　　　　　　　　　　　　　　　　　　　100 000 000

（二）收到主权外债转贷收入的核算

主权外债转贷收入是指本级政府财政收到的从上级政府财政借入的主权外债转贷款的债务收入。

（1）外方将借款资金支付给本级政府财政。财政部门收到上级政府财政转贷的主权外债收入时，借记"其他财政存款"科目，贷记"债务转贷收入"科目；同时根据债务管理部门转来的相关资料，按照实际承担的债务金额，借记"待偿债净资产——应付主权外债转贷款"科目，贷记"应付主权外债转贷款"科目。

【例6-37】某市政府财政收到上级政府财政转贷的主权外债资金4亿元。市财政应编制如下会计分录：

借：其他财政存款 400 000 000
　　贷：债务转贷收入 400 000 000

同时：

借：待偿债净资产——应付主权外债转贷款 400 000 000
　　贷：应付主权外债转贷款 400 000 000

（2）从上级政府财政借入主权外债转贷款，且由外方将贷款资金直接支付给用款单位或供应商时，应根据以下不同情况处理：

第一，本级政府财政承担还款责任，贷款资金由本级政府财政同级部门（单位）使用的，本级政府财政根据转贷资金支付相关资料，借记"一般公共预算本级支出"科目，贷记"债务转贷收入"科目；根据债务管理部门转来的相关资料，按照实际承担的债务金额，借记"待偿债净资产——应付主权外债转贷款"科目，贷记"应付主权外债转贷款——应付本金"科目。

【例6-38】某市政府财政从上级政府财政借入主权外债转贷款，且由外方将贷款资金直接支付给用款单位或供应商，资金总额为6亿元。其中，由本级政府财政承担还款责任，贷款资金由本级政府财政同级部门（单位）使用的资金额度为3亿元。省财政（财政厅）应编制如下会计分录：

借：一般公共预算本级支出 300 000 000
　　贷：债务转贷收入 300 000 000

同时：

借：待偿债净资产——应付主权外债转贷款 300 000 000
　　贷：应付主权外债转贷款——应付本金 300 000 000

第二，本级政府财政承担还款责任，贷款资金由下级政府财政同级部门（单位）使用的，本级政府财政根据转贷资金支付相关资料及预算指标文件，借记"补助支出"科目，贷记"债务转贷收入"科目；根据债务管理部门转来的相关资料，按照实际承担的债务金额，借记"待偿债净资产——应付主权外债转贷款"科目，贷记"应付主权外债转贷款——应付本金"科目。

【例6-39】省政府财政从中央政府财政借入主权外债转贷款，且由外方将贷款资金直接支付给用款单位或供应商，资金总额为5亿元。其中，由本级政府财政承担还款责任，贷款资金由下级政府财政同级部门（单位）使用的资金额度为2亿元。省财政（财政厅）应编制如下会计分录：

借：补助支出 200 000 000
　　贷：债务转贷收入 200 000 000

同时：

借：待偿债净资产——应付主权外债转贷款 200 000 000
　　贷：应付主权外债转贷款——应付本金 200 000 000

第三，下级政府财政承担还款责任，贷款资金由下级政府财政同级部门（单位）使用的，本级政府财政根据转贷资金支付相关资料，借记"债务转贷支出"科目，贷记"债务转贷收入"科目；根据债务管理部门转来的相关资料，按照实际承担的债务金额，借记"待偿债净资产——应付主权外债转贷款"科目，贷记"应付主权外债转贷款——应付本金"科目；同时还要借记"应收主权外债转贷款"科目，贷记"资产基金——应收主权外债转贷款"科目。

【例6-40】某市财政从上级政府财政借入主权外债转贷款，且由外方将贷款资金直接支付给用款单位或供应商，资金总额为6亿元。其中，由下级政府财政承担还款责任，贷款资金由下级政府财政同级部门（单位）使用的资金额度为1亿元。省财政（财政厅）应编制如下会计分录：

借：债务转贷支出 100 000 000
　　贷：债务转贷收入 100 000 000

同时：

借：待偿债净资产——应付主权外债转贷款 100 000 000
　　贷：应付主权外债转贷款——应付本金 100 000 000

此外，还要编制的会计分录为：

借：应收主权外债转贷款——应付本金 100 000 000
　　贷：资产基金——应收主权外债转贷款 100 000 000

（三）年终转账的核算

年终转账时，财政部门借记"债务转贷收入——地方政府一般债务转贷收入""债务转贷收入——地方政府专项债务转贷收入"科目，贷记"一般公共预算结转结余""政府性基金预算结转结余"科目。

【例6-41】年终，假设某市财政的"债务转贷收入——地方政府一般债务转贷收入"科目贷方余额8亿元，"债务收入——地方政府专项债务转贷收入"科目贷方余额6亿元进行转账。该市财政厅应编制如下会计分录：

借：债务转贷收入——地方政府一般债务转贷收入 800 000 000
　　债务转贷收入——地方政府专项债务转贷收入 600 000 000
　　贷：一般公共预算结转结余 800 000 000
　　　　政府性基金预算结转结余 600 000 000

思考题

1. 政府预算收入主要分为哪几类？
2. 国家组织预算收入的机关有哪些？
3. 国家金库按财政管理体制如何设立？
4. 在国库集中收付制度下，预算收入的缴库方法有几种？
5. 预算收入退库的原则和范围是什么？

6. 政府预算收入全部是财政总预算会计的收入吗？为什么？

7. 简述预算收入的划分、报解程序。

8. 未设国库的乡镇财政是如何组织预算收入的入库的？

9. 在资金调拨收入中，哪些是上下级之间的调拨？哪些是不同资金之间的调拨？

10. 政府性基金预算收入与专用基金收入在管理上有何区别？

练习题

1. 某市财政局收到国库报来本市市级"一般公共预算本级收入日报表"及"缴款书"等原始凭证，列示当日市级一般公共预算本级收入为 1 500 000 元。

2. 某市财政收到待缴国库单一账户的教育收费收入 200 000 元，存入财政专户。

3. 某市财政局收到国库报来的预算收入日报表，所列国有资本经营预算收入 150 000 元。

4. 某市财政局按规定通过财政安排，取得由财政管理并指定有专门用途的政府性基金 500 000 元。

5. 某市财政局从上级财政部门取得专用基金收入 300 000 元，从当月预算支出中安排取得专用基金收入 100 000 元。

6. 某市财政局收到上级财政拨来的预算补助款 250 000 元。

7. 某市财政局接到上级财政部门的通知，将原所欠往来款 1 500 000 元转作预算补助 1 500 000 元。

8. 某市财政局收到下级财政单位上缴的预算上缴款 700 000 元。

9. 某市财政局年终根据上级批文，从一般公共预算调入政府性基金预算 950 000 元，用于平衡政府性基金预算。

10. 某市财政局将已收到的所属 A 县的预算上缴款 18 000 元退还给该县财政局。

11. 某市财政局调入预算稳定调节基金 2 000 000 元，用于弥补本年度预算资金的不足。

12. 某省财政向国际金融组织借款 2 亿元，款项存入国库。

13. 某市财政从省财政获得借入主权外债转贷款 3 亿元，用于所属县的自来水管网改造。贷款资金由该县财政同级的建委使用，由外方将贷款直接支付给用款单位，该县政府财政承担还款责任。

14. 某市财政收到外省政府财政转来的援助资金 0.5 亿元，存入国库。

15. 某市财政收待缴国库单一账户的教育收费收入 400 000 元存入财政专户。

请根据以上情况编制相应会计分录。

第七章

财政总预算会计支出的核算

支出是一级政府为实现其职能，对财政资金的再分配。根据财政总预算会计支出的性质、特点及与收入相对应的原则，支出的内容包括一般预算支出、基金预算支出、国有资本经营预算支出、专用基金支出、资金调拨支出和债务还本支出等。

通过本章的学习，应该掌握以下内容：

- 预算支出的分类和内容
- 预算支出的核算基础
- 预算拨款的原则
- 预算支出的账务处理

第一节　预算支出概述

预算支出是国家为实现其职能，通过法定的预算程序对预算收入进行再分配的活动。预算支出的安排，实际上是国家通过对部分社会资源配置、收入分配、效益约束来影响社会资源的配置结构。为了有计划地安排有限的财政资金，预算支出项目的具体分类和内容，是按照《政府收支分类科目》的规定，由财政部根据预算管理的要求统一制定的。

一、预算支出的分类和内容

《政府收支分类科目》根据政府职能活动及国际通行做法，以政府开支的具体用途，设置支出功能分类科目和支出经济分类科目。其中，支出功能分类主要反映政府活动的不同功能和政策目标，并设类、款、项三级。类级科目包括一般公共服务、外交、国防、公共安全、教育、科学技术、文化体育与传媒、社会保障和就业、社会保险基金支出、医疗卫生、环境保护、城乡社区事务、农林水事务、交通运输、工业商业金融等事务、其他支出和转移性支出17类。支出经济分类主要反映政府支出的经济性质和具体用途，并设类、款两级。类级科目包括工资福利支出、商品和服务支出、对个人和家庭的补助、对企事业单位的补贴、转移性支出、赠与、债务利息支出、债务还本支出、基本建设支出、其他资本性支出、贷款转贷及产权参股、其他支出12类。支出分类的类、款级具体内容如表7-1、表7-2所示。

表 7-1 支出功能分类科目表

科目编码		科目名称	说明
类	款		
201		一般公共服务	反映政府提供一般公共服务的支出，包括人大、政协、政府办公厅（室）及相关机构、发展与改革、统计信息、财政、税收、审计、海关、人事、纪检监察、人口与计划生育、商贸、知识产权、工商行政管理、质量技术监督与检验检疫、民族、宗教、港澳台侨、档案、民主党派及工商联、群众团体事务、党委办公厅（室）及相关机构事务、组织事务、宣传事务、统战事务、对外联络事务、其他共产党事务支出、其他一般公共服务支出等29项
202		外交	反映政府外交事务支出，包括外交行政管理、驻外机构、对外援助、国际组织、对外合作与交流、对外宣传、边界勘界联检等方面的支出、其他外交支出。人大、政协、政府及所属各部门（除国家领导人、外交部门）的出国费、招待费列入相关科目，不在本科目反映
203		国防	反映政府用于现役部队、国防科研事业、专项工程、国防动员、其他国防支出
204		公共安全	反映政府维护社会公共安全方面的支出，包括武装警察、公安、国家安全、检察、法院、司法行政、监狱、劳教、国家保密等事务的支出
205		教育	反映政府教育事务支出，包括教育行政管理、学前教育、小学教育、初中教育、普通高中教育、普通高等教育、初等职业教育、中专教育、技校教育、职业高中教育、高等职业教育、广播电视教育、留学生教育、特殊教育、干部继续教育、教育机关服务等事务的支出
206		科学技术	反映用于科学技术方面的支出，包括管理、研究、应用、开发等事务的支出
207		文化体育与传媒	反映政府在文化、文物、体育、广播影视、新闻出版等方面的支出
208		社会保障和就业	反映政府在社会保障与就业方面的支出，包括社会保障和就业管理事务、民政管理事务、财政对社会保险基金的补助、补充全国社会保障基金、行政事业单位离退休、企业关闭破产补助、就业补助、抚恤、退役安置、社会福利、残疾人事业、城市居民最低生活保障、其他城镇社会救济、农村社会救济、自然灾害生活救助、红十字事务等
209		社会保险基金支出	反映政府由社会保险基金列支的各项支出，包括基本养老保险基金支出、失业保险基金支出、基本医疗保险基金支出、工伤保险基金支出、生育保险基金支出等。特别说明：在将社会保险基金包括在内统计政府支出时，应将财政对社会保险基金的补助以及由财政承担的社会保险缴款予以扣除，以免重复计算
210		医疗卫生	反映政府医疗卫生方面的支出，具体包括医疗卫生管理事务支出、医疗服务支出、医疗保障支出、疾病预防控制支出、卫生监督支出、妇幼保健支出、农村卫生支出、中医药支出等

表7-1（续）

科目编码		科目名称	说明
类	款		
211		环境保护	反映政府环境保护支出，具体包括环境保护管理事务支出、环境监测与监察支出、污染治理支出、自然生态保护支出、天然林保护工程支出、退耕还林支出、风沙荒漠治理支出、退牧还草支出、已垦草原退耕还草支出等
212		城乡社区事务	反映政府城乡社区事务支出，具体包括城乡社区管理事务支出、城乡社区规划与管理支出、城乡社区公共设施支出、城乡社区住宅支出、城乡社区环境卫生支出、建设市场管理与监督支出、政府住房基金支出、国有土地使用权出让金支出城镇公用事业附加支出等
213		农林水事务	反映政府农林水事务支出，具体包括农业支出、林业支出、水利支出、南水北调工程支出、扶贫支出、农业综合开发支出
214		交通运输	反映政府交通运输方面的支出，包括公路运输支出、水路运输支出、铁路运输支出、民用航空运输支出等
215		工业商业金融等事务	反映政府工业、商业、金融等事务支出，具体包括采掘业支出、制造业支出、建筑业支出、电力支出、邮政电信支出、旅游业支出、涉外发展支出、粮油事务支出、商业流通事务支出、物资储备支出、金融保险支出、烟草事务支出、安全生产支出、国有资产监管支出、中小企业发展支出、清洁生产支出等
229		其他支出	反映不能划分到上述功能科目的其他支出，主要有预算中安排的预备费、财政安排的住房改革支出等
230		转移性支出	反映政府的转移支付以及不同性质资金之间的调拨支出，具体包括返还性支出、财力性转移支付、专项转移支付、政府性基金转移支付、彩票公益金转移支付、预算外转移支付、调出资金、年终结余等

表 7-2　支出经济分类科目表

科目编码		科目名称	说明
类	款		
301		工资福利支出	反映单位开支的在职职工和临时聘用人员的各类劳动报酬以及为上述人员缴纳的各项社会保险费等，具体包括基本工资、津贴补贴、奖金、社会保障缴费、伙食费、伙食补助费和其他工资福利支出等
302		商品和服务支出	反映单位购买商品和服务的支出（不包括用于购置固定资产的支出、战略性和应急储备支出，但军事方面的耐用消费品和设备的购置费、军事性建设费以及军事建筑物的购置费等在本科目中反映），具体包括办公费、印刷费、咨询费、手续费、水费、电费、邮电费、取暖费、物业管理费、交通费、差旅费、出国费、维修（护）费、租赁费、会议费、培训费、招待费、专用材料费、装备购置费、工程建设费、作战费、劳务费、工会经费等

表7-2(续)

科目编码		科目名称	说明
类	款		
303		对个人和家庭的补助	反映政府用于对个人和家庭的补助支出,具体包括离休费、退休费、退职(役)费、抚恤金、生活补助、救济费、医疗费、助学金、奖励金、生产补贴、住房公积金、提租补贴、购房补贴等
304		对企事业单位的补贴	反映政府对各类企业、事业及民间非营利组织的补贴,具体包括企业政策性补贴、事业单位补贴、财政贴息等
305		转移性支出	反映政府的转移性支出,具体包括不同级政府间转移性支出、同级政府间转移性支出等
306		赠与	反映对国内外政府、组织等提供的援助、捐赠以及交纳国际组织会费等方面的支出,具体包括对国内的赠与、对国外的赠与
307		债务利息支出	反映政府的债务利息支出,具体包括国库券付息、向国家银行借款付息、其他国内借款付息、向国外政府借款付息、向国际组织借款付息、其他国外借款付息等
308		债务还本支出	反映政府归还各类借款本金方面的支出(债务利息列入"债务利息支出"科目,不在此科目反映),具体包括国内债务还本、国外债务还本
309		基本建设支出	反映各级发展与改革部门集中安排的用于购置固定资产、战略性和应急性储备、土地和无形资产以及购建基础设施、大型修缮所发生的支出,具体包括房屋建筑物购建、办公设备购置、专用设备购置、交通工具购置、基础设施建设、大型修缮、信息网络购建、物资储备和其他基本建设支出等
310		其他资本性支出	反映各级非发展与改革部门集中安排的用于购置固定资产、战略性和应急性储备、土地和无形资产以及购建基础设施、大型修缮和财政支持企业更新改造所发生的支出,具体包括房屋建筑物购建、办公设备购置、专用设备购置、交通工具购置、基础设施建设、大型修缮、信息网络购建、物资储备和其他资本性支出
311		贷款转贷及产权参股	反映政府部门发放的贷款和向企业参股投资方面的支出,具体包括国内贷款、国外贷款、国内转贷、国外转贷、产权参股和其他贷款转贷有产权参股支出
399		其他支出	反映不能划分到上述经济科目的其他支出,具体包括财政部门专用的预备费、补充全国社会保障基金等

二、预算支出与政府分类支出科目的联系

为了积极稳妥地推进政府收支分类改革,2007年实施《政府收支分类科目》后,暂不改变目前预算支出的预算管理基本流程和管理模式。从反映政府职能的角度考虑,财政总预算会计的一般预算支出科目、基金预算支出科目和国有资本经营预算支出科目主要以政府收支分类的支出功能分类科目作为明细科目核算。

第二节　预算支出的管理

政府预算支出的执行就是按年初确定的预算支出任务分配和使用财政资金的过程。为了保证政府预算支出的正确执行，财政总预算会计要根据年度支出预算，适时地、正确地把预算资金拨付给用款单位，反映和监督预算支出情况。

一、预算支出的执行机构

政府预算的执行机构按各种不同用途的预算支出和管理分工分为政府财政部门、各行政事业单位主管部门以及负责拨款、付款的银行。

（1）各级财政部门是分配和管理财政资金的主管部门，也肩负着核算和监督财政资金使用的责任。在实施国库集中收付制度中，财政部门应按照财政国库管理制度的基本要求，建立国库单一账户体系，将支出通过国库单一账户体系支付到商品和劳务供应者或用款单位。

（2）各行政事业单位主管部门应按照要求核算和监督拨入经费的使用。

（3）中国人民银行及相关代理银行要和各级财政部门一起，履行对国库单一账户和有关代理银行的管理和监督职能。

二、预算支出的支付方式

预算支出的支付方式包括三种：财政直接支付、财政授权支付和财政实拨资金支付。

（一）财政直接支付

财政直接支付是由财政部门开具支付令，通知国库单一科目体系，直接将一般预算支出款项支付给收款人的支付方式。这种支付方式主要适用于支付工资、工程采购款、物品采购款、转移支付等。财政直接支付的具体项目由财政部门在审定单位预算和资金支付方式时予以规定。

在财政直接支付方式下，预算单位按照经批准的单位预算资金使用计划，在需要使用一般预算资金时，向财政部门提出财政直接申请。财政部门对预算单位提出的财政直接支付申请审核无误后，向其代理银行开具支付令，通过其代理银行开设的财政零余额账户，将财政资金直接支付给收款人。代理银行支付资金的当日向财政部门在中国人民银行开设的国库存款账户申请资金清算。中国人民银行国库审核后于当日向代理银行偿付其垫付的资金，并通知财政部门。财政部门按日编制预算支出结算清单，确定一般预算支出。

（二）财政授权支付

财政授权支付是指预算单位根据财政部门的授权，自行向其代理银行开具支付令，通过国库单一账户体系直接将预算资金支付给收款人的支付方式。这种支付方式主要适用未纳入财政支付方式的零星支出和购买支出。财政授权支付的具体项目由财政部门在审定单位预算和资金支付方式时予以规定。

在财政授权支付方式下，预算单位按照经批准的单位预算资金使用计划，在需要使用一般预算资金时，直接向其代理银行开具支付令，代理银行对预算单位开具的支付令审核无误后，通过预算单位开设的单位零余额账户，将款项支付给收款人。代理银行按日向财政部门在中国人民银行开设的国库存款账户申请资金清算。中国人民银行国库审核后于当日向代理银行偿付其垫付的资金，并通知财政部门。财政部门按日编制预算支出结算清单，确定一般预算支出。

财政直接支付和财政授权支付方式统称为财政国库单一账户制度下的两种财政资金集中支付方式。在财政国库单一账户制度下，财政资金的支付是由财政部门中的财政国库支付执行机构负责办理和管理的。设立在财政部门国库管理机构的财政总预算会计与国库支付执行机构存在密切的业务关系。

（三）财政实拨资金支付

财政实拨资金支付是指财政部门将预算资金拨付到预算单位在商业银行开设的银行账户上，预算单位实际使用预算资金时，从银行存款账户中进行支付的一种财政资金支付方式。在财政实拨资金支付方式下，预算单位根据经批准的单位预算和资金使用计划，按照规定时间和程序向财政部门提交预算经费拨款申请。财政部门对预算单位提交的预算经费拨款申请审核无误后，将一般预算资金从中国人民银行的国库存款账户拨付至预算单位在商业银行开设的银行存款账户。预算单位需要使用一般预算资金时，再从其银行存款账户中提取或通过转账方式将款项支付给收款人。

在财政实拨资金方式下财政国库拨出而尚未实际使用的财政资金分散存放在各预算单位的银行存款账户上，在财政直接支付和授权支付方式下，尚未使用的财政资金集中存放在中国人民银行的国库存款账户上。这是财政实拨资金支付与财政直接支付和财政授权支付的根本区别。

三、预算拨款的原则

预算支出执行的一个重要环节是预算拨款。在实行国库集中收付制度下，预算资金的拨付由财政部门统一在国库单一账户中进行管理，并由国库集中支付。为了保证预算支出的顺利执行，预算拨款应遵循下列原则：

（1）按照预算和用款计划拨款。各级财政部门的预算拨款，必须控制在年度预算和季度（分月）用款计划范围内，不能办理无预算、无计划、超预算、超计划的拨款。如遇有特殊情况需要超过预算时，必须经过办理追加支出预算的手续后，才能拨款。

（2）综合国库存款余额、本期资金需求和上期资金使用等情况安排拨款。按照用款单位的基本建设工程进度、生产和事业发展的实际进度办理拨款，既要保证资金需要，又要防止积压浪费，保证预算资金的统一安排和灵活调度。按生产和建设事业进度进行拨款时，不仅要考虑国库存款余额、本期资金需求，还要考虑上期资金的使用和结余情况，以促进各单位节约有效地使用预算资金。

（3）按支出用途分类管理财政资金拨款。预算支出的各种资金，都是根据一定的需要安排的，按计划、按规定的用途使用资金，才能保证各项生产建设事业发展的资金需要。因此，办理预算拨款时，应根据预算规定的用途拨款，不能改变支出用途。

（4）按照预算级次拨款。各支出部门和单位都应按国家规定的预算级次，逐级办理预算款项的领拨。各级主管部门一般不准向没有支出预算关系的单位垂直拨款；主管单位之间也不能发生支出预算的拨款关系。如有需要，应当通过同级财政部门办理划转手续，以减少预算拨款渠道，加强预算拨款的管理。

（5）充分利用现代财政管理信息系统，实施财政支出电子化动态监控与管理。

四、预算支出的核算基础

（一）一般预算支出的核算基础

预算支出的核算基础是指财政部门和预算单位列报支出的口径和依据。预算支出分为财政拨付资金、单位逐级拨付资金、用款单位从银行支取资金和单位实际使用资金四个阶段。在这四个阶段中，由于财政部门和预算单位的具体任务不同，预算支出的核算基础也有区别。财政总预算会计制度规定一般预算支出的列报口径有两个：银行支出数和预算拨款数。

银行支出数是指用款单位在核定的预算范围内，从开户银行存款账户中支取款项的数额。预算拨款数则是指财政部门向各部门、单位拨付资金的实际数额。但在实际执行中，以上两个数据以四种具体情况表现：

（1）实行限额管理的基本建设支出按用款单位银行支出数列报支出。不实行限额管理的基本建设支出按拨付用款单位的拨款数列报支出。

（2）对行政事业单位的非包干性支出和专项支出，平时按财政拨款数列报支出，清理结算收回拨款时，再冲销已列支出。对于收回以前年度已列支出的款项，除财政部门另有规定者外，应冲销当年支出。

（3）除以上两款以外的其他各项支出均以财政拨款数列报支出。特别是经费包干部分，实行以拨列支。

（4）凡是预拨以后各期的经费，不得直接按预拨数列作本期支出，应作为预拨款处理。到期后，按前述规定的事项及口径转列支出。

（二）办理预算支出的核算要求

根据现行制度，大部分的预算支出均以预算拨款数列报支出。因此，财政总预算会计按拨款数办理预算支出时必须做到以下几点：

（1）严格执行《中华人民共和国预算法》。办理拨款支出必须以预算为准，预备费的动用必须经同级人民政府批准。

（2）对主管部门（主管会计单位）提出的季度分月用款计划及分"款""项"填制的"预算经费请拨单"应认真审核。根据经审核批准的拨款申请，结合库款余存情况按时向用款单位拨款。

（3）财政总预算会计应根据预算管理要求和拨款的实际情况，分"款""项"核算，列报当期预算支出。

（4）主管会计单位应按计划控制用款，不得随意改变资金用途，"款""项"之间如确需调剂，应填制"科目流用申请书"，报经同级财政部门核准后使用。财政总预算会计凭核定的流用数调整预算支出明细账。

（5）财政总预算会计不得列报超预算的支出；不得任意调整预算支出科目；未拨付的经费，原则上不得列报当年支出。因特殊情况确需在当年预留的支出，应严格控制，并按规定的审批程序办理。

基金预算支出的核算基础及要求，比照一般预算支出的有关规定办理。总体来说，应按规定的用途开支，做到先收后支，量入为出。

财政总预算会计核算的支出包括一般公共预算本级支出、政府性基金预算本级支出、国有资本经营预算本级支出、财政专户管理资金支出、专用基金支出、补助支出、上解支出、调出资金、地区间援助支出、安排预算稳定调节支出、债务还本支出、债务转贷支出等。依据支出的性质，便于会计核算，支出可分为四类：基本预算支出、其他支出、转移性支出、债务支出。

第三节　基本预算支出的核算

基本预算支出包括一般公共预算本级支出、政府性基金预算本级支出、国有资本经营预算本级支出。这些支出应当按照实际支付的金额入账，年末可采用权责发生制将国库集中支付结余列支入账，平时采用收付实现制进行会计核算。

一、一般公共预算本级支出的核算

一般公共预算本级支出指政府财政管理的、由本级政府使用的、列入一般公共预算的支出，涉及一般公共预算的项目中使用一般公共预算本级支出科目核算各项目。

为了核算一般公共预算支出业务，财政总预算会计需设置"一般公共预算本级支出"科目。该科目借方登记一般公共预算本级支出列报的支出数，贷方登记支出收回数及年终转账数。该科目平时为借方余额，反映一般公共预算支出累计数，年终将借方余额全数转入"一般公共预算结转结余"科目，转账后该科目无余额。该科目应根据《政府收支分类科目》中的支出功能分类科目的款级设置明细账，进行明细分类核算。

（1）财政部门实际发生一般公共预算本级支出时，借记"一般公共预算本级支出"科目，贷记"国库存款""其他财政存款"等科目。

【例7-1】某市财政局根据核定的预算和季度分月用款计划，开出拨款凭证，将本月一般公共预算500 000元拨付给市民政局。该财政局应编制如下会计分录：

借：一般公共预算本级支出 　　　　　　　　　　　　　　　500 000
　　贷：国库存款 　　　　　　　　　　　　　　　　　　　　500 000

（2）年度终了，财政部门对纳入国库集中支付管理的、当年未支而需要结转下一年度支付的款项，采用权责发生制确认支出时，借记"一般公共预算本级支出"科目，贷记"应付国库集中支付结余"科目。

【例7-2】某市财政局年度终了财政部门对纳入国库集中支付管理的、当年未支而需要结转下一年度支付的款项，采用权责发生制确认支出。经确认，公安局的行政运行费用为600 000元。该财政局应编制如下会计分录：

借：一般公共预算本级支出 　　　　　　　　　　　　　　　600 000
　　贷：应付国库集中支付结余 　　　　　　　　　　　　　　600 000

（3）年终转账时，财政部门将"一般公共预算本级支出"科目本期发生额从其贷方全数转入"一般公共预算结转结余"科目借方，借记"一般公共预算结转结余"科目，贷记"一般公共预算本级支出"科目。

【例7-3】年终，某市财政局将"一般公共预算本级支出"科目借方发生额5 000 000元全数转入"一般公共预算结转结余"科目。该财政局应编制如下会计分录：

借：一般公共预算结转结余 5 000 000
　　贷：一般公共预算本级支出 5 000 000

二、政府性基金预算本级支出的核算

政府性基金预算本级支出是指由政府财政管理的、由本级政府使用的、列入政府性基金预算本级的支出。政府性基金预算支出与政府性基金预算收入及对应的专项债务收入存在着单项的对应，即各项政府性基金均实行专款专用原则，不得随意相互调剂使用。基金预算支出遵循先收后支，量入为出的原则。

为了核算各级财政部门用基金预算收入安排的支出，财政总预算会计需设置"政府性基金预算本级支出"科目。该科目借方登记发生的支出数，贷方登记支出收回数及年终转账数。该科目平时为借方余额，反映政府性基金预算支出累计数，年终将借方余额全数转入"政府性基金预算结转结余"科目，转账后该科目无余额。该科目应根据《政府收支分类科目》中的支出功能分类科目的款级设置明细账，进行明细分类核算。

（1）财政部门实际发生政府性基金预算本级支出时，借记"政府性基金预算本级支出"科目，贷记"国库存款"科目。

【例7-4】某市财政局以财政支付方式支付政府性基金预算资金给环保局300 000元。该财政局应编制如下会计分录：

借：政府性基金预算本级支出 300 000
　　贷：国库存款 300 000

（2）年度终了，财政部门对纳入国库集中支付管理的，当年未支而需要结转下一年度支付的款项，采用权责发生制确认支出时，借记"政府性基金预算本级支出"科目，贷记"应付国库集中支付结余"科目。

【例7-5】某市财政局年度终了，对纳入国库集中支付管理的，当年未支而需要结转下一年度支付的款项，采用权责发生制确认支出。经确认，民政局的残疾人就业培训费用为100 000元。该财政局应编制如下会计分录：

借：政府性基金预算本级支出 100 000
　　贷：应付国库集中支付结余 100 000

（3）年终转账时，财政部门将"政府性基金预算本级支出"科目本期发生额从其贷方全数转入"政府性基金预算结转结余"科目借方，借记"政府性基金预算结转结余"科目，贷记"政府性基金预算本级支出"科目。

【例7-6】年终，某市财政局将"政府性基金预算本级支出"科目借方发生额2 000 000元全数转入"政府性基金预算结转结余"科目。该财政局应编制如下会计分录：

借：政府性基金预算结转结余 2 000 000
　　贷：政府性基金预算本级支出 2 000 000

三、国有资本经营预算本级支出的核算

国有资本经营预算本级支出是指由政府财政管理的、由本级政府使用的、列入国有资本经营预算的支出。国有资本经营预算单独编制，按照当年国有资本经营预算收入的规模安排国有资本经营预算支出，不编制赤字预算。

为了核算各级财政部门用国有资本经营预算收入安排的支出，财政总预算会计需设置"国有资本经营预算本级支出"科目。该科目借方登记发生的支出数，贷方登记支出收回数及年终转账数。该科目平时为借方余额，反映国有资本经营预算支出累计数，年终将借方余额全数转入"国有资本经营预算结转结余"科目，转账后该科目无余额。该科目应根据《政府收支分类科目》中的支出功能分类科目的款级设置明细账，进行明细分类核算。

（1）财政部门实际发生国有资本经营预算本级支出时，借记"国有资本经营预算本级支出"科目，贷记"国库存款"科目。

【例7-7】某市财政局将国有资本经营预算资金800 000元用于"科学技术支出类"下的"产业升级与发展支出项目"，以国库存款支付。该财政局应编制如下会计分录：

　　借：国有资本经营预算本级支出　　　　　　　　　　　　　　　800 000
　　　　贷：国库存款　　　　　　　　　　　　　　　　　　　　　　800 000

（2）年度终了，财政部门对纳入国库集中支付管理的、当年未支而需要结转下一年度支付的款项，采用权责发生制确认支出时，借记"国有资本经营预算本级支出"科目，贷记"应付国库集中支付结余"科目。

【例7-8】年终，某市财政局对纳入国库集中支付管理的、当年未支而需要结转下一年度支付的款项，采用权责发生制确认支出。经确认，"科学技术支出类"下的"产业升级与发展支出项目"资金为200 000元。该财政局应编制如下会计分录：

　　借：国有资本经营预算本级支出　　　　　　　　　　　　　　　200 000
　　　　贷：应付国库集中支付结余　　　　　　　　　　　　　　　　200 000

（3）年终转账时，财政部门将"国有资本经营预算本级支出"科目本期发生额从其贷方全数转入"国有资本经营预算结转结余"科目的借方，借记"国有资本经营预算结转结余"科目，贷记"国有资本经营预算本级支出"科目。

【例7-9】年终，某市财政局将"国有资本经营预算本级支出"科目借方发生额9 000 000元全数转入"国有资本经营预算结转结余"科目。该财政局应编制如下会计分录：

　　借：国有资本经营预算结转结余　　　　　　　　　　　　　　9 000 000
　　　　贷：国有资本经营预算本级支出　　　　　　　　　　　　　9 000 000

第四节　其他支出的核算

在财政总预算会计的支出中，其他支出是指除基本预算支出、债务支出和转移性支出以外的其他支出。它包括财政专户管理资金支出、专用基金支出。

一、财政专户管理资金支出的核算

财政专户管理资金支出是指财政总预算会计管理的纳入财政专户管理的教育收费等资金安排的支出。根据《政府收支分类科目》的规定，纳入财政专户管理的资金支出包括高中以上学费、住宿费、高校委托培训费以及函大、夜大、电大、研训班培训费等教育收费安排的支出。

为了核算财政专户管理资金支出业务，财政总预算会计应设置"财政专户管理资金支出"科目。该科目借方登记当年财政专户管理资金支出数，贷方登记年终将借方余额全部转入"财政专户管理资金结余"科目。该科目平时余额在借方，反映财政部门当年财政专户管理资金支出累计数，年终结转后，该科目无余额。

【例7-10】某市财政局按照规定使用财政专户管理资金，向某高校拨付经费——高等学校办学经费12 000 000元。该财政局应编制如下会计分录：

　　借：财政专户管理资金支出　　　　　　　　　　　　　　　　12 000 000
　　　　贷：其他财政存款　　　　　　　　　　　　　　　　　　　12 000 000

【例7-11】年终，某市财政局将本年"财政专户管理资金支出"科目借方余额80 000 000元转入"财政专户管理资金结余"科目。该财政局应编制如下会计分录：

　　借：财政专户管理资金结余　　　　　　　　　　　　　　　　80 000 000
　　　　贷：财政专户管理资金支出　　　　　　　　　　　　　　　80 000 000

二、专用基金支出的核算

专用基金支出是指财政总预算会计管理的各项具有专门用途的专用基金收入安排的专用基金支出。各级财政总预算会计在安排专用基金支出时，应当按照规定的用途安排使用，并做到先收后支，量入为出。专用基金支出一般在其他财政存款中支付。

为了核算专用基金支出业务，财政总预算会计应设置"专用基金支出"科目。该科目借方登记专用基金预算支出安排数，贷方登记专用基金支出冲减或转销数，年终贷方登记将借方余额全部转入"专用基金结余"科目。该科目平时余额在借方，反映财政部门当年专用基金支出累计数，年终结转后，该科目无余额。

【例7-12】某市财政局按照规定安排粮食风险基金支出，从其他财政存款支付粮食风险基金支出5 000 000元。该财政局应编制如下会计分录：

　　借：专用基金支出　　　　　　　　　　　　　　　　　　　　5 000 000
　　　　贷：其他财政存款　　　　　　　　　　　　　　　　　　　5 000 000

【例7-13】年终，某市财政局将本年"专用基金支出"科目贷方余额10 000 000元转入"专用基金结余"科目。该财政局应编制如下会计分录：

　　借：专用基金结余　　　　　　　　　　　　　　　　　　　　10 000 000
　　　　贷：专用基金支出　　　　　　　　　　　　　　　　　　　10 000 000

第五节　转移性支出的核算

转移性支出是指在各级政府财政之间进行资金调拨以及在本级政府财政不同类型资金之间调剂所形成的支出，包括补助支出、上解支出、调出资金和地区间援助支出等。在《政府收支分类科目》支出科目的转移性支出中，债务转贷支出，不作为转移性支出核算。

一、补助支出的核算

补助支出是指本级政府财政按财政管理体制规定或因专项、临时性资金需求等原因对下级财政进行补助而形成的支出。补助支出属于本级财政对下级财政的资金转移，其结果是减少本级财政的资金，增加下级财政资金。本级财政的补助支出与下级财政的补助收入业务相对应。

为了核算补助支出业务，财政总预算会计应设置"补助支出"科目。该科目借方登记向下级财政拨付的补助资金数，贷方登记对下级财政补助资金的冲减和转销数，年终将借方余额全部转入"一般公共预算结转结余""政府性基金预算结转结余"等科目。该科目平时余额在借方，反映财政部门当年向下级补助支出累计数，年终结转后，该科目无余额。该科目应当按照资金性质设置"一般公共预算补助支出"和"政府性基金预算补助支出"等明细科目。

（1）财政部门向下级政府财政拨入补助款时，借记"补助支出"科目，贷记"国库存款""其他财政存款""与下级往来"科目。

【例7-14】某市财政局向下级财政部门拨付一般公共预算补助金支出 300 000 元。该财政局应编制如下会计分录：

借：补助支出——一般公共预算补助支出　　　　　　　　　300 000
　　贷：国库存款　　　　　　　　　　　　　　　　　　　　　　　300 000

（2）专项转移支付资金实行特设专户管理的，本级政府财政应当根据本级政府财政下达的预算文件确认补助支出，在年度当中拨付资金时，借记"补助支出"科目，贷记"国库存款""与下级往来"科目。

【例7-15】某市财政局向下级财政拨付专项转移支付资金 1 000 000 元。该财政局应编制如下会计分录：

借：补助支出　　　　　　　　　　　　　　　　　　　　　1 000 000
　　贷：与下级往来　　　　　　　　　　　　　　　　　　　　　1 000 000

（3）有主权外债业务的财政部门，贷款资金由下级政府财政同级部门（单位）使用，且贷款的最终还款责任由本级政府财政承担的，本级政府财政部门支付贷款资金时，借记"补助支出"科目，贷记"其他财政存款"科目；外方将贷款直接支付给供应商或用款单位时，借记"补助支出"科目，贷记"债务收入"科目。

【例7-16】某市财政局有两笔主权外债业务，贷款责任是由上级财政部门承担，用于本级政府财政同级单位使用。收到第一笔主权外债 0.1 亿元；第二笔主权外债资金由外方直接支付给用款单位 0.3 亿元。该财政局应编制如下会计分录：

该市财政部门转拨款项时：

借：补助支出　　　　　　　　　　　　　　　　　　　　10 000 000
　　贷：其他财政存款　　　　　　　　　　　　　　　　　　　10 000 000

外方将贷款直接支付给用款单位：

借：补助支出　　　　　　　　　　　　　　　　　　　　30 000 000
　　贷：债务收入　　　　　　　　　　　　　　　　　　　　　30 000 000

（4）年终，财政部门与下级政府财政结算时，根据预算文件，按照尚未支付的补助款金额，借记"补助支出"科目，贷记"与下级往来"科目；退还或核减补助支出时，借记"国库存款"科目，贷记"补助支出""与下级往来"科目

【例7-17】年终，某市财政局与下级财政结算，存在尚未支付的补助款 400 000 元。该财政局应编制如下会计分录：

借：补助支出　　　　　　　　　　　　　　　　　　　　　　　　400 000
　　贷：与下级往来　　　　　　　　　　　　　　　　　　　　　　　　400 000

（5）年度终了时，财政部门应根据不同情况转账，借记"一般公共预算结转结余""政府性基金预算结转结余"科目，贷记"补助支出"科目。

【例7-18】年终，某市财政局将本年"补助支出"科目贷方余额0.7亿元全数转入"一般公共预算结转结余"科目和"政府性基金预算结转结余"科目，其中一般公共预算补助支出0.5亿元，政府性基金预算补助支出0.2亿元。该财政局应编制如下会计分录：

借：一般公共预算结转结余　　　　　　　　　　　　　　　　　50 000 000
　　政府性基金预算结转结余　　　　　　　　　　　　　　　　　20 000 000
　　贷：补助支出——一般公共预算补助收支出　　　　　　　　　　　50 000 000
　　　　——政府性基金预算补助支出　　　　　　　　　　　　　　20 000 000

二、上解支出的核算

上解支出是指按财政管理体制规定由本级财政上交给上级财政的款项。上解支出是本级财政对上级财政的资金转移，结果是减少本级财政资金，增加上级财政资金。本级财政的上解支出业务与上级财政的上解收入业务相对应。

为了核算上解支出业务，财政总预算会计应设置"上解支出"科目。该科目借方登记本级财政上解支出的增加数，贷方登记本级财政上解支出的冲减和转销数，年终将借方余额全部转入"一般公共预算结转结余"和"政府性基金预算结转结余"科目。该科目平时余额在借方，反映财政部门当年给上级财政上解支出的累计数，年终结转后，该科目无余额。该科目应当按照资金性质设置"一般公共预算上解支出"和"政府性基金预算上解支出"等明细科目。

（1）本级政府财政上解支出时，借记"上解支出"科目，贷记"国库存款""与上级往来"等科目。

【例7-19】某市财政局经批准给上级财政部门上解一般公共预算款2 700 000元。该财政局应编制如下会计分录：

借：上解支出——一般公共预算上解支出　　　　　　　　　　　2 700 000
　　贷：国库存款　　　　　　　　　　　　　　　　　　　　　　　2 700 000

（2）年终，财政部门与上级政府财政结算时，根据预算文件，按照尚未支出的上解款金额，借记"上解支出"科目，贷记"与上级往来"科目；退还或核减上解支出时，借记"国库存款""与上级往来"科目，贷记"上解支出"科目。

【例7-20】年终，某市财政局与上级财政结算，存在应上解尚未上解的一般公共预算资金款500 000元，作往来处理。该财政局应编制如下会计分录：

借：上解支出——一般公共预算上解支出　　　　　　　　　　　500 000
　　贷：与上级往来——某上级财政　　　　　　　　　　　　　　　500 000

【例7-21】年终，某市财政局与上级财政结算，核减一般公共预算上解支出400 000元，作往来处理。该财政局应编制如下会计分录：

借：与上级往来——某上级财政　　　　　　　　　　　　　　　400 000
　　贷：上解支出——一般公共预算上解支出　　　　　　　　　　　400 000

（3）年度终了时，应根据不同情况转账，借记"一般公共预算结转结余""政府性基金预算结转结余"科目，贷记"上解支出"科目。

【例7-22】年终，某市财政局将本年"上解支出"科目借方余额0.6亿元转入"一般公共预算结转结余"和"政府性基金预算结转结余"科目，其中一般公共预算补助支出0.4亿元，政府性基金预算补助支出0.2亿元。该财政局应编制如下会计分录：

借：一般公共预算结转结余　　　　　　　　　　　　　　40 000 000
　　政府性基金预算结转结余　　　　　　　　　　　　　20 000 000
　　贷：上解支出——一般公共预算补助支出　　　　　　40 000 000
　　　　　　——政府性基金预算补助支出　　　　　　　20 000 000

三、调出资金的核算

调出资金是指一级政府财政为平衡预算收支，从某类预算调出的资金。它是财政不同性质的资金之间的调入或调出，是为平衡一般公共预算收支，从政府基金预算结余调入一般公共预算的资金或按规定从其他渠道调出的资金。调出资金发生在一般公共预算与政府性基金预算中。调出资金不会影响本级财政和上下级财政的预算资金数额，但会使本级财政不同性质的财政资金发生数额变化。

为了核算各级政府财政的调出资金增减变动情况，财政总预算会计需要设置"调出资金"科目用来核算各级财政部门因平衡一般预算收支，从有关渠道调出的资金。该科目借方登记调出资金增加数，贷方登记调出资金的冲减或转销数，年终将借方余额全部转入"一般公共预算结转结余"和"政府性基金预算结转结余"科目。该科目平时余额在借方，反映财政部门当年调出资金的累计数，年终结转后，该科目无余额。该科目应当按照资金性质设置"一般公共预算调出资金"和"政府性基金预算调出资金"等明细科目。

调出资金属于预算资金的横向调度，不涉及上下级财政的收支变动。调出资金仅限于地方弥补财政总决算赤字，未经财政部批准，不得扩大调出资金范围。

（1）财政部门从一般公共预算调出资金时，借记"调出资金"科目，贷记"调入资金"科目及相关明细科目。

【例7-23】某市财政局按规定从政府性基金预算结余中调出资金2 000 000元用于一般公共预算收支。该财政局应编制如下会计分录：

借：调出资金——政府性基金预算调出资金　　　　　　2 000 000
　　贷：调入资金——一般公共预算调入资金　　　　　　2 000 000

【例7-24】某市财政局按规定从一般公共预算结余中调出资金1 000 000元用于政府性基金预算支出。该财政局应编制如下会计分录：

借：调出资金——一般公共预算调出资金　　　　　　　1 000 000
　　贷：调入资金——政府性基金预算调入资金　　　　　1 000 000

（2）年终，财政部门结账时，借记"一般公共预算结转结余"和"政府性基金预算结转结余"科目，贷记"调出资金"科目。

【例7-25】某市财政局年终将"调出资金"科目借方累计余额8 500 000元，转入"一般公共预算结转结余"和"政府性基金预算结转结余"科目。其中，一般公共预算结转结余6 000 000元，政府性基金预算结转结余2 500 000元。该财政局应编制如下会计分录：

借：一般公共预算结转结余   6 000 000
  政府性基金预算结转结余   2 500 000
 贷：调出资金———一般公共预算调入资金   6 000 000
    ———政府性基金预算调入资金   2 500 000

四、地区间援助支出的核算

地区间援助支出是指援助方政府财政安排的、由受援助方政府财政统筹使用的各类援助、捐赠等资金支出。地区间援助支出以受援助方政府名义接受，使用主体为各级财政部门，其他部门不能使用。内容为一般公共预算资金，其他性质的资金除外。

为了核算各级政府财政的援助资金支出的增减变动情况，财政总预算会计需要设置"地区间援助支出"科目。该科目借方登记援助资金支出增加数，贷方登记援助资金支出的冲减或转销数，年终将借方余额全部转入"一般公共预算结转结余"科目。该科目平时余额在借方，反映财政部门当年援助资金支出的累计数，年终结转后，该科目无余额。

（1）财政部门发生援助方政府财政转来的资金时，借记"地区间援助支出"科目，贷记"国库存款"科目。

【例7-26】某市财政局援助H市财政资金3 000 000元，通过国库存款支付。该财政局应编制如下会计分录：

借：地区间援助支出———一般公共预算援助支出   3 000 000
 贷：国库存款———一般公共预算存款   3 000 000

（2）年终，财政部门转账时，借记"一般公共预算结转结余"科目，贷记"地区间援助支出———一般公共预算援助支出"科目。

【例7-27】年终，某市财政局"地区间援助支出"3 000 000元转账。该财政局应编制如下会计分录：

借：一般公共预算结转结余   3 000 000
 贷：地区间援助支出———一般公共预算援助支出 3 000 000

五、安排预算稳定调节基金的核算

安排预算稳定调节基金从超收收入中提取形成预算稳定调节基金，增加一般公共预算资金支出。预算平衡是财政资金平衡的重要标志，也是防范财政风险的工具。根据《中华人民共和国预算法》的规定，各级一般公共预算按照国务院的规定可以设置预算稳定调节基金，用于弥补以后预算资金的不足。

为了核算各级政府财政安排预算稳定调节基金的增减变动情况，需要设置"安排预算稳定调节基金"科目。该科目借方登记安排预算稳定调节基金增加数，贷方登记安排预算稳定调节基金的冲减或转销数，年终将借方余额全部转入"一般公共预算结转结余"科目。该科目平时余额在借方，反映财政部门当年安排预算稳定调节基金的累计数，年终结转后，该科目无余额。

（1）财政部门发生安排预算稳定调节基金时，借记"安排预算稳定调节基金"科目，贷记"预算稳定调节基金"科目。

【例7-28】某市财政局根据一般公共预算结余情况，补充预算稳定调节基金2 500 000元，用于弥补以后年度资金不足。该财政局应编制如下会计分录：

借：安排预算稳定调节基金   2 500 000
 贷：预算稳定调节基金   2 500 000

（2）年终，财政部门转账时，借记"一般公共预算结转结余"科目，贷记"安排预算稳定调节基金"科目。

【例7-29】年终，某市财政局"安排预算稳定调节基金"2 500 000元转账。该财政局应编制如下会计分录：

借：一般公共预算结转结余　　　　　　　　　　　　　　　　　　　2 500 000
　　贷：安排预算稳定调节基金　　　　　　　　　　　　　　　　　　2 500 000

第六节　债务支出的核算

债务支出是指政府财政偿还本级政府承担的债务还本支出和本级政府财政向下级政府财政转贷的债务还本支出。利息一般记入当年的一般公共预算支出或政府性基金预算支出等。债务支出包括债务还本支出和债务转贷支出。

一、债务还本支出的核算

债务还本支出是指政府财政偿还本级政府承担的债务本金的支出。为了核算省级财政部门作为债务主体发行地方政府债券后到期偿还债务本金业务，财政总预算会计应设置"债务还本支出"科目。该科目借方记录债务到期还本的金额，贷方记录债务还本支出的转销数，平时余额在借方，反映年度内债务还本支出的累计数。年度终了，该科目结账转入"一般公共预算结转结余""政府性基金预算结转结余"科目后无余额。该科目按照《政府收支分类科目》中"一般债务还本支出""专项债务还本支出"科目的规定进行明细核算。

（1）省级以上政府财政偿还本级财政承担的政府债券、主权外债等纳入预算管理的本金时，借记"债务还本支出"科目，贷记"国库存款""其他财政存款"科目；同时根据债券转来的相关债券管理资料，按照到期实际偿还的本金金额，借记"应付长期政府债券""应付短期政府债券""借入款项""应付地方政府债券转贷款""应付主权外债转贷款"科目，贷记"待偿债净资产"科目。

【例7-30】某省财政厅于2019年1月1日偿还本级财政承担的应付长（短）期政府一般债券本金8亿元，通过国库存款支付。该省财政（财政厅）应编制如下会计分录：

借：债务还本支出　　　　　　　　　　　　　　　　　　　　　　800 000 000
　　贷：国库存款　　　　　　　　　　　　　　　　　　　　　　800 000 000
同时：
借：应付长（短）期政府债券——应付本金　　　　　　　　　　　800 000 000
　　贷：待偿债净资产——应付长（短）期政府一般债券　　　　　800 000 000

【例7-31】某省财政厅到期偿还向德国借款折合为人民币5亿元本金。该省财政（财政厅）应编制如下会计分录：

借：债务还本支出　　　　　　　　　　　　　　　　　　　　　　500 000 000
　　贷：其他财政存款　　　　　　　　　　　　　　　　　　　　500 000 000
同时：
借：借入款项——应付本金　　　　　　　　　　　　　　　　　　500 000 000
　　贷：待偿债净资产——借入款项　　　　　　　　　　　　　　500 000 000

（2）年终转账时，"债务还本支出"科目下"专项债务还本支出"明细科目的借方余额应按照对应的政府性基金种类分别转入"政府性基金预算结转结余"相应明细科目，借记"政府性基金预算结转结余"科目，贷记"债务还本支出——专项债务还本支出"科目。"债务还本支出"科目下其他明细科目的借方余额全数转入"一般公共预算结转结余"相应明细科目，借记"一般公共预算结转结余"科目，贷记"债务还本支出——一般债务还本支出"科目，结转后该科目无余额。

【例7-32】年终，假设某省财政的"债务还本支出——一般债务还本支出"科目借方余额18亿元，"债务还本支出——专项债务还本支出"科目借方余额14亿元进行转账。该省财政厅应编制如下会计分录：

借：一般公共预算结转结余 1 800 000 000
　　政府性基金预算结转结余 1 400 000 000
　　贷：债务还本支出——一般债务还本支出 1 800 000 000
　　　　债务还本支出——专项债务还本支出 1 400 000 000

二、债务转贷支出的核算

债务转贷支出是指本级政府财政向下级政府财政转贷的债务支出。为了核算政府财政偿还本级政府财政向下级政府财政转贷的债务本金支出情况，财政总预算会计需要设置"债务转贷支出"科目。该科目借方记录债务转贷支出的增加数，贷方记录债务转贷支出的冲减或转销数，平时余额在借方，反映债务转贷支出的累计数；年终结账转入"一般公共预算结转结余""政府性基金预算结转结余"科目，结转后无余额。该科目应按"地方政府一般债务转贷支出""地方政府专项债务转贷支出"设置明细科目进行明细核算。

1. 本级政府财政向下级政府财政转贷地方政府债券资金的核算

发生转贷款时，财政部门借记"债务转贷支出——地方政府一般债务转贷支出""债务转贷支出——地方政府专项债务转贷支出"科目，贷记"国库存款"科目；同时根据债务管理部门转来的相关资料，按照到期应收回的贷款本金，借记"应收地方政府债券转贷款"科目，贷记"资产基金——应收地方政府债券转贷款"科目。

【例7-33】某省政府财政向所属M市政府财政转贷地方政府一般债券转贷资金4亿元和地方政府专项债券转贷款1亿元。该省财政厅应编制如下会计分录：

借：债务转贷支出——地方政府一般债务转贷支出 400 000 000
　　债务转贷支出——地方政府专项债务转贷支出 100 000 000
　　贷：国库存款 500 000 000
同时：
借：应收地方政府债券转贷款——本金 500 000 000
　　贷：资产基金——应收地方政府债券转贷款 500 000 000

2. 本级政府财政向下级政府财政转贷主权外债转贷款，由下级承担还款责任的核算

（1）本级政府财政支付转贷资金时外方将借款资金时，借记"债务转贷支出"科目，贷记"其他财政存款"科目；同时根据债务管理部门转来的相关资料，按照实际持有的债权金额，借记"应收主权外债转贷款"科目，贷记"资产基金——应收主权外债转贷款"科目。

【例7-34】某省政府财政向所属N市政府财政转贷地方政府向外国政府借款资金1.5亿元。该省财政厅应编制如下会计分录：

借：债务转贷支出——地方政府一般债务转贷支出	150 000 000	
贷：其他财政存款		150 000 000

同时：

借：应收主权外债转贷款	150 000 000	
贷：资产基金——应收主权外债转贷款		150 000 000

（2）外方将贷款资金直接支付给用款单位或供应商时，本级政府财政应根据贷款资金及相关资料，借记"债务转贷支出"科目，贷记"债务收入""债务转贷收入"科目；根据债务管理部门转来的相关资料，按照实际持有的债权金额，借记"应收主权外债转贷款——应付本金"科目，贷记"资产基金——应收主权外债转贷款"科目；借记"待偿债净资产"科目，贷记"借入款项""应付主权外债转贷款"科目。

【例7-35】某省政府财政向某外国政府借款折合为人民币6亿元转贷给所属D市政府财政，且由外方将贷款资金直接支付给用款单位或供应商。省财政（财政厅）应编制如下会计分录：

借：债务转贷支出——地方一般债务转贷支出	600 000 000	
贷：债务收入		600 000 000

同时：

借：应收主权外债转贷款	600 000 000	
贷：资产基金——应收主权外债转贷款		600 000 000

此外，还要编制的会计分录为：

借：待偿债净资产——应收主权外债转贷款	600 000 000	
贷：借入款项		600 000 000

（3）年终转账，"债务转贷支出"科目下"地方一般债务转贷支出"明细科目的借方余额全数转入"一般公共预算结转结余"科目，借记"一般公共预算结转结余"科目，贷记"债务转贷支出——地方一般债务转贷支出"科目。"债务转贷支出"科目下"地方专项债务转贷支出"明细科目的借方余额全数转入"政府性基金预算结转结余"科目，借记"政府性基金预算结转结余"科目，贷记"债务转贷支出——地方政府专项债务转贷支出"科目。

【例7-36】年终，假设省市财政对"债务转贷支出——地方政府一般债务转贷支出"科目借方余额9亿元，"债务转贷支出——地方政府专项债务转贷支出"科目借方余额5亿元进行转账。该省财政厅应编制如下会计分录：

借：一般公共预算结转结余	900 000 000	
政府性基金预算结转结余	500 000 000	
贷：债务转贷支出——地方政府一般债务转贷支出		900 000 000
债务转贷支出——地方政府专项债务转贷支出		500 000 000

思考题

1. 什么是预算拨款和预算支出？
2. 预算支出如何分类？
3. 政府预算支出是指财政总会计的全部支出吗？为什么？
4. 由哪些单位组织执行政府预算支出？
5. 预算支出的核算基础是什么？

6. 预算拨款的原则是什么？

7. 一般公共预算本级支出列报口径是什么？

8. "预算拨款数""银行支出数"和"实际支出数"之间的关系怎样？

9. 什么是债务转贷支出？

10. 调出资金的年终结转有何特点？

11. 什么是债务还本支出？

练习题

1. 某市财政局直接拨煤价补贴给煤建公司 860 000 元。

2. 某市财政局拨给某县教育局中小学教育经费 1 000 000 元，由国库存款支付。

3. 某市财政局将拨给 W 行政单位预算拨款 1 000 000 元，M 事业单位主管部门预算拨款 1 500 000 元转列支出。

4. 某市财政局用政府性基金预算本级收入安排支出 250 000 元。

5. 某市财政局用专用基金收入安排一项支出 80 000 元。

6. 某市财政局开出拨款通知，对其下级财政拨出预算补助款 1 200 000 元。

7. 某市财政局通知下级财政部门将前欠本财政局的 1 200 000 元往来款转作预算补助款。

8. 某市财政局动用专户管理的教育收费收入向教育局拨付职业教育经费 800 000 元。

9. 某市财政局从国有资本经营预算调出资金 200 000 元，用于平衡一般公共预算。

10. 某市财政局在年终结算中按财政管理体制规定应上解上级财政款项共计 160 000 元。

11. 某市财政局年终根据财政管理体制规定尚欠所属县财政补助款 66 000 元。

12. 某市财政局根据有关文件，向粮食部门拨付粮食风险基金 850 000 元。

13. 某市财政依据一般公共预算结转结余情况，补充预算稳定调节基金 2 000 000 元，用于弥补以后年度预算资金的不足。

14. 某省以所得国外主权贷款向所属市转贷资金 2 亿元，还款责任由所属市财政承担。

15. 年度终了，某市财政对纳入国库集中支付管理的、当年未支付而需要结转下一年度支付的政府性基金款项采用权责发生制确认支出。经确认，太阳能发电补助结余 1 亿元，征地和拆迁补偿支出结余 1.2 亿元，共 2.2 亿元为结余资金。

16. 某市偿还本级政府财政承担的短期政府债券 3 亿元，偿还上级财政转贷款 1.5 亿元。

17. 某市对西藏进行地区援助，支出 0.5 亿元，以国库存款支付。

18. 某市所属 A 县本年的体制补助支出 2 000 000 元，到年底，实际已经补助 1 800 000 元，年终财政结算，应补未补款项 200 000 元，记入"与下级往来"科目。

19. 某市财政从一般公共预算调出 800 000 元用于政府性基金预算。

20. 某市用专用基金收入安排粮食风险基金支出 1 500 000 元，从财政专户中支出。

请根据以上情况编制相应会计分录。

第八章

财政总预算会计报告

编制财政总预算会计报告是各级财政部门在期末必不可少的重要工作，财政总预算会计报告不仅反映了各级财政总预算会计的结果，也反映了各级政府的工作业绩。

通过本章的学习，应该掌握以下内容：

- 财政总预算会计报告体系的构成
- 年末清理、结算和结账工作的内容
- 主要会计报表的编制、审核和分析

第一节 财政总预算会计报告体系概述

一、财政总预算会计报告体系的构成

财政总预算会计报告是各级预算收支执行情况及其结余的定期书面报告，是各级政府和上级财政部门了解情况、掌握政策、指导预算执行工作的重要资料，也是编制下一年度预算的基础。

财政总预算会计报告是由各级财政部门逐级编制，并与各级国库、各级行政事业单位、相关银行编报的报表一起，组成一个完整的会计报告体系（见图8-1所示）。

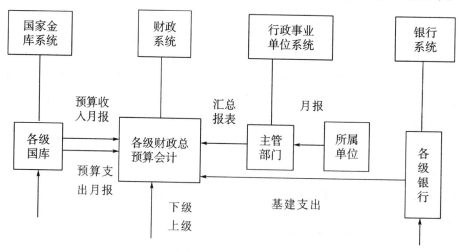

图 8-1 财政总预算会计报告体系构成图

从图8-1可以看出：第一，由各级国库编报的预算收支月报，逐级汇总上报，反映了不同预算级次的预算收支执行情况，也反映了征收机关组织预算收入的工作；第二，由各级行政事业主管部门向同级财政部门报送的单位收支汇总表，反映了各单位的收支

情况和业务发展进度；第三，由各级相关银行向同级财政部门报送的基本建设支出报表，反映了各级政府的基建投资状况和固定资产投资状况。

二、财政总预算会计报表的编制要求和编报程序

（一）编制要求

各级财政总预算会计报表要做到报送及时、数字正确、内容完整。具体要求如下：

（1）各级财政总预算会计要加强日常会计核算工作，督促有关单位及时记账、结账。所有预算会计单位都应在规定的期限内报出报表，以便主管部门和财政部门及时汇总。

（2）财政总预算会计报表的数字，必须根据核对无误的账户记录汇总。切实做到账表相符、有根有据，不能估列代编，更不能弄虚作假。

（3）财政总预算会计报表要严格按照统一规定的种类、格式、内容、计算方法和编制口径填制，以保证全国统一汇总和分析。汇总报表的单位，要把所属单位的报表汇集齐全，防止漏报。

（二）编报程序

财政总预算会计报表应由乡（镇）、县（市）、市（设区的市）、省（自治区、直辖市）以及计划单列市财政机关，根据统一的会计科目、统一的编制口径、统一的报送时间，从基层单位开始，逐级汇总编报，不得估列代编。逐级汇总编成定期的政府预算收支执行情况报表，由财政部报送国务院。地方各级财政总预算收支执行情况报表，由财政机关报送同级人民政府。

各预算单位会计报表是同级财政总预算会计报表的组成部分，由各级行政事业单位逐级汇总，由各主管部门向同级财政机关报送。此外，参与政府预算执行的国家金库和有关银行等单位，也要分别向同级财政机关报送预算收入和预算支出的各种报表。这些报表作为财政总预算会计报表的附表，也构成财政总预算会计报告的组成部分。

财政总预算会计的年报，反映着年度预算收支的最终结果。各级财政总预算会计应在财政部门的领导下，参与或具体负责组织有关政府决算草案的编审工作。各级财政部门应将汇总编制的本级决算草案及时报本级政府审定。各级财政部门应按照上级财政部门规定的时限和份数，将经本级人民政府审定的本行政区域决算草案逐级及时报送备案。计划单列城市的会计报表和年度财政决算在报送省级财政部门的同时，直接报送财政部。

三、财政总预算会计报表的种类

财政总预算会计报表可以按以下不同的标准进行分类：

（1）按经济内容可分为资产负债表、预算执行情况表、公共财政收支决算表、公共财政收支决算明细表、公共财政转移支付决算表、政府性基金收支决算表、政府性基金收支决算明细表、国有资本经营收支决算表、国有资本经营收支决算明细表、专用基金收支情况表、预算执行情况说明书及其他附表。其他附表有基本数字表、行政事业单位收支汇总表以及所附会计报表。

（2）按编制时间可分为旬报、月报和年报。公共财政收支决算表反映预算收支的完成情况，其旬报、月报和年报的表式及内容不尽相同；月份和年度资产负债表的格式

则完全相同；政府性基金报表体现的是年度报表。

（3）按编制单位可分为本级报表和汇总报表。本级报表是反映本级政府的财务状况和预算执行情况的报表。汇总报表是上级政府根据本级政府和经审查过的所属下级政府的会计报表汇总编制，反映上级政府和所属下级政府总的财务状况和预算执行情况的报表。

第二节　年终清理结算和结账

财政总预算会计的收支结转是在年末进行，因此清理结算和结账工作集中在年末展开，为编制年度会计报表做好充分准备。

一、年终清理的内容

年终清理是指各级财政部门和预算执行单位，在年终前后，对全年各项预算资金的收支及其有关财务活动进行全面清算和核对的工作。年终清理的目的在于：划清年度收支，核实收支数字，结清往来款项，如实反映全年预算执行结果；分析全年预算执行情况，总结预算管理的经验；检查财经纪律遵守情况。

各级财政总预算会计，在会计年度结束前，应当全面进行年终清理工作。年终清理的主要事项如下：

（一）核对年度预算

预算数字是考核决算和办理收支结算的依据，也是进行会计结算的依据。年终前，各级财政总预算会计应配合预算管理部门把本级财政总预算与上、下级财政总预算以及与本级各单位预算之间的全年预算数核对清楚。追加追减、上划下划的数字，必须在年度终了前核对完毕。为了便于年终清理，本年预算的追加追减和企事业单位的上划下划，一般截至 11 月底。各项预算拨款，一般截至 12 月 25 日。

（二）清理本年预算收支

凡属本年的一般预算收入，都要认真清理，年终前必须如数缴入国库。财政总预算会计应督促国库在年终库款报解整理期内，迅速报齐当年的预算收入。应在本年预算支领列报的款项，非特殊原因，应在年终前办理完毕。对于基金预算收入和专用基金收入，凡应列入本年的，应及时催收，并缴入国库和指定的银行。

（三）组织征收机关和国库进行年度对账

年度终了后，按照国库制度的规定，支库应设置 10 天的库款报解整理期（设置决算清理期的年度，库款报解整理期相应顺延）。各国库经收处 12 月 31 日前所收款项均应在"库款报解整理期"内报达支库，列入当年决算。同时，各级国库要按年度决算对账办法编制收入对账单，分送同级财政部门、征收机关核对签章，保证财政收入数字在三个部门的一致性。

（四）清理核对当年拨款支出

各级财政总预算会计对本级各单位的拨款支出应与各预算单位的拨款收入核对清楚。对于当年安排的非包干使用的拨款，其结余部分应根据具体情况处理。属于单位正常周转占用的资金，可仍作为预算支出处理；属于应收回的拨款，应及时收回，并按收回数相应冲减预算支出,属于预拨下年度的经费,不得列入当年预算支出。实行国库集中收付制度的财政总预算会计,还应清理零余额账户的用款额度、直接支付和授权支付等方面的业务。

(五)清理往来款项

各级财政总预算会计的暂收、暂付等各种往来款项,要在年度终了前认真清理结算,做到人欠收回,欠人归还,应转作各项收入或各项支出的款项,要及时转入本年有关收支账。

二、年终财政体制结算的内容和步骤

各级财政总预算会计要在年终清理的基础上进行年终结算。年终结算就是财政体制结算。财政体制结算是指上下级财政之间按财权与事权相统一的原则进行的财政收支结算,并按照财政管理体制的规定,结清上下级财政总预算之间的预算调拨收支和往来款项。年终结算的主要内容及步骤如下:

(1)根据财政管理体制的规定,计算出全年应补助、应上解和应返还的数额;

(2)将上述数字与年度预算执行过程中已补助、已上解和已返还的数额进行比较;

(3)最后,结合借垫款项,计算出全年最后应补或应退的数额,填制"年终财政决算结算单",经核对无误后,作为年终财政结算凭证,据以入账。"年终财政决算结算单"的格式如表8-1所示。

表8-1 某市年终财政决算结算单 单位:万元

项 目		金额	项 目	金额
市财政决算平衡情况	一、收入总计 其中:决算收入 税收返还 专项补助 结算补助 上年结余 二、支出总计 其中:决算支出 体制上解支出 专项上解支出 三、年终滚存结余 (扣除预算周转金)		资金结算情况	一、应得资金数 二、已得资金数 三、应上解数 四、应欠补助数	

各级财政总预算会计对年终决算清理期内发生的会计事项,应当划清会计年度。属于清理上年度的会计事项,记入上年度账内;属于新年度的会计事项,记入新账。要防止错记、漏记。

【例8-1】经年终结算,某市财政局按年度预算计算应上解省财政数为87 000 000元。年度预算执行中实际上解数额为63 000 000元。省财政应专项补助该市财政9 500 000元。

该市财政总预算会计年终计算应补上解数如下:

市应补上解数=应上解省财政数-市实际上解数-省应补助市数

$$= 87\,000\,000 - 63\,000\,000 - 9\,500\,000 = 14\,500\,000(元)$$

该市财政总预算会计根据经上级财政审批的年终财政决算结算单，通过"与上级往来"科目与省财政办理结算，编制如下会计分录：

借：上解支出　　　　　　　　　　　　　　　　24 000 000
　　贷：与上级往来　　　　　　　　　　　　　　　　24 000 000
借：与上级往来　　　　　　　　　　　　　　　　9 500 000
　　贷：补助收入　　　　　　　　　　　　　　　　　9 500 000

"与上级往来"科目的贷方余额14 500 000元，为市财政欠省财政应补上解和省财政对市财政专项补助轧差数。

同时，省财政总预算会计也应通过"与下级往来"科目与该市办理结算，编制如下会计分录：

借：与下级往来　　　　　　　　　　　　　　　　24 000 000
　　贷：上解收入　　　　　　　　　　　　　　　　24 000 000
借：补助支出　　　　　　　　　　　　　　　　9 500 000
　　贷：与下级往来　　　　　　　　　　　　　　　9 500 000

"与下级往来"科目的借方余额14 500 000元，为省财政应收所属市财政应补交的款项。

三、年终结账的内容

总预算会计经过年终清理和结算，把各项结算收支记入旧账后，即可办理年终结账。年终结账工作一般分为年终转账、结清旧账和记入新账三个环节，依次作账。

（一）年终转账

年终转账，先要计算出各账户12月份合计数和全年累计数，结出12月月末余额，编制余额表进行试算平衡。再编制记账凭证，将"一般预算收入""基金预算收入""国有资本经营预算收入""专用基金收入""补助收入""上解收入""调入资金"等收入类账户的贷方余额以及"一般预算支出""基金预算支出""国有资本经营预算支出""专用基金支出""补助支出""上解支出""调出资金"等支出类账户的借方余额，分别转入"预算结余""基金预算结余""国有资本经营预算结余"和"专用基金结余"等账户的贷方和借方。通过年终转账，各收支账户的年末余额应为零。"预算结余""基金预算结余""国有资本经营预算结余"和"专用基金结余"账户的年末余额，分别表示一般预算、基金预算、国有资本经营预算和专用基金的滚存结余。

（二）结清旧账

将上述转账分录入账后，则可结清旧账。具体方法是：先结出资产类、负债类、净资产类、收入类和支出类账户的借方、贷方的全年总计数，然后在下面划双红线，表示本账户全部结清。对年终有余额的账户，应在"摘要"栏内注明"结转下年"字样，表示旧账余额结束，转入新账。

（三）记入新账

根据本年度各总账账户和明细账户年终转账后的余额编制年终决算（结账后）"资产负债表"和有关明细表后，将表列各账户的余额直接记入新年度有关总账和明细账各账户预留空行的余额栏内，并在"摘要"栏注明"上年结转"字样，以区别新年度发生数。

各级财政编制的本级决算草案经本级人民代表大会常务委员会（或人民代表大会）审查批准后，如需要更正原报决算草案收入、支出数字时，则要相应调整旧账，重新办理结账和记入新账。

第三节　资产负债表

一、资产负债表的概念和结构

资产负债表是反映政府财政在某一特定日期财务状况的报表。资产负债表按照资产、负债和净资产分类、分项列示。资产负债表基本格式见表8-2。

表8-2　资产负债表　　　　　　　　　　　会财政01表

编制单位：　　　　　　　　　　年　月　日　　　　　　　　单位：元

资产	年初余额	期末余额	负债和净资产	年初余额	期末余额
流动资产：			流动负债：		
国库存款			应付短期政府债券		
国库现金管理存款			应付利息		
其他财政存款			应付国库集中支付结余		
有价证券			与上级往来		
在途款			其他应付款		
预拨经费			应付代管资金		
借出款项			一年内到期的非流动负债		
应收股利			流动负债合计		
应收利息			非流动负债：		
与下级往来			应付长期政府债券		
其他应收款			借入款项		
流动资产合计			应付地方政府债券转贷款		
非流动资产：			应付主权外债转贷款		
应收地方政府债券转贷款			其他负债		
应收主权外债转贷款			非流动负债合计		
股权投资			负债合计		
待发国债			一般公共预算结转结余		
非流动资产合计			政府性基金预算结转结余		
			国有资本经营预算结转结余		
			财政专户管理资金结余		
			专用基金结余		
			预算稳定调节基金		
			预算周转金		
			资产基金		
			减：待偿债净资产		
			净资产合计		
资产总计			负债和净资产总计		

二、资产负债表的编制方法

（一）"年初余额"栏的填列方法

资产负债表的"年初余额"栏内的数字应根据上年年末资产负债表的"期末余额"栏的数字来填列。简言之，上年年末资产负债表的期末余额就是本年度资产负债表的年初余额。如果本年度资产负债表规定的各个项目的名称和内容同上年度不相一致，则应对上年年末资产负债表各项目的名称和数字按照本年度的规定进行调整，调整后填入本表"年初余额"栏内。

（二）"期末余额"栏的填列方法

1. 资产类项目

（1）"国库存款"项目，反映政府财政期末存放在国库单一账户的款项金额。本项目应当根据"国库存款"科目的期末余额填列。

（2）"国库现金管理存款"项目，反映政府财政期末实行国库现金管理业务持有的存款金额。本项目应当根据"国库现金管理存款"科目的余额填列。

（3）"其他财政存款"项目，反映政府财政期末持有的其他财政存款金额。本项目应当根据"其他财政存款"科目的期末余额填列。

（4）"有价证券"项目，反映政府财政期末持有的有价证券金额。本项目应当根据"有价证券"科目的期末余额填列。

（5）"在途款"项目，反映政府财政期末持有的在途款金额。本项目应当根据"在途款"科目的期末余额填列。

（6）"预拨经费"项目，反映政府财政期末尚未转列支出或尚待收回的预拨经费金额。本项目应当根据"预拨经费"科目的期末余额填列。

（7）"借出款项"项目，反映政府财政期末借给预算单位尚未收回的款项金额。本项目应当根据"借出款项"科目的期末余额填列。

（8）"应收股利"项目，反映政府期末尚未收回的现金股利或利润金额。本项目应当根据"应收股利"科目的期末余额填列。

（9）"应收利息"项目，反映政府财政期末尚未收回应收利息金额。本项目应当根据"应收地方政府债券转贷款"科目和"应收主权外债转贷款"科目下"应收利息"明细科目的期末余额合计数填列。

（10）"与下级往来"项目，正数反映下级政府财政欠本级政府财政的款项金额；负数反映本级政府财政欠下级政府财政的款项金额。本项目应当根据"与下级往来"科目的期末余额填列，期末余额如为借方则以正数填列；如为贷方则以"－"号填列。

（11）"其他应收款"项目，反映政府财政期末尚未收回的其他应收款的金额。本项目应当根据"其他应收款"科目的期末余额填列。

（12）"应收地方政府债券转贷款"项目，反映政府财政期末尚未收回的地方政府债券转贷款的本金金额。本项目应当根据"应收地方政府债券转贷款"科目下"应收本金"明细科目的期末余额填列。

（13）"应收主权外债转贷款"项目，反映政府财政期末尚未收回的主权外债转贷款的本金金额。本项目应当根据"应收主权外债转贷款"科目下的"应收本金"明细科目的期末余额填列。

（14）"股权投资"项目，反映政府期末持有的股权投资的金额。本项目应当根据"股权投资"科目的期末余额填列。

（15）"待发国债"项目，反映中央政府财政期末尚未使用的国债发行额度。本项目应当根据"待发国债"科目的期末余额填列。

2. 负债类项目

（1）"应付短期政府债券"项目，反映政府财政期末尚未偿还的发行期限不超过1年（含1年）的政府债券的本金金额。本项目应当根据"应付短期政府债券"科目下的"应付本金"明细科目的期末余额填列。

（2）"应付利息"项目，反映政府财政期末尚未支付的应付利息金额。本项目应当根据"应付短期政府债券""借入款项""应付地方政府债券转贷款""应付主权外债转贷款"科目下的"应付利息"明细科目期末余额以及属于分期付息、到期还本的"应付长期政府债券"科目下的"应付利息"明细科目余额计算填列。

（3）"应付国库集中支付结余"项目，反映政府财政期末尚未支付的国库集中支付结余金额。本项目应当根据"应付国库集中支付结余"科目的期末余额填列。

（4）"与上级往来"项目，正数反映本级政府财政期末欠上级政府财政的款项金额；负数反映上级政府财政欠本级政府财政的款项金额。本项目应当根据"与上级往来"科目的期末余额填列，如为借方余额则以"－"号填列。

（5）"其他应付款"项目，反映政府财政期末尚未支付的其他应付款金额。本项目应当根据"其他应付款"科目的期末余额填列。

（6）"应付代管资金"项目，反映政府财政期末尚未支付的代管资金金额。本项目应当根据"应付代管资金"科目的期末余额填列。

（7）"一年内到期的非流动负债"项目，反映政府财政期末承担的1年以内（含1年）到期偿还的非流动负债。本项目应当根据"应付长期政府债券""借入款项""应付地方政府债券转贷款""应付主权外债转贷款""其他负债"等科目的期末余额及债务管理部门提供的资料分析填列。

（8）"应付长期政府债券"项目，反映政府财政期末承担的偿还期限超过1年的长期政府债券的本金金额及到期一次还本付息的长期政府债券的应付利息金额。本项目应当根据"应付长期政府债券"科目的期末余额分析填列。

（9）"借入款项"项目，反映政府财政期末承担的偿还期限超过1年的借入款项的本金金额。本项目应当根据"借入款项"科目下的"应付本金"明细科目的期末余额分析填列。

（10）"应付地方政府债券转贷款"项目，反映政府财政期末承担的偿还期限超过1年的地方政府债券转贷款的本金金额。本项目应当根据"应付地方政府债券转贷款"科目下的"应付本金"明细科目的期末余额分析填列。

（11）"应付主权外债转贷款"项目，反映政府期末承担的偿还期限超过1年的主权外债转贷款的本金金额。本项目应当根据"应付主权外债转贷款"科目下的"应付本金"明细科目的期末余额分析填列。

（12）"其他负债"项目，反映政府财政期末承担的偿还期限超过1年的其他负债金额。本项目应当根据"其他负债"科目的期末余额分析填列。

3. 净资产类项目

（1）"一般公共预算结转结余"项目，反映政府财政期末滚存的一般公共预算结转金额。本项目应当根据"一般公共预算结转结余"科目的期末余额填列。

（2）"政府性基金预算结转结余"项目，反映政府财政期末滚存的政府性基金预算结转结余金额。本项目应当根据"政府性基金预算结转结余"科目的期末余额填列。

（3）"国有资本经营预算结转结余"项目，反映政府财政期末滚存的国有资本经营预算结转结余金额。本项目应当根据"国有资本经营预算结转结余"科目的期末余额填列。

（4）"财政专户管理资金结余"项目，反映政府财政期末滚存的财政专户管理资金结余金额。本项目应当根据"财政专户管理资金结余"科目的期末余额填列。

（5）"专用基金结余"项目，反映政府财政期末滚存的专用基金结余金额。本项目应当根据"专用基金结余"科目的期末余额填列。

（6）"预算稳定调节基金"项目，反映政府财政期末预算稳定调节基金的余额。本项目应当根据"预算稳定调节基金"科目的期末余额填列。

（7）"预算周转金"项目，反映政府财政期末预算周转金的余额。本项目应当根据"预算周转金"科目的期末余额填列。

（8）"资产基金"项目，反映政府财政期末持有的应收地方政府债券转贷款、应收主权外债转贷款、股权投资和应收股利等资产在净资产中占用的金额。本项目应当根据"资产基金"科目的期末余额填列。

（9）"待偿债净资产"项目，反映政府财政期末因承担应付短期政府债券、应付长期政府债券、借入款项、应付地方政府债券转贷款、应付主权外债转贷款、其他负债等负债相应需在净资产中冲减的金额。本项目应当根据"待偿债净资产"科目的期末借方余额以"－"号填列。

第四节　收入支出表

一、收入支出表的概念和结构

收入支出表是反映政府财政在某一会计期间各类财政资金收支结余情况的报表。收入支出表根据资金性质按照收入、支出、结转结余的构成分类、分项列示。收入支出表具体格式见表8-3。

二、收入支出表的编制方法

（一）"本月数"栏和"本年累计数"栏的含义

1."本月数"栏的含义

"本月数"栏反映各项目本月的实际发生数。财政部门编制年度收入支出表时，应将"本月数"栏改为"上年数"栏，反映上年度各项目的实际发生数；如果本年度收入支出表规定的各个项目名称和内容同上年度不一致，应对上年度收入支出表各项目的名称和数字按照本年度的规定进行调整，填入本年度收入支出表的"上年数"栏。

2."本年累计数"栏的含义

"本年累计数"栏反映各项目自年初起至报告期末止的累计实际发生数。财政部门编制年度收入支出表时，应当将"本年累计数"栏改为"本年数"。

表 8-3　收入支出表　　　　　　　　　　　　会财政 02 表

编制单位：　　　　　　　　　　年　　月　　　　　　　　　　单位：元

项目	一般公共预算		政府性基金预算		国有资本经营预算		财政专户管理资金		专用基金	
	本月数	本年累计数	本月数	本年累计数	本月数	本年累计数	本月数	本年累计数	本月数	本年累计数
年初结转结余										
收入合计										
本级收入										
其中：来自预算安排的收入										
补助收入										
上解收入										
地区间援助收入										
债务收入										
债务转贷收入										
动用预算稳定调节基金										
调入资金										
支出合计										
本级支出										
其中：权责发生制列支							—	—	—	—
预算安排专用基金的支出	—	—	—	—	—	—	—	—	—	—
补助支出										
上解支出										
地区间援助支出	—	—	—	—	—	—			—	—
债务还本支出										
债务转贷支出										
安排预算稳定调节基金	—	—							—	—
调出资金									—	—
结转结余										
其中：增设预算周转金	—	—	—	—	—	—	—	—	—	—
年末结转结余										

注：表中有"—"的部分表示不必填列。

（二）"本月数"栏各项目的内容和填列方法

（1）"年初结转结余"项目，反映政府财政本年初各类资金结转结余的金额。其中，一般公共预算的"年初结转结余"应当根据"一般公共预算结转结余"科目的年初余额填列；政府性基金预算的"年初结转结余"应当根据"政府性基金预算结转结余"科目的年初余额填列；国有资本经营预算的"年初结转结余"应当根据"国有资本经营预算结转结余"科目的年初余额填列；财政专户管理资金的"年初结转结余"应当根据"财政专户管理资金结余"科目的年初余额填列；专用基金的"年初结转结余"应当根据"专用基金结余"科目的年初余额填列。

（2）"收入合计"项目，反映政府财政本期取得的各类资金的收入合计金额。其中，一般公共预算的"收入合计"应当根据属于一般公共预算的"本级收入""补助收入""上解收入""地区间援助收入""债务收入""债务转贷收入""动用预算稳定调节基金""调入资金"各项目金额的合计填列；政府性基金预算的"收入合计"应当根据属于国有资本经营预算的"本级收入""补助收入""上解收入""债务收入""债务转贷收入""调入资金"各项目金额的合计填列；国有资本经营预算的"收入合计"应当根据属于国有资本经营预算的"本级收入"项目的金额填列；财政专户管理资金的"收入合计"应当根据属于财政专户管理资金的"本级收入"项目的金额填列；专用基金的"收入合计"应当根据属于专用基金的"本级收入"项目的金额填列。

（3）"本级收入"项目，反映政府财政本期取得的各类资金的本级收入金额。其中，一般公共预算的"本级收入"应当根据"一般公共预算本级收入"科目的本期发生额填列；政府性基金预算的"本级收入"应当根据"政府性基金预算本级收入"科目的本期发生额填列；国有资本经营预算的"本级收入"应当根据"国有资本经营预算本级收入"科目的本期发生额填列；财政专户管理资金的"本级收入"应当根据"财政专户管理资金收入"科目的本期发生额填列；专用基金的"本级收入"应当根据"专用基金收入"科目的本期发生额填列。

（4）"补助收入"项目，反映政府财政本期取得的各类资金的补助收入金额。其中，一般公共预算的"补助收入"应当根据"补助收入"科目下的"一般公共预算补助收入"明细科目的本期发生额填列；政府性基金预算的"补助收入"应当根据"补助收入"科目下的"政府性基金预算补助收入"明细科目的本期发生额填列。

（5）"上解收入"项目，反映政府财政本期取得的各类资金的上解收入金额。其中，一般公共预算"上解收入"应当根据"上解收入"科目下的"一般公共预算上解收入"明细科目的本期发生额填列；政府性基金预算的"上解收入"应当根据"补助收入"科目下的"政府性基金预算上解收入"明细科目的本期发生额填列。

（6）"地区间援助收入"项目，反映政府财政本期取得的地区间援助收入金额。本项目应当根据"地区间援助收入"科目的本期发生额填列。

（7）"债务收入"项目，反映政府财政本期取得的债务收入金额。其中，一般公共预算的"债务收入"应当根据"债务收入"科目下的除"专项债务收入"以外的其他明细科目的本期发生额填列；政府性基金预算的"债务收入"应当根据"债务收入"科目下的"专项债务收入"明细科目的本期发生额填列。

（8）"债务转贷收入"项目，反映政府财政本期取得的债务转贷收入金额。其中，一般公共预算的"债务转贷收入"应当根据"债务转贷收入"科目下的"地方政府一般债务转贷收入"明细科目的本期发生额填列；政府性基金预算的"债务转贷收入"应当根据"债务转贷收入"科目下的"地方政府专项债务转贷收入"明细科目的本期发生额填列。

（9）"动用预算稳定调节基金"项目，反映政府财政本期调用的预算稳定调节基金金额。本项目应当根据"动用预算稳定调节基金"科目的本期发生额填列。

（10）"调入资金"项目，反映政府财政本期取得的调入资金金额。其中，一般公共预算的"调入资金"应当根据"调入资金"科目下的"一般公共预算调入资金"明细科目的本期发生额填列；政府性基金预算的"调入资金"应当根据"调入资金"科目下的"政府性基金预算调入资金"明细科目的本期发生额填列。

（11）"支出合计"项目，反映政府财政本期发生的各类资金的支出合计金额。其中，一般公共预算的"支出合计"应当根据属于一般公共预算的"本级支出""补助支出""上解支出""地区间援助支出""债务还本支出""债务转贷支出""安排预算稳定调节基金""调出资金"各项目金额的合计填列；政府性基金预算的"支出合计"应当根据属于政府性基金预算的"本级支出""补助支出""上解支出""债务还本支出""债务转贷支出""调出资金"各项目金额的合计填列；国有资本经营预算的"支出合计"应当根据属于国有资本经营预算的"本级支出"和"调出资金"项目金额的合计填列；财政专户管理资金的"支出合计"应当根据属于财政专户管理资金的"本级支出"项目的金额填列；专用基金的"支出合计"应当根据属于专用基金的"本级支出"项目（预算安排专业基金的支出）金额填列。

（12）"补助支出"项目，反映政府财政本期发生的各类资金的补助支出金额。其中，一般公共预算的"补助支出"应当根据"补助支出"科目下的"一般公共预算补助支出"明细科目的本期发生额填列；政府性基金预算的"补助支出"应当根据"补助支出"科目下的"政府性基金预算补助支出"明细科目的本期发生额填列。

（13）"上解支出"项目，反映政府财政本期发生的各类资金的上解支出金额。其中，一般公共预算的"上解支出"应当根据"上解支出"科目下的"一般公共预算上解支出"明细科目的本期发生额填列；政府性基金预算的"上解支出"应当根据"上解支出"科目下的"政府性基金预算上解支出"明细科目的本期发生额填列。

（14）"地区间援助支出"项目，反映政府财政本期发生的地区间援助支出金额。本项目应当根据"地区间援助支出"科目的本期发生额填列。

（15）"债务还本支出"项目，反映政府财政本期发生的债务还本支出金额。其中，一般公共预算的"债务还本支出"应当根据"债务还本支出"科目下的除"专项还本债务支出"以外的其他明细科目的本期发生额填列；政府性基金预算的"债务还本支出"应当根据"债务还本支出"科目下的"专项债务还本支出"明细科目的本期发生额填列。

（16）"债务转贷支出"项目，反映政府财政本期发生的债务转贷支出金额。其中，一般公共预算的"债务转贷支出"应当根据"债务转贷支出"科目下的"地方政府一般债务转贷支出"明细科目的本期发生额填列；政府性基金预算的"债务转贷支出"应当根据"债务转贷支出"科目下的"地方政府专项债务转贷支出"明细科目的本期发生额填列。

（17）"安排预算稳定调节基金"项目，反映政府财政本期安排的预算稳定调节基金金额。本项目根据"安排预算稳定调节基金"科目的本期发生额填列。

（18）"调出资金"项目，反映政府财政本期发生的各类资金的调出资金金额。其中，一般公共预算的"调出资金"应当根据"调出资金"科目下"一般公共预算调出资金"明细科目的本期发生额填列；政府性基金预算的"调出资金"应当根据"调出资金"科目下的"政府性基金预算调出资金"明细科目的本期发生额填列；国有资本经营预算的"调出资金"应当根据"调出资金"科目下的"国有资本经营预算调出资金"明细科目的本期发生额填列。

（19）"增设预算周转金"项目，反映政府财政本期设置和补充预算周转金的金额。本项目应当根据"预算周转金"科目的本期贷方发生额填列。

（20）"年末结转结余"项目，反映政府财政本年末的各类资金的结转结余金额。其中，一般公共预算的"年末结转结余"应当根据"一般公共预算结转结余"科目的年末余额填列；政府性基金预算的"年末结转结余"应当根据"政府性基金预算结转结余"科目的年末余额填列；国有资本经营预算的"年末结转结余"应当根据"国有资本经营预算结转结余"科目的年末余额填列；财政专户管理资金的"年末结转结余"应当根据"财政专户管理资金结余"科目的年末余额填列；专用基金的"年末结转结余"应当根据"专用基金结余"科目的年末余额填列。

第五节　预算执行情况表与收支情况表

一、预算执行情况表

预算执行情况表通常是反映政府财政年度预算收支执行情况的报表，包括一般公共预算执行情况表、政府性基金预算执行情况表和国有资本经营预算执行情况表等。

（一）一般公共预算执行情况表

1. 一般公共预算执行情况表的概念及结构

一般公共预算执行情况表是反映政府财政在某一会计期间一般公共预算收支执行结果的报表，按照《政府收支分类科目》中一般公共预算收支科目列示。一般公共预算执行情况表的具体格式见表8-4。

表 8-4　一般公共预算执行情况表　　　　　　　　　会财政 03-1 表

编制单位：　　　　　　　　　年　　月　　旬　　　　　　　　　　单位：元

项目	本月（旬）数	本年（月）累计数
一般公共预算本级收入		
101 税收收入		
10101 增值税		
1010101 国内增值税		
……		
一般公共预算本级支出		
201 一般公共服务支出		
20101 人大事务		
2010101 行政运行		
……		

2. 一般公共预算执行情况表的编制方法及说明

（1）"一般公共预算本级收入"项目及所属各明细项目，根据"一般公共预算本级收入"科目及所属各明细科目的本期发生额填列。

（2）"一般公共预算本级支出"项目及所属各明细项目，根据"一般公共预算本级支出"科目及所属各明细科目的本期发生额填列。

（二）政府性基金预算执行情况表

1. 政府性基金预算执行情况表的概念及结构

政府性基金预算执行情况表是反映政府财政在某一会计期间政府性基金预算收支执

行结果的报表，按照《政府收支分类科目》中政府性基金预算收支科目列示。政府性基金预算执行情况表的具体格式见表8-5。

表8-5 政府性基金预算执行情况表　　　　会财政03-2表

编制单位：　　　　　　　年　月　旬　　　　　　　单位：元

项目	本月（旬）数	本年（月）累计数
政府性基金预算本级收入		
10301 政府性基金收入		
1030102 农网还贷资金收入		
103010201 中央农网还贷资金收入		
……		
政府性基金预算本级支出		
206 科学技术支出		
20610 核电站乏燃料处理处置基金支出		
2061001 乏燃料运输		
……		

2. 政府性基金预算执行情况表的编制方法及说明

（1）"政府性基金预算本级收入"项目及所属各明细项目，根据"政府性基金预算本级收入"科目及所属各明细科目的本期发生额填列。

（2）"政府性基金预算本级支出"项目及所属各明细项目，根据"政府性基金预算本级支出"科目及所属各明细科目的本期发生额填列。

（三）国有资本经营预算执行情况表

1. 国有资本经营预算执行情况表的概念及结构

国有资本经营预算执行情况表是反映政府财政在某一会计期间国有资本经营预算收支执行结果的报表，按照《政府收支分类科目》中国有资本经营预算收支科目列示。国有资本经营预算执行情况表的具体格式见表8-6。

表8-6 国有资本经营预算执行情况表　　　　会财政03-3表

编制单位：　　　　　　　年　月　旬　　　　　　　单位：元

项目	本月（旬）数	本年（月）累计数
国有资本经营预算本级收入		
10306 国有资本经营收入		
1030601 利润收入		
103060103 烟草企业利润收入		
……		
国有资本经营预算本级支出		
208 社会保障和就业支出		
20804 补充全国社会保障基金		
2080451 国有资本经营预算补充社保基金支出		
……		

2. 国有资本经营预算执行情况表的编制方法及说明

（1）"国有资本经营预算本级收入"项目及所属各明细项目，应当根据"国有资本经营预算本级收入"科目及所属各明细科目的本期发生额填列。

（2）"国有资本经营预算本级支出"项目及所属各明细项目，应当根据"国有资本经营预算本级支出"科目及所属各明细科目的本期发生额填列。

二、收支情况表

收支情况表主要包括财政专户管理资金收支情况表和专用基金收支情况表等。

（一）财政专户管理资金收支情况表

1. 财政专户管理资金收支情况表的概念及结构

财政专户管理资金收支情况表是反映政府财政在某一会计期间纳入财政专户管理的财政专户管理资金全部收支情况的报表，按照相关政府收支分类科目列示。财政专户管理资金收支情况表的具体格式见表 8-7。

表 8-7　财政专户管理资金收支情况表　　　　　　会财政 03-4 表

编制单位：　　　　　　　　　　年　月　　　　　　　　　　单位：元

项目	本月数	本年累计数
财政专户管理资金收入		
……		
财政专户管理资金支出		
……		

2. 财政专户管理资金收支情况表的编制方法及说明

（1）"财政专户管理资金收入"项目及所属各明细项目，应当根据"财政专户管理资金收入"科目及所属各明细科目的本期发生额填列。

（2）"财政专户管理资金支出"项目及所属各明细项目，应当根据"财政专户管理资金支出"科目及所属各明细科目的本期发生额填列。

（二）专用基金收支情况表

1. 专用基金收支情况表的概念及结构

专用基金收支情况表是反映政府财政在某一会计期间专用基金全部收支情况的报表，按照不同类型的专用基金分别列示。专用基金收支情况表的具体格式见表 8-8。

2. 专用基金收支情况表的编制方法及说明

（1）"专用基金收入"项目及所属各明细项目，应当根据"专用基金收入"科目及所属各明细科目的本期发生额填列。

（2）"专用基金支出"项目及所属各明细项目，应当根据"专用基金支出"科目及所属各明细科目的本期发生额填列。

表 8-8 专用基金收支情况表 会财政 05 表

编制单位： 年 月 单位：元

项目	本月数	本年累计数
专用基金收入		
……		
专用基金支出		
……		

第六节 会计报表附注与决算草案编审

一、会计报表附注

会计报表附注是指对在报表中列示项目的文字描述或明细资料以及对未能在会计报表中列示项目的说明。财政总预算会计报表附注应当至少披露下列内容：

（1）遵循《财政总预算会计制度》的声明。

（2）本级政府财政预算执行情况和财务状况的说明。

（3）会计报表中列示的重要项目的进一步说明，包括其主要构成、增减变动情况等。

（4）或有负债情况的说明。

（5）有助于理解和分析会计报表的其他需要说明的事项。

二、决算草案编审

财政总预算会计年度报表反映年度预算收支的最终结果和财务状况。总会计参与或具体负责组织下列决算草案编审工作。

（1）参与组织制定决算草案编审办法，根据上一级政府财政的统一要求和本行政区域预算管理的需要，提出年终收支清理、数字编列口径、决算审查和组织领导等具体要求，并对财政结算、结余处理等具体问题制定管理办法。

（2）根据上级政府财政的要求，结合本行政区域的具体情况制定本行政区域政府财政总预算统一表格。

（3）办理全年各项收支、预拨款项、往来款项等会计对账、结账工作。

（4）对下级政府财政布置决算草案编审工作，指导、监督其及时汇总报送决算。

（5）审核、汇总所属财政部门总决算草案，向上级政府财政部门报送本辖区汇总的财政总决算草案。

（6）编制决算说明和决算分析报告，向上级政府财政汇报决算编审工作情况，进行上下级政府财政之间的财政体制结算以及财政总决算的文件归档工作。

（7）各级政府财政应将汇总编制的本级决算草案及时报本级政府审定。各级政府财政应按照上级政府财政部门的要求，将经本级人民政府审定的本行政区域决算草案逐级及时报送备案。计划单列市的财政决算，除按规定报送财政部外，应按所在省的规定报所在省。

具体的决算编审工作，按照财政决算管理部门的相关规定执行。

第七节　财政总预算会计报表的审核与分析

为了保证各级财政总预算会计报表数字正确、内容完整，客观地反映年度预算执行情况，必须对本级的会计报表和下级财政报送的会计报表进行认真审核并汇总。同时，应对会计报表反映的有关数据进行分析。

一、财政总预算会计报表的审核

财政总预算会计在审核会计报表时，应着重从以下两方面进行审核：

（一）政策性审核

政策性审核是审核会计报表反映的预算收支执行情况及其结果是否符合有关的法律、法规。

1. 预算收入的审核

对预算收入应主要审核以下内容：

（1）审核本年度的预算收入是否按照国家政策、预算管理体制的规定及时、足额地缴入国库，是否有无故拖欠、截留、挪用预算收入的情况。例如，有无将应缴的收入以暂存款挂在往来账上。

（2）审核预算收入的划分、报解是否符合财政管理体制的规定，有无错误划分报解预算收入而没有更正的情况。

（3）审核收入退库是否符合国家规定范围，有无办理不符合规定的收入退库情况。

（4）审核一般预算收入与其他各项收入是否划分清楚，有无混淆各种收入的情况。

（5）审核年终决算的收入数和 12 月份会计报表中的累计收入数是否一致，如有较大出入，应具体查明原因。

2. 预算支出的审核

对预算支出应主要审核以下内容：

（1）审核列入本年的预算支出是否符合规定，有无本年预拨下年度经费列入本年预算支出。

（2）审核预算支出是否按规定的列报口径列支。

（3）审核一般预算支出与其他支出是否划分清楚，有无混淆各种支出的情况。

（4）审核预算支出是否编列齐全，有无漏报的现象。

（5）审核年终决算支出数和 12 月份会计报表所列全年累计支出数是否一致，查明超支和增支中有无违反财经纪律的现象。

（二）技术性审核

技术性审核是从会计报表的数字关系、数字计算的准确程度等方面，对会计报表反映的各项预算收支情况进行审核。对财政总预算会计报表的技术性审核主要包括以下内容：

（1）审核决算报表之间的有关数字是否一致。

（2）审核上下年度之间的有关数字是否一致。

（3）审核上下级财政总决算之间、财政部门决算与单位决算之间有关上解、补助、暂收、暂付等往来款项数字是否一致。

（4）审核财政总决算报表的有关数字与其他有关部门年报的有关数字是否一致。

（5）审核会计报表的正确性与完整性。

二、财政总预算会计报表的汇总

会计报表经审核无误后，县以上各级财政总预算会计还要根据本级报表和所属各级上报的会计报表进行汇总，编制汇总会计报表。在编制汇总会计报表时，应将上下级之间对应科目的数字予以冲销，以避免重复计列收支。需要冲销的项目有：本级报表中的"补助支出"和所属下级报表中的"补助收入"应冲销；本级报表中的"上解收入"和所属下级报表中的"上解支出"应冲销；本级报表中的"与下级往来"和所属下级报表中的"与上级往来"应冲销。

各级财政部门应将汇总编制的本级决算草案及时报本级政府审定。然后，各级财政部门应按照上级财政部门规定的时限和份数，将经本级人民政府审定的本行政区域决算草案逐级报送备案。

三、财政总预算会计报表的分析

财政总预算会计报表集中地反映一定时期财政总预算的执行结果，可以为各级政府提供有关预算收支情况的会计信息，为政府宏观决策、编制政府预算提供依据。但是，通过财政总预算会计报表，还不能直接获得有关预算收支完成好坏及其原因的信息。为了更深入了解预算收支完成的情况，应对财政总预算会计报表进行分析。

财政总预算会计报表分析，是以总预算会计报表为依据，结合征收机关、国库提供的各种资料以及有关会计资料，分析总预算执行的情况，从而总结经验，采取措施，为改进预算管理提供信息资料。

财政总预算会计报表分析，一般采用比较分析法。比较分析法是会计报表分析的常用方法之一。采用此法对财政总预算会计报表进行分析时，主要是比较分析本期实际数（预算执行数）与预算数以及本期实际数与上期实际数。既可以用绝对数比较，也需用相对数比较。通过这种比较，可以考核预算收支执行的情况和进度，从中找出先进与落后的差距，进而分析原因，挖掘潜力，以不断改进预算管理工作。

财政总预算会计报表分析的主要内容有预算收支完成总情况的分析、预算收入完成情况的分析、预算支出完成情况的分析。

下面举例说明财政总预算会计报表分析方法的运用。

【例8-2】某市财政局2018年总预算收支情况见表8-9和表8-10。据此，对该市预算收支执行情况进行分析。

表 8-9　××市 2018 年预算收入完成情况分析表

收入项目	上年完成数（万元）	本年预算数（万元）	本年完成数（万元）	本年完成数	
				占预算的百分比(%)	比上年增减的幅度(%)
一、工商税收	8 560	8 800	9 850	111.93	+15.07
增值税	6 980	7 100	7 770	104.52	+5.93
消费税	430	435	480	110.34	+11.63
外商投资企业所得税	540	550	655	119.09	+21.30
个人所得税	120	140	160	114.29	+33.33
城市维护建设税	390	450	620	137.78	+58.97
其他税收	100	125	165	132.00	+65.00
二、农牧业税和耕地占用税	1 010	1 120	1 050	93.75	+3.96
三、国有企业所得税	4 350	4 550	4 650	102.20	+6.90
四、国有企业上缴利润	3 850	3 980	3 950	99.25	+2.60
五、国有企业计划亏损补贴	−500	−450	−430	95.56	−14.00
六、其他收入	200	220	240	109.09	+20.00
合　　计	17 470	18 220	19 310	105.98	+10.53

（一）预算收支完成情况的分析

该市全年收入预算数为 182 200 000 元，实际完成数为 193 100 000 元，超收 10 900 000 元，比预算数超收了 5.98%；全年支出预算数为 136 100 000 元，实际发生支出为 136 700 000 元，比预算数超支 600 000 元，超支了 0.44%。从全年预算收支情况看，预算收入超额完成任务，比本年预算超收 5.98%，比上年收入增长 10.53%，预算支出比预算略有超支，仅超支了 0.44%，也较好地完成预算支出任务。因此，该市 2018 年预算收支完成总情况是良好的。

（二）预算收入完成情况的分析

财政总预算会计在分析预算收入完成情况时，应先根据会计报表及有关资料，编制预算收入完成情况分析表（见表 8-9）。然后，逐项进行分析，比较本年实际完成数与本年预算数及上年完成数。

从表 8-9 可以看出，该市全年预算收入实际完成193 100 000元，超收 10 900 000 元，比预算数超收了 5.98%，比上年增长了 10.53%，超额完成了预算任务，并有较大幅度增长。逐项分析可以看出工商税收比预算超收了 11.93%，比上年增长了 15.07%，是各项收入中增长较大的项目，对预算收入的超额完成起了较大的作用，而农牧业税和耕地占用税仅完成预算的 93.75%，国有企业上缴利润完成了预算的 99.25%，并且比上年增长幅度小，仅增长 2.60%，这说明本年农业和国有企业经济增长较慢，应查找原因。在各种工商税收中，增长较快的是营业税为 40.74%，个人所得税为 33.33%，城市维护建设税为 58.97%，以及其他税收为 65%，而增值税仅增长了 5.93%，应查明各种税收增幅差别较大的原因，以便加强征管工作。

（三）预算支出完成情况的分析

财政总预算会计在分析预算支出完成情况时，也应根据会计报表等资料，编制预算支出完成情况分析表，然后再逐项进行比较分析。

从表8-10可以看出，该市本年完成的预算支出数为136 700 000元，比预算数增加600 000元，仅超支0.44%，基本完成预算任务，但预算支出比上年增长了4.75%。从各项目来分析，其他部门的事业费、抚恤和社会福利救济费、行政管理费、公检法支出、政策性补贴支出和其他支出都超出了预算数额；科技三项费用、支持农业生产支出、支持不发达地区支出、文教事业费、科学事业费都完成了预算数；其他各项支出都比预算有所节约。

表8-10　××市2018年预算支出完成情况分析表

支出项目	上年完成数（万元）	本年预算数（万元）	本年完成数（万元）	本年完成数	
				占预算的百分比(%)	比上年增减的幅度(%)
一、基本建设支出	1 000	950	900	94.74	-10.00
二、企业挖潜改造资金	500	550	530	96.36	+6.00
三、简易建筑费	100	120	110	91.67	+10.00
四、科技三项费用	580	650	650	100.00	+12.07
五、流动资金	240	280	260	92.86	+8.33
六、支持农业生产支出	700	750	750	100.00	+7.14
七、农、林、水利、气象等部门的事业费	880	920	900	97.83	+2.27
八、工业、交通等部门的事业费	320	400	390	97.50	+21.88
九、商业部门事业费	110	120	110	91.67	0
十、城市维护费	1 080	1 150	1 100	95.65	+1.85
十一、支持不发达地区支出	200	220	220	100.00	+10.00
十二、文教事业费	2 300	2 400	2 400	100.00	+4.35
十三、科学事业费	1 200	1 400	1 400	100.00	+16.67
十四、其他部门的事业费	600	700	720	102.86	+20.00
十五、抚恤和社会福利救济费	200	250	280	112.00	+40.00
十六、行政管理费	1 300	1 250	1 280	102.40	-1.54
十七、公检法支出	420	400	420	105.00	0
十八、政策性补贴支出	800	600	700	116.67	+12.50
十九、其他支出	520	500	550	110.00	+5.77
合　　计	13 050	13 610	13 670	100.44	+4.75

思考题

1. 试述财政总预算会计年终清理的内容。
2. 财政总预算会计如何进行年终结算？
3. 年终结算包括哪几个环节？
4. 简述财政总预算会计报表的种类。
5. 试述财政总预算会计编制资产负债表的程序。
6. 预算执行情况表的作用是什么？

7. 如何审核财政总预算报表?

8. 如何进行财政总预算会计报表分析?

练习题

某市财政局 2018 年 12 月 31 日全部账户余额如下:

科　目	借方余额（万元）	科　目	贷方余额（万元）
国库存款	3 500	借入款	100
其他财政存款	860	暂存款	116
有价证券	700	与上级往来	250
在途款	106	预算结余	2 150
暂付款	64	基金预算结余	1 350
与下级往来	100	专用基金结余	584
基建拨款	940	预算周转金	1 300
预拨经费	500	一般预算收入	8 950
一般预算支出	7 860	基金预算收入	850
基金预算支出	890	专用基金收入	650
专用基金支出	800	补助收入	580
补助支出	500	上解收入	440
上解支出	400	调入资金	200
调出资金	300		

要求:

(1) 根据以上数字编制结账前资产负债表。

(2) 编制年终转账分录。

(3) 根据有关余额编制结账后资产负债表。

第三篇
行政单位会计

　　行政单位会计是指中华人民共和国各级权力机关、行政机关、审判机关和检察机关以及党派、政协机关等行政单位核算、反映和监督本单位经济业务活动的专业会计。行政单位会计是预算会计的重要组成部分。由于行政单位业务活动的目标是行使政府职能，经济业务活动范围较窄，其会计核算比较简单，没有内部成本核算；其财务管理以预算拨款为中心，收支核算必须严格服从预算管理。

第九章

行政单位会计概述

　　行政单位会计是预算会计的组成部分，其会计核算必须遵守国家的有关法律、法规及《行政单位会计制度》的规定。

　　通过本章的学习，应该掌握以下内容：

- 行政单位会计的特点
- 行政单位会计的组织
- 行政单位会计账户

第一节　行政单位会计的概念及特点

一、行政单位会计的概念及组成

　　（一）行政单位及其特征

　　行政单位是指行使国家权力、管理国家事务、维护社会公共秩序、进行各项行政管理工作的政府机构。行政单位人员列入国家行政编制，所需经费全部由政府预算拨给。行政单位具体包括以下几部分：

　　（1）国家权力机关。这是指各级人民代表大会及其常务委员会。全国人民代表大会是国家的最高权力机关。

　　（2）各级行政机关。这是指各级人民政府及其所属各行政部门。行政机关是国家权力机关的执行机关。国务院是国家的最高行政机关。

　　（3）各级司法机关。这是指行使国家审判职能和检察职能的机关，即各级人民法院和各级人民检察院。最高人民法院是国家的最高审判机关，最高人民检察院是国家的最高检察机关。

　　（4）政党组织。这是指中国共产党、各民主党派以及共青团、妇联、工会等组织。

　　军队虽然也通过政府预算拨款解决经费，但因人员不属于行政编制，不划为行政单位，而作为独立的系统。

　　行政单位的职责是完成国家所赋予的各项行政管理任务，即维护社会公共秩序、保证国家机器的正常运转。行政单位虽不直接参与物质生产，但它们为社会再生产创造良好的环境，提供有效的服务和安全保障。因此，行政单位表现出以下特征：

　　（1）行政单位的存在是以满足社会公共需要为前提的，属于公共部门。行政单位为社会公众提供的服务，属于公共物品。公民在消费行政单位提供的服务时，不具有排他性。当公民消费企业的商品时，具有排他性。

　　（2）行政单位的运作不是以营利为目的。行政单位为公民提供的服务一般不收取费用或只收取工本费，不像企业一样，以营利为目的来提供商品和劳务。

（3）行政单位的资金来源是单一的和无偿的。行政单位的资金来源是政府预算拨款，无需偿还。

（4）严格执行部门预算。对行政单位来说，按照审批的部门预算取得和使用财政资金，并使财政资金发挥应有的社会效益，是行政单位会计必须遵循的基本要求。

（二）行政单位会计的概念

行政单位会计是指各级行政单位以货币为主要计量单位，反映和监督各级行政机关以及实行行政财务管理的其他机关预算执行情况及其结果的专业会计。行政单位会计是政府会计体系中的重要组成部分。行政单位为完成自身的任务，需要业务活动经费。它们一方面要按照财政部门或上级主管部门核准的预算，有计划地领拨经费；另一方面又要按照预算规定的用途使用经费。因此，行政单位会计的对象是各级行政单位预算资金和其他资金的收支运动。

行政单位部门预算是行政单位根据其职责和工作任务编制的年度财务收支计划，由收入预算和支出预算组成，是行政单位取得国家财政拨款，使用国家财政拨款的依据。行政单位部门预算是政府预算的重要组成部分，行政单位的预算执行情况，直接影响政府预算的执行情况。行政单位会计通过反映职能，如实将行政单位的预算执行的情况通过会计核算程序表现出来；通过监督职能，督促单位加强财务管理，提高资金的使用效益。

二、行政单位预算与财务管理

（一）行政单位预算管理办法

行政单位预算是行政单位的年度收支计划，反映预算年度内行政单位的资金收支规模、结构以及资金来源和去向，是行政单位可以发生相应收支业务的基本依据。

按照相关规定，财政部门对行政单位实行收支统一管理，定额、定项拨款，超支不补，结转和结余按规定使用的预算管理办法。其中，收支统一管理是指行政单位应当将全部收入和全部支出统一编入预算，逐级报请财政部门核定。

（二）行政单位预算的编报和审批程序

行政单位预算按照下列程序编报和审批：

（1）行政单位测算、提出预算建议数，逐级汇总后报送同级财政部门。

（2）财政部门审核行政单位提出的预算建议数，下达预算控制数。

（3）行政单位根据预算控制数正式编制年度预算，逐级汇总后报送同级财政部门。

（4）经法定程序批准后，财政部门批复行政单位预算。

（三）行政单位财务管理

行政单位财务管理可以包括单位预算管理、收入管理、支出管理、结转和结余管理、资产管理、负债管理以及财务报告和财务分析等内容。因此，行政单位财务管理涉及的范围比预算管理大，内容也相应比预算管理丰富。但行政单位预算管理是其进行财务管理的基本依据。

三、行政单位会计的特点

行政单位会计的特点是在与财政总预算会计和事业单位会计的比较中体现出来的。行政单位会计的特点如下：

（一）会计核算对象是纯预算收支运动

与财政总预算会计相连接，行政单位会计的核算对象是财政资金的领拨、使用及其结果，体现资金来源的唯一性；而事业单位会计的对象则体现出资金来源的多元化。

（二）支出列报依据是实际支出数

行政单位会计和事业单位会计均是以经费的实际支出数列报支出，表现资金的最终消费；而财政总预算会计则是以预算拨款数列报支出，体现财政资金的分配。

（三）以收付实现制为记账基础

事业单位会计的记账基础既可以采用收付实现制，又可以采用权责发生制；而行政单位会计与财政总预算会计的记账基础一样，主要是采用收付实现制。

（四）不以营利为目的，会计核算相对简单

与事业单位比较，行政单位的业务活动目标是行使政府职能，向社会公众提供服务，其经济业务活动范围有特定限制，故会计核算较为简单。行政单位会计资金来源渠道单一，没有成本核算过程，不计盈亏。

（五）体现部门预算的刚性

按照《中华人民共和国预算法》及有关制度的规定，行政单位应当严格执行部门预算，按照收支平衡的原则，合理安排各项资金，不得超预算安排支出。因此，行政单位会计在明细科目的设置上，在年终清理结算的工作上都充分体现了部门预算的刚性。

第二节　行政单位会计的组织

一、行政单位会计的组织系统

根据行政单位的机构建制和经费领拨关系，行政单位的会计组织系统分为主管会计单位、二级会计单位和基层会计单位。

（一）主管会计单位

主管会计单位是指向同级财政部门申报预算，并发生经费领拨和预算管理关系，有下一级会计单位的行政单位。主管会计单位负有较多的责任，具体如下：

（1）监督和检查本单位和所属各单位严格按照国家有关规定使用各项资金。

（2）编制汇总部门预算报送财政部门审批。

（3）编制汇总会计报表报送财政部门。

（二）二级会计单位

二级会计单位是指向上一级预算单位申报预算并有下级预算单位的行政单位。

（三）基层会计单位

基层会计单位是指向上一级预算单位申报预算，并且没有下级预算单位的行政单位。凡是直接向同级财政部门领拨经费而没有下级会计单位的部门，一律视同基层会计单位。

主管会计单位、二级会计单位和基层会计单位实行独立会计核算，负责组织管理本部门、本单位的全部会计工作。不具备独立核算条件的行政单位，实行单据报账制度，作为"报销单位"管理。各级预算单位应当按照预算管理级次申报预算，并按照批准的预算组织实施，定期将预算执行情况向上一级预算单位或者同级财政部门报告。

不论是主管会计单位，还是二级会计单位和基层会计单位，都承担以下主要的工作及任务：

（1）编制本单位的部门预算，并及时报送同级财政部门审核。

（2）根据同级财政部门批准的部门预算，执行国库集中收付制度，如实核算收入与支出。

（3）编制本单位的决算草案，并及时报送同级财政部门审核。

（4）核算本单位的各项资产、负债、净资产、收入和支出等要素，提供真实、客观的会计信息。

二、行政单位会计的工作机构

行政单位根据本单位的业务活动和人员编制的多少以及所承担的会计工作任务繁重程度，设置会计工作机构或者在有关机构中设置会计人员，并设置有明确分工、符合内部控制制度要求的会计工作岗位，配备必要的有会计从业资格的会计人员，按照《中华人民共和国会计法》《行政单位会计制度》等的规定建立健全本单位内部会计核算制度，进行独立核算。人员编制少、会计工作量小、不具备独立核算条件的行政单位，可以实行单据报账制度，作为"报销单位"，不进行独立核算。

实行独立核算的行政单位应指定会计主管人员，并应确定一名单位领导主管会计工作。会计主管人员除具有会计从业资格外，还应当具备会计师以上专业技术职务资格或者从事会计工作三年以上经历。主管会计工作的单位领导负责处理日常会计工作的重大问题，审批重大的财务开支事项。会计主管人员向主管会计工作的单位领导负责；主管会计工作的单位领导向单位最高领导负责。单位最高领导对本单位的会计工作和会计资料的真实性、完整性负责。

同时负有财政总预算会计职能的行政单位（各级财政部门），本单位会计与财政总预算会计必须由独立的会计机构进行分别核算。两个独立的会计机构，必须在人员配备、职责分工、核算范围等方面严格分开，以保证各自工作的独立性和准确性。

第三节 行政单位会计账户

一、行政单位会计科目设置要求

（一）行政单位会计科目表

行政单位会计科目是对行政单位会计核算对象的具体内容进行科学分类的标志。行政单位会计科目是各级行政单位会计设置账户、确定核算内容、归集经济业务的依据，也是汇总和检查行政单位资金活动情况及其结果的依据。行政单位会计与财政总预算会计相比，需增设库存现金、存货、固定资产等实物资产科目。与事业单位会计相比，没有经营收支科目，这是由行政单位会计核算内容决定的。各级行政单位统一适用的会计科目如表9-1所示。

表9-1 行政单位会计科目表

序号	编　号	科　　目	序号	编　号	科　　目
		一、资产类			三、净资产类
1	1001	库存现金	26	3001	财政拨款结转
2	1002	银行存款	27	3002	财政拨款结余
3	1011	零余额账户用款额度	28	3101	其他资金结转结余
4	1021	财政应返还额度	29	3501	资产基金
	102101	财政直接支付		350101	预付账款
	102102	财政授权支付		350111	存货
5	1212	应收账款		350121	固定资产
6	1213	预付账款		350131	在建工程
7	1215	其他应收款		350141	无形资产
8	1301	存货		350151	政府储备物资
9	1501	固定资产		350152	公共基础设施
10	1502	累计折旧	30	3502	待偿债净资产
11	1511	在建工程			四、收入类
12	1601	无形资产	31	4001	财政拨款收入
13	1602	累计摊销	32	4002	其他收入
14	1701	待处理财产损溢			五、支出类
15	1801	政府储备物资	33	5001	经费支出
16	1802	公共基础设施	34	5101	拨出经费
17	1901	受托代理资产			
		二、负债类			
18	2001	应缴财政款			
19	2101	应交税费			
20	2201	应付职工薪酬			
21	2301	应付账款			
22	2302	应付政府补贴款			
23	2305	其他应付款			
24	2401	长期应付款			
25	2901	受托代理负债			

（二）行政单位会计科目的使用要求

（1）应当使用按规定统一设置的会计科目，非经财政部门同意，不得随意减并或自行增设，不得擅自更改会计科目的名称。不需用的会计科目可以不用。

（2）在使用会计科目的编号时，应与会计科目名称同时使用。可以只使用会计科目的名称，不使用会计科目的编号，但不得只使用会计科目的编号，而不使用会计科目的名称。

（三）会计科目的二级科目和明细科目应根据具体情况分别设置

1. 资产类明细科目的设置

货币资金类科目可分别按人民币和外币设置明细科目。实物资产类科目可按资产的名称、品种、类别设置明细科目，还可按存放地点设置明细科目。结算类科目可按债务单位或个人名称设置明细科目。

2. 负债类明细科目的设置

应按照科目的内容、项目、债权单位或个人名称设置明细科目。

3. 净资产类明细科目的设置

应按结余资金的类别和部门预算基本支出和项目支出的要求设置明细科目。

4. 收支类明细科目的设置

财政拨款收入和经费支出应按照《政府收支分类科目》、部门预算基本支出和项目支出的要求设置明细科目；其他收支科目应按照专项和非专项的内容设置明细科目。

二、行政单位会计凭证

（一）原始凭证

原始凭证是经济业务发生时取得的书面证明，是会计事项唯一的合法凭证，是登记明细账的依据。

各级行政单位会计采用的原始凭证主要包括：

（1）收入款项凭证，如收款收据、借款凭证及预算拨款凭证等；

（2）实物资产凭证，如固定资产调拨单、库存材料的出库单、入库单等；

（3）银行凭证，如开户银行转来的收、付款凭证及往来结算凭证等；

（4）其他足以证明会计事项发生经过的凭证和文件。

行政单位的专用票据和通用票据要按照国家规定的要求使用。

（二）记账凭证

记账凭证是由会计人员依据审核后的原始凭证填制的，并作为登记会计账簿的直接依据的凭证。

行政单位的记账凭证有两种：一种是专用记账凭证，包括收款凭证、付款凭证和转账凭证；另一种是不分收、付、转，只有一种格式的通用记账凭证。目前各单位普遍采用"通用记账凭证"。其格式如表9-2所示。

表 9-2　通用记账凭证

总号_____

年　月　日

分号_____

对方单位	摘要	借　方		贷　方		金额	记账符号	
		科目编号	科目编号	科目编号	科目编号			

附凭证　张

记账凭证的编制方法如下：

（1）行政单位应根据经审核无误的原始凭证，归类整理编制记账凭证。记账凭证的各项内容必须填列齐全，经复核后凭以记账。制证人必须签名或盖章。

（2）记账凭证一般根据每项经济业务的原始凭证填制。当天发生的同类会计事项可以适当归并后编制。不同会计事项的原始凭证，不得合并编制同一张记账凭单，也不得把几天的会计事项加在一起做一张记账凭证。

（3）记账凭证必须附有原始凭证。一张原始凭证涉及几张记账凭证的，可以把原始凭证附在主要的一张记账凭证后面，在其他几张记账凭证上注明附有原始凭证的记账凭证的编号。结账和更正错误的记账凭证，可以不附原始凭证，但应经主管会计人员签章。

（4）记账凭证必须清晰、工整，不得潦草。记账凭证由指定人员复核，并经会计主管人员签章后据以记账。

（5）记账凭证应按照会计事项发生的日期，并依顺序整理制证记账。按照制证的顺序，每月从第一号起编一个连续号。

（6）记账凭证每月应按顺序号整理，连同所附的原始凭证加具封面，装订成册保管。

记账凭证封面格式如表9-3所示。

表9-3 （财政部门或单位名称）
记账凭证封面

时　间	年　　　月　份
册　数	本月共　　册　　本册是第　　册
张　数	本册自第　号至第　　号

会计主管：　　　　　　　　　　　　　　　　制定人：

记账凭证的日期，按照以下规定填列：

（1）月份终了尚未结账前，收到上月份的收入凭证，可填到所属月份的最末一日。结账后，按实际处理账务的日期填列。

（2）根据支出月报的银行支出数编制的记账凭证，填列会计报表所属月份的最末一日。

（3）办理年终结账的记账凭证，填列实际处理账务的日期，并注上"上年度"字样，凭证编号仍按上年12月份的顺序连续编列。

（4）其余会计事项，一律按发生的日期填列。

记账凭证应每月按顺序号整理，连同所附的原始凭证加具封面，装订成册保管。

各行政单位会计凭证发生错误时，不得用挖补、涂抹、刮擦或使用化学药水更改，应按下列方法更正：

（1）发现未登记账簿的记账凭证错误，应将原记账凭证作废，重新编制记账凭证登记入账。

（2）发现已经登记账簿的记账凭证错误，应采用"红字冲账法"或"补充登记法"更正。采用计算机做记账凭证的，用"红字冲账法"时以负数表示。

三、行政单位会计账簿

账簿是由具有一定格式、互相联系的若干账页组成，以会计凭证为依据，用以全面、系统、序时、分类记录各项经济业务的簿籍。账簿按用途分为序时账簿、分类账簿和备查账簿。

　　行政单位会计应设置序时账簿，包括现金日记账和银行存款日记账。现金日记账和银行存款日记账是一种序时账簿，一般采用三栏订本式。订本式账簿是把一定数量的账页固定地装订在一起的账簿，采用订本式账簿是为了防止账页的抽换和散失。

　　所有的现金出纳业务，出纳人员必须当天记入"现金日记账"。"现金日记账"应按经济业务发生的先后，根据原始凭证逐笔登记，并在摘要栏中写明经济业务内容。原始凭证按月连续编号，作为现金日记账的顺序号。收款较多的单位，可将收款收据记账联汇总编制"现金收入日报表"（设收款员的由收款员编制），据以记载入账。"现金收入日报表"中应注明所附收款收据记账联的编号。当日业务终了，应结出当日现金收入合计数、支出合计数和结余数，并将账面余额与实际库存现金核对无误。

　　序时账簿用来序时登记行政单位现金和银行存款业务的收支发生情况。现金日记账和银行存款日记账的格式基本相同，如表9-4所示。

表9-4　现金日记账

年		凭证号数	摘要	对方科目	借方金额	贷方金额	借或贷	余额
月	日							

　　行政单位会计还应设置分类账，包括总分类账和明细分类账。总账作为核算资产、负债、净资产及收入、支出、结余的总括情况，平衡账务，控制和核对各种明细账。行政单位会计的总账一般采用借、贷、余三栏式，按照会计科目名称设置账户。总账的基本格式如表9-5所示。

表9-5　总分类账

本账页数：　　　　　　　　　　　　　　　会计科目：
本户页数：　　　　　　　　　　　　　　　户　名：

年		凭证号数	摘要	借方金额	贷方金额	借或贷	余额
月	日						

　　明细账是用来对总账有关科目进行明细核算的账簿。明细账的格式一般也采用三栏式，与总账格式一样。核算财产物资的则可用数量金额式。核算费用时可用多栏式，如表9-6所示。

表 9-6　明细分类账

明细科目或户名：　　　　　　　　　　　　　　　　　　　　　　　　　　　　第　页

年		凭证号数	摘要	借方金额	贷方金额	余额	借（贷）方余额分析
月	日						

行政单位会计需要设置的主要明细账如下：

（1）收入明细账，包括财政拨款收入明细账和其他收入明细账。

（2）支出明细账，包括经费支出明细账和拨出经费明细账。

（3）往来款项明细账，包括应收账款明细账、应付账款明细账等。

会计账簿的使用，以每一会计年度为限。每一账簿启用时，应填写"经管人员一览表"和"账簿目录"，附于账簿扉页上。账簿经管人员一览表样式如表 9-7 所示。

表 9-7　账簿经管人员一览表

单位名称				
账簿名称				
账簿页数	从第　页起至第　页止共　　页			
启用日期	年　　　月　　　日			
会计机构负责人		会计主管人员		
经管人员	经管日期		移交日期	
接办人员	接管日期		监交人员	

手工记账必须用蓝黑墨水书写，不得使用铅笔、圆珠笔。红色墨水除登记收入负数使用外，只能在划线、改错、冲账时使用。账簿必须按照编定的页数连续记载，不得隔页、跳行。如因工作疏忽发生跳行或隔页时，应当将空行、空页划线注销，并由记账人员签名盖章。

登记账簿要及时准确，日清月结，文字和数字的书写要清晰、整洁。

会计账簿应根据审核无误的会计凭证登记。记账时，将记账凭证的编号记入账簿内；记账后，在记账凭证上用"√"符号注明，表示已登记入账。

各种账簿记录应按月结账，计算出本月发生额和余额。

账簿记录如发生错误，不能挖补、涂抹、刮擦或用化学药水更改，应按下列方法更正：

（1）手工记账发生文字或数字书写错误，用"划线更正法"更正，并由记账人员在更正处盖章。

（2）由于记账凭证科目对应关系填错引起的，应以采用"红字冲账法"和"补充更正法"更正后的记账凭证登记账簿。

思考题

1. 行政单位会计的特点有哪些？它适用于哪些组织？

2. 行政单位会计科目的设置有哪些特点？

3. 行政单位会计的意义是什么？

4. 行政单位会计组织系统分为哪三级？

5. 行政单位的会计凭证有哪些？

6. 行政单位会计的明细账主要有哪些？

第十章

行政单位资产的核算

资产是指行政单位占有或者使用的，能以货币计量的经济资源。所称占有，是指行政单位对经济资源拥有法律上的占有权。由行政单位直接支配，供社会公众使用的政府储备物资、公共基础设施等，也属于行政单位核算的资产。

行政单位的资产分为流动资产和非流动资产两大类。其中，流动资产是指可以在1年以内（含1年）变现或者耗用的资产，包括库存现金、银行存款、零余额账户用款额度、财政应返还额度、应收及预付款项、存货等。非流动资产是指除了流动资产以外的资产，包括固定资产、在建工程、无形资产、政府储备物资、公共基础设施和受托代理资产等。

通过本章的学习，应该掌握以下内容：

- 行政单位各项资产的内容及管理要求
- 各项资产的确认、计量
- 各项资产的账务处理

第一节　货币资金的核算

一、库存现金的管理与核算

库存现金是指行政单位在预算执行过程中为保证日常开支需要而存放在财务部门的货币资金。库存现金是一种流动性最强的流动资产，也是行政单位在开展行政管理活动中必不可少的。为了正确、及时地进行现金结算并如实反映和严格监督现金的收支、结存情况，行政单位应当严格按照国家有关现金管理的规定收支现金，加强现金管理，遵循各种手续，保证库存现金的安全、完整，要指定专职的出纳员办理现金收支业务。

（一）库存现金的管理原则

现金管理制度是国家金融管理的一项重要制度，也是行政单位会计工作的一个组成部分。根据《现金管理暂行条例》和《现金管理暂行条例实施细则》等有关规定，现金管理应做到以下几点：

1. 严格遵守银行核定的库存现金限额的规定

库存现金限额是指银行根据规定，对在银行开户的行政单位，核定一个保留库存现金的最高额度。这一额度内的库存现金主要用于行政单位日常零星现金支付和备用金的需要。凡是超过限额的现金，必须及时存入银行。

2. 收入的现金必须及时送存银行，不得随意坐支

坐支是指以本单位的现金收入直接支付本单位的支出。行政单位每天收入的现金，必须当天送存银行，不能直接支用。因特殊原因需要坐支现金的，应事先报经银行审查

批准，由开户银行核定坐支范围和限额。

　　3. 明确规定现金的使用范围

　　根据《现金管理暂行条例》的规定，现金的使用范围为职工工资、津贴，个人劳务报酬；根据国家规定颁发给个人的各种科学技术、文化艺术、体育等各项奖金；各种劳保、福利费用以及国家规定的对个人的其他现金支出；向个人收购农副产品和其他物资支付的价款；出差人员必须随身携带的差旅费；结算起点以下的零星支出和银行确定需要支付现金的其他支出。行政单位之间以及和其他单位的经济往来，除按规定范围可以使用现金外，均应通过开户银行转账结算。

　　4. 严格现金的收付手续

　　行政单位向银行提取现金时，必须如实写明提取现金的用途；将现金存入银行时，必须如实写明存入现金的来源。收入现金必须开给收款人正式的收据，支付现金应在付款的原始凭证上加盖"现金付讫"戳记。

　　5. 建立现金内部控制制度

　　行政单位应在现金的管理上强调内部控制的作用。行政单位的会计核算比较单一，没有分得那么细，按照现金的内部控制要求，主要在以下方面进行控制：一是不得以"白条"抵库。所谓"白条"抵库，就是以不符合财务制度的凭证顶替库存现金。二是行政单位之间不得相互借用现金。因为借用现金逃避了银行监督，给不正当地使用现金开了方便之门。三是进行钱账分管、相互牵制，做到明确职责、相互监督。四是对现金收付款凭证从真实性、合法性、完整性、正确性方面加强审核。

　　（二）库存现金的核算

　　为了核算库存现金业务，应设置"库存现金"科目。该科目借方登记各项库存现金的增加；贷方登记各项库存现金的减少；余额在借方，反映行政单位库存现金的实有数额。

　　行政单位应根据科目设置"现金日记账"，由出纳员根据收付款凭证按照业务的发生顺序逐笔登记。每日终了，应计算当日的现金收入合计数、现金支出合计数和结存数，并将结余数与库存数相核对，做到账款相符。发现不符时，应及时查明原因。有外币现金的单位还要设置外币现金账户，进行现金明细分类核算。

　　除出纳人员每日要进行现金清查以外，行政单位会计部门或内部审计机构也应定期和不定期地清查现金。发生长款或短款，应及时调整"库存现金"科目，进行相关会计处理。如果发生现金长款和短缺，应通过"待处理财产损溢"科目核算，待查明原因后，转销"待处理财产损溢"科目，如为现金短缺，属于应由责任人赔偿或向有关人员追回的部分，借记"其他应收款"科目；如为现金溢余，属于应支付给有关人员或单位的，贷记"其他应付款"科目。

　　【例 10-1】A 行政单位实行国库集中支付制度，从银行零余额账户提款 2 000 元以备零用。A 行政单位应编制如下会计分录：

　　　　借：库存现金　　　　　　　　　　　　　　　　　　　　　　　2 000
　　　　　　贷：零余额账户用款额度　　　　　　　　　　　　　　　　　　　2 000

　　【例 10-2】A 行政单位实行集中支付制度，将库存现金退回零余额账户 1 000 元。A 行政单位应编制如下会计分录：

　　　　借：零余额账户用款额度　　　　　　　　　　　　　　　　　　　1 000
　　　　　　贷：库存现金　　　　　　　　　　　　　　　　　　　　　　　　1 000

【例10-3】A行政单位工作人员黄涛因赴外地出差，到财务部门借款3 500元，经批准，出纳开出一张现金支票。黄涛出差归来后报销交通、住宿等费用3 150元，余额退回。A行政单位应编制如下会计分录：

借款时：

借：其他应收款——黄涛 　　　　　　　　　　　　　　　　　3 500
　　贷：银行存款 　　　　　　　　　　　　　　　　　　　　　3 500

报销归还余款时：

借：经费支出 　　　　　　　　　　　　　　　　　　　　　　3 150
　　库存现金 　　　　　　　　　　　　　　　　　　　　　　　350
　　贷：其他应收款——黄涛 　　　　　　　　　　　　　　　　3 500

【例10-4】A行政单位收到B公司委托代理接受货币捐赠50 000元现金，准备用于养老院设备更新专款。A行政单位应编制如下会计分录：

借：库存现金 　　　　　　　　　　　　　　　　　　　　　50 000
　　贷：受托代理负债 　　　　　　　　　　　　　　　　　　50 000

【例10-5】A行政单位将收到的受托款50 000元，支付给养老院进行设备更新。A行政单位应编制如下会计分录：

借：受托代理负债 　　　　　　　　　　　　　　　　　　　50 000
　　贷：库存现金 　　　　　　　　　　　　　　　　　　　　50 000

【例10-6】A行政单位期末盘点库存现金时发现长款200元，原因待查。A行政单位应编制如下会计分录：

借：库存现金 　　　　　　　　　　　　　　　　　　　　　　200
　　贷：待处理财产损溢 　　　　　　　　　　　　　　　　　　200

经查明原因是乙单位多交款，转销时：

借：待处理财产损溢 　　　　　　　　　　　　　　　　　　　200
　　贷：其他应付款——乙单位 　　　　　　　　　　　　　　　200

【例10-7】A行政单位清查出纳的库存现金时，发现短款1 000元，原因待查。A行政单位应编制如下会计分录：

借：待处理财产损溢 　　　　　　　　　　　　　　　　　　1 000
　　贷：库存现金 　　　　　　　　　　　　　　　　　　　　1 000

【例10-8】经查明，短款是由于出纳张红工作差错引起的，已无法追回。经单位领导批准，20%由出纳赔偿，其余部分计入"经费支出"。相关会计分录如下：

借：经费支出 　　　　　　　　　　　　　　　　　　　　　　800
　　其他应收款 　　　　　　　　　　　　　　　　　　　　　200
　　贷：待处理财产损溢 　　　　　　　　　　　　　　　　　1 000

【例10-9】A行政单位因开展业务或其他事项收到现金4 000元。A行政单位应编制如下会计分录：

借：库存现金 　　　　　　　　　　　　　　　　　　　　　4 000
　　贷：其他收入 　　　　　　　　　　　　　　　　　　　　1 000

【例10-10】A行政单位因购买办公用品直接支付现金500元。A行政单位应编制如下会计分录如下：

借：经费支出   500

  贷：库存现金   500

二、银行存款及财政授权用款额度的管理与核算

（一）银行存款及财政授权用款额度的管理要求

银行存款是行政单位存放在开户银行或其他金融机构的货币资金。行政单位的银行存款来源于财政拨款，这是行政单位行使行政职能的物质保证。行政单位必须按照《人民币银行结算账户管理办法》的规定，对银行存款进行严格的管理，遵守下列银行账户的管理原则：

（1）行政单位必须严格进行银行的开户管理，禁止多头开户。行政单位的预算经费应统一在同级财政部门或主管部门指定的银行开户，并履行银行规定的申请开户程序。有外币的行政单位，应在有关银行开立外币存款户。

（2）严格遵守银行的各项结算制度和现金管理制度，接受银行的监督和管理。

（3）银行账户只限于本单位使用，不得出租、出借或转让。

（4）建立银行存款内部控制制度。行政单位对银行存款加强管理和控制主要表现在以下几方面：一是严格审核收付款凭证。各种收付款凭证必须如实填写款项来源或用途，不得巧立名目，弄虚作假，严禁利用银行账户进行非法活动。二是严格管理支票，不得签发空头支票和其他远期支付凭证。三是严格按照国库集中收付制度进行有关的政府采购开支。四是定期与银行对账单核对，编制银行存款余额调节表。

（5）按照规定的银行结算方式办理业务。在国库集中收付制度下，行政单位涉及银行结算的业务主要是由预算资金的转拨和经费的支用所引起，在实际工作中，行政单位经常使用的银行结算方式主要是支票、汇兑等。

在财政授权支付方式下，虽然支付指令由行政单位下达，但财政不再将货币资金拨付到行政单位，而是将用款额度划拨到行政单位的零余额账户，要求行政单位设置"零余额账户用款额度"科目，并于收到代理银行盖章的"授权支付到账通知书"时，按到账通知书标明的额度确认收入。

（二）银行存款及财政授权用款额度的核算

为了核算银行存款业务，应设置"银行存款"总账科目。该科目借方登记银行存款的增加；贷方登记银行存款的减少；余额在借方，反映行政单位银行存款结存数。

为了核算财政授权支付业务，还应设置"零余额账户用款额度"科目，其核算方向与银行存款相同。借方登记零余额账户用款额度的增加；贷方登记零余额账户用款额度的减少；期末借方余额，反映行政单位尚未支用的零余额账户用款额度。年度终了注销单位零余额账户用款额度后，"零余额账户用款额度"科目应无余额。

零余额账户用款额度是指实行国库集中支付的行政单位根据财政部门批复的用款计划收到和支用的零余额账户用款额度，具有与银行存款相同的支付结算功能。

年末，应根据代理银行提供的对账单进行银行注销额度的相关账务处理，借记"财政应返还额度——财政授权支付"科目，贷记"零余额账户用款额度"科目。如单位本年度财政授权支付预算指标数大于财政授权支付额度下达数，根据两者间的差额，借记"财政应返还额度——财政授权支付"科目，贷记"财政拨款收入"科目。

下年度年初，行政单位应根据代理银行提供的额度恢复到账通知书进行恢复额度的

相关账务处理，借记"零余额账户用款额度"科目，贷记"财政应返还额度——财政授权支付"科目。行政单位收到财政部门批复的上年未下达零余额账户用款额度时，借记"零余额账户用款额度"科目，贷记"财政应返还额度——财政授权支付"科目。

同库存现金核算一样，行政单位也应设置"银行存款日记账"，由出纳人员根据银行收付款凭证，按照业务发生的时间顺序逐日逐笔登记。每日终了，应计算当日银行存款收入合计数、银行存款支出合计数和银行存款结存数。月末，收到银行的对账单时，应编制"银行存款余额调节表"检查银行存款的记录是否有差错，如有差错，应及时查明原因。银行存款调节表的编制和核对方法见事业单位会计"事业单位资产的核算"相关内容的介绍。

行政单位如发生外币银行存款业务，应当按照业务发生当日或当期期初的即期汇率，将外币金额折算为人民币金额记账，并登记外币金额和汇率。期末，各种外币账户的期末余额，应当按照期末的即期汇率折算为人民币，作为外币账户期末人民币余额。调整后的各种外币账户人民币余额与原账面余额的差额，作为汇兑损益计入当期支出。

【例10-11】A行政单位季末收到基本账户银行存款的利息计15 000元。A行政单位应编制如下会计分录：

借：银行存款　　　　　　　　　　　　　　　　　　　15 000
　　贷：其他收入——利息收入　　　　　　　　　　　　　15 000

【例10-12】A行政单位取得其他收入3 000元。A行政单位应编制如下会计分录：

借：银行存款　　　　　　　　　　　　　　　　　　　3 000
　　贷：其他收入　　　　　　　　　　　　　　　　　　　3 000

【例10-13】A行政单位接代理银行通知，本月的财政授权支付额度300 000元已到账，与核对用款计划相符。A行政单位应编制如下会计分录：

借：零余额账户用款额度　　　　　　　　　　　　　　300 000
　　贷：财政拨款收入　　　　　　　　　　　　　　　　　300 000

【例10-14】A行政单位下达支付指令，以零余额账户用款额度购买材料80 000元，已验收入库；购买一般办公用品500元，直接使用。A行政单位应编制如下会计分录：

借：存货——材料　　　　　　　　　　　　　　　　　80 000
　　经费支出　　　　　　　　　　　　　　　　　　　　500
　　贷：零余额账户用款额度　　　　　　　　　　　　　　80 500

【例10-15】A行政单位开出"财政授权支付凭证"，提取库存现金5 000元备用。A行政单位应编制如下会计分录：

借：库存现金　　　　　　　　　　　　　　　　　　　5 000
　　贷：零余额账户用款额度　　　　　　　　　　　　　　5 000

【例10-16】A行政单位收到M公司委托代理接受货币捐赠50 000元存入银行，准备用于养老院设备更新专款。A行政单位应编制如下会计分录：

借：银行存款　　　　　　　　　　　　　　　　　　　50 000
　　贷：受托代理负债　　　　　　　　　　　　　　　　　50 000

【例10-17】A行政单位将收到的受托款50 000元，通过银行支付给养老院进行设备更新。A行政单位应编制如下会计分录：

借：受托代理负债　　　　　　　　　　　　　　　　　50 000
　　贷：银行存款　　　　　　　　　　　　　　　　　　　50 000

三、财政应返还额度的核算

（一）财政应返还额度的概念

财政应返还额度是指实行国库集中支付的行政单位应收财政返还的资金额度，反映年度终了结转下年使用的用款额度。

行政单位年末国库集中尚未使用的资金额度，如实行财政直接支付方式，应当根据本年度财政直接支付预算指标数与财政直接支付实际支出数的差额确认；如实行财政授权支付方式，应当根据年末注销额度金额以及单位本年度财政授权支付预算指标数和财政授权支付额度下达数的差额确认。

为了核算实行国库集中支付的行政单位应收财政返还的资金额度业务，应设置"财政应返还额度"总账科目。该科目借方登记财政应返还额度的增加数，贷方登记财政应返还额度的减少数。该科目期末借方余额，反映行政单位应收财政下年度返还的资金额度。该科目应当设置"财政直接支付""财政授权支付"两个明细科目进行明细核算。

（二）财政应返还额度的主要账务处理

1. 财政直接支付下，年末国库集中支付尚未使用资金额度的账务处理

年末，行政单位根据本年度财政直接支付预算指标数与财政直接支付实际支出数的差额，借记"财政应返还额度"科目（财政直接支付），贷记"财政拨款收入"科目。

【例 10-18】年末，A 行政单位财政直接支付预算指标数与财政直接支付实际支出数差额为 16 万元。次年 1 月，财政部门决定将 A 行政单位以前年度未使用的财政直接支付指标中的 6 万元核减，其余 10 万元仍由 A 行政单位使用。A 行政单位应编制如下会计分录：

年末确认时：

借：财政应返还额度——财政直接支付　　　　　　　　　　　　160 000

　　贷：财政拨款收入　　　　　　　　　　　　　　　　　　　　160 000

收到财政部门下达的财政拨款结余核减审批通知时：

借：财政拨款结余　　　　　　　　　　　　　　　　　　　　　60 000

　　贷：财政应返还额度　　　　　　　　　　　　　　　　　　　60 000

2. 财政授权支付下，年末财政授权支付尚未使用资金额度的账务处理

年末，行政单位根据代理银行提供的对账单进行银行注销额度的相关账务处理，借记"财政应返还额度"科目（财政授权支付），贷记"零余额账户用款额度"科目。如单位本年度财政授权支付预算指标数大于财政授权支付额度下达数，根据两者间的差额，借记"财政应返还额度"科目（财政授权支付），贷记"财政拨款收入"科目。

【例 10-19】年末，A 行政单位注销尚未用完的零余额账户用款额度 12 500 元。同时，A 行政单位尚有未下达的财政授权支付额度 5 000 元。A 行政单位应编制如下会计分录：

借：财政应返还额度——财政授权支付　　　　　　　　　　　　17 500

　　贷：零余额账户用款额度　　　　　　　　　　　　　　　　　12 500

　　　　财政拨款收入　　　　　　　　　　　　　　　　　　　　5 000

3. 财政直接支付方式下，行政单位使用以前年度财政资金额度的账务处理

行政单位使用以前年度财政直接支付额度发生支出时，应借记"经费支出"科目，贷记"财政应返还额度"科目（财政直接支付）。

【例 10-20】A 行政单位收到财政直接支付入账通知书，使用财政应返还额度支付房租 45 000 元。A 行政单位应编制如下会计分录：

借：经费支出　　　　　　　　　　　　　　　　　　　　　45 000

　贷：财政应返还额度——财政直接支付　　　　　　　　　　　　45 000

4. 财政授权支付方式下，行政单位使用以前年度财政授权支付额度发生支出时的账务处理

下年度年初，行政单位根据代理银行提供的额度恢复到账通知书进行恢复额度的相关账务处理，借记"零余额账户用款额度"科目，贷记"财政应返还额度"科目（财政授权支付）。行政单位收到财政部门批复的上年未下达零余额账户用款额度时，借记"零余额账户用款额度"科目，贷记"财政应返还额度"科目（财政授权支付）。

【例 10-21】A 行政单位收到财政授权支付到账通知书，下达零余额账户用款额度为 150 000 元，其中上年年未下达的零余额账户用款额度为 17 500 元，以及当期下达的零余额账户用款额度为 132 500 元。A 行政单位应编制如下会计分录：

借：零余额账户用款额度　　　　　　　　　　　　　　　　150 000

　贷：财政拨款收入　　　　　　　　　　　　　　　　　　　132 500

　　财政应返还额度——财政授权支付　　　　　　　　　　　　17 500

第二节　应收及预付款项的核算

行政单位在执行预算过程中会发生不少应收及预付款项的业务，应当加强应收及暂付款项的管理，严格控制规模，并及时进行清理，不得长期挂账。行政单位核算应收及预付款项的科目有"应收账款""预付账款"和"其他应收款"科目。

一、财政应返还额度的核算

在财政直接支付方式下，行政单位的年度预算支出经批准后，财政直接支付年度用款额度或预算指标即已确定。年终，当行政单位通过财政零余额科目发生的全年实际财政直接支出数小于财政直接支付年度用款额时，行政单位就存在尚未使用的财政直接支付用款额度，即财政零余额科目应返还额度。

在财政授权支付方式下，行政单位的年度预算支出经批准后，财政授权支付年度用款额度或预算指标即已确定。年底终了，当行政单位通过财政零余额科目发生的全年实际财政授权支出数小于财政授权支付年度用款额时，行政单位就存在尚未使用或尚未收到的财政授权支付用款额度，即财政零余额科目应返还额度。行政单位尚未使用财政授权支付用款额度，是指财政部门已经下达到行政单位代理银行单位零余额科目，而行政单位尚未实际支用的财政授权支付用款额度。行政单位尚未收到的财政授权支付用款额度是指财政年终尚未下达到行政单位代理银行单位零余额科目，行政单位无法支用的财政授权支付用款额度。

财政部门对行政单位年终尚未使用或尚未收到的财政直接支付用款额度和财政授权支付用款额度，采用经批准在下年度可继续使用的预算管理办法。行政单位在年终尚未使用或尚未收到的用款额度，构成行政单位年终的财政应指定返还额度，这是行政单位

的一项特殊资产，属于应收款项的债权性质。

为了核算和反映实行国库直接支付的行政单位的这一项债权的增减变动及其结存情况，各行政单位应设置"财政应返还额度"科目。该科目借方记录年度终了形成的财政应返还额度，贷方收到并使用的款项，余额在借方，反映行政单位应收财政返还款的资金额度。本科目应当设置"财政直接支付"和"财政授权支付"两个明细科目进行明细核算。

（一）财政直接支付下，年末国库集中支付尚未使用资金额度的账务处理

年末，行政单位根据本年度财政直接支付预算指标数与财政直接支付实际支出数的差额，借记"财政应返还额度"科目（财政直接支付），贷记"财政拨款收入"科目。下年度恢复该用款额度时，行政单位不做会计处理，当实际使用该用款额度时，借记"经费支出"科目，贷记"财政应返还额度——财政直接支付"科目。

【例10-22】年末，A行政单位财政直接支付预算指标数与财政直接支付实际支出数差额为20万元。次年1月，财政部门决定将A行政单位以前年度未使用的财政直接支付指标由A行政单位继续使用。A行政单位应编制如下会计分录：

年末确认时：

借：财政应返还额度——财政直接支付　　　　　　　　　　200 000
　　贷：财政拨款收入　　　　　　　　　　　　　　　　　　200 000

【例10-23】年末，A行政单位用此笔款项200 000元用于日常开支作为办公费用。A行政单位应编制如下会计分录：

年末确认时：

借：经费支出　　　　　　　　　　　　　　　　　　　　　200 000
　　贷：财政应返还额度——财政直接支付　　　　　　　　　200 000

（二）财政授权支付下，年末财政授权支付尚未使用资金额度的账务处理

年末，对于已经下达，尚未实际使用完的额度，行政单位根据代理银行提供的对账单进行银行注销额度的相关账务处理，借记"财政应返还额度"科目（财政授权支付），贷记"零余额账户用款额度"科目。对于尚未下达的额度，如单位本年度财政授权支付预算指标数大于财政授权支付额度下达数，行政单位根据两者间的差额，借记"财政应返还额度"科目（财政授权支付），贷记"财政拨款收入"科目。

【例10-24】年末，A行政单位注销已经下达，但尚未用完的零余额账户用款额度50 000元。同时，A行政单位尚有未下达的财政授权支付额度150 000元。A行政单位应编制如下会计分录：

借：财政应返还额度——财政授权支付　　　　　　　　　　200 000
　　贷：零余额账户用款额度　　　　　　　　　　　　　　　50 000
　　　　财政拨款收入　　　　　　　　　　　　　　　　　150 000

下年度年初，行政单位根据代理银行提供的额度恢复到账通知书进行恢复额度的相关账务处理，借记"零余额账户用款额度"科目，贷记"财政应返还额度"科目（财政授权支付）。行政单位收到财政部门批复的上年未下达零余额账户用款额度时，借记"零余额账户用款额度"科目，贷记"财政应返还额度"科目（财政授权支付）。

【例10-25】A行政单位收到财政授权支付到账通知书，下达零余额账户用款额度为300 000元，其中上年未下达的零余额账户用款额度为200 000元，当期下达的零余

额账户用款额度为 100 000 元。A 行政单位应编制如下会计分录：

借：零余额账户用款额度	300 000
贷：财政拨款收入	100 000
财政应返还额度——财政授权支付	200 000

二、应收账款的核算

应收账款是指行政单位在开展业务活动和其他活动过程形成的债权，包括出租资产、出售资产等业务，收到的商业汇票，也通过"应收账款"科目核算。

为了核算行政单位应收账款的业务，应当设置"应收账款"总账科目。该科目借方登记应收账款的增加，并且应收账款应当在资产已出租或物资已出售、尚未收到款项时确认；贷方登记应收账款的减少；余额在借方，反映行政单位尚未收回的应收账款。

"应收账款"科目应当按照购货、接受服务单位（或个人）或开出、承兑商业汇票的单位等进行明细核算。

【例 10-26】A 行政单位出租办公用房 10 间给 B 公司，月租金为 10 万元，每月月初支付。月末，A 行政单位应编制如下会计分录：

借：应收账款——B 公司	100 000
贷：其他应付款	100 000

下月月初收到租金时，应纳增值税 3 000 元：

借：银行存款	100 000
贷：应收账款——B 公司	100 000
借：其他应付款	100 000
贷：应交税费	3 000
应缴财政款	97 000

【例 10-27】A 行政单位出售 15 台旧电脑给 C 公司，价值为 25 000 元，电脑已发出，尚未收到款项。该批电脑账面价值为 60 000 元，已折旧 25 000 元。A 行政单位应编制如下会计分录：

借：应收账款——C 公司	25 000
贷：待处理财产损溢	25 000

5 天后收到款项时：

借：银行存款	25 000
贷：应收账款	25 000

【例 10-28】A 行政单位有一笔 2013 年 2 月 15 日到期的应收账款为 85 000 元，因对方（C 单位）破产清算，截至 2016 年 6 月 15 日仍无法收回。按规定报经批准后予以核销，A 行政单位应编制如下会计分录：

转入待处理财产损溢时：

借：待处理财产损溢	85 000
贷：应收账款——C 单位	85 000

报经批准予以核销时：

借：其他应付款	85 000
贷：待处理财产损溢	85 000

已核销的应收账款在以后又收回时：

借：银行存款 85 000

　　贷：应缴财政款 85 000

三、预付账款的核算

（一）预付账款的管理要求

预付账款是行政单位按照购货、服务合同的规定，预付给供应单位（或个人）的款项。预付账款应当在已支付款项且尚未收到物资或服务时确认。预付账款是行政单位的待结算债权，应当加强管理：一是必须遵守预算资金管理有关规定，严格管理，认真加以控制，必须在规定的范围内发生预付账款业务。二是必须制定相应的审批制度，完善有关审批手续，建立预付账款管理的责任制。预付账款应经本单位负责人签批，会计主管人员审核后办理。三是预付账款必须及时清理结算，不得长期挂账。凡有预付未清的款项，原则上不得办理第二次预付款业务。收到所购物资或服务时，单位财务部门应要求预付款者及时办理结清手续，防止长期拖欠。

（二）预付账款的核算

为了核算预付账款业务，应设置"预付账款"总账科目。该科目借方登记预付账款的增加数；贷方登记预付账款的转销数和退回的款项；余额在借方，表示期末预付账款的未转销数。"预付账款"科目应当按照供应单位（或个人）进行明细核算。

【例 10-29】2018 年 5 月 12 日，A 行政单位与 B 公司约定购买两台办公设备，每台价款为 150 000 元，A 行政单位先支付 40% 的预付款。B 公司收到预付款后，在 3 个月内将设备运达 A 行政单位并负责调试使用。A 行政单位应于验收合格当天支付剩余 60% 的价款，该设备的购买采用财政直接支付方式。A 行政单位应编制如下会计分录：

支付预付款时：

借：预付账款——B 公司 120 000

　　贷：资产基金——预付账款 120 000

借：经费支出 120 000

　　贷：财政拨款收入 120 000

第 3 个月月末，收到所购设备，经验收合格支付剩余 60% 的价款时：

借：资产基金——预付账款 180 000

　　贷：预付账款——B 公司 180 000

借：经费支出 180 000

　　贷：财政拨款收入 180 000

借：固定资产 300 000

　　贷：资产基金——固定资产 300 000

【例 10-30】承上例，A 行政单位在支付了 50% 的价款后，B 公司一直未发货。截至 2018 年 12 月 31 日，有确凿证据表明确实无法收到所购设备，并且无法收回原支付的预付账款，按照规定报经批准后予以核销。A 行政单位应编制如下会计分录：

转入待处理财产损溢时：

借：待处理财产损溢 120 000

　　贷：预付账款 120 000

所经批准予以核销时：

借：资产基金——预付账款　　　　　　　　　　　　　　　　　　　　120 000
　　贷：待处理财产损溢　　　　　　　　　　　　　　　　　　　　　　120 000

四、其他应收款的核算

其他应收款是指行政单位除应收账款、预付账款以外的其他各项应收及暂付款项，如职工预借的差旅费、拨付给内部有关部门的备用金、应向职工收取的各种垫付款项等。

行政单位的其他应收款项必须遵守单位预算资金管理的有关规定，严格管理、审批和控制。一是必须在规定的范围内发生其他应收款业务，并以少量、短期、必需和安全为原则。对所属单位的备用金，既要根据实际需要明确定额，又要规定所属单位定期结报。年终时，备用金原则上全部结清收回，下年年初另行办理。二是必须及时清理结算其他应收款，不得长期挂账。逾期 3 年或以上、有确凿证据表明确实无法收回的其他应收款，按规定报经批准后予以核销。核销的其他应收款应在备查簿中保留登记。三是凡有预借未清的款项，原则上不得办理第二次借款业务。

为了核算其他应收款的业务，应设置"其他应收款"总账科目。该科目借方登记其他应收款的增加；贷方登记其他应收款的减少；余额在借方，反映行政单位尚未收回的其他应收款。

【例 10-31】A 行政单位 10 月初为职工代垫房租和水电费共计 130 500 元。月末计算工资时，从应付工资中扣除代垫款项。A 行政单位应编制如下会计分录：

支付房租和水电费时：

借：其他应收款　　　　　　　　　　　　　　　　　　　　　　　　　130 500
　　贷：银行存款　　　　　　　　　　　　　　　　　　　　　　　　　130 500

月末扣除代垫款项时：

借：应付职工薪酬　　　　　　　　　　　　　　　　　　　　　　　　130 500
　　贷：其他应收款　　　　　　　　　　　　　　　　　　　　　　　　130 500

【例 10-32】A 行政单位下属部门从财务部门领取备用金 5 000 元，财务部门开出现金支票支付；年中，下属部门交来普通发票计 2 500 元，报销本部门办公费用开支；年终，下属部门到财务部门报销发票 3 000 元，财务部门进行结算并收回给下属部门2 000 元现金。A 行政单位应编制如下会计分录：

核定发放备用金时：

借：其他应收款——备用金（××部门）　　　　　　　　　　　　　　5 000
　　贷：银行存款　　　　　　　　　　　　　　　　　　　　　　　　　5 000

报销时：

借：经费支出　　　　　　　　　　　　　　　　　　　　　　　　　　2 500
　　贷：库存现金　　　　　　　　　　　　　　　　　　　　　　　　　2 500

年终结算时：

借：经费支出　　　　　　　　　　　　　　　　　　　　　　　　　　3 000
　　库存现金　　　　　　　　　　　　　　　　　　　　　　　　　　2 000
　　贷：其他应收款——备用金（××部门）　　　　　　　　　　　　　5 000

第三节　存货的核算

存货是指行政单位在工作中为耗用而储存的资产，包括材料、燃料、包装物和低值易耗品及未达到固定资产标准的家具、用具和装具等。

一、存货的管理要求

行政单位的存货是流动资产的重要组成部分，并处于经常不断领用和增加的状态，应从以下几方面加强管理：

（1）建立健全存货的管理和内部控制制度。对存货的购买、验收、入库、保管和领用，要明确岗位职责，以保证存货的安全和完整。

（2）加强对存货的清查盘点工作。每年年末应全面盘点存货，对于盘盈或盘亏的存货，要及时查明原因，分清责任，并做好会计处理，以保证账实相符。

（3）严格执行财政部门关于政府采购的规定。凡是属于列入当年政府集中采购目录的材料物资，实行财政直接支付。

二、存货的计价

行政单位所需的存货一般由采购、自制或委托加工等方式取得，并按实际成本计价。在实行政府采购制度的情况下，行政单位应根据批准的部门预算和有关规定编制季度分月用款计划，逐级上报主管部门审核汇总，并由主管部门报财政部门审核批复，从而取得办理财政性资金支付的依据。

（1）购入的存货，其成本包括购买价款、相关税费、运输费、装卸费、保险费以及其他使得存货达到目前场所和状态所发生的支出。存货应当在其到达存放地点并验收时确认。

（2）置换换入的存货，其成本按照换出资产的评估价值，加上支付的补价或减去收到的补价，加上为换入存货支付的其他费用（运输费等）确定。

（3）接受捐赠、无偿调入的存货，其成本按照有关凭据注明的金额加上相关税费、运输费等确定；没有相关凭据可供取得，但依法经过资产评估的，其成本应当按照评估价值加上相关税费、运输费等确定；没有相关凭据可供取得也未经评估的，其成本比照同类或类似存货的市场价格加上相关税费、运输费等确定；没有相关凭据也未经评估，其同类或类似存货的市场价格无法可靠取得，该存货按照名义金额入账。

（4）委托加工的存货，其成本按照未加工存货的成本加上加工费用和往返运输费等确定。

（5）存货发出时，应当根据实际情况采用先进先出法、加权平均法或者个别计价法确定发出存货的实际成本。计价方法一经确定，不得随意变更。

三、存货的账务处理

为了核算存货业务，应设置"存货"总账科目。该科目借方登记存货实际成本的增加；贷方登记存货领用的实际成本；余额在借方，反映行政单位存货的实际成本。

"存货"科目应当按照存货的种类、规格和保管地点等进行明细核算。行政单位有委托加工存货业务的，应当在"存货"科目下设置"委托加工存货成本"科目。出租、出借的存货，应当设置备查簿进行登记。

行政单位的存货应当定期进行清查盘点，每年至少盘点一次。对于发生的存货盘盈、盘亏，应当及时查明原因，按规定报经批准后进行账务处理。

盘盈的存货，按照取得同类或类似存货的实际成本确定入账价值；没有同类或类似存货的实际成本，按照同类或类似存货的市场价格确定入账价值；同类或类似存货的实际成本或市场价格无法可靠取得，按照名义金额入账。盘盈的存货，按照确定的入账价值，借记"存货"科目，贷记"待处理财产损溢"科目。

盘亏的存货，转入待处理财产损溢时，按照其账面余额，借记"待处理财产损溢"科目，贷记"存货"科目。

行政单位接受委托人指定受赠人的转赠物资，应当通过"受托代理资产"科目核算，不通过"存货"科目核算。对于随买随用的零星办公用品等，可以在购进时直接列作支出，也不通过"存货"科目核算。

【例10-33】A行政单位以财政直接支付方式购入用量较大的通用材料一批 350 000元，当日收到并验收入库。下月月初，A行政单位某部门经批准领用该批材料，计15 000元。A行政单位应编制如下会计分录：

购入时：

借：存货   350 000

  贷：资产基金——存货   350 000

借：经费支出   350 000

  贷：财政拨款收入   350 000

领用材料时：

借：资产基金——存货   15 000

  贷：存货   15 000

【例10-34】A行政单位以财政授权支付方式从B公司购进办公用品一批，计26 000元，货物到达并验收入库，约定30天后付款。A行政单位应编制如下会计分录：

借：存货   26 000

  贷：资产基金——存货   26 000

借：经费支出   26 000

  贷：应付账款——B公司   26 000

【例10-35】A行政单位某部门开展业务活动领用材料一批，按加权平均成本计价5 000元。A行政单位应编制如下会计分录：

借：资产基金——存货   5 000

  贷：存货   5 000

【例10-36】A行政单位以银行转账支票购买办公用品2 500元，并直接给有关部门使用。A行政单位应编制如下会计分录：

借：经费支出   2 500

  贷：银行存款   2 500

【例10-37】A行政单位经批准向偏远山区捐赠图书，该批图书的实际成本为

57 000 元，并用银行存款支付图书运费 1 200 元。A 行政单位应编制如下会计分录：

借：资产基金——存货   57 000
　　贷：存货——图书   57 000
借：经费支出   1 200
　　贷：银行存款   1 200

【例 10-38】A 行政单位期末盘点库存材料，结果盘盈甲材料 80 千克，每千克单价 20 元；盘亏乙材料 50 千克，每千克单价 25 元。经分析认为盘亏材料属自然损耗，盘盈材料属于计量误差，经领导批准作增加存货和核销处理。A 行政单位应编制如下会计分录：

原因待查处理：

借：存货——甲材料   1 600
　　贷：待处理财产损溢   1 600
借：待处理财产损溢   1 250
　　贷：存货——乙材料   1 250

经批准后处理：

借：待处理财产损溢   1 600
　　贷：资产基金——存货   1 600
借：资产基金——存货   1 250
　　贷：待处理财产损溢   1 250

第四节　固定资产及累计折旧的核算

行政单位固定资产是指使用期限超过 1 年（不含 1 年）、单位价值在规定标准以上，并在使用过程中基本保持原有物质形态的资产。单位价值虽未达到规定标准，但是耐用时间超过 1 年（不含 1 年）的大批同类物资，应当作为固定资产核算。

固定资产一般分为 6 类：房屋及构筑物；通用设备；专用设备；文物和陈列品；图书、档案；家具、用具、装具及动植物（其他固定资产）。

固定资产是行政单位完成行政管理工作必要的物质条件。行政单位应当建立必要的固定资产内部控制制度，保证固定资产的安全与完整。

一、固定资产的分类

《行政单位财务规则》规定了行政单位固定资产的标准：一般设备单位价值在 1 000 元以上，专用设备单位价值在 1 500 元以上，使用期限在 1 年以上，并在使用过程中基本保持原有物质形态的资产。对于单位价值虽未达到规定标准，但使用时间在 1 年以上的大批量同类财产，如图书、桌椅、家具等，应作为固定资产。

凡是不同时具备上述固定资产标准的工具、器具等物质材料，应纳入存货的核算。

行政单位应当根据固定资产定义、有关主管部门对固定资产的统一分类，结合本单位的具体情况，制定适合本单位的固定资产目录、具体分类方法，作为进行固定资产核算的依据。

具体来说，行政单位的固定资产按其自然属性、用途和管理要求可分为以下 6 类：

（1）房屋及构筑物。这是指行政单位拥有占用或使用的房屋、建筑物及其附属设施，包括办公大楼、库房、职工宿舍、职工食堂、锅炉、围墙、水塔及房屋的附属设施等。

（2）通用设备。这是指行政单位用于业务活动需要的通用性设备，包括办公用具、交通工具等。

（3）专用设备。这是指行政单位根据业务活动需要占有或使用的各种具有专门性能和专门用途的设备，如公安消防用的专用设备、仪器等。

（4）文物和陈列品。这是指行政单位占有或使用的具有特别价值的文物和陈列品，如古物、纪念物品等。

（5）图书、档案。这是指行政单位统一管理使用的图书和档案。图书中包括批量业务用书，如单位图书馆或阅览室的图书等。

（6）其他固定资产。这是指不属于以上各类的家具、用具、装具及动植物等固定资产。

二、固定资产的计价与确认

（一）固定资产的计价

行政单位的固定资产应当按照取得时的实际成本计价。由于行政单位的固定资产可通过多种渠道取得，因此其固定资产的计价有以下不同的具体要求：

（1）购入的固定资产，其成本包括实际支付的购买价款、相关税费、使固定资产交付使用前所发生的可归属于该项资产的运输费、装卸费、安装费和专业人员服务费等。

以一笔款项购入多项没有单独标价的固定资产，按照各项固定资产同类或类似固定资产市场价格的比例对总成本进行分配，分别确定各项固定资产的入账价值。

（2）自行建造的固定资产其成本包括建造该项资产至交付使用前所发生的全部必要支出。

固定资产的各组成部分需要分别核算的，按照各组成部分固定资产造价确定其成本；没有各组成部分固定资产造价的，按照各组成部分固定资产同类或类似固定资产市场造价的比例对总造价进行分配，确定各组成部分固定资产的成本。

（3）在原有固定资产基础上进行改建、扩建、修缮的固定资产，其成本按照原固定资产的账面价值（"固定资产"科目账面余额减去"累计折旧"科目账面余额后的净值）加上改建、扩建、修缮发生的支出，再扣除固定资产拆除部分账面价值后的金额确定。

（4）置换取得的固定资产，其成本按照换出资产的评估价值加上支付的补价或减去收到的补价，加上为换入固定资产支付的其他费用（运输费等）确定。

（5）接受捐赠、无偿调入的固定资产，其成本按照有关凭据注明的金额加上相关税费、运输费等确定；没有相关凭据可供取得，但依法经过资产评估的，其成本应当按照评估价值加上相关税费、运输费等确定；没有相关凭据可供取得、也未经评估的，其成本比照同类或类似固定资产的市场价格加上相关税费、运输费等确定；没有相关凭据也未经评估，其同类或类似固定资产的市场价格无法可靠取得，所取得的固定资产应当按照名义金额入账。

（6）自行繁育的动植物，其成本包括在达到可使用状态前所发生的全部必要支出。

（二）固定资产的确认

行政单位核算的固定资产应当按照以下条件确认：

（1）购入、换入、无偿调入、接受捐赠不需安装的固定资产，在固定资产验收合格时确认。

（2）购入、换入、无偿调入、接受捐赠需要安装的固定资产，在固定资产安装完成交付使用时确认。

（3）自行建造、改建、扩建的固定资产，在建造完成交付使用时确认。

三、固定资产的核算及规定

（一）固定资产核算及科目的设置

行政单位的固定资产核算应由会计部门和财产管理部门分别进行。会计部门应设置"固定资产"等总账，并根据固定资产的分类设置二级账户，在账上只记金额，不记数量。财产管理部门应设置固定资产明细账，按类别进行数量和金额的明细分类核算，并按照使用单位或个人设立固定资产领用登记簿。登记簿只记数量不记金额。以上账簿体系定期进行核对，以保证账实相符。

"固定资产"总账科目用来核算以各种渠道增加的固定资产原始价值。该科目的借方登记各种渠道增加的固定资产原值；贷方登记减少的固定资产原值；余额在借方，反映行政单位期末占用全部固定资产的原值。

行政单位应设置"固定资产登记簿"或"固定资产卡片"，并按固定资产类别、项目和使用部门等进行明细分类核算。出租、出借的固定资产，应当设置备查簿进行登记。

按照《中华人民共和国政府采购法》的要求，凡是列入当年政府采购目录的设备，并使用财政性资金购入的固定资产或建造的基本建设支出，应采用财政直接拨付的国库管理制度，由国库直接付款。行政单位应按要求编制季度分月用款计划，送主管部门审核汇总，报财政部门审核批复则可实施购建固定资产的核算。

行政单位的固定资产在运行中会发生出售、报废等事项，这就是固定资产的处置。具体来说，固定资产的处置是指行政事业单位对其占有、使用的固定资产进行产权转让及产权注销的行为，包括出售、出租、置换换出、对外捐赠、报废、盘盈、盘亏等行为。行政单位占有、使用的房屋建筑物、土地和车辆的处置，须经主管部门审核后报同级财政部门审批；规定限额以下的固定资产处置报主管部门审批，主管部门将审批结果报同级财政部门备案。国有固定资产的处置收入属于国家所有，应当按照政府非税收入管理的规定，实行"收支两条线"管理。其中，有偿转让固定资产的变价收入作为非税收入上缴财政；固定资产报废过程中的变价收入扣除清理费用后的余额也应作为非税收入上缴财政。

（二）固定资产核算的有关说明

（1）固定资产的各组成部分具有不同的使用寿命、适用不同折旧率的，应当分别将各组成部分确认为单项固定资产。

（2）购入需要安装的固定资产，应当先通过"在建工程"科目核算，安装完毕交付使用时再转入"固定资产"科目核算。

（3）行政单位的软件，如果其构成相关硬件不可缺少的组成部分，应当将该软件的价值包括在所属的硬件价值中，一并作为固定资产，通过"固定资产"科目进行核算；如果其不构成相关硬件不可缺少的组成部分，应当将该软件作为无形资产，通过"无形资产"科目核算。

（4）行政单位购建房屋及构筑物不能够分清支付价款中的房屋及构筑物与土地使用权部分的，应当全部作为固定资产，通过"固定资产"科目核算；能够分清支付价款中的房屋及构筑物与土地使用权部分的，应当将其中的房屋及构筑物部分作为固定资产，通过"固定资产"科目核算，将其中的土地使用权部分作为无形资产，通过"无形资产"科目核算；境外行政单位购买具有所有权的土地，作为固定资产，通过"固定资产"科目核算。

（5）行政单位借入、以经营租赁方式租入的固定资产，不通过"固定资产"科目核算，应当设置备查簿进行登记。

（6）与固定资产有关的后续支出，分以下情况处理：①为增加固定资产使用效能或延长其使用寿命而发生的改建、扩建或修缮等后续支出，应当计入固定资产成本，通过"在建工程"科目核算，完工交付使用时转入"固定资产"科目。有关账务处理参见"在建工程"科目。②为维护固定资产正常使用而发生的日常修理等后续支出，应当计入当期支出，但不计入固定资产成本。

（三）固定资产的账务处理

1. 购入不需要安装的固定资产核算

行政单位购入不需要安装的固定资产，按照固定资产的购入价格，借记"固定资产"科目，贷记"资产基金——固定资产"科目；同时按照实际购入价格，借记"经费支出"科目，贷记"财政拨款收入""零余额账户用款额度""银行存款"等科目。

【例10-39】A行政单位通过政府采购购买业务用计算机5台，价款总计73 100元，验收合格，交付使用，款项由财政直接支付。A行政单位应编制如下会计分录：

借：经费支出——基本支出（公用支出）（专用设备购置费）　　　73 100
　　贷：财政拨款收入——财政直接支付（基本支出拨款）　　　　73 100
借：固定资产　　　　　　　　　　　　　　　　　　　　　　　73 100
　　贷：资产基金——固定资产　　　　　　　　　　　　　　　73 100

【例10-40】A行政单位开出财政授权支付凭证，购买文件柜5个，计2 800元，验收合格，交付使用。A行政单位应编制如下会计分录：

借：经费支出——基本支出（公用支出）（办公设备购置费）　　　2 800
　　贷：零余额账户用款额度　　　　　　　　　　　　　　　　　2 800
借：固定资产——文件柜　　　　　　　　　　　　　　　　　　　2 800
　　贷：资产基金——固定资产　　　　　　　　　　　　　　　　2 800

2. 购入需要安装的固定资产核算

行政单位购入需要安装的固定资产，先通过"在建工程"科目核算，安装完成交付使用时转入"固定资产"科目。行政单位按照固定资产的购入价格，借记"在建工程"科目，贷记"资产基金——在建工程"科目；同时按照实际支付的金额，借记"经费支出"科目，贷记"财政拨款收入""零余额账户用款额度""银行存款"等科目。行政单位对于尚未支付的欠款或扣留的质量保证金，借记"待偿债净资产"科目，贷记"应付账款"等科目。安装过程中发生支出需要由购入单位支付的，行政单位按照购入时的会计分录一样处理。安装完工交付使用时，行政单位按照固定资产的实际成本，借记"固定资产"科目，贷记"资产基金——固定资产"科目；同时按照固定资产的实际成本，借记"资产基金——在建工程"科目，贷记"在建工程"科目。

【例 10-41】A 行政单位向 B 公司购入电梯一部，电梯价格为 1 620 000 元（含税），运输及保险费 150 000 元，扣留质量保证金 20 000 元（无故障运行 6 个月后返还），全部款项由财政直接支付。A 行政单位应编制如下会计分录：

借：在建工程——电梯	1 770 000
贷：资产基金——在建工程	1 770 000
借：经费支出	1 750 000
贷：财政拨款收入	1 750 000
借：待偿债净资产	20 000
贷：应付账款	20 000

【例 10-42】A 行政单位向 B 公司购入电梯由 B 公司包安装。电梯安装完毕，交付使用。扣留的质量保证金 20 000 元通过财政直接支付。A 行政单位应编制如下会计分录：

借：固定资产——电梯	1 770 000
贷：资产基金——固定资产	1 770 000
借：资产基金——在建工程	1 770 000
贷：在建工程——电梯	1 770 000
借：应付账款	20 000
贷：待偿债净资产	20 000
借：经费支出	20 000
贷：财政拨款收入	20 000

3. 接受捐赠、无偿调入固定资产的核算

行政单位接受捐赠、无偿调入固定资产时，按照固定资产的确定成本，借记"固定资产"科目，贷记"资产基金——固定资产"科目；同时按照实际支付的金额，借记"经费支出"科目，贷记"财政拨款收入""零余额账户用款额度""银行存款"等科目。

【例 10-43】A 行政单位接受外单位捐赠汽车一辆，价值为 350 000 元，发生与该汽车有关的税费、运输费用共计 50 000 元，以银行存款支付。A 行政单位应编制如下会计分录：

借：固定资产	400 000
贷：资产基金——固定资产	400 000
借：经费支出	50 000
贷：银行存款	50 000

【例 10-44】A 行政单位经上级主管部门的批准从同系统其他部门无偿调入设备一台，原单位账面价值为 800 000 元；调入后进行改造耗费 150 000 元，由零余额账户用款额度支付。A 行政单位应编制如下会计分录：

借：固定资产	950 000
贷：资产基金——固定资产	950 000

| 借：经费支出 | 150 000 |
| 贷：零余额账户用款额度 | 150 000 |

4. 对原有固定资产进行改造和扩建的核算

行政单位对原有固定资产进行改造和扩建，先注销原账面价值，按账面净值，借记"资产基金——固定资产"科目，按累计折旧金额，借记"累计折旧"科目，按原值，贷记"固定资产"科目，然后转入在建工程，完工后再转入固定资产。

【例10-45】A行政单位为改善办公条件，决定对一栋旧房进行改建，该旧房原价500 000元，累计折旧200 000元。结合以下具体情况，A行政单位应编制如下会计分录：

（1）先注销，并转入在建工程：

借：资产基金——固定资产	300 000
累计折旧	200 000
贷：固定资产	500 000
借：在建工程	300 000
贷：资产基金——在建工程	300 000

（2）为房屋改造分期购进各种材料（非政府采购）共计124 000元：

借：经费支出	124 000
贷：零余额账户用款额度——财政授权支付	124 000
借：在建工程	124 000
贷：资产基金——在建工程	124 000

（3）支付人工费用共计18 000元：

借：经费支出	18 000
贷：零余额账户用款额度——财政授权支付	18 000
借：在建工程	18 000
贷：资产基金——在建工程	18 000

（4）工程改造完成，交付使用，进行转账：

借：资产基金——在建工程	442 000
贷：在建工程	442 000
借：固定资产	442 000
贷：资产基金——固定资产	442 000

5. 固定资产处置的核算

固定资产进行处置时，行政单位按账面净额，借记"资产基金"或"待处理财产损溢"科目，按已经计提的折旧金额，借记"累计折旧"科目，按固定资产原值，贷记"固定资产"科目。发生了支出，行政单位借记"经费支出"科目，贷记"库存现金"或"银行存款"等科目。

【例10-46】A行政单位经上级批准有偿出售旧设备，账面原价为500 000元，已计提折旧300 000元，取得收入150 000元，货款收妥已存入银行。A行政单位应编制如下会计分录：

借：待处理财产损溢	200 000
累计折旧	300 000
贷：固定资产	500 000

借：资产基金——固定资产	200 000	
贷：待处理财产损溢		200 000
借：银行存款	150 000	
贷：待处理财产损溢		150 000
借：待处理财产损溢	150 000	
贷：应缴财政款		150 000

【例 10-47】A 行政单位经上级批准报废已无法使用的一台复印机，原账面价值 60 000 元，累计折旧 50 000 元，以银行存款支付清理费用 1 000 元，报废处置收入为 8 000 元。A 行政单位应编制如下会计分录：

借：待处理财产损溢	10 000	
累计折旧	50 000	
贷：固定资产		60 000
借：资产基金——固定资产	10 000	
贷：待处理财产损溢		10 000
借：待处理财产损溢	1 000	
贷：银行存款		1 000
借：银行存款	8 000	
贷：待处理财产损溢		8 000
借：待处理财产损溢	7 000	
贷：应缴财政款		7 000

6. 固定资产日常维修的核算

固定资产在使用过程中，由于使用磨损或自然力的作用，往往发生固定资产局部的损坏。为了充分发挥固定资产的整体使用效能，保持固定资产的正常运转和使用，必须对受损的固定资产进行日常修理。这就是固定资产费用化后续支出。对固定资产进行日常维修时，行政单位按实际支付的维修费用，借记"经费支出"科目，贷记"库存现金"或"银行存款"科目。

【例 10-48】A 行政单位对某设备进行日常维护修理，以银行存款支付修理费 3 000 元。A 行政单位应编制如下会计分录：

| 借：经费支出——基本支出 | 3 000 | |
| 贷：银行存款 | | 3 000 |

四、固定资产折旧的规定及核算

（一）行政单位固定资产折旧的概念及规定

固定资产折旧是指在固定资产预计使用寿命内，按照确定的方法对应折旧金额进行系统分摊。行政单位的固定资产折旧应包括两大部分：固定资产折旧和公共基础设施折旧。

行政单位对下列固定资产不计提折旧：

（1）文物及陈列品。

（2）图书、档案。

（3）动植物。

（4）以名义金额入账的固定资产。

（5）境外行政单位持有的能够与房屋及构筑物区分、拥有所有权的土地。

《行政单位会计制度》对固定资产及公共设施折旧的具体规定如下：

（1）应当根据固定资产、公共基础设施的性质和实际使用情况，合理确定其折旧年限。省级以上财政部门、主管部门对行政单位固定资产、公共基础设施折旧年限作出规定的，从其规定。

（2）一般应当采用年限平均法或工作量法计提固定资产、公共基础设施折旧。

（3）固定资产、公共基础设施的应折旧金额为其成本，计提固定资产、公共基础设施折旧不考虑预计净残值。

（4）一般应当按月计提固定资产、公共基础设施折旧。当月增加的固定资产、公共基础设施，当月不提折旧，从下月起计提折旧；当月减少的固定资产、公共基础设施，当月照提折旧，从下月起不提折旧。

（5）固定资产、公共基础设施提足折旧后，无论能否继续使用，均不再计提折旧；提前报废的固定资产、公共基础设施，也不再补提折旧；已提足折旧的固定资产、公共基础设施，可以继续使用的，应当继续使用，规范管理。

（6）固定资产、公共基础设施因改建、扩建或修缮等原因而提高使用效能或延长使用年限的，应当按照重新确定的固定资产、公共基础设施成本以及重新确定的折旧年限，重新计算折旧额。

（二）累计折旧的账务处理

为了核算行政单位固定资产、公共基础设施计提的累计折旧情况，应当设置"累计折旧"总账科目。"累计折旧"科目贷方登记累计折旧的增加；借方登记累计折旧的减少；余额在贷方，反映行政单位计提的固定资产、公共基础设施折旧累计数。

"累计折旧"科目应当按照固定资产、公共基础设施的类别、项目等进行明细核算。占有公共基础设施的行政单位，应当在"累计折旧"科目下设置"固定资产累计折旧"和"公共基础设施累计折旧"两个一级明细科目，分别核算对固定资产和公共基础设施计提的折旧。

（1）按月计提固定资产、公共基础设施折旧时，按照应计提折旧金额，借记"资产基金——固定资产、公共基础设施"科目，贷记"累计折旧"科目。

（2）固定资产、公共基础设施处置时，按照所处置固定资产、公共基础设施的账面价值，借记"待处理财产损溢"科目（出售、置换换出、报废、毁损、盘亏）或"资产基金——固定资产、公共基础设施"科目（无偿调出、对外捐赠），按照固定资产、公共基础设施已计提折旧，借记"累计折旧"科目，按照固定资产、公共基础设施的账面余额，贷记"固定资产""公共基础设施"科目。

【例10-49】A行政单位的汽车一辆，原值为360 000元，预计行使总里程为600 000千米，可以使用10年。其折旧的计算如下：

（1）如果按照平均年限法，每月计提折旧=360 000×1/10×1/12=3 000（元）

（2）如果采用工作量法计提折旧，假设该汽车已行使6 000千米，该汽车该月折旧额=360 000/600 000×6 000=3 600（元）。

对于以上计算，A行政单位按月计提折旧要编制如下会计分录：

借：资产基金——固定资产　　　　　　　　　　　　　　　　3 600

　　贷：累计折旧　　　　　　　　　　　　　　　　　　　　　　　3 600

第五节 在建工程的核算

一、行政单位在建工程的概念

在建工程是指行政单位已经发生必要支出，但尚未完工交付使用的各种建筑，包括新建、改建、扩建、修缮等工程、设备安装工程和信息系统建设工程。不能够增加固定资产、公共基础设施使用效能或延长其使用寿命的修缮、维护等，不属于在建工程。

二、在建工程会计科目的设置及核算规定

为了核算行政单位的在建工程业务，应当设置"在建工程"总账科目。该科目借方登记各项在建工程发生的实际支出；贷方登记各项在建工程完工交付使用时转出的实际成本；余额在借方，反映行政单位尚未完工的在建工程的实际成本。

《行政单位会计制度》对在建工程的核算制定了如下的规定：

（1）"在建工程"科目应当按照具体工程项目等进行明细核算；需要分摊计入不同工程项目的间接工程成本，应当通过"在建工程"科目下设置的"待摊投资"明细科目核算。

（2）在建工程应当在属于在建工程的成本发生时确认。

（3）行政单位的基本建设投资应当按照国家有关规定单独建账、单独核算，同时按照制度的规定至少按月并入"在建工程"科目及其他相关科目反映。

行政单位应当在"在建工程"科目下设置"基建工程"明细科目，核算由基建账套并入的在建工程成本。有关基建并账的具体账务处理另行规定。

三、在建工程（非基本建设项目）的主要账务处理

非基本建设项目的在建工程，主要有对固定资产进行改建、扩建或修缮的建筑工程、设备安装工程和信息系统建设工程等业务。

【例 10-50】A 行政单位经批准对办公楼进行修缮，该办公楼原值 1 300 000 元，已提折旧 600 000 元。结合以下具体情况，A 行政单位应编制如下会计分录：

（1）转入修缮时：

借：在建工程	700 000
贷：资产基金——在建工程	700 000
借：资产基金——固定资产	700 000
累计折旧	600 000
贷：固定资产	1 300 000

（2）A 行政单位拆除了一层办公楼的三间办公室，该部分占整栋办公楼的比例为1/5，故此部分的账面价值为 140 000 元，拆除部分的残值收入为 45 000 元，已存入银行：

借：资产基金——在建工程	140 000
贷：在建工程	140 000
借：银行存款	45 000
贷：经费支出	45 000

借：资产基金——在建工程   45 000

    贷：在建工程   45 000

（3）A 行政单位以财政直接支付方式，根据工程进度支付工程款 160 000 元：

借：经费支出   160 000

    贷：财政拨款收入   160 000

借：在建工程   160 000

    贷：资产基金——在建工程   160 000

【例 10-51】A 行政单位为改善办公条件，决定对一栋旧房进行改建，该旧房原价 500 000 元，累计折旧 200 000 元。结合以下具体情况，A 行政单位应编制如下会计分录：

（1）转入改建时：

借：资产基金——固定资产   300 000

    累计折旧   200 000

    贷：固定资产   500 000

借：在建工程   300 000

    贷：资产基金——在建工程   300 000

（2）为房屋改造分期购进各种材料（非政府采购）共计 124 000 元：

借：经费支出   124 000

    贷：零余额账户用款额度——财政授权支付   124 000

借：在建工程   124 000

    贷：资产基金——在建工程   124 000

（3）支付人工费用共计 18 000 元：

借：经费支出   18 000

    贷：零余额账户用款额度——财政授权支付   18 000

借：在建工程   18 000

    贷：资产基金——在建工程   18 000

（4）工程改造完成，交付使用，进行转账：

借：资产基金——在建工程   442 000

    贷：在建工程   442 000

借：固定资产   442 000

    贷：资产基金——固定资产   442 000

第六节 无形资产及摊销的核算

一、行政单位无形资产的概念

无形资产是指不具有实物形态而能为行政单位提供某种权利的非货币性资产，包括著作权、土地使用权、专利权、非专利技术等。行政单位购入的不构成相关硬件不可缺少组成部分的软件，应当作为无形资产核算。

二、无形资产会计科目的设置及核算规定

为了核算行政单位无形资产的增减变动和结存情况，应当设置"无形资产"总账科目。该科目借方登记无形资产实际成本的增加；贷方登记无形资产出售、报废等转出的账面价值；余额在借方，反映行政单位无形资产的原价。

《行政单位会计制度》对无形资产的核算做了如下规定：

（1）应当按照无形资产的类别、项目等进行明细核算。与固定资产相同，无形资产增减的核算始终与"资产基金——无形资产"科目相对应。

（2）无形资产应当在完成对其权属的规定登记或其他证明单位取得无形资产时确认。

（3）取得无形资产时，应当按照其实际成本入账。①外购的无形资产，其成本包括实际支付的购买价款、相关税费以及可归属于该项资产达到预定用途所发生的其他支出。②委托软件公司开发软件，视同外购无形资产进行处理。③自行开发并按法律程序申请取得的无形资产，按照依法取得时发生的注册费、聘请律师费等费用确定成本。④置换取得的无形资产，其成本按照换出资产的评估价值加上支付的补价或减去收到的补价，加上为换入无形资产支付的其他费用（登记费等）确定。⑤接受捐赠、无偿调入的无形资产，其成本按照有关凭据注明的金额加上相关税费确定；没有相关凭据可供取得，但依法经过资产评估的，其成本应当按照评估价值加上相关税费确定；没有相关凭据可供取得，也未经评估的，其成本比照同类或类似资产的市场价格加上相关税费确定；没有相关凭据也未经评估，其同类或类似无形资产的市场价格无法可靠取得，所取得的无形资产应当按照名义金额入账。

（4）应根据规定的方法、金额和科目按月计提无形资产摊销。

（5）与无形资产有关的后续支出，分以下情况处理：①为增加无形资产使用效能而发生的后续支出，如对软件进行升级改造或扩展其功能等所发生的支出，应当计入无形资产的成本；②为维护无形资产的正常使用而发生的后续支出，如对软件进行的漏洞修补、技术维护等所发生的支出，应当计入当期支出但不计入无形资产的成本。

（6）报经批准出售、置换换出无形资产应转入"待处理财产损溢"科目处理。

（7）报经批准无偿调出、对外捐赠无形资产，应按照无偿调出、对外捐赠无形资产的账面价值转出。

（8）无形资产预期不能为行政单位带来服务潜力或经济利益的，应当按规定报经批准后将无形资产的账面价值通过待处理财产损溢科目予以核销。

三、无形资产的账务处理

【例10-52】A行政单位取得一批外文著作的著作权，以财政直接支付的购买价款为160 000元，相关税费为32 000元。A行政单位应编制如下会计分录：

借：无形资产　　　　　　　　　　　　　　　　　　　　192 000
　　贷：资产基金——无形资产　　　　　　　　　　　　　192 000
借：经费支出　　　　　　　　　　　　　　　　　　　　192 000
　　贷：财政拨款收入　　　　　　　　　　　　　　　　　192 000

【例10-53】A行政单位和南方软件公司签订合同，委托该公司开发政府会计软件，

总合同款为 180 000 元，采用财政直接支付方式。A 行政单位应编制如下会计分录：

（1）根据合同 A 行政单位先预付部分开发费用，计 68 000 元：

借：预付账款——南方公司　　　　　　　　　　　　　　68 000
　　贷：资产基金——预付款项　　　　　　　　　　　　　68 000
借：经费支出　　　　　　　　　　　　　　　　　　　　68 000
　　贷：财政拨款收入　　　　　　　　　　　　　　　　　68 000

（2）南方公司完成开发并交付使用时，A 行政单位支付剩余款项：

借：无形资产　　　　　　　　　　　　　　　　　　　　180 000
　　贷：资产基金——无形资产　　　　　　　　　　　　　180 000
借：经费支出　　　　　　　　　　　　　　　　　　　　112 000
　　贷：财政拨款收入　　　　　　　　　　　　　　　　　112 000
借：资产基金——预付款项　　　　　　　　　　　　　　68 000
　　贷：预付账款——南方公司　　　　　　　　　　　　　68 000

四、无形资产摊销的核算

（一）无形资产摊销的概念及科目设置

无形资产摊销是指在无形资产使用寿命内，按照确定的方法对应摊销金额进行系统分摊。行政单位应当对无形资产进行摊销，以名义金额计量的无形资产除外。

为了核算行政单位无形资产计提的累计摊销情况，应当设置"累计摊销"总账科目。该科目属于资产的备抵科目，贷方登记计提的无形资产摊销额；借方登记无形资产处置转出的累计摊销额；余额在贷方，反映行政单位计提的无形资产摊销累计数。"累计摊销"科目应当按照无形资产的类别、项目等进行明细核算。

（二）无形资产摊销的核算规定

《行政单位会计制度》对核算无形资产摊销制定了如下规定：

（1）应当按照以下原则确定无形资产的摊销年限：①法律规定了有效年限的，以法律规定的有效年限作为摊销年限；②法律没有规定有效年限的，以相关合同或单位申请书中的受益年限作为摊销年限；③法律没有规定有效年限、相关合同或单位申请书也没有规定受益年限的，按照不少于 10 年的期限摊销。

（2）非大批量购入、单价小于 1 000 元的无形资产，可以于购买的当期，一次将成本全部摊销。

（3）应当采用年限平均法计提无形资产摊销。①按月计提无形资产摊销时，按照应计提摊销金额，借记"资产基金——无形资产"科目，贷记"累计摊销"科目；②无形资产处置时，按照所处置无形资产的账面价值，借记"待处理财产损溢"科目（出售、置换换出、核销）或"资产基金——无形资产"科目（无偿调出、对外捐赠），按照已计提摊销，借记本科目，按照无形资产的账面余额，贷记"无形资产"科目。

（4）无形资产的应摊销金额为其成本。

（5）行政单位应当自无形资产取得当月起，按月计提摊销；无形资产减少的当月，不再计提摊销。

（6）无形资产提足摊销后，无论能否继续带来服务潜力或经济利益，均不再计提摊销；核销的无形资产，如果未提足摊销，也不再补提摊销。

（7）因发生后续支出而增加无形资产成本的，应当按照重新确定的无形资产成本，重新计算摊销额。

（三）无形资产摊销的账务处理

【例10-54】A行政单位对本月取得的著作权进行摊销。该批著作权的原值为89 000元，已计提摊销额为9 000元，合同约定该著作权的使用年限是5年，本月计提的摊销额是1 334元。A行政单位应编制如下会计分录：

借：资产基金——无形资产 1 334
    贷：累计摊销 1 334（80 000×0.016 67）

【例10-55】A行政单位经上级批准，将一项专利权出售，该专利权原值为150 000元，累计摊销为40 000元。A行政单位应编制如下会计分录：

出售转出时：

借：待处理财产损溢 110 000
    累计摊销 40 000
    贷：无形资产 150 000

实现出售时：

借：资产基金——无形资产 110 000
    贷：待处理财产损溢 110 000

【例10-56】A行政单位经批准向贫困县捐赠"办公综合管理软件"，该项软件的原值为165 000元，已提摊销38 000元。安装软件时，A行政单位用银行存款支付了系统调试费15 000元。A行政单位应编制如下会计分录：

借：资产基金——无形资产 127 000
    累计摊销 38 000
    贷：无形资产 165 000
借：经费支出 15 000
    贷：银行存款 15 000

第七节　其他非流动资产的核算

一、待处理财产损溢的核算

（一）待处理财产损溢的概念与科目设置

待处理财产损溢是指行政单位处理资产而发生财产的价值及财产处理损溢。行政单位财产的处理包括资产的出售、报废、毁损、盘盈、盘亏以及货币性资产损失核销等。

为了核算行政单位待处理财产的价值及财产处理损溢的情况，应当设置"待处理财产损溢"总账科目。该科目属于资产类科目，借方登记处理财产的净值及相关税费；贷方登记处理财产的收入及转销；期末如为借方余额，反映尚未处理完毕的各种财产的价值及净损失；期末如为贷方余额，反映尚未处理完毕的各种财产净溢余。年度终了，报经批准处理后，"待处理财产损溢"科目一般应无余额。

"待处理财产损溢"科目应当按照待处理财产项目进行明细核算。对于在财产处理过程中取得收入或发生相关费用的项目，还应当设置"待处理财产价值""处理净收入"明细科目，进行明细核算。

（二）待处理财产损溢的核算规定

（1）行政单位财产的处理，一般应当先记入"待处理财产损溢"科目，按照规定报经批准后及时进行相应的账务处理。年终结账前一般应处理完毕。

（2）待处理财产的业务主要有：①按照规定报经批准处理无法查明原因的现金短缺或溢余；②按照规定报经批准核销无法收回的应收账款、其他应收款；③按照规定报经批准核销预付账款、无形资产；④处理出售、置换换出存货、固定资产、无形资产、政府储备物资等；⑤处理盘亏、毁损、报废各种实物资产和盘盈存货、固定资产、政府储备物资等实物资产；⑥核销不能形成资产的在建工程成本。

（三）待处理财产损溢的主要账务处理

【例10-57】A行政单位本年3月末进行现金盘点，发现有350元的现金短缺；4月末进行现金盘点，发现有180元的现金溢余。以上的情况都已转入"待处理财产损溢"科目，但都无法查明原因。报经批准后，A行政单位应编制如下会计分录：

对于3月现金短缺的处理：

借：经费支出   350
    贷：待处理财产损溢   350

对于4月现金溢余的处理：

借：待处理财产损溢   180
    贷：其他收入   180

【例10-58】A行政单位报经批准核销一笔无法收回的预付账款8 700元。A行政单位应编制如下会计分录：

转入待处理财产损溢时：

借：待处理财产损溢   8 700
    贷：预付账款   8 700

报经批准予以核销时：

借：资产基金——预付账款   8 700
    贷：待处理财产损溢   8 700

【例10-59】A行政单位的一辆行政办公车由于司机责任事故而报废，该车辆原价为230 000元，已提折旧190 000元，报废车辆出售取得价款5 000元存入银行，需缴纳税费250元，保险公司和司机张三各赔付20 000元，共计40 000元。A行政单位应编制如下会计分录：

车辆转入报废时：

借：待处理财产损溢   40 000
    累计折旧   190 000
    贷：固定资产——×汽车   230 000

借：资产基金——固定资产   40 000
    贷：待处理财产损溢——待处理财产价值   40 000

取得报废车辆收入和计算应缴纳税费时：

借：银行存款   5 000
    贷：待处理财产损溢——处置收入——×汽车   5 000

借：待处理财产损溢——处置收入——×汽车 　　　　　　　　250

　　贷：应交税费 　　　　　　　　　　　　　　　　　　　　　250

计算保险公司和个人需要赔付金额时：

借：其他应收款——×保险公司 　　　　　　　　　　　　20 000

　　　　　　　——张三 　　　　　　　　　　　　　　　20 000

　　贷：待处理财产损溢——处置收入——×汽车 　　　　　40 000

车辆清理完毕时：

借：待处理财产损溢——处置收入——×汽车 　　　　　　44 750

　　贷：应缴财政款 　　　　　　　　　　　　　　　　　　44 750

支付税费、收到赔付款和上缴财政款时：

借：应交税费 　　　　　　　　　　　　　　　　　　　　　250

　　贷：银行存款 　　　　　　　　　　　　　　　　　　　　250

借：银行存款 　　　　　　　　　　　　　　　　　　　40 000

　　贷：其他应收款——×保险公司 　　　　　　　　　　　20 000

　　　　　　　　——张三 　　　　　　　　　　　　　　20 000

借：应缴财政款 　　　　　　　　　　　　　　　　　　44 750

　　贷：银行存款 　　　　　　　　　　　　　　　　　　44 750

二、政府储备物资的核算

（一）政府储备物资的概念及科目设置

政府储备物资是指行政单位直接储存管理的各项政府应急或救灾储备物资等。负责采购并拥有储备物资调拨权力的行政单位（简称采购单位）将政府储备物资交由其他行政单位（简称代储单位）代为储存的，由采购单位通过"政府储备物资"科目核算政府储备物资，代储单位将受托代储的政府储备物资通过"受托代理资产"科目核算。

为了核算行政单位直接储存管理的各项政府应急或救灾储备物资等的变化情况，应当设置"政府储备物资"总账科目。该科目属于资产类科目，借方登记各项政府储备物资增加的成本；贷方登记发出各项政府储备物资的成本；余额在借方，反映行政单位管理的政府储备物资的实际成本。"政府储备物资"科目应当按照政府储备物资的种类、品种、存放地点等进行明细核算。

（二）政府储备物资的核算规定

《行政单位会计制度》对政府储备物资的核算制定了如下规定：

（1）政府储备物资应当在其到达存放地点并验收时确认。

（2）取得政府储备物资时，应当按照其成本入账：①购入的政府储备物资，其成本包括购买价款、相关税费、运输费、装卸费、保险费以及其他使政府储备物资达到目前场所和状态所发生的支出。单位支付的政府储备物资保管费、仓库租赁费等日常储备费用，不计入政府储备物资的成本。②接受捐赠、无偿调入的政府储备物资，其成本按照有关凭据注明的金额加上相关税费、运输费等确定；没有相关凭据可供取得，但依法经过资产评估的，其成本应当按照评估价值加上相关税费、运输费等确定；没有相关凭据可供取得、也未经评估的，其成本比照同类或类似政府储备物资的市场价格加上相关税费、运输费等确定。

（3）政府储备物资发出时，应当根据实际情况采用先进先出法、加权平均法或者个别计价法确定发出政府储备物资的实际成本。计价方法一经确定，不得随意变更。其中，对外捐赠、无偿调出政府储备物资发生由行政单位承担的运输费等支出，应通过"经费支出"等科目核算。

（4）政府储备物资应当定期进行清查盘点，每年至少盘点一次。对于发生的政府储备物资盘盈、盘亏或者报废、毁损，与行政单位的存货一样，应当及时查明原因，按规定报经批准后进行账务处理。

（三）政府储备物资的账务处理

【例10-60】A行政单位以财政授权支付方式购入一批抗震救灾政府储备物资，价款为158 000元，相关税费为15 400元，装卸费及保险费为22 000元，物资已验收入库。A行政单位应编制如下会计分录：

借：政府储备物资　　　　　　　　　　　　　　　　　195 400
　　贷：资产基金——政府储备物资　　　　　　　　　　　195 400
借：经费支出　　　　　　　　　　　　　　　　　　　195 400
　　贷：零余额账户用款额度　　　　　　　　　　　　　195 400

【例10-61】某地发生自然灾害，A行政单位经批准向灾区无偿调出政府储备物资，该批物资的实际成本为300 000元，调出运输费为1 500元，由单位零余额账户支付。A行政单位应编制如下会计分录：

借：资产基金——政府储备物资　　　　　　　　　　　300 000
　　贷：政府储备物资　　　　　　　　　　　　　　　　300 000
借：经费支出　　　　　　　　　　　　　　　　　　　1 500
　　贷：零余额账户用款额度　　　　　　　　　　　　　1 500

三、公共基础设施的核算

（一）公共基础设施的概念及科目设置

公共基础设施是指行政单位占有并直接负责维护管理、供社会公众使用的工程性公共基础设施资产，包括城市交通设施、公共照明设施、环保设施、防灾设施、健身设施、广场及公共构筑物等其他公共设施。

与公共基础设施配套使用的修理设备、工具器具、车辆等动产，作为管理公共基础设施的行政单位的固定资产核算，不通过"公共基础设施"科目核算；与公共基础设施配套、供行政单位在公共基础设施管理中自行使用的房屋构筑物等，能够与公共基础设施分开核算的，应作为行政单位的固定资产，也不通过"公共基础设施"科目核算。

为了核算行政单位占有并直接负责维护管理公共基础设施的变化情况，应当设置"公共基础设施"总账科目。该科目是资产类科目，借方登记取得公共基础设施的成本；贷方登记处置公共基础设施的账面价值等；余额在借方，反映行政单位管理的公共基础设施的实际成本。"公共基础设施"科目应当按照公共基础设施的类别和项目进行明细核算。

（二）公共基础设施的核算规定

《行政单位会计制度》对公共基础设施业务的核算制定了如下规定：

（1）行政单位应当结合本单位的具体情况，制定适合于本单位管理的公共基础设施目录、分类方法，作为进行公共基础设施核算的依据。

（2）公共基础设施应当在对其取得占有权利时确认。

（3）公共基础设施在取得时，应当按照其成本入账：①自行建设的公共基础设施，其成本包括建造该公共基础设施至交付使用前所发生的全部必要支出。公共基础设施的各组成部分需要分别核算的，按照各组成部分公共基础设施造价确定其成本；没有各组成部分公共基础设施造价的，按照各组成部分公共基础设施同类或类似市场造价的比例对总造价进行分配，确定各组成部分公共基础设施的成本。②接受其他单位移交的公共基础设施，其成本按照公共基础设施的原账面价值确认。

（4）与公共基础设施有关的后续支出，分以下情况处理：①为增加公共基础设施使用效能或延长其使用寿命而发生的改建、扩建或大型修缮等后续支出，应当计入公共基础设施成本。②为维护公共基础设施的正常使用而发生的日常修理等后续支出，应当计入当期支出。

（5）行政单位管理的公共基础设施向其他单位移交、毁损、报废时，应当按照规定报经批准后进行账务处理：①经批准向其他单位移交公共基础设施时，应按照移交公共基础设施的账面价值核算。②报废、毁损的公共基础设施，应按照待处理公共基础设施的账面价值，转入"待处理财产损溢"科目核算。

（6）应通过"累计折旧"科目，采用规定的折旧方法，按月对公共基础设施计提折旧。

（三）公共基础设施的账务处理

【例10-62】A市城建局根据市政规划自行建造广场喷水池。该项工程至交付使用前所完成的全部必要支出为 1 500 000 元，现已交付使用。A市城建局应编制如下会计分录：

借：公共基础设施——×喷水池   1 500 000
  贷：资产基金——公共基础设施   1 500 000
借：资产基金——在建工程   1 500 000
  贷：在建工程   1 500 000

【例10-63】A市城建局根据市政府的统一规划，经批准将广场喷泉移交给市园林局管理。广场喷泉的原值为 5 800 000 元，已提折旧为 800 000 元。A市城建局应编制如下会计分录：

借：资产基金——公共基础设施   5 000 000
    累计折旧   800 000
  贷：公共基础设施——×喷泉   5 800 000

【例10-64】某市由于遭受地震，道路被损毁。该道路原值为 145 000 000 元，已提折旧为 50 000 000 元。相关会计分录如下：

借：待处理财产损溢   95 000 000
    累计折旧   50 000 000
  贷：公共基础设施   145 000 000

四、受托代理资产的核算

（一）受托代理资产的概念及科目设置

受托代理资产是行政单位接受委托方委托管理的各项资产，包括受托指定转赠的物资、受托储存管理的物资等。行政单位收到受托代理资产为现金和银行存款的，不属于受托代理资产。

为了核算行政单位受托代理资产业务，应当设置"受托代理资产"总账科目。该科目属于资产类科目，借方登记受托代理资产的增加数；贷方登记受托代理资产的减少数；余额在借方，反映单位受托代理资产中实物资产的价值。"受托代理资产"科目应当按照资产的种类和委托人进行明细核算；属于转赠资产的，还应当按照受赠人进行明细核算。

（二）受托代理资产的核算规定

《行政单位会计制度》对受托代理资产的核算制定了如下规定：

（1）受托代理资产应当在行政单位收到受托代理的资产时确认。

（2）接受委托人委托需要转赠给受赠人的物资，其成本按照有关凭证注明的金额确定；没有相关凭证可供取得的，其成本比照同类或类似物资的市场价格确定。

（3）将受托转赠物资交付受赠人时，按照转赠物资的成本，通过"受托代理资产"科目核算。

（4）转赠物资的委托人取消了对捐赠物资的转赠要求，并且不再收回捐赠物资的，应当按照转赠物资的成本，将转赠物资转为单位的存货或固定资产。

（5）接受委托人委托储存管理的物资，其成本按照有关凭证注明的金额确认增加。根据委托人要求交付受托储存管理的物资时，按照储存管理物资的成本确认减少。其中，支付由受托单位承担的与受托储存管理的物资相关的运输费、保管费等费用，应在"经费支出"等科目核算，不通过"受托代理资产"科目核算。

（三）受托代理资产的账务处理

由于行政单位是作为受托人来管理相关的资产，因此在接受资产时，就形成了相应的负债，这是受托代理资产核算的特征。

【例10-65】A行政单位接受B公司委托转赠物资一批，计价为330 000元。根据协议，A行政单位承担该批物资的相关税费和运输费共计16 000元，已从单位银行存款支付。结合以下具体情况，A行政单位应编制如下会计分录：

（1）接受物资时：

借：受托代理资产   330 000

 贷：受托代理负债   330 000

借：经费支出   16 000

 贷：银行存款   16 000

（2）按规定将受托转赠物资交付受赠人时：

借：受托代理负债   330 000

 贷：受托代理资产   330 000

（3）委托人B公司取消了转赠要求，并且不再收回捐赠物资：

借：受托代理负债   330 000

 贷：受托代理资产   330 000

借：存货   330 000

 贷：资产基金——存货   330 000

思考题

1. 行政单位的资产包括哪些内容？

2. 行政单位的资产如何确认和计量？

3. 什么是零余额账户用款额度？

4. 行政单位的存货包括哪些内容？

5. 行政单位的固定资产可采用哪些方法计提折旧？

6. 行政单位的无形资产包括哪些内容？应如何计提摊销？

7. 行政单位的财产处理包括哪些内容？

8. 什么是行政单位的受托代理资产？

9. 什么是行政单位的政府储备物资和公共基础设施？

10. 行政单位的财产处理包括哪些内容？

练习题

1. 某行政单位用预算结余资金购入国库券 200 000 元，期限 5 年，年利率 8%。

2. 某行政单位兑付前两年购入的两年期国库券，购入时按面值 100 000 元支付，年利率 5%。收到本金和利息存入银行。

3. 某行政单位的所属部门暂借临时周转资金 4 000 元，财务部门以银行存款支付。

4. 某行政单位职工李明出差借支 2 000 元。

5. 上题李明出差回单位后报销，交回发票 1 500 元和现金 500 元。

6. 某行政单位购入办公材料 2 000 件，含税单价 10 元，共计价款 20 000 元，材料已验收入库。该批材料采用财政授权支付方式支付。

7. 某行政单位以现金 180 元购入办公用材料，直接由办公室领用。

8. 某行政单位所属部门从仓库领用办公材料 3 000 元。

9. 某行政单位购入一批需要安装的专用设备，取得的增值税专用发票上注明的设备价款为 200 000 元，增值税进项税额为 26 000 元，支付运输费用 1 000 元，款项实行财政直接支付；1 个月后，设备安装调试完毕并交付使用，以银行存款支付安装费用 750 元。

10. 某行政单位用财政资金购入办公用电脑 5 台，每台 6 000 元，采用财政直接支付方式支付。该批电脑已验收完毕交付使用。

11. 某行政单位购买 1 500 平方米的土地使用权，价值为 8 500 000 元，款项采用财政直接支付方式。

12. 某行政单位将账面价值为 150 000 元的旧汽车出售，获得货款 70 000 元，货款已存入银行。

13. 某行政单位报废已到期使用的办公设备一台，原账面价值为 80 000 元。报废后得到残值收入 5 000 元存入银行。

14. 某行政单位接受国外友好单位赠送轿车一辆。该轿车重置价值为 300 000 元。在投入使用之前以银行存款支付有关费用 50 000 元。

15. 某行政单位无偿调出固定资产一项，账面原值 400 000 元。

16. 某行政单位收到政府集中采购方式购入的设备一台，购价 630 000 元，运杂费 300 元，安装调试费 300 元，全部由财政预算资金支付。

17. 某行政单位将自筹资金 60 000 元划入政府采购资金专户，用于采购某专项设备。

18. 某行政单位所购专项设备已运到，经验收合格后投入使用。设备总价格为 100 000 元，单位自筹资金承担 60 000 元，财政预算资金支出 40 000 元。

请根据以上情况编制相应会计分录。

第十一章
行政单位负债和净资产的核算

　　行政单位的负债是行政单位承担的能以货币计量的、需要以资产偿付的债务，主要包括应缴财政款、应付职工薪酬、应付账款等流动负债和长期应付款。行政单位的净资产是指行政单位所拥有的资产净值，反映国家和行政单位的资产所有权，主要包括财政拨款结转和结余、其他资结转和结余、资产基金和待偿债净资产等。

　　通过本章的学习，应该掌握以下内容：

- 行政单位负债的内容及管理
- 各项负债的账务处理
- 行政单位净资产的内容及管理
- 各项净资产的账务处理

第一节　负债的核算

　　行政单位的负债相对于一般企业来说比较简单，由于其资金来源是财政拨款，不需要发行债券、不需要向银行借款，也没有应付利润等核算业务。行政单位的负债按照流动性，分为流动负债和非流动负债。流动负债是指预计在1年内（含1年）偿还的负债。非流动负债是指流动负债以外的负债。

一、流动负债的核算

　　从行政单位的职能和目标来说，其负债业务主要表现为流动负债的业务，应该严格加强管理，定期清查，及时结算，防止拖欠。行政单位的流动负债主要包括应缴财政款、应缴税费、应付职工薪酬、应付及暂存款项、应付政府补贴款、长期应付款等。

　　（一）应缴财政款的核算

　　1. 应缴财政款的概念及内容

　　应缴财政款是指行政单位在公务活动中，按规定向有关单位和个人收取得的应上缴财政预算的各种款项。应缴财政款主要包括以下内容：

　　（1）政府性基金。政府性基金是指行政单位依据相关法律法规向公民、法人和其他组织无偿征收的具有专门用途的财政资金。上缴国库的政府性基金，按系统、部门分为基金预算收入，并按规定安排相应的基金预算支出。

　　（2）行政性收费。行政性收费是指行政单位要行使管理职能的过程中，依据国家法律、法规向公民、法人和其他组织收取的行政性费用。例如，各级公安、司法、民政、工商行政管理等行政单位为发放各种证照、簿册等而向有关单位和个人收取的证照工本费、手续费、商标注册费、企业登记注册费、公证费等费用。

（3）罚没款项。这部分款项是指各级司法、行政执法单位依据国家法律、法规，对公民、法人和其他组织实施经济处罚所取得的各项罚款、没收款、没收财物变价款以及有关行政单位取得的无主财物变价款等。

（4）其他应缴财政的资金。这部分资金是指其他按规定应缴财政预算的资金，如国有资产处置和出租出借收入等。

2. 应缴财政款的管理要求

应缴财政款是纳入财政预算的资金，行政单位必须加强对应缴财政款的管理。应缴财政款的具体管理要求如下：

（1）依法收取。应缴财政款的收取是一项政策性较强的工作，行政单位应当按照国家有关法律和法规的规定收取，不得自行立项，随意收取。

（2）及时、足额上缴国库。行政单位的应缴财政款应当采用直接缴库或集中汇缴的缴库方式，将应缴财政款及时、足额地上缴国库。行政单位不得缓缴、截留、坐支、挪用，更不得转作单位小金库。应缴财政款原则上按月清缴，年终必须将全年的应缴财政款全部缴入国库。

按照国库集中收付制度，行政单位应缴入国库或财政专户的款项，可以分别采用直接缴库和集中汇缴两种方式。采用直接缴库方式时，由行政单位开具"非税收入一般缴款书"，由缴款单位或个人直接将应缴财政款缴入国库。在这种方式下，行政单位会计不接触收缴的资金，不会产生相应的核算，只需登记备查账簿。采用集中汇缴方式时，由行政单位开具"非税收入一般缴款书"，缴款单位或个人将应缴财政款项缴给行政单位，由行政单位于当日或次日将款项集中缴入国库，由此形成行政单位的核算内容。本节主要介绍集中汇缴方式的核算。

3. 应缴财政款会计科目的设置及核算规定

为了反映和监督行政单位应缴财政款的业务，应设置"应缴财政款"总账科目。该科目贷方登记行政单位收取的各种应缴财政款；借方登记行政单位实际上缴国库的应缴财政款；余额在贷方，反映行政单位应当上缴但尚未缴纳的款项。年终清缴后，该科目一般应无余额。该科目应当按照应缴财政款的类别进行明细核算。

《行政单位会计制度》对应缴财政款核算制定了如下规定：

（1）应缴财政款应当在收到应缴财政的款项时确认。

（2）取得按照规定应当上缴财政的款项时，借记"银行存款"等科目，贷记"应缴财政款"科目。

（3）处置资产取得应当上缴财政的处置净收入，应通过"待处理财产损溢"科目和"应缴财政款"科目核算。

（4）上缴应缴财政的款项时，按照实际上缴的金额，借记"应缴财政款"科目，贷记"银行存款"科目。

【例11-1】某工商局根据有关规定收取企业注册登记费8 000元存入银行。该单位应编制如下会计分录：

借：银行存款　　　　　　　　　　　　　　　　　　　　　　　　　8 000
　　贷：应缴财政款——行政事业性收费　　　　　　　　　　　　　　　8 000

【例11-2】某工商局依法对某企业的违法行为处以罚款7 000元，并收取款项存入银行。该单位应编制如下会计分录：

借：银行存款　　　　　　　　　　　　　　　　　　　　　　　7 000
　　贷：应缴财政款——罚款　　　　　　　　　　　　　　　　　　7 000

【例11-3】某工商局追回赃物一批，变价出售后，获得价款500 000元，款项存入银行。该单位应编制如下会计分录：

借：银行存款　　　　　　　　　　　　　　　　　　　　　500 000
　　贷：应缴财政款——赃款赃物变价款　　　　　　　　　　　　500 000

【例11-4】某行政单位出租本单位某办公用房，与承租方约定租金为一年96 000元，已从银行账户收到款项。该单位应编制如下会计分录：

借：银行存款　　　　　　　　　　　　　　　　　　　　　　96 000
　　贷：应缴财政款　　　　　　　　　　　　　　　　　　　　　96 000

【例11-5】某行政单位依据有关规定收取政府性基金60 000元，款项已存入银行。该单位应编制如下会计分录：

借：银行存款　　　　　　　　　　　　　　　　　　　　　　60 000
　　贷：应缴财政款——政府性基金　　　　　　　　　　　　　　60 000

【例11-6】某行政单位处置一台设备，原值500 000元，累计已折旧300 000元，有偿转让收取150 000元存入银行。该单位应编制如下会计分录：

（1）收款。

借：银行存款　　　　　　　　　　　　　　　　　　　　　150 000
　　贷：待处理财产损溢　　　　　　　　　　　　　　　　　　150 000

（2）同时，注销固定资产账面价值。

借：资产基金——固定资产　　　　　　　　　　　　　　　200 000
　　累计折旧　　　　　　　　　　　　　　　　　　　　　300 000
　　贷：固定资产　　　　　　　　　　　　　　　　　　　　　500 000

（3）确认转让资产应交增值税，借记"待处理财产损溢"科目，贷记"应交税费"科目。假设本例确认应交增值税9 000元。

借：待处理财产损溢　　　　　　　　　　　　　　　　　　　9 000
　　贷：应交税费　　　　　　　　　　　　　　　　　　　　　　9 000

（4）确定应交财政款。

借：待处理财产损溢　　　　　　　　　　　　　　　　　　141 000
　　贷：应缴财政款——其他应缴财政款　　　　　　　　　　　141 000

【例11-7】某行政单位将本月取得的应缴财政款共计800 000元全数上缴国库，其中政府性基金收入200 000元、行政事业性收费400 000元、罚没收入150 000元、其他应缴财政款50 000元。该单位应编制如下会计分录：

借：应缴财政款——政府性基金收入　　　　　　　　　　　200 000
　　　　　　　　　行政事业性收费　　　　　　　　　　　　400 000
　　　　　　　　　罚没收入　　　　　　　　　　　　　　　150 000
　　　　　　　　　其他应缴财政款　　　　　　　　　　　　　50 000
　　贷：银行存款　　　　　　　　　　　　　　　　　　　　800 000

（二）应缴税费的核算

应缴税费是指行政单位按照国家税法等有关规定应当缴纳的各种税费，包括增值税、城市维护建设税、教育费附加、房产税、车船税、城镇土地使用税以及行政单位代扣代缴的个人所得税。应缴税费应当在产生缴纳税费义务时确认。

为了反映和监督行政单位应缴税费的业务，应设置"应交税费"总账科目。该科目贷方登记行政单位收取的各种应缴税费款；借方登记行政单位实际上缴国库的应缴税费款；余额在贷方，反映行政单位应缴未缴的税费金额。"应交税费"科目应当按照应缴纳的税费种类进行明细核算。

1. 资产处置、出租产生应缴税费的账务处理

因资产处置等发生增值税、城市维护建设税、教育费附加等缴纳义务的，按照税法等规定计算的应缴税费金额，借记"待处理财产损溢"科目，贷记"应交税费"科目；实际缴纳时，借记"应交税费"科目，贷记"银行存款"等科目。

【例 11-8】某行政单位经批准报废电视机一台，原价 3 200 元，累计折旧 3 000 元，残值收入 200 元，已收入库存现金。该单位应编制如下会计分录：

报废确认时：

借：待处理财产损溢（待处理财产价值）	200
累计折旧	3 000
贷：固定资产——电视机	3 200
借：资产基金——固定资产	200
贷：待处理财产损溢（待处理财产价值）	200

收到现金时：

借：库存现金	200
贷：待处理财产损溢（处理净收入）	200
借：待处理财产损溢（处理净收入）	200
贷：应缴财政款	200

2. 因出租资产等产生应缴税费的账务处理

因出租资产等发生增值税、城市维护建设税、教育费附加等缴纳义务的，按照税法等规定计算的应缴税费金额，借记"应缴财政款"等科目，贷记"应交税费"科目；实际缴纳时，借记"应交税费"科目，贷记"银行存款"等科目。

【例 11-9】2018 年 3 月 1 日，某行政单位将其院内 4 间腾退的办公用房出租给乙公司，双方协议租赁价 8 000 元/年，发票按月提供。租金按照年度预付，第一年租金已收到。假设房屋租金收入适用的增值税税率为 3%，房产税税率为 12%，城建税税率为 7%，教育附加费率为 3%。该单位应编制如下会计分录：

3 月 1 日收取房屋租金收入时：

借：银行存款	96 000
贷：应缴财政款——出租收入	96 000

每月末确认应缴税费时：

借：应缴财政款——出租收入	1 240
贷：应交税费——增值税	240
——城建税	28
——教育费附加	12
——房产税	960

每月实际缴税时：

借：应交税费——增值税　240

　　　　——城建税　28

　　　　——教育费附加　12

　　　　——房产税　960

　　贷：银行存款　1 240

【例11-10】某行政单位租借本单位固定资产给外单位，该单位应编制如下会计分录：

（1）已从银行账户收到对方交来保证金3 000元：

借：银行存款　3 000

　　贷：其他应付款　3 000

（2）上述固定资产租用结束，经结算租金收入为2 000元，相关税费为60元，余款退还：

借：其他应付款　2 960

　　贷：应交税费　60

　　　应缴财政款　1 900

　　　银行存款　1 000

3. 行政单位日常运行产生相关税费的账务处理

行政单位在日常运行中，发生有关纳税义务的，应按照税法的规定计算应缴税金额，借记"经费支出"，贷记"应交税费"科目；实际缴纳时，借记"应交税费"，贷记"零余额账户用款额度""银行存款"等科目。

【例11-11】2018年1月10日，某行政单位计算出本年应当缴纳的车船使用税为2 000元，并且以银行转账方式支付。该单位应编制如下会计分录：

借：经费支出　2 000

　　贷：应交税费——车船使用税　2 000

借：应交税费——车船使用税　2 000

　　贷：银行存款　2 000

4. 行政单位代扣代缴个人所得税的账务处理

行政单位在代扣代缴个人所得税时，应按照税法等规定计算的应代扣代缴的个人所得税金额，借记"应付职工薪酬"科目（从职工工资中代扣个人所得税）或"经费支出"科目（从劳务费中代扣个人所得税），贷记"应交税费"科目。实际缴纳时，借记"应交税费"科目，贷记"财政拨款收入""零余额账户用款额度""银行存款"等科目。

【例11-12】2018年3月31日，某行政单位核算工资时计算出为职工代扣代缴3月个人所得税为35 000元，并以财政直接支付方式于4月3日支付给相关部门。该单位应编制如下会计分录：

3月31日代扣时：

借：应付职工薪酬　35 000

　　贷：应交税费——个人所得税　35 000

4 月 3 日代缴时：

借：应交税费——个人所得税 35 000

　　贷：财政拨款收入 35 000

（三）应付职工薪酬的核算

应付职工薪酬是指行政单位按照有关规定应付给职工及为职工支付的各种薪酬，包括基本工资、奖金、国家统一规定的津贴补贴、社会保险费、住房公积金等。

1. 行政单位应付职工薪酬的构成

在应付职工薪酬中，基本工资、奖金、国家统一规定的津贴补贴是应付给职工个人的资金；单位代扣代缴的社会保险费和住房公积金（个人承担部分）、个人所得税，虽然没有发到职工个人，但实际上属于职工个人工资的一部分。

行政单位按照规定为职工缴纳的社会保险费和住房公积金（单位承担部分），虽然直接支付到社会保险机构和住房公积金管理机构，但这些资金实际上是属于职工个人的。这部分内容也应纳入应付职工薪酬的核算。

为了反映和监督行政单位工资及津贴的核算，应设置"应付职工薪酬"总账科目。该科目贷方登记行政单位应付职工薪酬的增加，借方登记应付薪酬的减少，余额在贷方，反映行政单位应付未付的职工薪酬。"应付职工薪酬"科目应当根据国家有关规定按照"工资（离退休费）""地方（部门）津贴补贴""其他个人收入""社会保险费""住房公积金"等进行明细核算。应付职工薪酬应当在规定支付职工薪酬的时间确认。

2. 应付职工薪酬的账务处理

（1）应付职工薪酬的发生。应按照计算出的应付职工薪酬金额，借记"经费支出"科目，贷记"应付职工薪酬"科目。

（2）应付职工薪酬的支付。向职工支付工资、津贴补贴等薪酬时，按照实际支付的金额，借记"应付职工薪酬"科目，贷记"财政拨款收入""零余额账户用款额度""银行存款"等科目；从应付职工薪酬中代扣为职工垫付的水电费、房租等费用时，按照实际扣除的金额，借记"应付职工薪酬"科目（工资），贷记"其他应收款"等科目；从应付职工薪酬中代扣代缴个人所得税，按照代扣代缴的金额，借记"应付职工薪酬"科目（工资），贷记"应交税费"科目；从应付职工薪酬中代扣代缴社会保险费和住房公积金，按照代扣代缴的金额，借记"应付职工薪酬"科目（工资），贷记"其他应付款"科目；缴纳单位为职工承担的社会保险费和住房公积金时，借记"应付职工薪酬"科目（社会保险费、住房公积金），贷记"财政拨款收入""零余额账户用款额度""银行存款"等科目。

【例 11-13】某行政单位给职工发放本月工资，资料如下：应付基本工资 175 000元，各种津贴及补贴 65 000 元，退休费 23 000 元。在工资中，扣收职工社会保险费 14 000 元，医疗保险 4 800 元，住房公积 24 000 元，个人所得税 3 000 元。实发工资中 135 000 元由财政统发，82 200 元由代理银行发放。该行政单位应编制如下会计分录：

计算工资时：

借：经费支出 263 000

　　贷：应付职工薪酬——工资（离退休费） 198 000

　　　　　　　　　　　——地方津贴补贴 65 000

实际发放时：

借：应付职工薪酬	263 000
贷：财政拨款收入	135 000
零余额账户用款额度	82 200
其他应付款——社会保险费	14 000
——医疗保险	4 800
——住房公积金	24 000
应交税费——个人所得税	3 000

【例 11-14】某行政单位开出授权支付凭证，支付职工个人缴纳的社会保险费 14 000 元，医疗保险 4 800 元，住房公积金 24 000 元，个人所得税 3 000 元。该行政单位应编制如下会计分录：

借：其他应付款——社会保险费	14 000
——医疗保险	4 800
——住房公积金	24 000
应交税费——个人所得税	3 000
贷：零余额账户用款额度	45 800

（四）应付及暂存款项的核算

应付及暂存款是行政单位在开展业务活动中发生的各项债务，包括应付账款、其他应付款等。

1. 应付账款的管理及核算

应付账款是行政单位因购买物资或服务、工程建设等而应付的偿还期限在 1 年以内（含 1 年）的款项。应付账款应当在收到所购物资或服务、完成工程时确认。

为了反映和监督行政单位的应付账款业务，应设置"应付账款"总账科目。该科目贷方登记应付账款的增加（发生）；借方登记应付账款的减少（结算）；余额在贷方，反映行政单位尚未支付的应付账款。"应付账款"科目应当按照债权单位（或个人）进行明细分类核算。

行政单位收到所购物资或服务、完成工程但尚未付款时，按照应付未付款项的金额，借记"待偿债净资产"科目，贷记"应付账款"科目。偿付应付账款时，借记"应付账款"科目，贷记"待偿债净资产"科目；同时，借记"经费支出"科目，贷记"财政拨款收入""零余额账户用款额度""银行存款"等科目。无法偿付或债权人豁免偿还的应付账款，应当按照规定报经批准后进行账务处理。经批准核销时，借记"应付账款"科目，贷记"待偿债净资产"科目。核销的应付账款应在备查簿中保留登记。

【例 11-15】某行政单位从乙商场购入办公用品一批，计 100 000 元，该批办公用品已到货并验收入库，货款约定两个月后支付。该行政单位应编制如下会计分录：

购入时：

借：待偿债净资产	100 000
贷：应付账款——乙商场	100 000
借：存货	100 000
贷：资产基金——存货	100 000

两个月后通过单位零余额账户偿还时：

借：应付账款——乙商场　　　　　　　　　　　　　　　　　100 000
　　贷：待偿债净资产　　　　　　　　　　　　　　　　　　　100 000
借：经费支出　　　　　　　　　　　　　　　　　　　　　　100 000
　　贷：零余额账户用款额度　　　　　　　　　　　　　　　　100 000

2. 其他应付款的管理及核算

其他应付款是指行政单位除应缴财政款、应缴税费、应付职工薪酬、应付政府补贴款、应付账款以外的其他各项偿还期在 1 年以内（含 1 年）的应付及暂存款项，如收取的押金、保证金、未纳入行政单位预算管理的转拨资金、代扣代缴职工社会保险费和住房公积金等。

为了反映和监督行政单位其他应付款业务，应设置"其他应付账款"总账科目。该科目贷方登记其他应付款的增加（发生），借方登记其他应付款的减少（结算），期末余额在贷方，反映行政单位尚未支付的其他应付款。"其他应付账款"科目应当按照其他应付款的类别以及债权单位（或个人）进行明细分类核算。

当发生其他各项应付及暂存款项时，借记"银行存款"等科目，贷记"其他应付账款"科目；支付其他各项应付及暂存款项时，借记"其他应付账款"科目，贷记"银行存款"等科目；因故无法偿付或债权人豁免偿还的其他应付款项，应当按规定报经批准后进行账务处理。经批准核销时，借记"其他应付账款"科目，贷记"其他收入"科目。核销的其他应付款应在备查簿中保留登记。

【例 11-16】某行政单位开展业务活动时收取申请者押金 5 000 元，收取供应商保证金 10 000 元，已从银行账户中收到。业务活动结束后，该行政单位退回押金 4 500 元和保证金 10 000 元。该行政单位应编制如下会计分录：

收取押金和保证金时：
借：银行存款　　　　　　　　　　　　　　　　　　　　　　15 000
　　贷：其他应付款——押金　　　　　　　　　　　　　　　　5 000
　　　　　　　　　　——保证金　　　　　　　　　　　　　　10 000

退回押金和保证金时：
借：其他应付款——押金　　　　　　　　　　　　　　　　　4 500
　　　　　　　　——保证金　　　　　　　　　　　　　　　10 000
　　贷：银行存款　　　　　　　　　　　　　　　　　　　　14 500

【例 11-17】接上例，该行政单位由于一直联系不上相关申请者，押金 500 元无法退回，经批准留作开展其他业务活动的自筹资金，核销的其他应付款还应在备查簿中保留登记。该行政单位应编制如下会计分录：

借：其他应付款——押金　　　　　　　　　　　　　　　　　500
　　贷：其他收入　　　　　　　　　　　　　　　　　　　　500

（五）应付政府补贴款的管理与核算

应付政府补贴款是指负责发放政府补贴的行政单位，按照规定应当支付给政府补贴接受者的各种政府补贴款。应付政府补贴款通常包括按照政策规定发放的低保补贴、失独家庭补贴、老人补贴、困难家庭补贴等。

应付政府补贴款是行政单位代表政府发放的补贴，属于政府承诺义务。为了核算这一业务，负责发放政府补贴款的行政单位应当设置"应付政府补贴款"总账科目。该科目贷方登记应付政府补贴款的增加（发生）；借方登记应付政府补贴款的减少（支付）；期末余额在贷方，反映行政单位应付未付的政府补贴金额。"应付政府补贴款"科目应当按照应支付的政府补贴种类进行明细核算。行政单位还应当按照补贴接受者建立备查簿，进行相应的明细分类核算。

在政府补贴政策出台后，当补贴对象及补贴金额确定并达到政策规定发放政府补贴的时间时，代表政府发放补贴的行政单位就应当确认应付政府补贴款。

发生应付政府补贴时，按照规定计算出的应付政府补贴金额，借记"经费支出"科目，贷记"应付政府补贴款"科目；支付应付的政府补贴款时，借记"应付政府补贴款"科目，贷记"零余额账户用款额度""银行存款"等科目。

【例11-18】某行政单位经计算，4月份应发放各类政府补贴188 400元，其中困难家庭补贴145 000元，失独家庭补贴8 400元，高龄老人补贴35 000元。该行政单位应编制如下会计分录：

借：经费支出　　　　　　　　　　　　　　　　　　　　188 400
　　贷：应付政府补贴款——困难家庭补贴　　　　　　　　145 000
　　　　　　　　　　　　——失独家庭补贴　　　　　　　　8 400
　　　　　　　　　　　　——高龄老人补贴　　　　　　　 35 000

【例11-19】接上例，4月10日，该行政单位通过零余额账户将应发放的政府补贴款188 400元转入被补贴人的储蓄存款账户。该行政单位应编制如下会计分录：

借：应付政府补贴款——困难家庭补贴　　　　　　　　　145 000
　　　　　　　　　　——失独家庭补贴　　　　　　　　　　8 400
　　　　　　　　　　——高龄老人补贴　　　　　　　　　 35 000
　　贷：零余额账户用款额度　　　　　　　　　　　　　　188 400

二、非流动负债的核算

行政单位的非流动负债主要是指长期应付款。长期应付款是指行政单位发生的偿还期限超过1年（不含1年）的应付款项，如跨年度分期付款购入固定资产的价款等。

长期应付款应当按照以下条件确认：

（1）因购买物资、服务等发生的长期应付款，应当在收到所购物资或服务时确认。

（2）因其他原因发生的长期应付款，应当在承担付款义务时确认。

为了核算长期应付款业务，应设置"长期应付款"总账科目。"长期应付款"科目贷方登记长期应付款的增加（发生）；借方登记长期应付款的减少（偿还）；期末余额在贷方，反映行政单位尚未支付的长期应付款。"长期应付款"科目应当按照长期应付款的类别以及债权单位（或个人）进行明细分类核算。

发生长期应付款时，应按照应付未付的金额，借记"待偿债净资产"科目，贷记"长期应付款"科目。偿付长期应付款时，借记"经费支出"科目，贷记"财政拨款收入""零余额账户用款额度""银行存款"等科目；同时，借记"长期应付款"科目，贷记"待偿债净资产"科目。当无法偿付或债权人豁免偿还的长期应付款时，应当按照规定报经批准后进行账务处理。经批准核销时，借记"长期应付款"科目，贷记"待偿债净资产"科目。核销的长期应付款应在备查簿中保留登记。

【例11-20】某行政单位2018年4月1日购入一批不需安装的专用设备，价值为

500 万元，与供货方约定采用分期付款方式，分 4 次付清，每半年通过财政直接支付。该批设备运达后验收并交付使用。该行政单位应编制如下会计分录：

收到专用设备时：

借：待偿债净资产　　　　　　　　　　　　　　　　　　　　　5 000 000
　　贷：长期应付款——专用设备款　　　　　　　　　　　　　　　5 000 000
借：固定资产　　　　　　　　　　　　　　　　　　　　　　　5 000 000
　　贷：资产基金——固定资产　　　　　　　　　　　　　　　　　5 000 000

每半年偿还时：

借：经费支出　　　　　　　　　　　　　　　　　　　　　　　1 250 000
　　贷：财政拨款收入　　　　　　　　　　　　　　　　　　　　　1 250 000
借：长期应付款——专用设备款　　　　　　　　　　　　　　　1 250 000
　　贷：待偿债净资产　　　　　　　　　　　　　　　　　　　　　1 250 000

三、受托代理负债的核算

受托代理负债是指行政单位接受委托，取得受托管理资产（包括现金和银行存款）时形成的负债。受托代理负债反映了行政单位对受托代理资产的支付义务。受托代理负债应当在行政单位收到受托代理资产并产生受托代理义务时确认。

为了核算受托代理负债业务，应设置“受托代理负债”总账科目。该科目贷方登记受托代理负债的增加（发生）；借方登记受托代理负债的减少（偿还）；期末余额在贷方，反映行政单位尚未清偿的受托代理负债。“受托代理负债”科目应当按照委托人等进行明细核算；属于指定转赠物资和资金的，还应当按照指定受赠人进行明细核算。

按照相关规定，行政单位受托代理的现金和银行存款不在“受托代理资产”科目核算，但行政单位受托代理现金和银行存款仍然属于受托代理资产，在编报资产负债表时应列入代理资产项目。因此，当行政单位收到和支付受托代理的现金和银行存款时，也要确认受托代理负债的增加和减少。

【例 11-21】某行政单位与某国际组织联合开展资助白血病患儿治疗项目，国际组织付给该行政单位 200 万元，用于代为支付符合国际组织规定条件的患儿手术费。该款已收到该行政单位银行账户。该行政单位应编制如下会计分录：

借：银行存款——受托代理资金　　　　　　　　　　　　　　　2 000 000
　　贷：受托代理负债　　　　　　　　　　　　　　　　　　　　　2 000 000

【例 11-22】某行政单位收回以前年度支出 50 000 元，调整财政拨款结余。该款已收到该行政单位银行账户。该行政单位应编制如下会计分录：

借：银行存款　　　　　　　　　　　　　　　　　　　　　　　50 000
　　贷：财政拨款结转——年初余额调整　　　　　　　　　　　　　　50 000

【例 11-23】某行政单位下拨给 A 单位的资助项目已经结束，将多余的项目资金 30 000 元收回。该行政单位应编制如下会计分录：

借：银行存款　　　　　　　　　　　　　　　　　　　　　　　30 000
　　贷：财政拨款结转——归集调入——××单位　　　　　　　　　　30 000

【例 11-24】某行政单位按规定上缴上级行政单位资助的多个项目财政拨款结转共200 000 元。该行政单位应编制如下会计分录：

借：财政拨款结转——归集调入　　　　　　　　　　　　　　　200 000
　　贷：银行存款　　　　　　　　　　　　　　　　　　　　　　　　　200 000

【例 11-25】某行政单位经财政部门批准，按规定将财政拨款未用完的 A 项目资金 40 000 元调整作为 B 项目使用。该行政单位应编制如下会计分录：

借：财政拨款结余——单位内部调剂　　　　　　　　　　　　　40 000
　　贷：财政拨款结转——单位内部调剂　　　　　　　　　　　　　　40 000

【例 11-26】某行政单位对于当年开工、当年完成的财政拨款项目资金结余 400 000 元，按规定 60% 上缴财政，40% 留归单位使用。上缴财政拨款结余 240 000 元。该行政单位应编制如下会计分录：

借：财政拨款结余——归集上缴　　　　　　　　　　　　　　　240 000
　　贷：银行存款　　　　　　　　　　　　　　　　　　　　　　　　　240 000

第二节　净资产的核算

净资产是指行政单位的资产扣除负债后的余额，包括财政拨款结转、财政拨款结余、其他资金结转结余、资产基金、待偿债净资产等。

行政单位净资产核算的特点表现为：第一，净资产主要包括结转、结余和资产基金；第二，结转和结余不存在分配问题。

一、结转和结余的核算

行政单位的结转和结余是指行政单位的全年收入与全年支出相抵后形成的余额。其中，结转资金是指当年预算已执行但未完成，或因故未执行，下一年度需要按照原用途继续使用的资金；结余资金是指当年预算工作目标已完成，或因故终止而剩余的资金。

（一）正确理解结转和结余的内容及关系

行政单位的结转和结余按资金来源的划分，可分为财政拨款结转、财政拨款结余和其他资金结转结余。

财政拨款结转是行政单位滚存的财政拨款结转资金，包括基本支出结转和项目支出结转。基本支出结转是指用于基本支出的财政拨款收入减去财政拨款基本支出后的差额，包括人员经费和公用经费。项目支出结转是指尚未完成项目支出的财政拨款收入减去财政拨款项目支出后的差额，具体包括：项目当年已执行但尚未完成而形成的结转资金；项目需要跨年度执行，但项目支出预算已一次性安排而形成的结转资金；项目当年因故未执行，需要推迟到下年执行而形成的结转资金。

财政拨款结余是行政单位滚存的财政拨款项目支出结余资金，是行政单位已经完成项目的财政拨款收入减去财政拨款项目支出后的差额。财政拨款结余具体包括：项目完成形成的结余；由于受政策变化、计划调整等因素影响，项目中止、撤销形成的结余；对某一预算年度安排的项目支出连续两年未使用，或者连续三年未使用完成形成的剩余资金等。

其他资金结转结余是行政单位除财政拨款收支以外的各项收支相抵后剩余的滚存资金。

（二）结转和结余的管理及账务处理

1. 财政拨款结转

为了核算滚存的财政结转资金业务，应设置"财政拨款结转"总账科目。该科目的贷方登记财政拨款结转的增加，借方登记财政拨款结转的减少，年终该科目的贷方余额反映行政单位滚存的财政拨款结转资金数额。"财政拨款结转"科目应当设置"基本支出结转"和"项目支出结转"两个明细科目。在"基本支出结转"明细科目下按照"人员经费"和"日常公用经费"进行明细核算，在"项目支出结转"明细科目下按照具体项目进行明细核算。"财政拨款结转"科目还应当按照《政府收支分类科目》中"支出功能分类科目"的项级科目进行明细核算。有公共财政预算拨款、政府性基金预算拨款两种或两种以上财政拨款的行政单位，还应当按照财政拨款种类分别进行明细核算。

"财政拨款结转"科目还可以根据管理需要按照财政拨款结转变动原因，设置"收支转账""结余转账""年初余额调整""归集上缴""归集调入""单位内部调剂""剩余结转"等明细科目，进行明细核算。

基本支出结转原则上结转下年继续使用，用于增加人员编制等人员支出和公用支出，但在人员支出和公用支出之间不得挪用，不得用于提高人员开支标准；项目支出结转资金结转下年按原用途继续使用。

会计制度对财政拨款结转账务处理的要求如下：

（1）调整以前年度财政拨款结转。因发生差错更正，以前年度支出收回等原因，需要调整财政拨款结转的，按照实际调增财政拨款结转的金额，借记有关科目，贷记"财政拨款结转"科目（年初余额调整）；按照实际调减财政拨款结转的金额，借记"财政拨款结转"科目（年初余额调整），贷记有关科目。

（2）从其他单位调入财政拨款结余资金。按照规定从其他单位调入财政拨款结余资金时，按照实际调增的额度数额或调入的资金数额，借记"零余额账户用款额度""银行存款"等科目，贷记"财政拨款结转"科目（归集调入）及其明细科目。

（3）上缴财政拨款结转。按照规定上缴财政拨款结转资金时，按照实际核销的额度数额或上缴的资金数额，借记"财政拨款结转"科目（归集上缴）及其明细科目，贷记"财政应返还额度""零余额账户用款额度""银行存款"等科目。

（4）单位内部调剂结余资金。经财政部门批准对财政拨款结余资金改变用途，调整用于其他未完成项目等，按照调整的金额，借记"财政拨款结余"科目（单位内部调剂）及其明细科目，贷记"财政拨款结转"科目（单位内部调剂）及其明细科目。

（5）结转本年财政拨款收入和支出。年末将财政拨款收入本年发生额转入"财政拨款结转"科目，借记"财政拨款收入——基本支出拨款、项目支出拨款"科目及其明细科目，贷记"财政拨款结转"科目（收支转账——基本支出结转、项目支出结转）及其明细科目；将财政拨款支出本年发生额转入"财政拨款结转"科目，借记"财政拨款结转"科目（收支转账——基本支出结转、项目支出结转）及其明细科目，贷记"经费支出——财政拨款支出——基本支出、项目支出"科目及其明细科目。

（6）将完成项目的结转资金转入财政拨款结余。年末完成上述财政拨款收支转账后，对各项目执行情况进行分析，按照有关规定将符合财政拨款结余性质的项目余额转入"财政拨款结余"科目，借记"财政拨款结转"科目（结余转账——项目支出结转）

及其明细科目，贷记"财政拨款结余"（结余转账——项目支出结余）科目及其明细科目。

（7）年末冲销有关明细科目余额。年末收支转账后，将"财政拨款结转"科目所属"收支转账""结余转账""年初余额调整""归集上缴""归集调入""单位内部调剂"等明细科目余额转入"剩余结转"明细科目。转账后，"财政拨款结转"科目除"剩余结转"明细科目外，其他明细科目应无余额。

2. 财政拨款结余

为了核算滚存的财政拨款项目支出结余资金业务，应设置"财政拨款结余"总账科目。该科目的贷方登记财政拨款结余的增加；借方登记财政拨款结余的减少；年终该科目的贷方余额反映行政单位滚存的财政拨款结余资金数额。"财政拨款结余"科目应当按照具体项目、《政府收支分类科目》中"支出功能分类科目"的项级科目等进行明细核算。有公共财政预算拨款、政府性基金预算拨款等两种或两种以上财政拨款的行政单位，还应当按照财政拨款的种类分别进行明细核算。

"财政拨款结余"科目还可以根据管理需要按照财政拨款结余变动原因，设置"结余转账""年初余额调整""归集上缴""单位内部调剂""剩余结余"等明细科目，进行明细核算。

会计制度对财政拨款结余账务处理的要求如下：

（1）调整以前年度财政拨款结余。因发生差错更正、以前年度支出收回等原因，需要调整财政拨款结余的，按照实际调增财政拨款结余的金额，借记有关科目，贷记"财政拨款结余"科目（年初余额调整）；按照实际调减财政拨款结余的金额，借记"财政拨款结余"科目（年初余额调整），贷记有关科目。

（2）上缴财政拨款结余。按照规定上缴财政拨款结余时，按照实际核销的额度数额或上缴的资金数额，借记"财政拨款结余"科目（归集上缴）及其明细科目，贷记"财政应返还额度""零余额账户用款额度""银行存款"等科目。

（3）单位内部调剂结余资金。经财政部门批准将本单位完成项目结余资金调整用于基本支出或其他未完成项目支出时，按照批准调剂的金额，借记"财政拨款结余"科目（单位内部调剂）及其明细科目，贷记"财政拨款结转"（单位内部调剂）科目及其明细科目。

（4）将完成项目的结转资金转入财政拨款结余。年末对财政拨款各项目执行情况进行分析，按照有关规定将符合财政拨款结余性质的项目余额转入"财政拨款结余"科目，借记"财政拨款结转"（结余转账——项目支出结转）科目及其明细科目，贷记"财政拨款结余"科目（结余转账——项目支出结余）及其明细科目。

（5）年末冲销有关明细科目余额。年末将"财政拨款结余"科目所属"结余转账""年初余额调整""归集上缴""单位内部调剂"等明细科目余额转入"剩余结余"明细科目。转账后，"财政拨款结余"科目除"剩余结余"明细科目外，其他明细科目应无余额。

【例11-27】某行政单位是只有公共财政预算拨款的单位。2018年年终结账前有关收支科目的本年发生额如表11-1所示。

表 11-1　2018 年收支科目发生额表　　　　　　　　单位：元

收入科目		金额	支出科目		金额
财政拨款收入	基本支出	4 795 000	经费支出——财政拨款支出	基本支出	4 464 000
	项目支出（已完成）	820 000		项目支出（已完成）	730 000
	项目支出（未完成）	400 000		项目支出（未完成）	350 000
合计		6 015 000	合计		5 544 000

该行政单位年终结转有关收支科目时，应编制如下会计分录：

（1）将"财政拨款收入"科目本年发生额转入"财政结转拨款"及其明细科目：

借：财政拨款收入　　　　　　　　　　　　　　　　　　6 015 000

　　贷：财政拨款结转——收支转账——基本支出结转　　　　4 795 000

　　　　　　　　——收支转账——项目支出结转　　　　　1 220 000

（2）将"经费支出"科目本年发生额转入"财政拨款结转"科目及其明细科目：

借：财政拨款结转——收支转账——基本支出结转　　　　4 464 000

　　　　　　——收支转账——项目支出结转　　　　　1 080 000

　　贷：经费支出　　　　　　　　　　　　　　　　　　　5 544 000

（3）将完成项目的结转资金转入"财政拨款结余"科目及其明细科目：

借：财政拨款结转——结余转账——项目支出结转　　　　　50 000

　　贷：财政拨款结余——结余转账——项目支出结余　　　　50 000

（4）将"财政拨款结转"科目所属明细科目余额转入"剩余结转"明细科目：

借：财政拨款结转——收支转账　　　　　　　　　　　　471 000

　　贷：财政拨款结转——剩余结转　　　　　　　　　　　421 000

　　　　　　　　——结余转账　　　　　　　　　　　　　50 000

（5）将"财政拨款结余"科目所属"结余转账"明细科目余额转入"剩余结余"明细科目：

借：财政拨款结余——结余转账　　　　　　　　　　　　　50 000

　　贷：财政拨款结余——剩余结余　　　　　　　　　　　　50 000

3. 其他资金结转结余

其他资金结转结余是指行政单位除财政拨款收支以外的各项收支相抵剩余的滚存资金，可分为项目资金结转和非项目资金结余。其中，项目资金结转主要是项目资金收支相抵后的剩余滚存资金，在项目未完成之前，需要按照原项目继续使用。项目完成后，项目资金出资人要求收回剩余资金的，行政单位要将项目剩余资金交回给出资人；项目资金出资人不要求收回资金的，行政单位将剩余资金留在本单位统筹使用。非项目资金结余包括非项目资金收支相抵后的剩余滚存资金以及留归单位统筹使用的已完成项目剩余资金。非项目资金结余可由行政单位自行安排统筹使用。

为了核算这一部分业务，应设置"其他资金结转结余"科目。该科目贷方登记其他资金结转结余的增加；借方登记其他资金结转结余的减少；期末贷方余额反映行政单位滚存的各项非财政拨款资金结转结余数额。"其他资金结转结余"科目应当设置"项目结转"和"非项目结余"明细科目，分别对项目资金和非项目资金进行明细核算。对于项目结转，还应当按照具体项目进行明细核算。

"其他资金结转结余"科目还可以根据管理需要按照其他资金结转结余变动原因，设置"收支转账""年初余额调整""结余调剂""剩余结转结余"等明细科目，进行明细核算。

会计制度对其他资金结转结余账务处理的要求如下：

（1）调整以前年度其他资金结转结余。因发生差错更正、以前年度支出收回等原因，需要调整其他资金结转结余的，按照实际调增的金额，借记有关科目，贷记"其他资金结转结余"科目（年初余额调整）及其相关明细科目。按照实际调减的金额，借记"其他资金结转结余"科目（年初余额调整）及其相关明细科目，贷记有关科目。

（2）结转本年其他资金收入和支出。年末将其他收入中的项目资金收入本年发生额转入"其他资金结转结余"科目，借记"其他收入"科目及其明细科目，贷记"其他资金结转结余"科目（项目结转——收支转账）及其明细科目；将其他收入中的非项目资金收入本年发生额转入"其他资金结转结余"科目，借记"其他收入"科目及其明细，贷记"其他资金结转结余"科目（非项目结余——收支转账）；将其他资金支出中的项目支出本年发生额转入"其他资金结转结余"科目，借记"其他资金结转结余"科目（项目结转——收支转账）及其明细科目，贷记"经费支出——其他资金支出"科目（项目支出）及其明细科目、"拨出经费"科目（项目支出）及其明细科目；将其他资金支出中的基本支出本年发生额转入"其他资金结转结余"科目，借记"其他资金结转结余"科目（非项目结余——收支转账），贷记"经费支出——其他资金支出"科目（基本支出）、"拨出经费"科目（基本支出）。

（3）缴回或转出项目结余。完成上述本年其他资金收支转账后，对本年年末各项目执行情况进行分析，区分年末已完成项目和尚未完成项目。在此基础上，对完成项目的剩余资金根据不同情况进行账务处理：需要缴回原项目资金出资单位的，按照缴回的金额，借记"其他资金结转结余"科目（项目结转——结余调剂）及其明细科目，贷记"银行存款""其他应付款"等科目；将项目剩余资金留归本单位用于其他非项目用途的，按照剩余的项目资金金额，借记"其他资金结转结余"科目（项目结转——结余调剂）及其明细科目，贷记"其他资金结转结余"科目（非项目结余——结余调剂）。

（4）用非项目资金结余补充项目资金。按照实际补充项目资金的金额，借记"其他资金结转结余"科目（非项目结余——结余调剂），贷记"其他资金结转结余"科目（项目结转——结余调剂）及其明细科目。

（5）年末冲销有关明细科目余额。年末收支转账后，将"其他资金结转结余"科目所属"收支转账""年初余额调整""结余调剂"等明细科目余额转入"剩余结转结余"明细科目。转账后，"其他资金结转结余"科目除"剩余结转结余"明细科目外，其他明细科目应无余额。

【例11-28】某行政单位是只有公共财政预算拨款的单位。2018年年终结账前有关其他收入和支出科目的本年发生额如表11-2所示。假设已完成项目的剩余资金60%缴回原项目出资单位，40%留归本单位用于其他非项目用途，非项目结余用于补充项目资金。

表 11-2　2018 年其他收支科目发生额表　　　　单位：元

收入科目		金额	支出科目		金额
其他收入	非项目资金收入	1 200 000	经费支出 ——其他 资金支出	基本支出	950 000
	项目资金收入（已完成）	320 000		项目支出（已完成）	130 000
	项目资金收入（未完成）	140 000		项目支出（未完成）	90 000
			拨出经费	基本支出	55 000
				项目支出（已完成）	125 000
合计		1 660 000	合计		1 350 000

该行政单位年终结转有关收支科目时，应编制如下会计分录：

（1）将"其他收入"科目本年发生额转入"其他资金结转结余"科目及其明细科目：

借：其他收入　　　　　　　　　　　　　　　　　　　　　1 660 000

　　贷：其他资金结转结余——非项目结余——收支转账　　　1 200 000

　　　　　　　　　　　　——项目结余——收支转账　　　　　460 000

（2）将财政拨款支出以外的其他资金支出本年发生额转入"其他资金结转结余"科目及其明细科目：

借：其他资金结转结余——非项目结余——收支转账　　　　1 005 000

　　　　　　　　　　　——项目结转——收支转账　　　　　　345 000

　　贷：经费支出——其他资金支出　　　　　　　　　　　　1 170 000

　　　　拨出经费　　　　　　　　　　　　　　　　　　　　　180 000

（3）缴回和转出项目结余：

借：其他资金结转结余——项目结转——结余调剂　　　　　　65 000

　　贷：其他应付款　　　　　　　　　　　　　　　　　　　　39 000

　　　　其他资金结转结余——非项目结余——结余调剂　　　　26 000

（4）用非项目结余资金补充项目资金：

借：其他资金结转结余——非项目结余——结余调剂　　　　　26 000

　　贷：其他资金结转结余——项目结转——结余调剂　　　　　26 000

（5）年末冲销有关明细科目：

借：其他资金结转结余——收支转账　　　　　　　　　　　　310 000

　　贷：其他资金结转结余——剩余结转结余　　　　　　　　271 000

　　　　　　　　　　　　——项目结转——结余调剂　　　　　39 000

二、资产基金的核算

资产基金是指行政单位的非货币性资产在净资产中占用的金额，具体指预付账款、存货、固定资产、在建工程、无形资产、政府储备物资、公共基础设施等金额。资产基金属于与非货币性资产对应的净资产项目。

当行政单位使用货币资金获取非货币性资产时，既要反映货币资金的减少和支出的增加。也要反映非货币性资产的增加。因此，根据"资产＝负债+净资产"这一会计等式的要求，需要增加一项净资产，即资产基金。这一处理使资产负债表左右同时增加，以保持资产负债表的平衡。同理，当行政单位非货币性资产减少时，会计核算要反映非货币性资产的减少，也需要相应减少净资产，即资产基金，使资产负债表左右同时减少，以保持资产负债表的平衡。

为了核算非货币性资产在净资产中占用的金额，应设置"资产基金"总账科目。该科目贷方登记资产基金的增加；借方登记资产基金的减少；期末贷方余额反映行政单位非货币性资产在净资产中占用的金额。"资产基金"科目应当设置"预付款项""存货""固定资产""在建工程""无形资产""政府储备物资""公共基础设施"等明细科目，进行明细分类核算。

（一）资产基金发生的核算

资产基金应当在发生预付账款，取得存货、固定资产、在建工程、无形资产、政府储备物资、公共基础设施时确认。

（1）发生预付账款时，按照实际发生的金额，借记"预付账款"科目，贷记本科目（预付款项）；同时，按照实际支付的金额，借记"经费支出"科目，贷记"财政拨款收入""零余额账户用款额度""银行存款"等科目。

（2）取得存货、固定资产、在建工程、无形资产、政府储备物资、公共基础设施等资产时，按照取得资产的成本，借记"存货""固定资产""在建工程""无形资产""政府储备物资""公共基础设施"等科目，贷记"资产基金"科目（存货、固定资产、在建工程、无形资产、政府储备物资、公共基础设施）；同时，按照实际发生的支出，借记"经费支出"科目，贷记"财政拨款收入""零余额账户用款额度""银行存款"等科目。

（二）资产基金冲减的核算

（1）收到预付账款购买的物资或服务时，应当相应冲减资产基金。按照相应的预付账款金额，借记"资产基金"科目（预付款项），贷记"预付账款"科目。

（2）领用和发出存货、政府储备物资时，应当相应冲减资产基金。按照领用和发出存货、政府储备物资的成本，借记"资产基金"科目（存货、政府储备物资），贷记"存货""政府储备物资"科目。

（3）计提固定资产折旧、公共基础设施折旧、无形资产摊销时，应当冲减资产基金。按照计提的折旧、摊销金额，借记本科目（固定资产、公共基础设施、无形资产），贷记"累计折旧""累计摊销"科目。

（4）无偿调出、对外捐赠存货、固定资产、无形资产、政府储备物资、公共基础设施时，应当冲减该资产对应的资产基金。

第一，无偿调出、对外捐赠存货、政府储备物资时，按照存货、政府储备物资的账面余额，借记"资产基金"科目及其明细科目，贷记"存货""政府储备物资"等科目。

第二，无偿调出、对外捐赠固定资产、公共基础设施、无形资产时，按照相关固定资产、公共基础设施、无形资产的账面价值，借记"资产基金"科目及其明细科目，按照已计提折旧、已计提摊销的金额，借记"累计折旧""累计摊销"科目，按照固定资产、公共基础设施、无形资产的账面余额，贷记"固定资产""公共基础设施""无形资产"科目。

（三）财产处理过程中的资产基金核算

行政单位财产的处理过程中，通过"待处理财产损溢"科目核算的资产基金，有关的账务处理参见第十章待处理财产损溢核算部分的相关例题。

三、待偿债净资产的核算

待偿债净资产是指由于行政单位发生应付账款、长期应付款而应在净资产中冲减的金额。待偿债净资产属于净资产的抵减项目。

当行政单位发生应付账款和长期应付款业务时，会计核算要反映负债的增加。同时，根据"资产＝负债＋净资产"这一会计等式的要求，也需要减少净资产，即增加待偿债净资产，以保持资产负债表的平衡。同理，当偿还应付账款和长期应付款时，一方面，偿债的货币资金支付要记入当期支出，会计核算反映为货币资金的减少和支出的增加，资产负债表左右同减；另一方面，也要反映负债的减少和净资产的增加，即减少待偿债净资产，以保持资产负债表的平衡。

为了核算因发生应付账款、长期应付款而应在净资产中冲减的金额，应设置"待偿债净资产"总账科目。该科目是净资产的抵减科目，借方登记待偿债净资产的增加；贷方登记待偿债净资产的减少；期末借方余额反映行政单位因尚未支付的应付账款和长期应付款而需相应冲减净资产的金额。

会计制度对待偿债净资产的账务处理要求如下：

（1）发生应付账款、长期应付款时，按照实际发生的金额，借记"待偿债净资产"科目，贷记"应付账款""长期应付款"等科目。

（2）偿付应付账款、长期应付款时，按照实际偿付的金额，借记"应付账款""长期应付款"等科目，贷记"待偿债净资产"科目；同时，按照实际支付的金额，借记"经费支出"科目，贷记"财政拨款收入""零余额账户用款额度""银行存款"等科目。

（3）因债权人原因，核销确定无法支付的应付账款、长期应付款时，按照报经批准核销的金额，借记"应付账款""长期应付款"科目，贷记"待偿债净资产"科目。

待偿债净资产的核算例题参见本章应付账款和长期应付款核算的相关例题。

思考题

1. 什么是行政单位的负债和净资产？它们各自包括哪些内容？

2. 什么是行政单位的应缴财政款和应缴税费？

3. 行政单位的应付账款、长期应付款和其他应付款有何区别？

4. 什么是行政单位的受托代理资产和受托代理负债？

5. 行政单位的结转、结余分为哪几类？在核算上有何区别？

6. 什么是行政单位的资产基金？

7. 什么是行政单位的待偿债净资产？其对应的科目有哪些？

练习题

1. 某行政单位出租固定资产，取得租金收入 15 000 元并存入银行，同时按规定计提应纳增值税、城建税和教育费附加。

2. 某行政单位采购专用材料一批，取得的增值税专用发票上注明价款 35 000 元，增值税进项税额 4 550 元，款项尚未支付。专用材料已验收入库。

3. 某行政单位通过零余额账户向职工支付工资、津贴补贴等薪酬 825 000 元，同时代扣个人承担的保险费 28 000 元、住房公积金 55 000 元、个人所得税 18 000 元。

4. 某行政单位按照国家政策规定标准计算出就业困难人员的公益性岗位补贴 150 000 元。

5. 某行政单位通过财政零余额账户偿付期限为 6 个月的应付账款 70 000 元。

6. 某行政单位 2018 年 6 月 1 日购入一批不需安装的专用设备，价值为 800 万元，与供货方约定采用分期付款方式，分 4 次付清，每半年通过财政直接支付。该批设备运达后验收并交付使用。

请根据以上情况编制相应会计分录。

7. 某行政单位 2018 年年终结账前各项收入和支出发生额如表 11-3 所示。

表 11-3　某行政单位 2018 年年终各项收入和支出发生额　　　　单位：元

收入科目		金额	支出科目			金额
财政拨款收入	基本支出	4 795 000	经费支出	财政拨款支出	基本支出	4 464 000
					项目支出（已完成）	730 000
	项目支出（已完成）	820 000			项目支出（未完成）	350 000
	项目支出（未完成）	400 000		其他资金支出	基本支出	250 000
其他收入	非项目资金收入	400 000			项目支出（已完成）	50 000
	项目资金收入（已完成）	150 000	拨出经费		基本支出	10 000
					项目支出	80 000

要求：根据以上资料，编制以下经济业务的会计分录，其中涉及结转结余科目的要求列出二级和三级明细科目。

(1) 结转本年财政拨款收入和支出。

(2) 将本年已完成项目的结转资金转入财政拨款结余。

(3) 假设本年财政拨款结余中 50% 予以核销，以抵财政应返还额度中的财政直接支付未使用的额度，50% 已通过单位零余额账户上缴财政部门。

(4) 将财政拨款结转明细科目余额转入"剩余结转"明细科目。

(5) 结转本年其他资金收入和支出。

(6) 假设本年其他资金结转结余中已完成项目的剩余资金 60% 已通过缴回原项目资金出资单位，剩余资金留归本单位用于其他非项目用途。

(7) 将其他资金结转结余科目明细科目余额转入"剩余结转结余"明细科目。

第十二章

行政单位会计收入和支出的核算

　　行政单位要开展日常业务和完成国家交给的行政任务，就必须有一定的财力作为保证。本章主要围绕行政单位的资金来源和业务费用使用介绍收入和支出的核算。

　　通过本章的学习，应该掌握以下内容：

- 行政单位收入的来源渠道
- 行政单位各项收入的管理及账务处理
- 行政单位经费支出的分类及明细科目的设置
- 行政单位各项支出的账务处理
- 国库集中收付制度在行政单位会计的实施

第一节　收入的核算

　　收入是指行政单位为开展业务活动，依法取得的非偿还性资金，包括财政拨款收入和其他收入。其中，财政拨款收入是指行政单位从同级财政部门取得的财政预算资金；其他收入是指行政单位依法取得的除财政拨款收入以外的各项收入。

　　行政单位依法取得的应当上缴财政的罚没收入、行政事业性收费、政府性基金、国有资产处置和出租出借收入等，不属于行政单位的收入。

　　行政单位不直接从事物质资料生产，是履行国家职能的管理部门，因此其资金来源主要有两大渠道：一是来源于国家财政拨款，二是来源于其他收入。行政单位会计应当按照要求对这两大类资金进行反映和监督。行政单位取得各项收入，应当符合国家规定，按照财务管理的要求，分项如实核算。行政单位的各项收入应当全部纳入单位预算，统一核算、统一管理。

一、财政拨款收入的核算

　　财政拨款收入是指行政单位按照经费领拨关系，由同级财政部门拨入的预算经费。财政拨款收入是行政单位的主要资金来源，是行政单位开展业务活动的基本财力保证。因此，行政单位必须加强对财政拨款收入的管理。

　　（一）领拨经费的依据

　　各级行政单位领拨经费的依据是经过审核批准的年度部门预算和季度分月用款计划。行政单位应当根据核定的年度预算指标和工作计划，在每个季度开始前，按照《政府收支分类科目》中"支出功能分类"的内容，按"款"分项编制"季度分月用款计划"和"经费拨款申请单"，报同级财政部门或上级单位核定，作为领拨经费的依据。财政部门或主管单位收到所属单位的"季度分月用款计划"和"经费拨款申请单"后，

应根据工作计划进度以及单位资金结存情况，核定各月拨款数，并据以及时拨款。季度
（分月）用款计划表如表12-1所示。

表 12-1 季度（分月）用款计划

编制单位：　　　　　　　　　　　　　　××年第一季度　　　　　　　　　　　单位：万元

收支分类科目			全年预算款	分 月 用 款 计 划							
编号		名称		合 计		1 月份		2 月份		3 月份	
款	项			计划	核定	计划	核定	计划	核定	计划	核定

单位负责人：　　　　　　　　　会计：　　　　　　　　　制表：

（二）领拨经费的原则

领拨经费是执行政府预算的主要环节。各行政单位领拨经费时，应坚持"按计划领拨经费、按进度领拨经费、按用途领拨经费、按级次领拨经费"的原则。

1. 按计划领拨经费

行政单位应当严格按照经批准的年度部门预算以及季度分月用款计划按月申请取得财政拨款收入，不得申请无预算、无计划或超预算、超计划的拨款。预算在执行中原则上不予调整。因特殊情况确需要调整预算的，行政单位应当按照规定程序报送审批。

2. 按进度领拨经费

行政单位除了应当严格按部门预算和用款计划申请取得财政拨款收入以外，还应结合各项业务活动的执行进度、资金的结余情况申请取得财政拨款收入。行政单位既要保证及时申请以取得预算和计划内供应的各项资金，又要防止或减少预算资金的积压，从而提高预算资金的使用效益。

3. 按用途领拨经费

行政单位应当按照预算规定的用途申请取得财政拨款收入，未经财政部门同意，不得擅自改变财政拨款收入的用途。行政单位对于拨入的专项经费，应当与拨入的经常性经费分别核算，不得混淆，执行专款专用的原则。

4. 按级次领拨经费

行政单位应当按照预算级次逐级申请取得财政拨款收入，不得越级申请取得财政拨款收入。同级主管会计单位之间不能发生财政拨款收入的业务，没有预算关系的不同级别的行政单位之间也不能发生财政拨款收入的业务。行政单位的隶属关系如有改变，应在办理划转预算关系的同时，办理财政拨款收入的划转手续，并结清已经取得的财政拨款收入。

（三）领拨经费的方式

行政单位领拨经费的方式采用国库集中收付制度的方式。具体的财政资金支付方式有两种：一种是财政直接支付方式，另一种是财政授权支付方式。

按照国库集中收付制度的要求，在"收入直缴"的基础上，先在工资性支出、政府采购支出、基本建设项目支出和专项支出等项目实施财政直接支付方式；对零星支出实施财政授权方式，最终将所有政府性基金、行政性收费、罚没收入和预算外资金全部纳入国库集中收付制度管理，全面实施"收入直缴、支出直拨"。国库集中收付制度的实施，引起行政单位的财政资金管理发生新的变化。

（1）传统拨款制度下的预算资金，在各行政单位间层层转拨的情况将消失，代之以国库直接支付。各行政单位需要使用资金时，将由国库单一账户直接支付到劳务提供者或商品供应者账户上。

（2）各单位在银行应开设零余额账户，并在会计科目上设置"零余额账户用款额度"总账科目，专门核算单位在财政下达授权支付额度内的支付业务。这样财政资金在各单位沉淀的现象将消失。行政单位的"银行存款"账户主要核算自筹资金收入、各项往来款项和以前年度结余等内容。

（3）各单位还应设置"财政应返还额度"账户，专门核算实行国库集中收付制度下的财政返还的资金额度。

（四）财政拨款收入的核算

为了核算财政拨款收入的业务，应设置"财政拨款收入"总账科目。该科目贷方登记各行政单位按照经费领拨关系，从同级财政部门取得的各类财政预算资金，包括为基本支出而向同级财政部门申请取得的财政拨款资金和为项目支出而向财政部门申请取得的财政拨款资金。该科目平时的贷方余额反映财政拨款收入的累计发生额。该科目的借方登记财政拨款资金的收回或核销数。年终结账时，将该科目的贷方余额转入"财政拨款结转"科目的贷方；结转后该科目无余额。该科目应按财政资金管理和部门预算要求分别设置"基本支出拨款"和"项目支出拨款"两个二级科目。二级科目下按《政府收支分类科目》中"支出功能分类科目"的"项"级科目进行明细核算。在"基本支出拨款"明细科目下按照"人员经费"和"日常公用经费"进行明细核算，在"项目支出拨款"明细科目下按照具体项目进行明细核算。

有公共财政预算拨款、政府性基金预算拨款两种或两种以上财政拨款的行政单位，还应当按照财政拨款的种类分别进行明细核算。

行政单位的专项经费需要单独向财政部门（拨款单位）报账并在"项目支出"二级科目下核算。专项经费拨款一般以科研专款和工程专款为主，如科技三项拨款、专项设备购置拨款、房屋大修拨款等。为了保证专项工程或专项作业所需资金，各行政单位对于拨入的专项资金应坚持"专款专用、计划管理、单独核算、专项报账、按实列支"的原则。按规定使用专项资金，不得挪作他用，并应按有关拨款部门的要求，定期报告其使用情况。专项业务结束后，应当及时处理报账结算手续。

1. 财政直接支付方式下取得财政拨款收入的账务处理

在财政直接支付方式下，行政单位根据国库支付执行机构委托代理银行转来的"财政直接支付入账通知书"及相关原始凭证，借记有关支出科目，贷记"财政拨款收入"科目。年末，行政单位根据本年度财政直接支付预算指标数与财政直接支付实际支出数的差额，借记"财政应返还额度——财政直接支付"科目，贷记"财政拨款收入"科目。本年度财政直接支付的资金收回时，借记"财政拨款收入"科目，贷记有关支出科目。

【例12-1】某行政单位本月收到同级财政局委托代理银行转来的财政直接支付入账通知书，支付一笔日常行政活动经费80 000元。该行政单位应编制如下会计分录：

借：经费支出　　　　　　　　　　　　　　　　　　　　　　　80 000

　　贷：财政拨款收入——基本支出拨款　　　　　　　　　　　　　　80 000

【例12-2】某行政单位收到代理银行转来的财政直接支付入账通知书，财政部门为该单位支付开展某项专业业务活动的费用65 000元。该行政单位应编制如下会计分录：

借：经费支出　　　　　　　　　　　　　　　　　　　　　　　65 000

　　贷：财政拨款收入——项目支出拨款　　　　　　　　　　　　　　65 000

【例12-3】某行政单位将上月以财政直接支付方式购入的3台复印机，验收时因质量问题办理退货，接到代理银行转来的财政直接支付退款通知书，退回资金45 000元。该行政单位应编制如下会计分录：

借：财政拨款收入——基本支出拨款　　　　　　　　　　　　　45 000

　　贷：经费支出　　　　　　　　　　　　　　　　　　　　　　　45 000

【例12-4】年末，某行政单位汇总当年财政直接支付的实际支出数（基本支出）为3 000 000元，本年度财政直接支付的预算指标数（基本支出拨款）为3 200 000元，故确定应收财政返还的资金额度为200 000元。该行政单位应编制如下会计分录：

借：财政应返还额度——财政直接支付　　　　　　　　　　　　200 000

　　贷：财政拨款收入——基本支出拨款　　　　　　　　　　　　　200 000

2. 财政授权方式下取得财政拨款收入的账务处理

在财政授权支付方式下，行政单位根据收到的"财政授权支付额度到账通知书"，借记"零余额账户用款额度"等科目，贷记"财政拨款收入"科目；年末，如行政单位本年度财政授权支付预算指标数大于财政授权支付额度下达数，应根据两者间的差额，借记"财政应返还额度——财政授权支付"科目，贷记"财政拨款收入"科目。

【例12-5】某行政单位收到代理银行转来的财政授权支付额度到账通知书，列明当月授权支付额度为500 000元，其中基本支出400 000元、项目支出100 000元。该行政单位应编制如下会计分录：

借：零余额账户用款额度　　　　　　　　　　　　　　　　　　500 000

　　贷：财政拨款收入——基本支出拨款　　　　　　　　　　　　　400 000

　　　　　　　　　——项目支出拨款　　　　　　　　　　　　　100 000

【例12-6】年末，某行政单位汇总当年财政授权支付额度下达数1 500 000元，其中基本支出拨款1 000 000元、项目支出拨款500 000元；本年度财政授权支付的预算指标数为1 800 000元，其中基本支出拨款1 200 000元、项目支出600 000元。该行政单位确定应收财政返还的资金额度为300 000元。该行政单位应编制如下会计分录：

借：财政应返还额度——财政授权支付　　　　　　　　　　　　300 000

　　贷：财政拨款收入——基本支出拨款　　　　　　　　　　　　　200 000

　　　　　　　　　——项目支出拨款　　　　　　　　　　　　　100 000

3. 其他支付方式下取得财政拨款收入的账务处理

在其他支付方式下，实际收到财政拨款收入时，应借记"银行存款"等科目，贷记"财政拨款收入"科目。

【例12-7】某行政单位尚未实行国库集中收付制度，本月收到开户银行收款通知，收到同级财政局拨来预算经费 800 000 元，用于日常行政活动开支。该行政单位应编制如下会计分录：

借：银行存款　　　　　　　　　　　　　　　　　　　　　　　　　800 000
　　贷：财政拨款收入——基本支出拨款　　　　　　　　　　　　　　800 000

4. 财政拨款收入年终结转的账务处理

年末，将"财政拨款收入"科目本年发生额转入财政拨款结转时，借记"财政拨款收入"科目，贷记"财政拨款结转"科目。年终结账后，"财政拨款收入"科目应无余额。

【例 12-8】年末，某行政单位将"财政拨款收入"账户余额，其中基本支出拨款 5 550 000 元、项目支出拨款 3 230 000 元，进行年终结转。该行政单位应编制如下会计分录：

借：财政拨款收入——基本支出　　　　　　　　　　　　　　　5 550 000
　　　　　　　　　　——项目支出　　　　　　　　　　　　　　3 230 000
　　贷：财政拨款结转　　　　　　　　　　　　　　　　　　　　8 780 000

二、其他收入的核算

其他收入是指行政单位依法取得的除财政拨款收入以外的各项收入，主要包括从非同级财政部门、上级主管部门等取得的用于完成项目或专项任务的资金、库存现金溢余、后勤服务收入、银行存款利息收入等。

行政单位依法取得的应当上缴财政的罚没收入、行政事业性收费、政府性基金、国有资产处置和出租出借收入等，不属于行政单位的其他收入，应通过"应缴财政款"科目核算。行政单位从上级政府单位、本级政府其他单位、下级政府单位取得的用于完成项目或专项任务的资金，不属于行政单位的其他收入。行政单位从非同级财政部门、上级主管部门等取得指定转给其他单位、并且未纳入本单位预算管理的资金，应通过"其他应付款"科目核算。

为了核算其他收入的业务，应设置"其他收入"总账科目。该科目贷方登记收到的其他收入实际金额。冲销转出时，借记"其他收入"科目，贷记有关科目。"其他收入"科目平时贷方余额反映其他收入的累计数。年终结账时，"其他收入"科目贷方余额全数转入其他资金结转结余时，借记"其他收入"科目。年终结账后，"其他收入"科目无余额。"其他收入"科目应按其他收入的类别、来源单位、项目资金和非项目资金设置明细账，进行明细分类核算。

【例 12-9】某行政单位接银行通知，本季度的银行存款利息为 2 500 元。该行政单位应编制如下会计分录：

借：银行存款　　　　　　　　　　　　　　　　　　　　　　　　2 500
　　贷：其他收入——利息收入　　　　　　　　　　　　　　　　　2 500

【例 12-10】某行政单位收到出售废旧物品的现金 200 元。该行政单位应编制如下会计分录：

借：库存现金　　　　　　　　　　　　　　　　　　　　　　　　　200
　　贷：其他收入——后勤服务收入　　　　　　　　　　　　　　　　200

【例 12-11】某行政单位收到乙公司为某项目投入资金 80 000 元。该行政单位应编制如下会计分录：

借：银行存款　　　　　　　　　　　　　　　　　　　　　　　80 000

　　贷：其他收入——项目资金收入　　　　　　　　　　　　　　80 000

【例12-12】年末，某行政单位将"其他收入"科目贷方余额130 000元转入"其他资金结余"科目。其中：利息收入15 000元、后勤服务收入35 000、项目资金收入80 000元。该行政单位应编制如下会计分录：

借：其他收入——利息收入　　　　　　　　　　　　　　　　　15 000

　　　　　　——后勤服务收入　　　　　　　　　　　　　　　35 000

　　　　　　——项目资金收入　　　　　　　　　　　　　　　80 000

　　贷：其他资金结余　　　　　　　　　　　　　　　　　　　130 000

第二节　支出的核算

行政单位的支出是指行政单位为保障机构正常运转和完成工作任务所发生资金耗费及损失，包括经费支出和拨出经费。

一、经费支出的核算

经费支出是指行政单位自身开展业务活动使用各项资金发生的基本支出和项目支出。经费支出表现为行政单位为实现社会管理职能、完成行政任务所必须发生的各项资金耗费，也体现了行政单位组织和参与经济建设、文化建设等各项建设的业绩。

经费支出是行政单位对包括财政拨款收入和其他收入等各项收入来源综合安排使用的结果，是行政单位在预算执行过程中各项资金的实际消耗数，也就是"实际支出数"。因此，实际支出数是行政单位预算支出的核算基础，也是上级机关和财政部门考核单位预算执行情况和核销单位预算支出的依据。

（一）经费支出的内容及分类

对行政单位经费支出的内容进行分类，便于分析和考核各项经费支出的实际发生情况及其效果，从而有针对性地加强和改善对经费支出的管理。行政单位经费支出从部门预算的编制划分可分为两大类：基本支出和项目支出。以此设置二级明细科目，并按照《政府收支分类科目》中的"支出经济分类"的"款"级设置三级明细科目，进行明细核算。

1. 基本支出和项目支出

基本支出是指行政单位为保障机构正常运转和完成日常工作任务发生的支出。基本支出包括人员支出和公用支出，如工资、个人福利、办公经费等。基本支出反映了行政单位进行公务活动必需的基本资金耗费，是具体履行社会管理职能的基本资金保证，也是编制部门预算、接受上级部门检查预算执行情况的重要依据。基本支出的经费必须是能够实行定员或定额管理的经费，具有常规性和稳定性的特点，也是行政单位支出管理的最基本、最重要的内容。

项目支出是指行政单位为完成特定的工作任务，在基本支出之外发生的支出。项目支出主要包括专项业务费、大型专项修缮、大型专项购置、大型专项会议等支出。这些业务都是不易实行定员定额管理的支出项目，必须有严格的制度为保障。项目支出也是部门支出预算的组成部分，具有专项、专业、非常规性和不稳定的特点。因此，项目支出需要经过申报、立项、评审和审批等过程，并要求专款专用、单独核算和加强检查监督。

2. 支出用途的经济分类

行政单位的经费支出核算需要按用途进行分类，《政府收支分类科目》中的"支出经济分类"内容，正是反映行政单位涉及的支出具体用途，其中的"类""款"级科目是基本支出、项目支出核算的具体内容。

（1）工资福利支出类。工资福利支出类反映行政单位开支的在职职工和临时聘用人员的各类劳动报酬以及为上述人员缴纳的各项社会保障费等。该类下设的"款"级内容包括基本工资、津贴补贴、奖金、社会保障缴费、伙食费、伙食补助费、其他工资福利支出等。

（2）对个人和家庭的补助类。对个人和家庭的补助类反映行政单位用于对个人和家庭的补助支出。该类下设的"款"级内容包括离休费、退休费、退职（役）费、抚恤金、生活补助、救济费、医疗费、助学金、奖励金、生产补贴、住房公积金、提租补贴、其他对个人和家庭的补助支出等。

（3）商品和服务支出类。商品和服务支出类反映行政单位购买商品和服务的支出，不包括用于购置固定资产的支出、战略性和应急储备支出等。该类下设的"款"级内容包括办公费、印刷费、咨询费、手续费、水费、电费、邮电费、取暖费、物业管理费、交通费、差旅费、出国费、维修（护）费、租赁费、会议费、培训费、招待费、专用材料费、装备购置费、工程建设费、劳务费、委托业务费、工会经费、福利费、其他商品和服务支出等。

（4）资本性支出类。资本性支出类反映行政单位发生的由各级发展与改革部门集中安排以及各级非发展与改革部门集中安排的用于购置固定资产、战略性和应急性储备、土地和无形资产以及购建基础设施、大型修缮所发生的支出。该类下设的"款"级内容包括房屋建筑物购建、办公设备购置、专用设备购置、基础设施建设、公务车购置、大型修缮、信息网络购建、物资储备、其他基本建设支出等。

（二）经费支出的管理要求

经费支出管理是行政单位财务管理的一项重要组成部分，也是财政部门或上级部门考核行政单位预算执行情况的重要内容。行政单位必须严格按照有关规定，采取切实可行的办法，加强对经费支出的管理。

1. 行政单位应当将各项支出全部纳入单位预算

各项支出应由单位财务部门按照批准的预算和有关规定审核办理，不得办理无预算、无计划或超预算的开支。行政单位应在财政部门批复的年度部门预算框架内编制季度分月用款计划，并根据支出的类型分为财政直接支付计划和财政授权支付计划两部分。行政单位的经费支出必须按照预算规定的开支标准支用，不得任意改变经费开支标准。对于违反财经纪律的开支，一律不得办理报销支付。不允许设账外账或小金库。

2. 保证单位基本支出的需要

行政单位应当保证人员经费和公用支出的需要，对于符合预算的人员经费和维持单位正常运转的基本公用支出切实予以落实；对于大型设备的购置和大型会议的召开等方面的开支尽量控制和压减。

3. 严格项目支出的管理

专项业务支出应当保证专款专用，不得任意改变内容或扩大使用范围。对于具有限定用途的资金，应严格按限定用途使用，不得任意挪用。应当为专项资金单独设账，反映和监督专项资金支出、进度和完成结算等情况。项目完成后，应当向同级财政部门或者上级预算单位报送项目支出决算和使用效果的书面报告。

4. 对经费支出的薄弱环节实施重点管理和控制

行政单位往往在"人、车、会、电话"等方面的支出难以控制，应当实施重点管理。在人员经费管理方面，应当严格执行核定的编制数，不能超编；在车辆购置费管理方面，标准配备车辆，不得超标；在会议费管理方面，应当健全审批制度，坚持务实、节约、高效的原则；在电话费管理方面，应当严格按规定配备电话等通信设备，未经审批，不负担购置费或消耗费。

5. 注意勤俭节约，讲求支出的效益

行政单位在办理经费支出时必须注意勤俭节约，既要考虑保证行政任务的顺利完成，又要考虑合理节约地使用各项资金。讲求少花钱、多办事、办好事，提高资金的利用效益。

（三）经费支出的账务处理

为了反映和监督经费支出的业务，应设置"经费支出"总账科目。该科目的借方登记行政单位开展业务活动以合法凭证支出的经费数；贷方登记经费支出的冲销转出数；余额在借方，反映行政单位累计发生的经费支出数。年终，将其余额分别转入"财政拨款结转""其他资金结转结余"科目。年终结账后，"经费支出"科目无余额。

"经费支出"科目应当分别按照"财政拨款支出""其他资金支出""基本支出"和"项目支出"等分类进行明细核算，并按照《政府收支分类科目》中"支出功能分类科目"的"项"级科目进行明细核算。"基本支出"和"项目支出"明细科目下应当按照《政府收支分类科目》中"支出经济分类科目"的"款"级科目进行明细核算。同时，在"项目支出"明细科目下按照具体项目进行明细核算。

有公共财政预算拨款、政府性基金预算拨款两种或两种以上财政拨款的行政单位，还应当按照财政拨款的种类分别进行明细核算。

【例12-13】A行政单位1月份的工资总额为850 000元，其中基本工资为400 000元、津贴补贴为100 000元、年终一次性奖金为300 000元、社会保障缴费为50 000元，由财政统发。A行政单位应编制如下会计分录：

借：经费支出——财政拨款支出（基本支出）　　　　　　　850 000

　　贷：应付职工薪酬　　　　　　　　　　　　　　　　　　850 000

同时，在经费支出明细账的借方登记如下：

财政拨款支出（基本支出）——工资福利支出——基本工资　　400 000

　　　　　　　　　　　　——工资福利支出——津贴补贴　　100 000

　　　　　　　　　　　　——工资福利支出——奖金　　　　300 000

　　　　　　　　　　　　——工资福利支出——社会保障缴费　50 000

借：应付职工薪酬　　　　　　　　　　　　　　　　　　　850 000

　　贷：财政拨款收入——基本支出拨款　　　　　　　　　　850 000

【例 12-14】A 行政单位通过单位零余额账户支付外聘人员劳务费 35 000 元，其中需要代扣代缴个人所得税 3 500 元。A 行政单位应编制如下会计分录：

借：经费支出——财政拨款支出（基本支出）　　　　　　　　　35 000
　　贷：应交税费——个人所得税　　　　　　　　　　　　　　　3 500
　　　　零余额账户用款额度　　　　　　　　　　　　　　　　31 500

同时，在经费支出明细账的借方登记如下：

财政拨款支出（基本支出）——商品和服务支出——劳务费　　35 000

【例 12-15】A 行政单位通过单位零余额账户购买日常办公用品一批，计 4 500 元，直接交给有关业务部门使用，属于基本支出预算。A 行政单位应编制如下会计分录：

借：经费支出——财政拨款支出（基本支出）　　　　　　　　　4 500
　　贷：零余额账户用款额度　　　　　　　　　　　　　　　　4 500

同时，在经费支出明细账的借方登记如下：

财政拨款支出（基本支出）——商品和服务支出——办公费　　4 500

【例 12-16】A 行政单位通过招投标购买属于基本支出预算的日常乙型材料一批，收到代理银行转来的财政直接支付入账通知书，金额为 150 000 元，材料已验收入库。A 行政单位应编制如下会计分录：

借：经费支出——财政拨款支出（基本支出）　　　　　　　　150 000
　　贷：财政拨款收入——基本支出拨款　　　　　　　　　　150 000
借：存货——乙型材料　　　　　　　　　　　　　　　　　　150 000
　　贷：资产基金——存货　　　　　　　　　　　　　　　　150 000

同时，在经费支出明细账的借方登记如下：

财政拨款支出（基本支出）——商品和服务支出——材料费　　150 000

【例 12-17】A 行政单位收到代理银行转来的财政直接支付入账通知书，通过招投标购入办公设备计 450 000 元，设备已验收。A 行政单位应编制如下会计分录：

借：经费支出——财政拨款支出（基本支出）　　　　　　　　450 000
　　贷：财政拨款收入——基本支出拨款　　　　　　　　　　450 000
借：固定资产　　　　　　　　　　　　　　　　　　　　　　450 000
　　贷：资产基金——固定资产　　　　　　　　　　　　　　450 000

同时，在经费支出明细账的借方登记如下：

财政拨款支出（基本支出）——基本建设支出——办公设备购置　450 000

如果上例业务是采用预付货款形式，则有 A 行政单位收到代理银行转来的财政直接支付入账通知书，预付 450 000 元给甲公司，购买办公设备。A 行政单位应编制如下会计分录：

借：经费支出——财政拨款支出（基本支出）　　　　　　　　450 000
　　贷：财政拨款收入——基本支出拨款　　　　　　　　　　450 000
借：预付账款——甲公司　　　　　　　　　　　　　　　　　450 000
　　贷：资产基金——预付款项　　　　　　　　　　　　　　450 000

同时，在经费支出明细账的借方登记如下：

财政拨款支出（基本支出）——基本建设支出——办公设备购置　450 000

设备到达验收后，则编制如下会计分录：

借：固定资产 450 000
 贷：资产基金——固定资产 450 000
借：资产基金——预付款项 450 000
 贷：预付账款——甲公司 450 000

【例12-18】A行政单位以财政授权方式缴纳本月电话费5 500元。A行政单位应编制如下会计分录：

借：经费支出——财政拨款支出（基本支出） 5 500
 贷：零余额账户用款额度 5 500

同时，在经费支出明细账的借方登记如下：
财政拨款支出（基本支出）——商品和服务支出——邮电费 5 500

【例12-19】A行政单位收到代理银行转来的财政直接支付入账通知书，支付属于基本支出预算的单位网络信息系统运行与维护费12 000元。A行政单位应编制如下会计分录：

借：经费支出——财政拨款支出（基本支出） 12 000
 贷：财政拨款收入——基本支出拨款 12 000

同时，在经费支出明细账的借方登记如下：
财政拨款支出（基本支出）——商品和服务支出——维护费 12 000

【例12-20】A行政单位通过单位零余额账户支付某一专门会议费用85 000元。A行政单位应编制如下会计分录：

借：经费支出——财政拨款支出（项目支出） 85 000
 贷：零余额账户用款额度 85 000

同时，在经费支出明细账的借方登记如下：
财政拨款支出（项目支出）——商品和服务支出——会议费 85 000

【例12-21】A行政单位请外部专家参加本单位某专门课题，需要支付外部专家劳务费50 000元，其中需要代扣代缴个人所得税5 000元。该课题已获得非财政拨款资金。A行政单位应编制如下会计分录：

借：经费支出——其他资金支出（项目支出） 50 000
 贷：应交税费——个人所得税 5 000
   银行存款 45 000

【例12-22】年终，A行政单位的"经费支出"科目的借方余额为1 280 000元，其中财政拨款支出（基本支出）768 000元、财政拨款支出（项目支出）448 000元、其他资金支出（项目支出）64 000元，进行年终转账。A行政单位应编制如下会计分录：

借：财政拨款结转结余 1 280 000
 贷：经费支出——财政拨款支出（基本支出） 768 000
    ——财政拨款支出（项目支出） 448 000
    ——其他资金支出（项目支出） 64 000

同时，在经费支出明细账的贷方登记所有的明细科目及项目，结清该科目。

二、拨出经费的核算

拨出经费是指行政单位纳入单位预算管理、拨付给所属单位的非同级财政拨款资金，包括拨给所属单位的专项经费和补助经费等。非同级财政拨款资金主要包括从上级单位、本级政府中非财政部门的其他单位、其他层级的政府单位等取得的资金。

为了反映和监督拨出经费业务，应设置"拨出经费"总账科目。该科目借方登记拨出经费实际发生数；贷方登记拨出经费的冲销或转出数；平时余额在借方，表示年内拨出经费的累计数。年终应将其借方余额全数转入"其他资金结余"科目。年终结账后，"拨出经费"科目应无余额。在采取实拨资金方式下，行政单位向下属单位转拨财政拨款资金时，不能通过"拨出经费"科目核算。

"拨出经费"科目应当分别按照"基本支出"和"项目支出"进行明细核算，还应当按照接受拨出经费的具体单位和款项类别等分别进行明细分类核算。按部门预算管理要求分类，基本支出是指行政单位使用非同级财政拨款资金拨付给所属单位的补助经费；项目支出是指行政单位使用非同级财政拨款资金拨付给所属单位的专项经费。

【例 12-23】A 行政单位通过开户银行转账，使用其他资金拨付所属 B 单位治污项目科研经费 200 000 元。A 行政单位应编制如下会计分录：

借：拨出经费——B 单位——项目支出　　　　　　　　　　　200 000
　贷：银行存款　　　　　　　　　　　　　　　　　　　　　　200 000

【例 12-24】A 行政单位使用非同级财政拨款资金向所属 C 单位拨付补助经费 50 000 元。A 行政单位应编制如下会计分录：

借：拨出经费——C 单位——基本支出　　　　　　　　　　　50 000
　贷：银行存款　　　　　　　　　　　　　　　　　　　　　　50 000

【例 12-25】年末，A 行政单位将"拨出经费"科目借方余额 780 000 元，其中 B 单位——基本支出 680 000 元、C 单位——项目支出 100 000 元，转入"其他资金结转结余"科目。A 行政单位应编制如下会计分录：

借：其他资金结转结余　　　　　　　　　　　　　　　　　　780 000
　贷：拨出经费——B 单位——基本支出　　　　　　　　　　680 000
　　　　　　——B 单位——项目支出　　　　　　　　　　　100 000

思考题

1. 什么是行政单位的收入和支出？它们包括的内容有哪些？
2. 什么是财政拨款收入和其他收入？
3. 什么是经费支出和拨出经费？其中的经费支出可以分成几类？
4. 行政单位的收入和支出是如何确认与计量的？

练习题

1. 某行政单位收到"财政授权支付额度到账通知书"列明本月授权支付的额度为财政 50 000 元。
2. 某行政单位使用非同级财政拨款资金向所属单位拨付专项经费 450 000 元。
3. 某行政单位购买专用材料 100 千克，每千克 15 000 元，材料款实行财政直接支付。材料已验收入库。
4. 某行政单位从非同级财政部门获得科研项目经费 150 000 元。
5. 某行政单位 3 月份的工资总额为 850 000 元，其中基本工资为 400 000 元、津贴补贴为 100 000 元、年终一次性奖金为 300 000 元、社会保障缴费为 50 000 元。款项已通过财政直接支付转入个人工资账户。

6. 在财政授权支付方式下，某行政单位收到代理银行盖章的"授权支付到账通知书"，金额为 80 000 元，并用此额度支付电话电报费 1 500 元、水费 10 000 元、电费 25 000 元。

7. 某行政单位从零余额账户提取现金 2 000 元备用。

8. 某行政单位职工出差回单位报销，交发票 8 500 元，原借支 8 000 元，差额以现金补付。

9. 某行政单位领用材料维修固定资产 50 000 元，以现金支付修理费 800 元。

10. 某行政单位用地方水利建设基金预算拨款购买 65 000 元的专业防汛通信设备一套，用于城市防洪项目，采用财政支付方式支付款项，该设备已经验收。

11. 某行政单位收到银行通知，本级政府其他单位转来一笔合作研究款 25 000 元，指定转级本单位的下属某研究机构。

12. 年终，某行政单位将"经费支出"科目余额 1 800 000 元、"拨出经费"科目余额 200 000 元进行年终结转。

13. 年终，某行政单位将"财政拨款收入"科目本年发生额 3 000 000 元和"其他收入"科目本年发生额 270 000 元进行年终结转。

14. 某行政单位与甲设备供货商签订政府采购合同，合同金额为 1 000 000 元。合同规定，到货验收后才付款。10 天后，设备运到并验收入库。该行政单位填写"财政直接支付申请书"，经审核，同意支付给供货商 1 000 000 元。2 天后，收到代理银行转来的"财政直接支付入账通知书"，货款已支付供货商。

15. 接代理银行通知，某行政单位本月的授权支付额度 400 000 元到账，与核定用款计划相符。

请根据以上情况，编制相应会计分录。

第十三章

行政单位会计报告

会计报告是反映行政单位财务状况和预算执行结果等的书面文件。通过阅读和分析行政单位的会计报告，能了解行政单位预算收支执行好坏及其存在的问题和原因，为管理当局提供有关财务会计方面的信息。

通过本章的学习，应该掌握以下内容：

- 行政单位会计报告的构成
- 行政单位年终清理、结算和结账的内容及规定
- 行政单位主要会计报表的内容及编制

第一节 会计报告的意义和分类

一、编制会计报告的意义

行政单位会计对经常的、大量的日常收支业务，运用专门的会计核算方法进行了反映和监督。但是，日常的会计记录资料毕竟还是比较分散的，不能用来直接、全面、综合地反映行政单位一定时期内单位的预算执行情况的全貌。为了进一步发挥会计的职能作用，行政单位会计必须对日常核算的资料进行整理、分类、计算和汇总，编制成相应的会计报表等，为有关各方提供总括性的财务信息资料。

利用行政单位编制的会计报告，可以分析、检查行政单位预算的计划与实际发生的差额，从而发现行政单位预算执行中存在的问题和潜力；可以从中了解行政单位的财经纪律、财务制度的遵守情况。利用行政单位编制的会计报告有利于总结经验，克服问题，不断提高行政单位的预算管理水平。

利用行政单位编制的会计报告，便于主管部门了解、分析所属单位预算的执行情况，通过对各所属单位的会计报告数据的比较，发现所属单位间预算执行的差距，了解造成差距的原因，可作为本系统领导决策和进行综合平衡的重要依据。

利用行政单位编制的会计报告或主管部门编制的汇总会计报告，便于财政部门检查、了解各行政单位应上缴的财政预算任务是否按时足额完成，预算收支是否按计划实现；可据以分析各行政单位预算资金收支的实际需要量，以便正确地核定预算拨款和调剂预算资金，作为下期部门预算编制和审核预算的重要参考依据。

二、会计报表的构成与分类

（一）会计报表的构成

行政单位的会计报表是反映行政单位财务状况和预算执行结果等的书面文件，由会计报表及其附注构成。

会计报表包括资产负债表、收入支出表、财政拨款收入支出表等。

附注是指对在会计报表中列示项目的文字描述或明细资料以及对未能在会计报表中列示项目的说明等。行政单位的报表附注应当至少披露下列内容：

（1）遵循《行政单位会计制度》的声明。

（2）单位整体财务状况、预算执行情况的说明。

（3）会计报表中列示的重要项目的进一步说明，包括其主要构成、增减变动情况等。

（4）重要资产处置、资产重大损失情况的说明。

（5）以名义金额计量的资产名称、数量等情况以及以名义金额计量理由的说明。

（6）或有负债情况的说明、1年以上到期负债预计偿还时间和数量的说明。

（7）以前年度结转结余调整情况的说明。

（8）有助于理解和分析会计报表的其他需要说明事项。

（二）会计报表的分类

会计报表是行政单位会计报告的主要组成部分。会计报表按不同的标准有以下不同的分类：

1. 按反映的经济内容分类

行政单位会计报表按其反映的经济内容分类，可分为资产负债表、收入支出表和财政拨款收入支出表。

资产负债表是反映行政单位在某一特定日期财务状况的报表。

收入支出表是反映行政单位在某一会计期间全部预算收支执行结果的报表。

财政拨款收入支出表是反映行政单位在某一会计期间财政拨款收入、支出、结转及结余情况的报表。

2. 按编报的时间分类

行政单位会计报表按其编报的时间分类，可分为月报和年报。

月报是反映行政单位截至报告月度财务状况和预算收支执行情况的报表。月报要求编报资产负债表和收入支出表。

年报也叫年度决算报表，是全面反映年度财务状况和预算收支预算执行结果的报表。年报要求编制资产负债表、收入支出表和财政拨款收入支出表。

3. 按编制的层次分类

行政单位会计报表按编制的层次分类，可分为单位会计报表和汇总会计报表。

单位会计报表是反映本单位财务状况和预算执行情况的会计报表。

汇总会计报表是主管会计单位根据本级会计报表和经审查过的所属单位会计报表汇总编制，反映主管单位及所属单位的财务状况和预算执行情况的会计报表。

三、会计报表的编制要求

行政单位在编制会计报表时，应首先做好准备工作：一是要及时清理、核对各项收支款项，清理货币资金，清理往来款项，清查资产物资；二是要及时进行期末转账和结账。做好这些工作的基础上，才能展开会计报表的编制工作。按照会计制度的规定，行政单位应当按照下列规定编制会计报表：

第一，行政单位资产负债表、财政拨款收入支出表和附注应当至少按照年度编制，收入支出表应当按照月度和年度编制。

年度报表由财政部门统一布置。行政单位应按照财政部门和上级主管单位的填表要求，完成本单位或本系统的年度报表编报工作。行政单位也可以按照本单位财务管理的需要，编制月度资产负债表。

第二，行政单位应当根据会计制度规定编制并提供真实、完整的财务报表。行政单位不得违反规定，随意改变制度规定的会计报表格式、编制依据和方法，不得随意改变制度规定的会计报表有关数据的会计口径。

第三，行政单位的财务报表应当根据登记完整、核对无误的账簿记录和其他有关资料编制，要做到数字真实、计算准确、内容完整、报送及时。

（1）数字真实。行政单位会计报表应该是对行政单位预算执行情况真实性、正确性的反映。因此，在编制会计报表前，所有应入账的经济业务，都要全部登记入账，切实做到账证相符、账账相符、账实相符，并根据核对无误的账簿记录，编制会计报表，做到账表相符。数字要有根有据，不能估列，严禁弄虚作假或任意增减数字，保证会计报表反映的数字真实可靠。

（2）计算准确。各种会计报表之间、各项目之间凡有对应关系的数字应保持一致、勾稽，报表所有项目计算应准确无误，逻辑关系清楚。本期报表与上期报表之间数字应相互衔接。

（3）内容完整。会计报表是国家预算管理和财政财务管理必须掌握的重要资料，报表内容必须完整，不得漏编、漏报，内容和文字说明应清楚齐全。凡上级部门规定应加报的补充资料和要求做文字说明的，也要分别报送，以保证会计报表的内容完整。

（4）报送及时。行政单位会计决算报告的统一编制时间为每年的 12 月 31 日。为了充分发挥会计报表的作用，在保证数字真实准确、内容完整的基础上，确保会计报表及时编报。会计报表的时间性很强，如果编报不及时，就会失去它应有的作用，并且影响各单位报表的及时汇总上报，从而影响会计信息使用者制定正确的决策。

第四，行政单位财务报表应当由单位负责人和主管会计工作的负责人、会计机构负责人（会计主管人员）签名并盖章。

四、年终清理结算内容

行政单位会计核算工作最繁忙的时间是在年终。年终的工作主要包括年终清理结算和年终结账，并在此基础上进行年终会计报表的编制。

年终清理结算，就是对行政单位全年预算资金和其他资金收支活动进行全面清理、核对、整理和结算的工作。年终清理结算是行政单位编制年度决算报表的一个重要环节，是保证单位决算报表数字准确、真实、完整的一项基础工作。行政单位应当要根据财政部门和上级主管部门关于决算编审工作的要求，认真做好此项工作。年终清理结算的主要内容如下：

（一）清理核对各项预算收支

行政单位在年度终了前，应当清理、核对各项年度预算收支数字和各项缴拨款，保证上下级之间的年度预算数和领拨经费数相互一致。凡属本年的各项收入，应当及时入账。凡属于本年的各项支出，应当按规定的支出渠道如实列报。行政单位的年度支出决算，一律以基层用款单位截至 12 月 31 日的本年实际支出数为准，不得将年终前预拨下级单位的下年预算拨款列入本年的支出，也不得以上级会计单位的拨款数代替基层会计单位的实际支出数。

（二）清理结算各项往来款项

行政单位的应收预付款、应付暂存款等往来款项，年终前应尽量清理完毕。凡是在年终前可以结算清楚的，一定要结算清楚，做到"人欠收回，欠人归还"。按有关规定应当转作各项收入或各项支出的往来款项，应当及时转入有关收入、支出账户，编入本年决算，不得在往来账上长期挂账，影响收入、支出数字不实。

（三）清查核对各项财产物资

年终前，行政单位应对各项物资财产进行全面的实地清查盘点。对于发生盘盈或盘亏的，应当及时查明原因，并按规定进行相应会计处理，做到账账相符、账实相符。由于年末会计事务较多，而盘点财产物资又牵涉面较广，盘点清查工作应做好规划。

（四）清查核对各项货币资金

清理货币资金，即清理银行存款、现金和有价证券。年终时，行政单位先应当及时清理用于政府采购而设置的零余额账用款额度，对直接支付和授权支付的业务进行清理。然后，行政单位应与开户银行进行对账。行政单位的银行存款账面余额应当与银行对账单的余额一致。行政单位还应当将现金的账面余额与库存现金进行核对。经过核对，两者应当相符。行政单位还应当将有价证券的账面数与实存的有价证券实际成本数字进行核对。经过核对，两者应当相符。

第二节　主要会计报表的编制

前已述及，会计报表按经济内容主要分为资产负债表、收入支出表和财政拨款收入支出表。本节介绍主要会计报表的编制。

一、资产负债表的内容及编制

（一）概念及基本格式

资产负债表是反映行政单位在某一特定日期（月末、年末）财务状况的会计报表。资产负债表是行政单位的主要会计报表之一，属于静态报表，应当按年度编制，也可以按月度编制。

资产负债表可以为行政单位提供以下信息：某一特定日期的全部资产、负债和净资产的情况，反映行政单位总体财务状况。其中，资产总额及其结构，表明行政单位拥有或控制的经济资源及其分布情况；负债总额及其结构，表明行政单位需要用多少资产、劳务及时间清偿债务；净资产总额及其结构，表明行政单位拥有各项基金及结转和结余情况。

资产负债表应当按照资产、负债和净资产分类、分项列示，依据"资产＝负债＋净资产"的平衡原理设置报表基本格式，即采用账户式结构，分为左右两部分，左方列示资产各项目，反映资产的分布及存在形态；右方列示负债和净资产各项目，反映负债和净资产的内容及构成情况。资产负债表左右两方合计总数相等。资产负债表的基本格式如表13-1所示。

表 13-1　资产负债表　　　　　　会行政 01 表

编报单位：　　　　　　　　　　年　月　日　　　　　　　　单位：元

资产	年初数	期末数	负债和净资产	年初数	期末数
流动资产：			流动负债：		
库存现金			应缴财政款		
银行存款			应交税费		
财政应返还额度			应付职工薪酬		
应收账款			应付账款		
预付账款			应付政府补贴		
其他应收款			其他应付款		
存货			一年内到期的非流动负债		
流动资产合计			流动负债合计		
固定资产			非流动负债：		
固定资产原价			长期应付款		
减：固定资产累计折旧			受托代理负债		
在建工程			非流动负债合计		
无形资产			负债合计		
无形资产原价					
累计摊销			净资产：		
待处理财产损溢			财政拨款结转		
政府储备物资			财政拨款结余		
公共基础设施			其他资金结转结余		
公共基础设施原价			其中：项目结转		
减：公共基础设施累计折旧			资产基金		
公共基础设施在建工程			待偿债净资产		
受托代理资产			净资产合计		
资产总计			负债和净资产总计		

（二）年度资产负债表的编制方法

资产负债表的编制以日常会计核算记录的账簿数据为基础。报表各项目都列有"年初余额"（"年初数"）和"期末余额"（"年末数"）两个栏目。其中，"年初余额"应根据相关账户的年初余额填列，一般与上年资产负债表的期末余额相同；"期末余额"应根据相关账户的期末余额填列。具体填列方法如下：

1."年初余额"的填列

"年初余额"栏内各项数字，应当根据上年年末资产负债表"期末余额"栏内数字填列。如果本年度资产负债表规定的各个项目的名称和内容同上年度不相一致，应对上年年末资产负债表各项目的名称和数字按照本年度的规定进行调整，填入本表"年初余额"栏内。

2."期末余额"的填列

会计制度规定了资产负债表各项目所反映的内容及填列方法，具体如下：

（1）"库存现金"项目，反映行政单位期末库存现金的金额。本项目应当根据"库存现金"科目的期末余额填列；期末库存现金中有属于受托代理现金的，本项目应当根据"库存现金"科目的期末余额减去其中属于受托代理的现金金额后的余额填列。

（2）"银行存款"项目，反映行政单位期末银行存款的金额。本项目应当根据"银行存款"科目的期末余额填列；期末银行存款中有属于受托代理存款的，本项目应当根据"银行存款"科目的期末余额减去其中属于受托代理的存款金额后的余额填列。

（3）"财政应返还额度"项目，反映行政单位期末财政应返还额度的金额。本项目应当根据"财政应返还额度"科目的期末余额填列。

（4）"应收账款"项目，反映行政单位期末尚未收回的应收账款金额。本项目应当根据"应收账款"科目的期末余额填列。

（5）"预付账款"项目，反映行政单位预付给物资或者服务提供者款项的金额。本项目应当根据"预付账款"科目的期末余额填列。

（6）"其他应收款"项目，反映行政单位期末尚未收回的其他应收款余额。本项目应当根据"其他应收款"科目的期末余额填列。

（7）"存货"项目，反映行政单位期末为开展业务活动耗用而储存的存货的实际成本。本项目应当根据"存货"科目的期末余额填列。

（8）"固定资产"项目，反映行政单位期末各项固定资产的账面价值。本项目应当根据"固定资产"科目的期末余额减去"累计折旧"科目中"固定资产累计折旧"明细科目的期末余额后的金额填列。

"固定资产原价"项目，反映行政单位期末各项固定资产的原价。本项目应当根据"固定资产"科目的期末余额填列。

"固定资产累计折旧"项目，反映行政单位期末各项固定资产的累计折旧金额。本项目应当根据"累计折旧"科目中"固定资产累计折旧"明细科目的期末余额填列。

（9）"在建工程"项目，反映行政单位期末除公共基础设施在建工程以外的尚未完工交付使用的在建工程的实际成本。本项目应当根据"在建工程"科目中属于非公共基础设施在建工程的期末余额填列。

（10）"无形资产"项目，反映行政单位期末各项无形资产的账面价值。本项目应当根据"无形资产"科目的期末余额减去"累计摊销"科目的期末余额后的金额填列。

"无形资产原价"项目，反映行政单位期末各项无形资产的原价。本项目应当根据"无形资产"科目的期末余额填列。

"累计摊销"项目，反映行政单位期末各项无形资产的累计摊销金额。本项目应当根据"累计摊销"科目的期末余额填列。

（11）"待处理财产损溢"项目，反映行政单位期末待处理财产的价值及处理损溢。本项目应当根据"待处理财产损溢"科目的期末借方余额填列。如"待处理财产损溢"科目期末为贷方余额，则以"－"号填列。

（12）"政府储备物资"项目，反映行政单位期末储存管理的各种政府储备物资的实际成本。本项目应当根据"政府储备物资"科目的期末余额填列。

（13）"公共基础设施"项目，反映行政单位期末占有并直接管理的公共基础设施的账面价值。本项目应当根据"公共基础设施"科目的期末余额减去"累计折旧"科目中"公共基础设施累计折旧"明细科目的期末余额后的金额填列。

"公共基础设施原价"项目，反映行政单位期末占有并直接管理的公共基础设施的原价。本项目应当根据"公共基础设施"科目的期末余额填列。

"公共基础设施累计折旧"项目，反映行政单位期末占有并直接管理的公共基础设施的累计折旧金额。本项目应当根据"累计折旧"科目中"公共基础设施累计折旧"明细科目的期末余额填列。

（14）"公共基础设施在建工程"项目，反映行政单位期末尚未完工交付使用的公共基础设施在建工程的实际成本。本项目应当根据"在建工程"科目中属于公共基础设施在建工程的期末余额填列。

（15）"受托代理资产"项目，反映行政单位期末受托代理资产的价值。本项目应当根据"受托代理资产"科目的期末余额（扣除其中受托储存管理物资的金额）加上"库存现金""银行存款"科目中属于受托代理资产的现金余额和银行存款余额的合计数填列。

（16）"应缴财政款"项目，反映行政单位期末按规定应当上缴财政的款项（应缴税费除外）。本项目应当根据"应缴财政款"科目的期末余额填列。

（17）"应交税费"项目，反映行政单位期末应缴未缴的各种税费。本项目应当根据"应交税费"科目的期末贷方余额填列。如"应交税费"科目期末为借方余额，则以"-"号填列。

（18）"应付职工薪酬"项目，反映行政单位期末尚未支付给职工的各种薪酬。本项目应当根据"应付职工薪酬"科目的期末余额填列。

（19）"应付账款"项目，反映行政单位期末尚未支付的偿还期限在1年以内（含1年）的应付账款的金额。本项目应当根据"应付账款"科目的期末余额填列。

（20）"应付政府补贴款"项目，反映行政单位期末尚未支付的应付政府补贴款的金额。本项目应当根据"应付政府补贴款"科目的期末余额填列。

（21）"其他应付款"项目，反映行政单位期末尚未支付的其他各项应付及暂收款项的金额。本项目应当根据"其他应付款"科目的期末余额填列。

（22）"一年内到期的非流动负债"项目，反映行政单位期末承担的1年以内（含1年）到偿还期的非流动负债。本项目应当根据"长期应付款"等科目的期末余额分析填列。

（23）"长期应付款"项目，反映行政单位期末承担的偿还期限超过1年的应付款项。本项目应当根据"长期应付款"科目的期末余额减去其中1年以内（含1年）到偿还期的长期应付款金额后的余额填列。

（24）"受托代理负债"项目，反映行政单位期末受托代理负债的金额。本项目应当根据"受托代理负债"科目的期末余额（扣除其中受托储存管理物资对应的金额）填列。

（25）"财政拨款结转"项目，反映行政单位期末滚存的财政拨款结转资金。本项目应当根据"财政拨款结转"科目的期末余额填列。

（26）"财政拨款结余"项目，反映行政单位期末滚存的财政拨款结余资金。本项目应当根据"财政拨款结余"科目的期末余额填列。

（27）"其他资金结转结余"项目，反映行政单位期末滚存的除财政拨款以外的其他资金结转结余的金额。本项目应当根据"其他资金结转结余"科目的期末余额填列。

"项目结转"项目，反映行政单位期末滚存的非财政拨款未完成项目结转资金。本项目应当根据"其他资金结转结余"科目中"项目结转"明细科目的期末余额填列。

（28）"资产基金"项目，反映行政单位期末预付账款、存货、固定资产、在建工程、无形资产、政府储备物资、公共基础设施等非货币性资产在净资产中占用的金额。本项目应当根据"资产基金"科目的期末余额填列。

（29）"待偿债净资产"项目，反映行政单位期末因应付账款和长期应付款等负债而相应需在净资产中冲减的金额。本项目应当根据"待偿债净资产"科目的期末余额填列。如"待偿债净资产"科目期末为借方，则余额以"-"号填列。

（三）月度资产负债表的编制方法

行政单位会计制度规定了月度资产负债表的编制方法，但未要求行政单位必须编制月度资产负债表。行政单位是否编制月度资产负债表，由各地财政部门、政府主管部门和行政单位根据财务管理的需要决定。行政单位按月编制资产负债表的，还应当遵照以下规定编制：

（1）月度资产负债表应在资产部分"银行存款"项目下增加"零余额账户用款额度"项目。

（2）"零余额账户用款额度"项目，反映行政单位期末零余额账户用款额度的金额。本项目应当根据"零余额账户用款额度"科目的期末余额填列。

（3）"财政拨款结转"项目应当根据"财政拨款结转"科目的期末余额，加上"财政拨款收入"科目本年累计发生额，减去"经费支出——财政拨款支出"科目本年累计发生额后的余额填列。

（4）"其他资金结转结余"项目应当根据"其他资金结转结余"科目的期末余额，加上"其他收入"科目本年累计发生额，减去"经费支出——其他资金支出"科目本年累计发生额，再减去"拨出经费"科目本年累计发生额后的余额填列。

"项目结转"项目应当根据"其他资金结转结余"科目中"项目结转"明细科目的期末余额，加上"其他收入"科目中项目收入的本年累计发生额，减去"经费支出——其他资金支出"科目中项目支出本年累计发生额，再减去"拨出经费"科目中项目支出本年累计发生额后的余额填列。

（5）月度资产负债表其他项目的填列方法与年度资产负债表的填列方法相同。

【例 13-1】（1）假设乙行政单位 2018 年 1 月 1 日的资产负债表如表 13-2 所示。

表 13-2　资产负债表 会行政 01 表

编制单位：乙单位　　　　　　　　　　2018 年 01 月 01 日　　　　　　　　　单位：元

资产	年初数	期末数	负债和净资产	年初数	期末数
流动资产：			流动负债：		
库存现金	500		应缴财政款		
银行存款	4 196 400		应交税费		
财政应返还额度	1 455 000		应付职工薪酬		
应收账款			应付账款	26 900	
预付账款	65 000		应付政府补贴		
其他应收款	92 000		其他应付款	3 916 000	
存货	795 000		一年内到期的非流动负债	1 206 000	
流动资产合计	7 431 900		流动负债合计	5 148 900	
固定资产	41 707 000		非流动负债：		
固定资产原价	41 707 000		长期应付款	4 070 000	
减：固定资产累计折旧			受托代理负债	3 685 000	

表13-2（续）

资产	年初数	期末数	负债和净资产	年初数	期末数
在建工程	1 444 000		非流动负债合计	7 755 000	
无形资产	882 000		负债合计	12 903 900	
无形资产原价	1 260 000				
累计摊销	378 000		净资产：		
待处理财产损溢			财政拨款结转	911 000	
政府储备物资	1 390 000		财政拨款结余	170 000	
公共基础设施	10 149 000		其他资金结转结余	1 575 000	
公共基础设施原价	10 149 000		其中：项目结转		
减：公共基础设施累计折旧			资产基金	56 432 000	
公共基础设施在建工程			待偿债净资产	-5 303 000	
受托代理资产	3 685 000		净资产合计	53 785 000	
资产总计	66 688 900		负债和净资产总计	66 688 900	

（2）假设乙单位2018年12月31日的资产、负债、净资产会计科目余额如表13-3所示。

表13-3　会计科目余额表

编制单位：乙单位　　　　　　　　　2018年12月31日　　　　　　　　　单位：元

会计科目	借方余额	会计科目	贷方余额
库存现金	100	应交税费	3 200
银行存款	6 013 200	长期应付款	5 270 000
其中：受托代理存款	2 688 900	应付账款	345 900
财政应返还额度	492 200	其他应付款	2 048 000
预付账款	824 000	受托代理负债	3 648 900
其他应收款	21 600	财政拨款结转	1 506 000
存货	1 777 000	财政拨款结余	82 000
固定资产	48 960 000	其他资金结转结余	99 000
无形资产	8 418 000	其中：项目结转	0
在建工程	1 837 000	资产基金	75 840 000
其中：公共基础设施在建工程	532 000	待偿债净资产	-5 515 900
公共基础设施	13 000 000		
受托代理资产	960 000		
其中：受托储存物资	200 000		
累计摊销	-404 000		
政府储备物资	1 428 000		
合计	83 327 100	合计	83 327 100

注："长期应付款"科目中，1年到期偿还的长期应付款为1 480 000元，基建并账的基建借款为3 160 000元，基建借款中尚未使用的基建借款为100 000元，因此待偿债净资产余额＝长期应付款-未使用的基建借款+应付账款＝5 270 000-100 000+345 900＝5 515 900（元）。

（3）根据以上资料编制乙行政单位 2018 年 12 月 31 日的资产负债表如表 13-4 所示。

表 13-4　资产负债表

编制单位：乙单位　　　　　　　　　　2018 年 01 月 01 日　　　　　　　会行政 01 表
单位：元

资产	年初数	期末数	负债和净资产	年初数	期末数
流动资产：			流动负债：		
库存现金	500	100	应缴财政款		
银行存款	4 196 400	3 324 300	应交税费		3 200
财政应返还额度	1 455 000	492 200	应付职工薪酬		
应收账款			应付账款	26 900	345 900
预付账款	65 000	8 24 000	应付政府补贴		
其他应收款	92 000	21 600	其他应付款	3 916 000	2 048 000
存货	795 000	1 777 000	一年内到期的非流动负债	1 206 000	1 480 000
流动资产合计	7 431 900	6 439 200	流动负债合计	5 148 900	3 877 100
固定资产	41 707 000	48 960 000	非流动负债：		
固定资产原价	41 707 000	48 960 000	长期应付款	4 070 000	3 790 000
减：固定资产累计折旧			受托代理负债	3 685 000	3 448 900
在建工程	1 444 000	1 305 000	非流动负债合计	7 755 000	7 238 900
无形资产	882 000	8 014 000	负债合计	12 903 900	11 116 000
无形资产原价	1 260 000	8 418 000			
累计摊销	378 000	404 000	净资产：		
待处理财产损溢			财政拨款结转	911 000	1 506 000
政府储备物资	1 390 000	1 428 000	财政拨款结余	170 000	82 000
公共基础设施	10 149 000	13 000 000	其他资金结转结余	1 575 000	99 000
公共基础设施原价	10 149 000	13 000 000	其中：项目结转		
减：公共基础设施累计折旧			资产基金	56 432 000	75 840 000
公共基础设施在建工程		532 000	待偿债净资产	-5 303 000	-5 515 900
受托代理资产	3 685 000	3 448 900	净资产合计	53 785 000	72 011 100
资产总计	66 688 900	83 127 100	负债和净资产总计	66 688 900	83 127 100

注：①"银行存款"项目期末余额＝银行存款余额-银行存款中受托代理存款金额

　　　　　　＝6 013 200-2 688 900＝3 324 300（元）；

②"长期应付款"项目期末余额＝长期应付款期末余额-1 年内到期偿还的长期应付款金额

　　　　　　＝5 270 000-1 480 000＝3 790 000（元）；

③"受托代理资产"项目期末余额＝受托代理存款期末余额+受托代理资产余额-受托储存物资余额

　　　　　　＝2 688 900+960 000-200 000＝3 448 900（元）；

③"受托代理资产负债"项目期末余额＝受托代理负债余额-受托储存物资对应的受托代理负债余额

　　　　　　＝3 648 900-200 000＝3 448 900（元）。

【例 13-2】假设丙行政单位 2018 年 11 月 30 日的会计科目余额及 11 月发生的收入、支出累计发生额如表 13-5、表 13-6 所示。

表 13-5　会计科目余额表

编制单位：丙单位　　　　　　　　　　2018 年 11 月 30 日　　　　　　　　　　单位：元

会计科目	借方余额	会计科目	贷方余额
库存现金	410	应交税费	4 100
银行存款	6 463 200	长期应付款	5 530 000
其中：受托代理存款	2 690 000	应付账款	347 100
零余额账户用款额度	234 930	其他应付款	2 649 000
财政应返还额度	0	受托代理负债	3 650 000
预付账款	764 000	财政拨款结转	611 000
其他应收款	226 000	财政拨款结余	20 000
存货	1 721 000	其他资金结转结余	79 000
固定资产	48 720 000	其中：项目结转	0
无形资产	8 528 000	资产基金	74 192 000
在建工程	1 712 000	待偿债净资产	-5 727 100
公共基础设施	11 200 000		
公共基础设施在建工程	482 000		
受托代理资产	960 000		
其中：受托储存物资	200 000		
累计摊销	-374 000		
政府储备物资	1 439 000		
待处理财产损溢	-1 440		
合计	82 075 100	合计	81 355 100

表 13-6　收入、支出科目发生额表　　　　　　　　　　单位：元

项目			11 月底累计发生额
收入	一、财政拨款收入		28 180 000
	二、其他收入		605 000
支出	一、经费支出	（1）财政拨款支出	27 500 000
		（2）其他资金支出	495 000
	二、拨出经费		70 000

根据以上资料编制丙单位 2018 年 11 月 30 日的资产负债表，如表 13-7 所示。

表 13-7　资产负债表　　　　　　　　　　会行政 01 表

编制单位：乙单位　　　　　　　　　　2018 年 11 月 30 日　　　　　　　　　　单位：元

资产	期末数	负债和净资产	期末数
流动资产：		流动负债：	
库存现金	410	应缴财政款	
银行存款	3 773 200	应交税费	4 100

表13-7(续)

资产	期末数	负债和净资产	期末数
零余额账户用款额度	234 930	应付职工薪酬	
财政应返还额度	0	应付账款	347 100
应收账款		应付政府补贴	
预付账款	764 000	其他应付款	2 649 000
其他应收款	226 000	一年内到期的非流动负债	1 320 000
存货	1 721 000	流动负债合计	4 320 200
流动资产合计	6 719 540	非流动负债:	
固定资产	48 720 000	长期应付款	4 210 000
固定资产原价	48 720 000	受托代理负债	3 450 000
减：固定资产累计折旧		非流动负债合计	7 660 000
在建工程	1 712 000	负债合计	11 980 200
无形资产	8 154 000		
无形资产原价	8 528 000		
累计摊销	374 000	净资产:	
待处理财产损溢	−1 440	财政拨款结转	1 291 000
政府储备物资	1 439 000	财政拨款结余	20 000
公共基础设施	11 200 000	其他资金结转结余	119 000
公共基础设施原价	11 200 000	其中：项目结转	
减：公共基础设施累计折旧		资产基金	74 192 000
公共基础设施在建工程	482 000	待偿债净资产	−5 727 100
受托代理资产	3 450 000	净资产合计	69 894 900
资产总计	81 875 100	负债和净资产总计	81 875 100

注：①"银行存款"项目期末余额=银行存款期末余额−银行存款中受托代理存款金额
　　　　=6 463 200−2 690 000=3 773 200（元）；

②"长期应付款"项目期末余额=长期应付款期末余额−1年内到期偿还的长期应付款余额
　　　　=5 530 000−1 320 000=4 210 000（元）；

③"受托代理资产"=银行存款中受托代理存款余额+受托代理资产余额−受托代理储备资产余额
　　　　=2 690 000+960 000−200 000=345 000（元）；

④"财政拨款结转"项目期末余额=财政拨款结转期末余额+"财政拨款收入"本期累计发生额−"经费支出
——财政拨款支出"本期累计发生额=611 000+28 180 000−27 500 000=1 291 000（元）；

⑤"其他资金结转结余"项目期末余额=其他资金结转结余期末余额+"其他收入"本期累计发生额−"拨出
经费"本期累计发生额=79 000+605 000−495 000−70 000=119 000（元）。

二、收入支出表的内容及编制

(一) 概念及基本格式

收入支出表是反映行政单位在某一会计期间全部预算收支执行结果的报表，是行政
单位的主要会计报表之一，属于动态报表。

通过收入支出表的信息，可以提供行政单位在某一会计期间内各项收入、支出和结
转结余情况。按编制时间的不同，收入支出表分为月报和年报。

收入支出表应当按照收入、支出的构成和结转结余情况分类、分项列示。收入支出
表的项目包括年初各项资金结转结余、各项资金年初结转结余调整及变动、收入合计、

支出合计、本期收支差额、年末各项资金结转结余，各项目下细分财政拨款资金和其他资金，按本月数和本年累计数分栏列示。

收入支出表的编制应遵循以下两个平衡公式：

（1）年初各项资金结转结余+各项资金结转结余调整及变动+收入合计−支出合计=年末各项资金结转结余

（2）收入合计−支出合计=本期收支差额

收入支出表的基本格式如表13-8所示。

表13-8　收入支出表

会行政02表

编制单位：　　　　　　　　　　　年　月　　　　　　　　　　单位：元

项　目	本月数	本年累计数
一、年初各项资金结转结余		
（一）年初财政拨款结转结余		
1. 财政拨款结转		
2. 财政拨款结余		
（二）年初其他资金结转结余		
二、各项资金结转结余调整及变动		
（一）财政拨款结转结余调整及变动		
（二）其他资金结转结余调整及变动		
三、收入合计		
（一）财政拨款收入		
1. 基本支出拨款		
2. 项目支出拨款		
（二）其他资金收入		
1. 非项目收入		
2. 项目收入		
四、支出合计		
（一）财政拨款支出		
1. 基本支出		
2. 项目支出		
（二）其他资金支出		
1. 非项目支出		
2. 项目支出		
五、本期收支差额		
（一）财政拨款收支差额		
（二）其他资金收支差额		
六、年末各项资金结转结余		
（一）年末财政拨款结转结余		
1. 财政拨款结转		
2. 财政拨款结余		
（二）年末其他资金结转结余		

（二）收入支出表的编制方法

收入支出表的编制应以日常会计核算记录的账簿数据为基础。报表各项目都列有"本月数"和"本年累计数"两个栏目。收入支出表中的年初结转结余项目金额与上年度收入支出表中的年末结转结余项目金额一致。收入支出表的相关数字应与资产负债表、财政拨款收入支出表相关数字一致。

1. 基本填列方法

收入支出表的"本月数"栏反映各项目的本月实际发生数。在编制年度收入支出表时，应当将本栏改为"上年数"栏，反映上年度各项目的实际发生数。如果本年度收入支出表规定的各个项目的名称和内容与上年度不一致，应对上年度收入支出表各项目的名称和数字按照本年度的规定进行调整，填入本年度收入支出表的"上年数"栏。表中的"本年累计数"栏反映各项目自年初起至报告期末止的累计实际发生数。编制年度收入支出表时，应当将本栏改为"本年数"。

收入支出表的填列方法可以归纳为以下三类：

（1）根据总账及明细账科目的本期发生额直接填列或分析填列，如财政拨款结转结余调整及变动、其他资金结转结余调整及变动、财政拨款收入、其他资金收入等项目。

（2）只有编制年度收入支出表时才填列的项目，如表中"年初各项资金结转结余""年末各项资金结转结余"项目及其所属各明细项目。此类项目直接填列在"本年累计数"栏，根据相关科目及明细科目的年初、年末余额填列。

（3）根据表中项目计算填列，如表中"本期收支差额"，根据当年的收入总计和当年的支出总计相减得出。

2. 各项目的具体填列方法

会计制度规定了收入支出表各项目的内容及填列方法，具体表现如下：

（1）"年初各项资金结转结余"项目及其所属各明细项目，反映行政单位本年年初所有资金结转结余的金额。各明细项目应当根据"财政拨款结转""财政拨款结余""其他资金结转结余"及其明细科目的年初余额填列。本项目及其所属各明细项目的数额，应当与上年度收入支出表中"年末各项资金结转结余"中各明细项目的数额相等。

（2）"各项资金结转结余调整及变动"项目及其所属各明细项目，反映行政单位因发生需要调整以前年度各项资金结转结余的事项以及本年因调入、上缴或交回等导致各项资金结转结余变动的金额。

① "财政拨款结转结余调整及变动"项目，根据"财政拨款结转""财政拨款结余"科目下的"年初余额调整""归集上缴""归集调入"明细科目的本期贷方发生额合计数减去本期借方发生额合计数的差额填列；如为负数，以"-"号填列。

② "其他资金结转结余调整及变动"项目，根据"其他资金结转结余"科目下的"年初余额调整""结余调剂"明细科目的本期贷方发生额合计数减去本期借方发生额合计数的差额填列；如为负数，以"-"号填列。

（3）"收入合计"项目，反映行政单位本期取得的各项收入的金额。本项目应当根据"财政拨款收入"科目的本期发生额加上"其他收入"科目的本期发生额的合计数填列。

① "财政拨款收入"项目及其所属明细项目，反映行政单位本期从同级财政部门取得的各类财政拨款的金额。本项目应当根据"财政拨款收入"科目及其所属明细科目的本期发生额填列。

②"其他资金收入"项目及其所属明细项目，反映行政单位本期取得的各类非财政拨款的金额。本项目应当根据"其他收入"科目及其所属明细科目的本期发生额填列。

（4）"支出合计"项目，反映行政单位本期发生的各项资金支出金额。本项目应当根据"经费支出"和"拨出经费"科目的本期发生额的合计数填列。

①"财政拨款支出"项目及其所属明细项目，反映行政单位本期发生的财政拨款支出金额。本项目应当根据"经费支出——财政拨款支出"科目及其所属明细科目的本期发生额填列。

②"其他资金支出"项目及其所属明细项目，反映行政单位本期使用各类非财政拨款资金发生的支出金额。本项目应当根据"经费支出——其他资金支出"和"拨出经费"科目及其所属明细科目的本期发生额的合计数填列。

（5）"本期收支差额"项目及其所属各明细项目，反映行政单位本期发生的各项资金收入和支出相抵后的余额。

①"财政拨款收支差额"项目，反映行政单位本期发生的财政拨款资金收入和支出相抵后的余额。本项目应当根据本表中"财政拨款收入"项目金额减去"财政拨款支出"项目金额后的余额填列；如为负数，以"-"号填列。

②"其他资金收支差额"项目，反映行政单位本期发生的非财政拨款资金收入和支出相抵后的余额。本项目应当根据本表中"其他资金收入"项目金额减去"其他资金支出"项目金额后的余额填列；如为负数，以"-"号填列。

（6）"年末各项资金结转结余"项目及其所属各明细项目，反映行政单位截至本年年末的各项资金结转结余金额。各明细项目应当根据"财政拨款结转""财政拨款结余""其他资金结转结余"科目的年末余额填列。

上述"年初各项资金结转结余""年末各项资金结转结余"项目及其所属各明细项目，只在编制年度收入支出表时填列。

【例13-3】乙行政单位2017年度收入支出表中的"财政拨款结转""财政拨款结余""其他资金结转结余"的本年数分别为10 000元、5 000元和8 000元。2018年度有关收入和支出科目本年发生额如表13-9所示。

表13-9　2018年收入支出本年发生额表　　　　　　　　　单位：元

收入科目		贷方金额	支出科目		借方金额
财政拨款收入	基本支出	850 000	经费支出	财政拨款支出 基本支出	700 000
				财政拨款支出 项目支出（未完成）	120 000
	项目支出（未完成）	200 000		财政拨款支出 项目支出（已完成）	80 000
				其他资金支出 非项目支出	250 000
	项目支出（已完成）	100 000		其他资金支出 项目支出（已完成）	50 000
其他收入	非项目资金收入	400 000	拨出经费	基本支出	100 000
	项目资金收入（已完成）	150 000		项目支出（已完成）	80 000

假设2018年度未发生调整以前年度各项资金结转结余的事项以及本年因调入、上缴或交回等导致各项资金结转结余变动的事项。根据表13-9的数据，编制乙行政单位2018年度的收入支出表，如表13-10所示。

表 13-10　收入支出表

编制单位：乙单位　　　　　　　　　　　年　月　　　　　　　　会行政 02 表
单位：元

项　目	上年数（略）	本年累计数
一、年初各项资金结转结余		23 000
（一）年初财政拨款结转结余		15 000
1. 财政拨款结转		10 000
2. 财政拨款结余		5 000
（二）年初其他资金结转结余		8 000
二、各项资金结转结余调整及变动		
（一）财政拨款结转结余调整及变动		
（二）其他资金结转结余调整及变动		
三、收入合计		1 700 000
（一）财政拨款收入		1 150 000
1. 基本支出拨款		850 000
2. 项目支出拨款		300 000
（二）其他资金收入		550 000
1. 非项目收入		400 000
2. 项目收入		150 000
四、支出合计		1 380 000
（一）财政拨款支出		900 000
1. 基本支出		700 000
2. 项目支出		200 000
（二）其他资金支出		480 000
1. 非项目支出		350 000
2. 项目支出		130 000
五、本期收支差额		320 000
（一）财政拨款收支差额		250 000
（二）其他资金收支差额		70 000
六、年末各项资金结转结余		343 000
（一）年末财政拨款结转结余		265 000
1. 财政拨款结转		240 000
2. 财政拨款结余		25 000
（二）年末其他资金结转结余		78 000

三、财政拨款收入支出表的内容及编制

（一）概念及基本格式

财政拨款收入支出表是反映行政单位在某一会计期间财政拨款收入、支出、结转及结余情况的报表，是行政单位主要报表之一，属于动态报表。通过财政拨款收入支出表，可以提供行政单位某一会计期间财政拨款收入、支出的规模及结构情况以及财政拨款结转结余的规模与结构情况。财政拨款收入支出表是年报，应按年度编制，其基本格式如表 13-11 所示。

表 13-11   财政拨款收入支出表   会行政 03 表

编制单位：   年度   单位：元

项目	年初财政拨款结转结余		调整年初财政拨款结转结余	归集调入或上缴	单位内部调剂		本年财政拨款收入	本年财政拨款支出	年末财政拨款结转结余	
	结转	结余			结转	结余			结转	结余
一、公共财政预算资金										
（一）基本支出										
1. 人员经费										
2. 日常公用经费										
（二）项目支出										
1. ××项目										
2. ××项目										
……										
二、政府性基金预算资金										
（一）基本支出										
1. 人员经费										
2. 日常公用经费										
（二）项目支出										
1. ××项目										
2. ××项目										
……										
总计										

（二）财政拨款收入支出表的编制方法

财政拨款收入支出表"项目"栏内各项目，应当根据行政单位取得的财政拨款种类分项设置。其中"项目支出"下，根据每个项目设置。行政单位取得除公共财政预算拨款和政府性基金预算拨款以外的其他财政拨款的，应当按照财政拨款种类增加相应的资金项目及其明细项目。财政拨款收入支出表各栏及其对应项目的内容和具体填列方法如下：

（1）"年初财政拨款结转结余"栏中各项目，反映行政单位年初各项财政拨款结转和结余的金额。各项目应当根据"财政拨款结转""财政拨款结余"及其明细科目的年初余额填列。本栏目中各项目的数额，应当与上年度财政拨款收入支出表中"年末财政拨款结转结余"栏中各项目的数额相等。

（2）"调整年初财政拨款结转结余"栏中各项目，反映行政单位对年初财政拨款结转结余的调整金额。各项目应当根据"财政拨款结转""财政拨款结余"科目中"年初余额调整"科目及其所属明细科目的本年发生额填列。如调整减少年初财政拨款结转结余，以"-"号填列。

（3）"归集调入或上缴"栏中各项目，反映行政单位本年取得主管部门归集调入的财政拨款结转结余资金和按规定实际上缴的财政拨款结转结余资金金额。各项目应当根据"财政拨款结转""财政拨款结余"科目中"归集上缴"和"归集调入"科目及其所属明细科目的本年发生额填列。对归集上缴的财政拨款结转结余资金，以"-"号填列。

（4）"单位内部调剂"栏中各项目，反映行政单位本年财政拨款结转结余资金在内部不同项目之间的调剂金额。各项目应当根据"财政拨款结转"和"财政拨款结余"科目中的"单位内部调剂"及其所属明细科目的本年发生额填列。对单位内部调剂减少的财政拨款结转结余项目，以"-"号填列。

（5）"本年财政拨款收入"栏中各项目，反映行政单位本年从同级财政部门取得的各类财政预算拨款金额。各项目应当根据"财政拨款收入"科目及其所属明细科目的本年发生额填列。

（6）"本年财政拨款支出"栏中各项目，反映行政单位本年发生的财政拨款支出金额。各项目应当根据"经费支出"科目及其所属明细科目的本年发生额填列。

（7）"年末财政拨款结转结余"栏中各项目，反映行政单位年末财政拨款结转结余的金额。各项目应当根据"财政拨款结转""财政拨款结余"科目及其所属明细科目的年末余额填列。

第三节 行政单位会计报表分析

一、会计报表的审核

会计报表，特别是年终决算会计报表编好之后，为了保证会计信息质量、维护财经纪律，各级行政单位要认真进行审核，确认无误之后才能上报。上级单位对所属单位上报的会计报表，还要再一次进行审核。

（一）政策性审核

政策性审核主要是审查行政单位的会计报表中反映的资金收支和预算执行情况是否符合国家的政策、法规、制度，有无违反财经纪律的现象。

（1）预算执行情况的审核。审核有无截留应拨给下属单位的经费。本单位经费支出是否严格控制，有无不合理支出，比如有没有把预算经费挪用于职工宿舍的基本建设或进行高档装修，或者进行大规模的职工福利工程；是否有随意提高开支标准、扩大开支范围的情况；人员经费和公用经费的比例关系是否有较大的和不正常的改变；等等。

（2）项目资金使用情况的审核。审核项目资金是否用到了指定的项目，是否做到了专款专用，是否单独建账与核算；项目进度如何，资金使用效益如何；结转结余资金是否按规定进行了处理等。

（3）各项收入、支出的审核。审核各种收费是否符合有关规定；应缴财政款是否及时、足额上缴了，有没有截留挪用情况（"应缴财政款"科目有较大余额就属于截留挪用情况之一）；收取附属单位缴款是否按规定收取，有无乱摊派、乱收款现象；各项支出的使用是否合理，有无违法乱纪的开支；等等。

（4）其他项目的审核。债权债务等往来款项的管理是否严格，是否进行了及时清理结算；存货物资有无积压浪费现象；有价证券的购买是否符合规定，有无足够的资金来源，是否挪用了预算拨款或专项拨款购买有价证券，是否有违反规定炒买炒卖股票及企业债券情况；等等。

（二）技术性审核

技术性审核主要是审核会计报表的数字是否正确，规定的报表是否齐全，表内项目是否按规定填报，有无漏报、错报情况，报送是否及时，报表上各项签章是否齐全等。

（1）审核上下级单位之间财政拨款和项目资金的拨出、拨入数，其他非财政资金的上缴、下拨数是否一致。

（2）审核上下年度有关数字是否一致。

（3）审核各个报表之间的勾稽关系是否正确。

（4）审核各个报表中的数字计算是否正确。

（5）审核会计报表中的数字与业务部门提供的数字是否一致。

各行政单位只有对经过认真审核后的会计报表，才能签章上报；上级主管部门只有对所属单位的会计报表进行了认真审核之后，才能进行汇总。

二、会计报表的汇总

主管会计单位和二级会计单位为了反映全系统的预算执行情况和财务状况，应对经审核过的所属单位的会计报表及本单位的会计报表进行汇总，编制汇总会计报表。汇总会计报表的种类、格式均与基层单位的会计报表相同。

汇总会计报表的编制方法，原则上是将相同项目的金额加计总数后填列。但在汇编资产负债表和收入支出表时，为了避免上下级重复计列收入和支出，应将上下级单位之间对应科目的数字予以冲销。

三、会计报表分析

会计报表分析是对会计报表所提供的数据进行加工、分解比较、评价和说明。

行政单位的会计报表，虽然反映了行政单位在一定时期预算执行的结果和财务收支的状况，但由于预算收支错综复杂，涉及报告期内全部业务活动，会计报表数字还不能具体地说明核算执行结果的好坏及其形成原因。为了进一步弄清预算在执行过程中超支或结余的具体情况和原因，以肯定成绩、找出差距、揭露矛盾、改进工作，就需要对会计报表的数字资料、各项指标内在因素的相互关系进行全面分析研究，总结预算管理工作中的经验教训，寻找进一步增收节支，提高资金使用效益的途径，为编制下年预算提供依据，以不断提高预算管理水平。

（一）会计报表分析的方法

会计报表分析一般采用比较分析法和比率分析法。

（1）比较分析法是指通过对相同内容，不同时间或不同地点的会计指标以减法形式对比，发现差异的一种方法。比较分析法的主要比较形式有年度预算收支实际与计划（预算）、与上期、与上年同期或某一完成较好的历史时期、与其他同类单位的相同指标，进行对比分析，发现差异、分析原因。

（2）比率分析法是指通过计算出各个组成部分在总体中所占的比重，从而找出各项目变化规律的方法。例如，用结构分析某行政单位业务收入、支出活动情况时，计算出各项收入占总收入的比重、各项支出占总经费支出的比重。通过对收入和支出的结构分析，就可以了解各项收入、支出的结构是否合理，便于采取措施，加以改进。

（二）财务分析

财务分析是指依据会计核算资料和其他有关信息资料，对单位财务活动过程及其结果进行的研究、分析和评价。分析时采用比率分析法。

根据《行政单位财务规则》的规定，行政单位财务分析的内容包括预算编制与执行情况、收入支出状况、人员增减情况、资产使用情况等。财务分析的指标主要有支出增长率、当年预算支出完成率、人均开支、项目支出占总支出的比率、人员支出占总支出的比率、公用支出占总支出的比率、人均办公使用面积、人车比例等。行政单位还可以根据其业务特点，增加财务分析指标。

（1）支出增长率是衡量行政单位支出增长水平的指标。其计算公式为：

支出增长率=（本期支出总额÷上期支出总额-1）×100%

（2）当年预算支出完成率是衡量行政单位当年支出总预算及分项预算完成程度的指标。其计算公式为：

当年预算支出完成率=年终执行数÷（年初预算数±年中预算调整数）×100%

年终执行数不含上年结转和结余支出数。

（3）人均开支是衡量行政单位人均年消耗经费水平，反映经费支出与人员配置之间关系的指标。其计算公式为：

人均开支=本期支出数÷本期平均在职人员数×100%

（4）项目支出占总支出的比率是衡量行政单位的支出结构和项目支出规模的指标。其计算公式为：

项目支出比率=本期项目支出数÷本期支出总数×100%

（5）人员支出、公用支出占总支出的比率是衡量行政单位的支出结构、人员支出和公用支出规模的指标。其计算公式为：

人员支出占总支出比率=本期人员支出数÷本期支出总数×100%

公用支出占总支出比率=本期公用支出数÷本期支出总数×100%

（6）人均办公使用面积是衡量行政单位办公用房配备情况的指标。其计算公式为：

人均办公使用面积=本期末单位办公用房使用面积÷本期末在职人员数

（7）人车比例是衡量行政单位公务用车配备情况的指标。其计算公式为：

人车比例=本期末在职人员数÷本期末公务用车实有数

思考题

1. 什么是行政单位的会计报表？有哪些编报要求？

2. 什么是行政单位的资产负债表和收入支出表？应如何列示？

3. 什么是行政单位的财政拨款收入支出表？按什么时间编制？

4. 行政单位会计报表附注包括哪些内容？

5. 行政单位有哪些主要的财务分析指标？

练习题

1. 资料：某行政单位2018年4月30日的有关资料如下：

（1）科目余额表，如表13-12所示。

表13-12　科目余额表　　　　　　　　单位：元

会计科目	借方余额	会计科目	贷方余额
库存现金	410	应交税费	4 100
银行存款	6 463 200	长期应付款	5 530 000
其中：受托代理存款	2 690 000	应付账款	347 100
零余额账户用款额度	234 930	其他应付款	2 649 000
财政应返还额度	0	受托代理负债	3 650 000
预付账款	764 000	财政拨款结转	611 000

表13-12(续)

会计科目	借方余额	会计科目	贷方余额
其他应收款	226 000	财政拨款结余	20 000
存货	1 721 000	其他资金结转结余	79 000
固定资产	48 720 000	其中：项目结转	0
无形资产	8 528 000	资产基金	74 192 000
在建工程	1 712 000	待偿债净资产	-5 727 100
公共基础设施	11 200 000		
公共基础设施在建工程	482 000		
受托代理资产	960 000		
其中：受托储存物资	200 000		
累计摊销	-374 000		
政府储备物资	1 449 000		
待处理财产损溢	-1 440		
合计	82 085 100	合计	81 355 100

注："长期应付款"科目中，1年到期偿还的长期应付款为1 480 000元。

（2）收入、支出科目发生额表，如表13-13所示。

表13-13　收入、支出科目发生额表　　　　　　　　单位：元

项目		4月底累计发生额
收入	财政拨款收入	28 180 000
	其他收入	605 000
支出	1. 经费支出　（1）财政拨款支出	27 500 000
	（2）其他资金支出	485 000
	2. 拨出经费	70 000

要求：根据以上资料编制该行政单位4月份资产负债表。

2. 某行政单位2018年度收入支出表中的"财政拨款结转""财政拨款结余""其他资金结转结余"的本年数分别为12 000元、5 500元和8 100元。2018年度有关收支本年发生额如表13-14所示。

表13-14　有关收支本年发生额　　　　　　　　单位：元

收入科目		贷方金额	支出科目			借方金额
财政拨款收入	基本支出	865 000	经费支出	财政拨款支出	基本支出	710 000
	项目支出（未完成）	220 000			项目支出（未完成）	120 000
	项目支出（已完成）	100 000			项目支出（已完成）	83 000
其他收入	非项目资金收入	430 000		其他资金支出	非项目支出	250 000
	项目资金收入（已完成）	154 000			项目支出（已完成）	51 000
			拨出经费		基本支出	110 000
					项目支出（已完成）	82 000

要求：根据以上资料编制该行政单位2018年度收入支出表。

第四篇
事业单位会计

我国非营利组织主要分为国有事业单位和民间非营利组织两大类。在公共财政框架下，国有事业单位会计仍属于公共部门，其会计核算和行政单位有相同之处，也有自己的特点。本篇主要介绍事业单位资产、负债、收入、支出和净资产的核算以及事业单位会计报表的编制方法和要求等。

第十四章

事业单位会计概述

我国事业单位会计由于其会计主体的特殊性，使其会计核算表现出既与企业会计不同，又与行政单位会计不同的特点。本章从事业单位会计的基本概念出发，介绍事业单位会计的组织系统和账务处理要求。

通过本章的学习，应该掌握以下内容：

- 事业单位会计的概念和特点
- 国有事业单位会计的组织系统
- 事业单位会计的账务处理总体要求

第一节　事业单位会计的概念和特点

一、事业单位的特征

根据《事业单位登记管理暂行条例》的规定，事业单位是指国家为了社会公益目的，由国家机关举办或者其他组织利用国有资产举办的，从事教育、科技、文化、卫生等活动的社会服务组织。

事业单位按其具体的业务性质主要包括以下几类：工业、交通等部门的事业单位；农林、水利、气象等部门的事业单位；商业部门的事业单位；文化、科学、教育等部门的事业单位；社会保障、卫生等部门的事业单位；科学研究事业单位和其他事业单位。

事业单位与政府、行政单位和企业相比，具有许多不同的特点：

（1）单位性质的国有性。事业单位通常要接受国家行政机关的领导，大多数事业单位都是由国家出资建立起来的，定期或不定期地接受国家的无偿拨款，并通常为行政单位的下属机构。

（2）提供服务的公益性。事业单位的主要业务（即其专业业务）不以营利为目的，而是以社会效益为目的。事业单位在其专业业务之外所开展的经营活动，虽然也实行有偿服务或利润管理，但必须以不影响其非营利性的专业业务活动为前提。

（3）提供服务的专业性。事业单位以生产精神产品和提供劳务为主，一般不生产物质产品。经济管理体制改革和事业单位业务活动多元化之后，有的单位虽然在其基本专业业务之外，也生产某些物质产品，但主要是高科技产品，通常是作为知识、信息和技术的载体来提供的。

（4）资金来源的多样性。事业单位除了财政拨款之外，还可以从上级部门、下属单位及有关出资者处取得资金。其中，出资者不具有明确的经济权益，不要求投入资产的回报，也不准备收回投入资产。

（5）事业单位没有国家赋予的管理社会公共活动的权力，不具有国家管理职能。

二、事业单位会计的概念及其特点

事业单位会计是指核算和监督事业单位资金的增减变化及其结果的专业会计。加强事业单位会计核算有利于会计主体在保证事业单位活动的社会效益的前提下，不断提高资金的使用效率。

事业单位业务活动的特点和管理要求决定了事业单位会计核算与财政总预算会计、行政单位会计和企业会计的核算有以下不同点：

（1）不同类型的业务活动采取不同的核算基础。根据《事业单位会计准则》的规定，事业单位会计核算一般采用收付实现制，部分经济业务或者事项可采用权责发生制。事业单位可以根据开展业务活动及其他活动的实际需要，实行内部成本核算办法，对经营性业务活动采用权责发生制原则。在开展非独立核算经营活动中，应当正确归集实际发生的各项费用；不能直接归集的，应当采用一定的方法进行合理分配，正确划分各会计期间的成本费用界限。经营支出应当与经营收入配比。

（2）可设立本单位的专用基金。由于事业单位收入来源的多样化，使得事业单位有一定的资金使用权，设置各种专用基金。例如，按规定可从本年度非财政补助结余中提取职工福利基金；可按照规定的比例提取修购基金；等等。

（3）资金来源多元化。事业单位资金的来源主要有几个方面：一是表现为财政拨款，二是表现为上级下拨的补助，三是来自业务活动的收入，四是来自于附属单位的缴款以及其他资金的收入。

（4）事业单位举办的经济实体可以利用其非财政补助收入对外投资，由此形成对外投资和投资收益的核算业务。

（5）可根据不同的业务采用不同的事业单位会计制度。由于事业单位的种类很广泛，不同单位的业务相差很远，很难实行统一的会计科目。因此，财政部除了出台通用的事业单位会计制度和科目以外，还根据不同的行业出台不同的会计制度和科目。例如，《中小学校会计制度》《高等学校会计制度》《医院会计制度》等。

（6）会计规范采用"准则+制度"模式。近年来，我国出台了《事业单位财务规则》《事业单位会计准则》和《事业单位会计制度》，对事业单位的会计核算和财务管理进行了规范，形成了不同于企业会计的规范模式。

本教材所涉及的事业单位，仅指纳入预算管理的国有事业单位，不包括非国有事业单位和实行企业化管理的事业单位。

第二节　事业单位会计核算的组织

一、国有事业单位会计的组织系统

与行政单位的会计组织系统相同，事业单位也分为主管会计单位、二级会计单位和基层会计单位三级，并实行独立会计核算，负责组织管理本单位的全部会计工作。

主管会计单位是指向同级财政部门领拨经费，并发生预算管理关系，下面有所属会计单位的单位。

二级会计单位是指向主管会计单位或上级单位领拨经费，并发生预算管理关系，下面有所属会计单位的单位。由于事业单位通常为行政单位的下属机构，故大多数事业单位为二级会计单位。

基层会计单位是指向上级单位领拨经费，并发生预算管理关系，下面没有所属会计单位的单位。向同级财政部门领拨经费，并发生预算管理关系，下面没有所属会计单位的，视同基层会计单位。

不具备独立核算条件的事业单位，实行单据报账制度，作为"报销单位"管理。

在社会主义市场经济条件下，事业单位会计的主要目的是向单位的管理者、立法和监督机构、政府主管部门、投资者、社会赞助者和其他有关方面的会计报表使用者提供有用的信息。事业单位会计的主要职责是进行会计核算，实行会计监督，并参与经济管理。在实行国库集中收付制度下，三个层次的会计单位之间的资金领拨方式发生了变化，各事业单位财政拨款不再层层转拨，而是通过财政直接支付和财政授权支付两种方式进行。

二、事业单位会计科目的设置要求

设置会计科目，填制会计凭证，登记会计账簿是事业单位会计核算体系的重要组成内容。

（一）通用会计科目

会计科目是对会计核算对象按其经济内容或经济用途所进行的科学分类。每个会计科目都要规定一定的名称、编号和核算内容，它是账户设置和经济业务核算的依据。科学地设置和正确地使用会计科目，是做好会计核算工作的重要条件。

按照 2013 年《事业单位会计制度》的规定，事业单位会计科目按其反映的经济内容和用途的不同分为资产类、负债类、净资产类、收入类、支出类五大类。各级各类事业单位应该设置和使用的通用会计科目如表 14-1 所示。

表 14-1 　事业单位通用会计科目表

序号	科目编号	科目名称
一、资产类		
1	1001	库存现金
2	1002	银行存款
3	1011	零余额账户用款额度
4	1101	短期投资
5	1201	财政应返还额度
	120101	财政直接支付
	120102	财政授权支付
6	1211	应收票据
7	1212	应收账款
8	1213	预付账款
9	1215	其他应收款
10	1301	存货
11	1401	长期投资

表14-1(续)

序号	科目编号	科目名称
12	1501	固定资产
13	1502	累计折旧
14	1511	在建工程
15	1601	无形资产
16	1602	累计摊销
17	1701	待处置资产损溢
二、负债类		
18	2001	短期借款
19	2101	应交税费
20	2102	应缴国库款
21	2103	应缴财政专户款
22	2201	应付职工薪酬
23	2301	应付票据
24	2302	应付账款
25	2303	预收账款
26	2305	其他应付款
27	2401	长期借款
28	2402	长期应付款
三、净资产类		
29	3001	事业基金
30	3101	非流动资产基金
	310101	长期投资
	310102	固定资产
	310103	在建工程
	310104	无形资产
31	3201	专用基金
32	3301	财政补助结转
	330101	基本支出结转
	330102	项目支出结转
33	3302	财政补助结余
34	3401	非财政补助结转
35	3402	事业结余
36	3403	经营结余
37	3404	非财政补助结余分配
四、收入类		
38	4001	财政补助收入

表14-1(续)

序号	科目编号	科目名称
39	4101	事业收入
40	4201	上级补助收入
41	4301	附属单位上缴收入
42	4401	经营收入
43	4501	其他收入
五、支出类		
44	5001	事业支出
45	5101	上缴上级支出
46	5201	对附属单位补助支出
47	5301	经营支出
48	5401	其他支出

（二）会计科目的设置和运用要求

各级各类事业单位在设置和使用通用会计科目时，应当遵循以下要求：

（1）应当按规定统一设置。第一，应按规定设置总账科目，并按单位实际需要设置有关的明细科目。第二，实行成本核算的事业单位，可以根据实际情况自行增设或减少某些明细科目。

（2）不得擅自更改统一设置的会计科目名称和编号，以便于填制会计凭证、登记账簿、查阅账目、实行会计信息化管理。

（3）在填制会计凭证、登记会计账簿时，应当填列会计科目的名称，或者同时填列会计科目的名称和编号，不得只填列科目编号而不填列科目名称。

三、会计凭证的规定

会计凭证是记录经济业务、明确经济责任的书面证明。事业单位发生的任何一项经济业务，都必须及时取得或填制会计凭证，只有根据合法的会计凭证，才能记账。

事业单位的原始凭证主要有以下9种：

（1）收款收据。

（2）借款凭证。

（3）预算拨款凭证。

（4）各种相关税票。

（5）材料出、入库单。

（6）固定资产出、入库单。

（7）银行结算凭证。

（8）往来结算凭证。

（9）其他足以证明会计事项发生经过的凭证和文件等。

事业单位的记账凭证主要包括收款凭证、付款凭证和转账凭证三种。记账凭证的编制方法、格式和编制要求与一般企业会计的记账凭证相同。

事业单位的会计凭证应按照《会计基础工作规范》的要求填写、传递、登账、装订和保管。在核算过程中，如发现错误，应按规定的更正方法进行更正。

四、会计账簿的设置

会计账簿是会计核算过程中，以会计凭证为依据，运用账户全面、系统、连续地记录核算事业单位资金运动和结果的簿籍。

事业单位会计可以根据需要设置总分类账、明细分类账和日记账。其中，日记账的设置与行政单位会计完全相同，有外币业务收支的事业单位，应分别按人民币、各种外币设置"现金日记账"和"银行存款日记账"进行明细核算。下面主要介绍分类账的设置。

（一）总分类账的设置

总分类账是按照会计科目设置的，用于记录资产、负债、净资产、收入、支出总括情况的账簿。它可以全面、系统、综合地反映事业单位资金运动的总情况，是编制资产负债表的依据。总分类账通常采用三栏式账簿。三栏式账簿的格式与行政单位会计总分类账格式相同，采用借、贷、余三栏式，按照会计科目名称设置账户。

（二）明细分类账簿的设置

明细分类账是用以对总分类账有关科目进行明细核算的账簿，事业单位可根据实际需要来设置。各种明细分类账一般采用三栏式和多栏式的格式。

事业单位通常应该设置下列明细分类账：

（1）收入明细账。它包括财政补助收入明细账、事业收入明细账、上级补助收入明细账、附属单位上缴收入明细账、经营收入明细账和其他收入明细账。

（2）支出明细账。它包括事业支出明细账、经营支出明细账、上缴上级支出明细账、对附属单位补助支出明细账和其他支出明细账等。

（3）往来款项明细账。它包括应收账款明细账、预付账款明细账、其他应收款明细账、应付账款明细账、预收账款明细账和其他应付款明细账等。

事业单位的会计账簿也应按照《会计基础工作规范》的要求进行登账、结账和保管，如发现错误，应及时采用专门方法进行更正。

思考题

1. 什么是事业单位会计？
2. 事业单位会计的特点有哪些？
3. 事业单位会计科目分为哪几类？
4. 事业单位会计与行政单位会计有何不同点和相同点？

第十五章

事业单位资产的核算

事业单位资产是事业单位占有或使用的能以货币计量的经济资源，包括流动资产和非流动资产两大类。

通过本章学习，应该掌握以下内容：

- 事业单位各项资产的内容
- 各项资产在核算方面的规定及要求
- 各项资产的账务处理

第一节　事业单位资产概述

事业单位资产是指事业单位占有或者使用的能以货币计量的经济资源，包括各种财产、债权和其他权利。该资源能够给事业单位带来服务能力或经济利益。事业单位的资产包括流动资产、固定资产、在建工程、无形资产和对外投资等。

一、事业单位资产的确认与计量

（一）资产的确认

资产作为一项经济资源，是事业单位开展业务活动的物质基础，预期会给事业单位带来经济利益或服务潜力。事业单位的资产为国家所有，但资产作为一项经济资源，应当为事业单位所占用或者使用。因此，事业单位应当按照资产的定义，将这样的经济资源确认为资产，并确信运用该资产产生的经济利益或者服务潜力能够流入单位，经济资源的成本或者价值能够可靠的计量。

（二）资产的计量

事业单位的资产的计量应以历史成本为主，适当引入历史成本以外的计量属性，强调资产计量的可靠性。资产的计量包括初始计量、后续计量及处置。

1. 资产的初始计量

按照《事业单位会计准则》的规定，事业单位的资产应当按照取得时的实际成本进行计量。取得资产的实际成本，应当区分支付对价和不支付对价两种方式。

（1）以支付对价方式取得的资产，应当按照取得资产时支付的现金或者现金等价物的金额，或者按照取得资产时所付出的非货币性资产的评估价值等金额计量。

（2）取得资产时没有支付对价的（如接受捐赠、无偿调入等），可以分别处理：一是有相关凭据的，如发票、报关单据等，其计量金额应当按照有关凭据注明的金额加上相关税费、运输费等确定；二是没有相关凭据的，其计量金额比照同类或类似资产的市场价格加上相关税费、运输费等确定；三是没有相关凭据，同类或类似资产的市场价格也无法可靠取得的，所取得的资产应当按照名义金额入账，名义金额一般为人民币1元。

2. 资产的后续计量及处置

事业单位不需要对各项资产进行减值测试和计提减值准备，后续计量在固定资产折旧和无形资产摊销中进行。事业单位可以选择是否对固定资产计提折旧、对无形资产进行摊销；对逾期3年或以上的应收账款、预付账款和其他应收款的账面余额按规定报经批准后予以核销。处置固定资产、无形资产时，需要将其账面价值转入"待处置资产损溢"科目核算

二、资产的内容与分类

事业单位的资产按照流动性可分为流动资产和非流动资产。

（一）流动资产

流动资产是指预计在1年内（含1年）变现或者耗用的资产。事业单位的流动资产包括货币资金、短期投资、应收及预付款项、存货等。其中，货币资金包括库存现金、银行存款、零余额账户用款额度；应收及预付款项包括财政应返还额度、应收票据、应收账款、预付账款和其他应收款。

（二）非流动资产

非流动资产是指流动资产以外的资产。事业单位的非流动资产包括长期投资、在建工程、固定资产、无形资产等。

三、各项资产的财务管理

事业单位占有或使用的资产属于国有资产，包括国家拨入的资产和事业单位运用国有资产组织收入形成的资产以及接受捐赠和其他经法律确认的国有资产。事业单位应根据国有资产管理相关法律法规及《事业单位财务规则》的要求，对资产进行有效管理。

（一）完善资产的管理制度

事业单位应当建立健全单位资产管理制度，加强和规范资产配置、使用和处置管理，维护资产安全完整，保障事业健康发展。

（二）合理配置资产

事业单位应当按照科学规范、从严控制、保障事业发展需要的原则合理配置资产。

（三）合法处置资产

事业单位资产处置应当遵循公开、公平、公正和竞争、择优的原则，严格履行相关审批程序。

第二节　流动资产的核算

事业单位的流动资产是指预计在1年内（含1年）变现或者耗用的资产，包括货币资金、短期投资、应收及预付款项、存货等。

一、货币资金的核算

事业单位的货币资金包括库存现金、银行存款、零余额账户用款额度等。

（一）库存现金的核算

库存现金是指事业单位存放在单位财务部门并可随时动用的现金，包括库存的人民币和外币。根据国家现金管理制度和结算制度的规定，各事业单位应在银行开立账户，以办理有关存款、取款和转账结算业务。各事业单位的各种款项，必须按照国务院出台的《现金管理暂行条例》的规定办理，并在规定的范围内使用现金。

1. 现金管理的有关规定

现金是流动性最强的一种货币资产，可以立即作为交换媒介，投入流通。事业单位应按照《现金管理暂行条例》及其实施细则的有关规定，加强对库存现金的管理。

（1）遵守库存现金限额规定。库存现金限额是指为保证各单位日常零星支出的需要，按规定允许留存的现金的最高数额，是由开户银行根据开户单位的实际需要和距离银行远近等情况核定的。对于超过限额的现金，事业单位应当及时送存银行。

（2）遵守现金的使用范围规定。事业单位应在规定的使用范围内使用现金，不属于现金使用范围的开支必须通过银行转账结算。

（3）严格遵守现金收付手续规定。事业单位办理任何现金收支业务，都必须以合法的原始凭证为凭据。出纳人员付出现金时，应当在原始单据上加盖"现金付讫"戳记；收取现金时，应当开出正式的收款收据。

（4）建立健全现金内部控制制度。为了保证现金的安全，事业单位应当加强对现金的控制。例如，不得坐支现金、会计与出纳分开、严格执行现金盘点制度等。

2. 库存现金的账务处理

为了核算库存现金，应设置"库存现金"总账科目。该科目借方登记库存现金的增加；贷方登记库存现金的减少；期末借方余额，反映事业单位实际持有的库存现金。事业单位有外币现金的，应当分别按照人民币、各种外币设置"现金日记账"，进行明细分类核算。

事业单位应当设置"现金日记账"，由出纳人员根据收付款凭证，按照业务发生顺序逐笔登记。每日终了，应当计算当日的现金收入合计数、现金支出合计数和结余数，并将结余数与实际库存数核对，做到账款相符。

现金收入业务较多、单独设有收款部门的事业单位，收款部门的收款员应当将每天所收现金连同收款凭据等一并交财务部门核收记账；或者将每天所收现金直接送存开户银行后，将收款凭据及向银行送存现金的凭证等一并交财务部门核收记账。

库存现金的主要账务处理如下：

（1）库存现金收入事项主要有：①从银行等金融机构提取现金；②因开展业务等其他事项收到现金等，应按照实际收入的金额核算。

（2）库存现金支出事项主要有：①因内部职工出差等原因借出现金；②因购买服务或商品等其他事项支出现金等，应按照实际支出的金额核算。

（3）每日账款核对中发现现金溢余或短缺的，应当及时进行处理。如发现现金溢余，属于应支付给有关人员或单位的部分，借记"库存现金"科目，贷记"其他应付款"科目；属于无法查明原因的部分，借记"库存现金"科目，贷记"其他收入"科目。如发现现金短缺，属于应由责任人赔偿的部分，借记"其他应收款"科目，贷记"库存现金"科目；属于无法查明原因的部分，报经批准后，借记"其他支出"科目，贷记"库存现金"科目。

【例15-1】A事业单位出纳签发现金支票，到银行提取现金 2 000 元，从零余额账户提取现金 3 000 元。A事业单位应编制如下会计分录：

借：库存现金   5 000

  贷：银行存款   2 000

      零余额账户用款额度   3 000

【例15-2】经批准，A事业单位张立因公出差，预借差旅费 5 000 元，用现金支出。三天后，张立出差回来，报销差旅费 4 500 元，并交回多余款 500 元。A事业单位应编制如下会计分录：

预借款时：

借：其他应收款——张立   5 000

  贷：库存现金   5 000

报销时：

借：事业支出   4 500

    库存现金   500

  贷：其他应收款——张立   5 000

【例15-3】A事业单位月末盘点现金，发现现金溢余 150 元，经查明是尚欠职工李明的差旅费报销尾款。A事业单位应编制如下会计分录：

借：库存现金   150

  贷：其他应付款   150

如果现金溢余无法查明原因，可作为其他收入处理：

借：库存现金   150

  贷：其他收入   150

【例15-4】A事业单位年末盘点现金，发现现金短缺 100 元，经查明是出纳责任。A事业单位应编制如下会计分录：

借：其他应收款   100

  贷：库存现金   100

如果现金短缺无法查明原因，可作为其他支出处理：

借：其他支出   100

  贷：库存现金   100

（二）银行存款的核算

银行存款是指事业单位存入银行或其他金融机构的各种存款，包括人民币存款和外币存款。

1. 银行存款的管理要求

按照国家《支付结算办法》和《人民币银行结算账户管理办法》等法规的要求，事业单位应在指定的银行开立有关结算账户，遵守各项规定，以办理存款、取款和转账等结算。

（1）加强开户管理。事业单位在实行国库集中收付制度后，对银行存款开户的要求更加严格。原则上应由单位财务部门统一开立银行账户，其他非独立核算部门不得开立账户；事业单位内部各部门取得的收入，都要纳入单位财务部门的统一监管之下，严禁私设"小金库"行为；防止和杜绝开立账户过多、过滥的现象。

（2）银行转账结算方式和结算纪律。事业单位根据有关法规的规定和业务需要，可以采用银行汇票、银行本票、支票、汇兑、委托收款、异地托收承付等结算方式。

（3）建立健全银行存款内部控制制度。事业单位除了按规定留存的库存现金以外，所有货币资金都必须存入银行；与其他单位之间的一切收付款项业务，除制度规定可用现金支付部分外，都必须通过银行办理转账结算；通过银行账户办理资金收付时，必须遵守国家有关法律、法规和各项规定，遵守结算纪律；不准出租、出借账户；不准签发空头支票和远期支票；不准套取银行信用。

2. 银行存款的账务处理

为了核算银行存款业务，应设置"银行存款"总账科目。该科目借方登记收入的存款数额，贷方登记支出的存款数额；期末借方余额，反映事业单位实际存放在银行或其他金融机构的款项。

事业单位应当按开户银行或其他金融机构、存款种类及币种等，分别设置"银行存款日记账"，由出纳人员根据收付款凭证，按照业务的发生顺序逐笔登记，每日终了应结出余额。

银行存款的主要账务处理如下：

（1）银行存款的存取和支出业务。事业单位将款项存入银行或其他金融机构，借记"银行存款"科目，贷记"库存现金""事业收入""经营收入"等有关科目；提取和支出存款时，借记有关科目，贷记"银行存款"科目。

【例15-5】A事业单位不实行财政专户返还管理，本月发生了以下有关银行收支业务，应编制如下会计分录：

①收到上级单位用非财政补助资金安排的补助款600 000元。

借：银行存款　　　　　　　　　　　　　　　　　　　600 000
　　贷：上级补助收入　　　　　　　　　　　　　　　　　600 000

②收到开展专业业务活动取得的业务收入20 000元。

借：银行存款　　　　　　　　　　　　　　　　　　　　20 000
　　贷：事业收入　　　　　　　　　　　　　　　　　　　 20 000

③开出转账支票一张，支付租用某宾馆会议厅举办工作会议费用10 000元。该款项为财政部门当年拨入的基本经费。

借：事业支出——财政补助支出——基本支出　　　　　　10 000
　　贷：银行存款　　　　　　　　　　　　　　　　　　　 10 000

④开出转账支票一张，支付一笔公务接待费用2 500元。该款项为用事业收入安排的非财政、非专项资金。

借：事业支出——其他资金支出——基本支出　　　　　　 2 500
　　贷：银行存款　　　　　　　　　　　　　　　　　　　　2 500

（2）外币业务。事业单位发生外币业务的，应当按照业务发生当日（或当期期初，下同）的即期汇率，将外币金额折算为人民币记账，并登记外币金额和汇率。期末，各种外币账户的外币余额应当按照期末的即期汇率折算为人民币，作为外币账户期末人民币余额。调整后的各种外币账户人民币余额与原账面人民币余额的差额，作为汇兑损益计入事业支出和经营支出。

【例15-6】A事业单位有美元业务，本月发生下列事项，应编制如下会计分录：

①收到某国外公益组织的捐款 10 000 美元，专门用于 A 事业单位开展的一项公益项目。当日美元对人民币的汇率为 1 美元＝6.175 元。

借：银行存款——美元户　　　　　　　　　　　　　　　　　　61 750

　　贷：其他收入——捐赠收入（公益项目）　　　　　　　　　　　　61 750

②根据公益项目的规定，使用上述款项 5 000 美元。当日美元对人民币的汇率为 1 美元＝6.185 元。

借：事业支出——其他资金支出　　　　　　　　　　　　　　　　30 925

　　贷：银行存款——美元户　　　　　　　　　　　　　　　　　　　30 925

③月末，"银行存款——美元户"余额为 5 000 美元，合人民币 30 825 元。月末美元对人民币的汇率为 1 美元＝6.155 元。汇兑损益＝5 000×6.155－30 825＝－50（元）。

借：事业支出——其他资金支出　　　　　　　　　　　　　　　　　　50

　　贷：银行存款——美元户　　　　　　　　　　　　　　　　　　　　50

3. 银行存款日记账的核对

银行存款日记账应定期与银行对账单核对，至少每月核对一次。月度终了，事业单位银行存款账面余额与银行对账单余额之间如有差额，必须逐笔查明原因并进行处理，按月编制"银行存款余额调节表"，调节相符。

对账时，应做好以下工作：

（1）银行存款日记账与银行存款收、付款凭证互相核对，做到账证相符。如果有差错，应进行更正。

（2）银行存款日记账与银行存款总账互相核对，做到账账相符。如果发现差错，应进行更正。

（3）银行存款日记账与银行对账单互相核对，以便准确地掌握事业单位可动用的银行存款实有额。

事业单位应定期与银行对账，至少每月核对一次。核对时，如果发现双方余额不一致，要及时查找原因，属于未达账项的，应编制"银行存款余额调节表"进行调节；属于记账差错的，应进行更正。

（三）零余额账户用款额度的核算

实行国库集中收付制度的事业单位，对于不纳入工资支出、工程采购支出、物品和服务采购支出管理的购买支出和零星支出，应采用财政授权支付方式。具体来说，包括单件物品或单项服务购买额不足 10 万元人民币的购买支出；年度财政投资不足 50 万元人民币的工程采购支出。此外，特别紧急的支出和经财政部门批准的其他支出也包括在内。

在财政授权支付方式下，事业单位按照批复的部门预算和资金使用计划，申请授权支付的月度用款限额；财政授权支付的月度用款限额申请由上级事业单位汇总，报财政部门国库支付执行机构。具体来说，就是财政部门不再将货币资金拨付到事业单位，而是将用款额度划拨到事业单位的零余额账户，并要求事业单位设置"零余额账户用款额度"科目，支付指令由事业单位下达，并于收到代理银行盖章的"授权支付到账通知书"时，按到账通知书标明的额度确认收入。

为了核算实行国库集中支付的事业单位根据财政部门批复的用款计划收到和支用的零余额账户用款额度，应设置"零余额账户用款额度"总账科目。该科目借方登记零余额账户用款额度的增加；贷方登记零余额账户用款额度的减少；期末为借方余额，反映事业单位尚未支用的零余额账户用款额度。"零余额账户用款额度"科目年末应无余额。

零余额账户用款额度的主要账务处理如下：

1. 财政授权支付额度的下达和使用的核算

在财政授权支付方式下，事业单位收到代理银行盖章的"授权支付到账通知书"时，根据通知书所列数额，借记"零余额账户用款额度"科目，贷记"财政补助收入"科目；提取现金或按规定支用额度时，借记"库存现金"科目或相关科目，贷记"零余额账户用款额度"科目；因购货退回等发生国库授权支付额度退回的，属于以前年度支付的款项，按照退回金额，借记"零余额账户用款额度"科目，贷记"财政补助结转""财政补助结余""存货"等有关科目；属于本年度支付的款项，按照退回金额，借记"零余额账户用款额度"科目，贷记"事业支出""存货"等有关科目。

【例 15-7】A 事业单位实行国库集中收付制度，1 月份发生如下业务，应编制如下会计分录：

（1）1 月 2 日，授权支付额度 40 万元到账，与核定用款计划相符，并收到代理银行转来的"授权支付到账通知书"。

借：零余额账户用款额度　　　　　　　　　　　　　　　　400 000
　　贷：财政补助收入　　　　　　　　　　　　　　　　　　400 000

（2）1 月 15 日，从零余额账户中提取 4 万元现金，用于购买办公用品，购回之后直接被相关部门领用。

借：库存现金　　　　　　　　　　　　　　　　　　　　　40 000
　　贷：零余额账户用款额度　　　　　　　　　　　　　　　40 000
借：事业支出　　　　　　　　　　　　　　　　　　　　　40 000
　　贷：库存现金　　　　　　　　　　　　　　　　　　　　40 000

2. 年终注销和年初恢复的核算

年度终了，事业单位依据代理银行提供的对账单进行注销额度的相关账务处理，借记"财政应返还额度——财政授权支付"科目，贷记"零余额账户用款额度"科目。事业单位本年度财政授权支付预算指标数大于零余额账户用款额度下达数的，根据未下达的用款额度，借记"财政应返还额度——财政授权支付"科目，贷记"财政补助收入"科目。

次年年初，事业单位依据代理银行提供的额度恢复到账通知书作恢复额度的相关账务处理，借记"零余额账户用款额度"科目，贷记"财政应返还额度——财政授权支付"科目。事业单位收到财政部门批复的上年末未下达零余额账户用款额度的，借记"零余额账户用款额度"科目，贷记"财政应返还额度——财政授权支付"科目。相关例题参见本节"财政应返还额度的核算"的内容。

二、短期投资的核算

短期投资是指事业单位依法取得的，持有时间不超过 1 年（含 1 年）的投资，主要是国债投资。事业单位应当严格遵守国家法律、行政法规以及财政部门、主管部门关于对外投资的有关规定。

为了核算短期投资业务，应设置"短期投资"总账科目。该科目借方登记短期投资的增加；贷方登记短期投资的出售或收回；期末借方余额，反映事业单位持有的短期投资成本。"短期投资"科目应当按照国债投资的种类等进行明细分类核算。

短期投资的主要账务处理如下：

（1）短期投资取得及持有期间利息的核算。短期投资在取得时，应当按照其实际成本（包括购买价款以及税金、手续费等相关税费）作为投资成本，借记"短期投资"科目，贷记"银行存款"等科目；短期投资持有期间收到利息时，按实际收到的金额，借记"银行存款"科目，贷记"其他收入——投资收益"科目。

（2）出售和到期收回的核算。出售短期投资或到期收回短期国债本息，按照实际收到的金额，借记"银行存款"科目，按照出售或收回短期国债的成本，贷记"短期投资"科目，按其差额，贷记或借记"其他收入——投资收益"科目。

【例15-8】A事业单位购买一年期国债80 000元，以银行存款支付。A事业单位应编制如下会计分录：

借：短期投资——国债投资　　　　　　　　　　　　　　　　80 000
　　贷：银行存款　　　　　　　　　　　　　　　　　　　　　80 000

【例15-9】A事业单位购买的一年期国债持有8个月后出售，获得价款51 250元，该国债成本为50 000元。A事业单位应编制如下会计分录：

借：银行存款　　　　　　　　　　　　　　　　　　　　　　51 250
　　贷：短期投资——国债投资　　　　　　　　　　　　　　　50 000
　　　　其他收入　　　　　　　　　　　　　　　　　　　　　 1 250

三、应收及预付款项的核算

应收及预付款项是指事业单位在开展业务活动中形成的各项债权，包括财政应返还额度、应收票据、应收账款、其他应收款等应收款项和预付账款。

（一）财政应返还额度

1. 财政应返还额度的内容

财政应返还额度是指实行国库集中支付的事业单位年终核销的、需要在次年恢复的年度未实现的同款额度。与行政单位相同，实行国库集收付制度后，事业单位的财政经费由财政部门通过国库单一账户统一拨付，具体方式也是分为两种：财政直接支付和财政授权支付。事业单位的年度预算指标也包括财政直接支付额度和财政授权支付额度。其中，财政直接支付额度由财政部门完成支付；财政授权支付额度下达到代理银行，由事业单位完成支付。年度终了时，事业单位需要对年度未实现的用款额度进行注销，形成财政应返还额度，以待次年得以恢复。

事业单位的财政应返还额度包括财政应返还直接额度和财政应返还授权额度。

（1）财政应返还直接额度是指财政直接支付额度本年预算指标与当年财政实际支付的差额。

（2）财政应返还授权额度是指财政授权支付额度本年预算指标与当年事业单位实际支付数的差额。其具体表现为：第一，未下达的授权额度。当年预算已经安排，但财政部门当年没有下达到事业单位代理银行的授权额度，即授权额度的本年预算指标与当年下达数之间的差额。第二，未使用的授权额度。财政部门当年已经将授权额度下达到代理银行，但事业单位当年未完成实际支付的数额，即授权额度的本年下达数与当年实际使用数之间的差额。

2. 财政应返还额度的核算

为了核算事业单位财政应返还额度业务，应设置"财政应返还额度"总账科目。该科目借方登记额度的增加；贷方登记额度的减少或转销；期末借方余额，反映事业单位应收财政返还的资金额度。"财政应返还额度"科目应当设置"财政直接支付""财政授权支付"两个明细科目，进行明细分类核算。

财政应返还额度的主要账务处理如下：

（1）财政直接支付方式的年终注销与年初恢复核算。年度终了，事业单位根据本年度财政直接支付预算指标数与当年财政直接支付实际支出数的差额，借记"财政应返还额度"科目（财政直接支付），贷记"财政补助收入"科目；下年度恢复财政直接支付额度后，事业单位以财政直接支付方式发生实际支出时，借记有关科目，贷记"财政应返还额度"科目（财政直接支付）。

【例15-10】本年度A事业单位财政直接支付额度预算指标为4 200 000元，当年财政已经实际完成支付4 100 000元，需要注销未实现的财政直接支付额度为100 000元。A事业单位应编制如下会计分录：

借：财政应返还额度——财政直接支付 100 000
　　贷：财政补助收入——基本支出 100 000

【例15-11】次年年初，A事业单位接到"财政直接支付额度恢复通知书"，恢复上年年底注销的财政直接支付额度。3月5日，财政部门使用该额度为A单位支付一笔因公出国费用100 000元，已接到代理银行转来的"财政直接支付入账通知书"。A事业单位编制如下会计分录：

借：事业支出——财政补助支出——基本支出 100 000
　　贷：财政应返还额度 100 000

（2）财政授权支付方式的年终注销与年初恢复核算。年度终了，事业单位依据代理银行提供的对账单进行注销额度的相关账务处理，借记"财政应返还额度"科目（财政授权支付），贷记"零余额账户用款额度"科目。事业单位本年度财政授权支付预算指标数大于零余额账户用款额度下达数的，根据未下达的用款额度，借记"财政应返还额度"科目（财政授权支付），贷记"财政补助收入"科目；下年年初，事业单位依据代理银行提供的额度恢复到账通知书进行恢复额度的相关账务处理，借记"零余额账户用款额度"科目，贷记"财政应返还额度"科目（财政授权支付）。事业单位收到财政部门批复的上年年末未下达零余额账户用款额度时，借记"零余额账户用款额度"科目，贷记"财政应返还额度"科目（财政授权支付）。

【例15-12】A事业单位本年度财政授权支付额度预算指标为1 500 000元，根据代理银行提供的对账单，本年已经下达的财政授权支付额度为1 460 000元，事业单位已经实际使用了授权额度1 400 000元，需要注销未实现的授权额度为100 000元，其中未下达的授权额度为40 000元、未使用的授权额度为60 000元。A事业单位应编制如下会计分录：

借：财政应返还额度——财政授权支付 100 000
　　贷：财政补助收入——基本支出 40 000
　　　　零余额账户用款额度 60 000

【例15-13】次年年初，A事业单位收到"财政授权支付额度恢复通知书"，上年年末注销的授权额度100 000元已经全额恢复，并已下达到代理银行。A事业单位应编制如下会计分录：

借：零余额用款额度　　　　　　　　　　　　　　　　　　　　　100 000
　　贷：财政应返还额度——财政授权支付　　　　　　　　　　　　　100 000

（二）应收票据

1. 应收票据的概念

应收票据是指事业单位因开展经营活动销售产品、提供有偿服务等而收到的商业汇票，包括银行承兑汇票和商业承兑汇票。

商业汇票是指由收款人（或付款人）签发，由承兑人（付款人或付款人的委托银行）承兑，并于到期日向收款人（或被背书人）支付款项的票据。

商业汇票按其票面是否注明利息，可分为带息票据和不带息票据。前者是指到期时根据票据面值和利息率收取本息的票据；后者是指票据到期时根据票据面值收取款项的票据。

应收票据在到期前可以向银行申请贴现。贴现是指票据持有人将未到期的票据在背书后送交银行，银行受理后从票据到期金额中扣除按银行贴现率计算确定的贴现利息，然后将贴现余额付给持票人，作为银行对事业单位的短期贷款的行为。所谓背书，是指持票人在票据背面签字。签字人即为背书人，背书人对票据的到期付款负连带责任。

2. 应收票据的核算

为了核算应收票据业务，应设置"应收票据"总账科目。该科目借方登记收到的应收票据，贷方登记票据到期时收回的票面金额。将未到期的应收票据向银行贴现时，按实际收到的金额借记"银行存款"科目，按应收票据的票面金额与贴现时实际收到的差额借记"经营支出"科目，按应收票据的票面金额贷记"应收票据"科目。"应收票据"期末借方余额，反映事业单位持有的商业汇票票面金额。"应收票据"科目应当按照开出、承兑商业汇票的单位等进行明细分类核算。

事业单位应当设置"应收票据备查簿"，逐笔登记每一应收票据的种类、号数、出票日期、到期日、票面金额、交易合同号和付款人、承兑人、背书人姓名或单位名称、背书转让日期、贴现日期、贴现率和贴现净额、收款日期、收回金额和退票情况等资料。应收票据到期结清票款或退票后，应当在备查簿内逐笔注销。

事业单位的应收票据核算程序与企业会计的应收票据核算程序基本相同。应收票据的主要账务处理如下：

（1）应收票据的收到和到期兑付。因销售产品、提供服务等收到商业汇票，按照商业汇票的票面金额，借记"应收票据"科目，按照确认的收入金额，贷记"经营收入"等科目，按照应缴增值税金额，贷记"应交税费——应交增值税"科目；收回应收票据，按照实际收到的商业汇票票面金额，借记"银行存款"科目，贷记"应收票据"科目；因付款人无力支付票款，收到银行退回的商业承兑汇票、委托收款凭证、未付票款通知书或拒付款证明等，按照商业汇票的票面金额，借记"应收账款"科目，贷记"应收票据"科目。

（2）应收票据的贴现与转让。持未到期的商业汇票向银行贴现，按照实际收到的金额（即扣除贴现息后的净额），借记"银行存款"科目，按照贴现息，借记"经营支出"等科目，按照商业汇票的票面金额，贷记"应收票据"科目；将持有的商业汇票背书转让以取得所需物资时，按照取得物资的成本，借记有关科目，按照商业汇票的票面金额，贷记"应收票据"科目，如有差额，借记或贷记"银行存款"等科目。

【例15-14】A事业单位开展经营活动，向某企业销售产品一批，货款共计80 000元，增值税10 400元，收到3个月期的不带息商业汇票一张，面值93 600元。A事业单位应编制如下会计分录：

销售收到票据时：

借：应收票据——某企业　　　　　　　　　　　　　　　　　　　90 400

　　贷：经营收入　　　　　　　　　　　　　　　　　　　　　　80 000

　　　　应交税费——应交增值税（销项税额）　　　　　　　　　10 400

到期收回票款时：

借：银行存款　　　　　　　　　　　　　　　　　　　　　　　　90 400

　　贷：应收票据　　　　　　　　　　　　　　　　　　　　　　90 400

【例15-15】A事业单位向B单位提供劳务，4月15日收到商业承兑汇票一张，票面金额为58 500元，年利率为10%，期限为6个月。A事业单位应编制如下会计分录：

收到票据时：

借：应收票据——B单位　　　　　　　　　　　　　　　　　　　58 500

　　贷：经营收入　　　　　　　　　　　　　　　　　　　　　　58 500

10月14日收到款项及利息时：

借：银行存款　　　　　　　　　　　　　　　　　　　　　　　　61 425

　　贷：应收票据——B单位　　　　　　　　　　　　　　　　　58 500

　　　　经营支出　　　　　　　　　　　　　　　　　　　　　　2 925*

*58 500×10%/12×6＝2 925（元）

利息计算公式如下：

$$应收票据利息额＝应收票据票面金额 \times \frac{票据年利息率}{360} \times 票据到期天数$$

其中：票据到期天数是指从出票日至到期日实际经历的天数。通常出票日和到期日只能算其中的一天，即"算尾不算头"（或"算头不算尾"）。

【例15-16】A事业单位将已持有1个月的一张乙公司开出2个月到期的商业承兑无息汇票到银行贴现。该汇票票面金额为5 000元，银行贴现率为10%。A事业单位应编制如下会计分录：

贴现息＝5 000×10%×1/12＝41.67（元）

扣除贴现息后的净额＝5 000-46.67＝4 953.33（元）

借：银行存款　　　　　　　　　　　　　　　　　　　　　　　　4 953.33

　　经营支出　　　　　　　　　　　　　　　　　　　　　　　　41.67

　　贷：应收票据——乙公司　　　　　　　　　　　　　　　　　5 000

（三）应收账款的核算

1. 应收账款的确认

应收账款是指事业单位因开展经营活动销售产品、提供有偿服务等而应收取的款项。应收账款应在商品已经交付（或劳务已经提供）、合同已经履行、销售手续已经完备时，确认其入账金额并入账。在一般情况下，事业单位销售商品（或提供劳务）时，应按买卖双方在成交时的实际发生额（即确定的总金额）入账。但是，由于折扣等原因，往往使应收账款的发生额与其收回额不一致。因此，在确定应收账款的入账金额时，还应考虑折扣因素。折扣主要包括商业折扣和现金折扣两种。折扣的核算方法与企业会计相同。

2. 应收账款的账务处理

为了核算应收账款的业务，应设置"应收账款"总账科目。该科目借方登记发生的应收项款，贷方登记收回款项。将应收账款转作商业汇票结算方式时，应按其账面金额借记"应收票据"科目，贷记"应收账款"科目。该科目期末为借方余额，反映事业单位尚未收回的应收账款。

事业单位应当按照购货、接受劳务单位（或个人）进行明细分类核算。

应收账款的主要账务处理如下：

（1）应收账款的发生和收回。事业单位发生应收账款时，按照应收未收金额，借记"应收账款"科目，按照确认的收入金额，贷记"经营收入"等科目，按照应缴增值税金额，贷记"应交税费——应交增值税"科目；收回应收账款时，按照实际收到的金额，借记"银行存款"等科目，贷记"应收账款"科目。

（2）应收账款的核销。事业单位的应收账款不计提坏账准备，对逾期三年或以上、有确凿证据表明确实无法收回的应收账款，按规定报经批准后予以核销：①将待核销应收账款转入待处置资产时，按照待核销的应收账款金额，借记"待处置资产损溢"科目，贷记"应收账款"科目；②报经批准予以核销时，借记"其他支出"科目，贷记"待处置资产损溢"科目；③已核销应收账款在以后期间收回的，按照实际收回的金额，借记"银行存款"等科目，贷记"其他收入"科目。核销的应收账款应在备查簿中保留登记。

【例15-17】A事业单位对C单位提供有偿服务，按照合同应向其收取款项32 000元。10天后，A事业单位接银行通知，收到C单位支付的劳务款。A事业单位应编制如下会计分录：

确认收入时：

借：应收账款——C单位　　　　　　　　　　　　　　　　　　　32 000

　　贷：经营收入　　　　　　　　　　　　　　　　　　　　　　　32 000

收到款项时：

借：银行存款　　　　　　　　　　　　　　　　　　　　　　　32 000

　　贷：应收账款——C单位　　　　　　　　　　　　　　　　　　32 000

【例15-18】A事业单位对应收账款的账龄进行分析，发现逾期3年没有收回的应收账款余额为17 500元，并有确凿证据证实无法收回，将其转入待核销资产并上报审批。A事业单位应编制如下会计分录：

转入待核销时：

借：待处置资产损溢　　　　　　　　　　　　　　　　　　　　17 500

　　贷：应收账款　　　　　　　　　　　　　　　　　　　　　　17 500

报经批准予以核销时：

借：其他支出　　　　　　　　　　　　　　　　　　　　　　　17 500

　　贷：待处置资产损溢　　　　　　　　　　　　　　　　　　　17 500

假设上述已核销应收账款在年末又收回 3 000 元时：

借：银行存款   3 000

 贷：其他收入   3 000

（四）预付账款的核算

1. 预付账款的确认

预付账款是指事业单位按照购货、劳务合同规定预付给供应单位的款项。预付账款和应收账款都是事业单位的流动资产，两者主要区别是预付账款是由购货引起的，而应收账款是由销货及提供劳务引起的；预付账款是事业单位主动付出的款项，而应收账款是事业单位等待客户付款。

2. 预付账款的账务处理

为了核算预付账款的业务，应设置"预付账款"总账科目。该科目借方登记向供应单位预付货款和补付货款时；贷方登记收到所购物品或接受劳务时所转销的金额；期末借方余额，反映事业单位实际预付但尚未结算的款项。如该科目出现贷方余额时，则表示预付款小于收到的货款（或接受的劳务款）即应付账款。"预付账款"科目应当按照供应单位（或个人）进行明细分类核算。事业单位应当通过明细核算或辅助登记方式，登记预付账款的资金性质（区分财政补助资金、非财政专项资金和其他资金）。

预付账款的主要账务处理如下：

（1）预付账款的发生和补付。事业单位发生预付账款时，按照实际预付的金额，借记"预付账款"科目，贷记"零余额账户用款额度""财政补助收入""银行存款"等科目。收到所购物资或劳务，按照购入物资或劳务的成本，借记有关科目，按照相应预付账款金额，贷记"预付账款"科目，按照补付的款项，贷记"零余额账户用款额度""财政补助收入""银行存款"等科目。收到所购固定资产、无形资产的，按照确定的资产成本，借记"固定资产""无形资产"科目，贷记"非流动资产基金——固定资产、无形资产"科目，按照资产购置支出，借记"事业支出""经营支出"等科目，按照相应预付账款金额，贷记"预付账款"科目，按照补付的款项，贷记"零余额账户用款额度""财政补助收入""银行存款"等科目。

（2）预付账款的核销。事业单位对逾期三年及以上、有确凿证据表明因供货单位破产、撤销等原因已无望再收到所购物资，并且确实无法收回的预付账款，按规定报经批准后予以核销。核销的处理方法与应收账款相同。

【例 15-19】A 事业单位为增值税小规模纳税人，向某公司订购材料一批，按照合同的规定，该批材料的款项共计 40 000 元。A 单位通过转账先预付货款的 30%，待收到材料验收合格后，再补付其余的 70%。A 事业单位应编制如下会计分录：

预付 30% 货款时：

借：预付账款——某公司   12 000

 贷：银行存款   12 000

收到材料并验收合格入库，同时用银行存款补付货款 28 000 元时：

借：存货——×材料   40 000

 贷：预付账款——某公司   12 000

  银行存款   28 000

（五）其他应收款的核算

其他应收款是指事业单位除财政应返还额度、应收票据、应收账款、预付账款以外的其他各项应收及暂付款项，如职工预借的差旅费、拨付给内部有关部门的备用金、应向职工收取的各种垫付款项等。

为了核算其他应收款业务，应设置"其他应收款"总账科目。该科目借方登记发生的各种其他应收款项；贷方登记收回金额和结转的款项；期末借方余额，反映事业单位尚未收回的其他应收款。"其他应收款"科目应当按照其他应收款的类别以及债务单位（或个人）进行明细分类核算。

其他应收款的主要账务处理如下：

（1）其他应收款发生与收回的核算。事业单位发生其他各种应收及暂付款项时，借记"其他应收款"科目，贷记"银行存款""库存现金"等科目；收回或转销其他各种应收及暂付款项时，借记"库存现金""银行存款"等科目，贷记"其他应收款"科目。

（2）备用金的发放与补足核算。事业单位内部实行备用金制度的，有关部门使用备用金以后应当及时到财务部门报销并补足备用金。财务部门核定并发放备用金时，借记"其他应收款"科目，贷记"库存现金"等科目。根据报销数用现金补足备用金定额时，借记有关科目，贷记"库存现金"等科目，报销数和拨补数都不再通过"其他应收款"科目核算。

（3）其他应收款的核销。事业单位对逾期三年及以上、有确凿证据表明确实无法收回的其他应收款，按规定报经批准后予以核销。核销的方法与应收账款相同。核销的其他应收款应在备查簿中保留登记。

【例15-20】A事业单位工作人员张立出差预借了差旅费3 500元。现张立回来报销，根据审核后的差旅费票据，报销金额为3 580元，差额由财务部门以现金补付。A事业单位应编制如下会计分录：

借：事业支出——财政补助支出　　　　　　　　　　　　　　　　3 580
　贷：其他应收款——张立　　　　　　　　　　　　　　　　　　3 500
　　　库存现金　　　　　　　　　　　　　　　　　　　　　　　　80

【例15-21】A事业单位实行定额备用金制度。2月8日，财会部门根据核定的备用金2 000元，以现金发放给总务处。3月15日，总务处持发票账单到财务部门报销1 600元，同时财会部门用现金补足其定额。A事业单位应编制如下会计分录：

支付备用金时：

借：其他应收款——总务处　　　　　　　　　　　　　　　　　　2 000
　贷：库存现金　　　　　　　　　　　　　　　　　　　　　　　2 000

3月份报销时：

借：事业支出　　　　　　　　　　　　　　　　　　　　　　　　1 600
　贷：库存现金　　　　　　　　　　　　　　　　　　　　　　　1 600

四、存货的核算

（一）存货的确认

存货是指事业单位在开展业务活动及其他活动中为耗用而储存的各种材料、燃料、包装物、低值易耗品及达不到固定资产标准的用具、装具、动植物等的实际成本。事业单位随买随用的零星办公用品，不作为存货管理。

事业单位为开展业务活动会耗用一定数量的材料用品，这些材料用品数量较大，需要进入仓库进行管理，在领用时形成相应的支出。因此，应当建立健全存货的内部控制制度，对存货的收、发、存进行严格的管理和控制；对存货进行定期或者不定期的清查盘点，保证账实相符，对存货的盘盈、盘亏及时处理。

（二）存货的核算

为了核算存货业务，应设置"存货"总账科目。"存货"科目借方登记存货的增加；贷方登记存货的减少；期末借方余额，反映事业单位存货的实际成本。事业单位随买随用的零星办公用品，可在购进时直接列作支出。"存货"科目应当按照存货的种类、规格、保管地点等进行明细分类核算。

事业单位应当通过明细核算或辅助登记方式，登记取得存货成本的资金来源（区分财政补助资金、非财政专项资金和其他资金）；发生自行加工存货业务的事业单位，应当在"存货"科目下设置"生产成本"明细科目，归集核算自行加工存货所发生的实际成本（包括耗用的直接材料费用、发生的直接人工费用和分配的间接费用）。

事业单位发出的材料，一般选择月末一次加权平均法确定其实际成本。

月末一次加权平均法是指用各批购进材料的数量与期初的数量分别进行加权，以计算加权平均单价成本，再据以对发出材料和期末库存材料进行计价的方法。加权平均法的计算公式如下：

$$全月加权平均单价 = \frac{月初结存存货成本 + 本月入库存货成本}{月初结存存货数量 + 本月入库存货数量}$$

本月发出存货成本 = 本月发出存货数量 × 全月加权平均单位成本

月末结存存货成本 =（月初结存存货成本 + 本月入库存货成本）- 本月发出存货成本

存货的主要账务处理如下：

1. 存货取得的核算

事业单位存货取得的方式主要包括外购、自行加工、接受捐赠、无偿调入等，取得存货时应当按照存货的实际成本入账。

（1）购入存货的核算。事业单位购入存货时，其成本包括购买价款、相关税费、运输费、装卸费、保险费以及其他使得存货达到目前场所和状态所发生的其他支出。购入的存货验收入库，按确定的成本，借记"存货"科目，贷记"银行存款""应付账款""财政补助收入""零余额账户用款额度"等科目。

根据《中华人民共和国增值税暂行条例》的规定：凡在中国境内销售货物（销售不动产和无形资产除外）或者提供加工、修理、修配劳务以及进口货物的均为增值税的征税范围。增值税是价外税，其计税价格为不含税价格。事业单位购进的存货属于应纳增值税范围的应税货物，其购价本身不含缴纳的增值税部分。购进存货所负担的增值税是否计入存货的价格中，首先取决于存货的用途，即是单位自用，还是对外投资或加工成产品后出售。对于非自用的存货，则又区分为一般纳税人和小规模纳税人两种情况。

第一，事业单位购入的自用存货，无论是增值税一般纳税人还是增值税小规模纳税人都按实际支付的含税价格计价。

第二，事业单位购入的非自用材料，因事业单位属于不同类型的增值税纳税人而不同。事业单位按规定属于增值税小规模纳税人的，其购进存货应按实际支付的含税价格计算。事业单位按规定属于增值税一般纳税人的，其购进的材料非自用部分按不含税价格计算，按确定的成本（不含增值税进项税额），借记"存货"科目，按增值税专用发票上注明的增值税额，借记"应交税费——应交增值税（进项税额）"科目，按实际支付或应付的金额，贷记"银行存款""应付账款"等科目。

【例15-22】A事业单位购入自用乙材料50箱，每箱价格100元，支付增值税650元，运杂费200元，采购资金为非财政性资金，以银行存款支付。A事业单位应编制如下会计分录：

借：存货——乙材料　　　　　　　　　　　　　　　　　　　5 850
　　贷：银行存款　　　　　　　　　　　　　　　　　　　　　　　5 850

【例15-23】A事业单位采用政府采购方式购入自用甲材料，价值为200 000元。款项已经通过财政直接支付方式支付，材料已验收入库。A事业单位应编制如下会计分录：

借：存货——甲材料（财政补助资金）　　　　　　　　　　200 000
　　贷：财政补助收入　　　　　　　　　　　　　　　　　　　　200 000

（2）自行加工存货的核算。事业单位自行加工的存货，其成本包括耗用的直接材料费用、发生的直接人工费用和按照一定方法分配的与存货加工有关的间接费用。自行加工的存货在加工过程中发生各种费用时，借记"存货"科目（生产成本），贷记"存货"科目（领用材料相关的明细科目）或"应付职工薪酬""银行存款"等科目；加工完成的存货验收入库，按照所发生的实际成本，借记"存货"科目（相关明细科目），贷记"存货"科目（生产成本）。

【例15-24】A事业单位自行生产加工自用乙产品，领用B材料一批，采用加权平均法计算出其价值为6 500元，另发生人工费用2 000元。乙产品加工完成，验收合格入库。A事业单位应编制如下会计分录：

发生料工费时：
借：存货——生产成本　　　　　　　　　　　　　　　　　8 500
　　贷：存货——B材料　　　　　　　　　　　　　　　　　　6 500
　　　　应付职工薪酬　　　　　　　　　　　　　　　　　　2 000
加工完成验收入库时：
借：存货——乙产品　　　　　　　　　　　　　　　　　　8 500
　　贷：存货——生产成本　　　　　　　　　　　　　　　　　8 500

（3）接受捐赠、无偿调入存货的核算。事业单位接受捐赠、无偿调入的存货，其成本按照有关凭据注明的金额加上相关税费、运输费等确定；没有相关凭据的，其成本比照同类或类似存货的市场价格加上相关税费、运输费等确定；没有相关凭据、同类或类似存货的市场价格也无法可靠取得的，该存货按照名义金额（即人民币1元，下同）入账。相关财务制度仅要求进行实物管理的除外。

接受捐赠、无偿调入的存货验收入库，按照确定的成本，借记"存货"科目，按照发生的相关税费、运输费等，贷记"银行存款"等科目，按照其差额，贷记"其他收入"科目。

按照名义金额入账的情况下，按照名义金额，借记"存货"科目，贷记"其他收入"科目；按照发生的相关税费、运输费等，借记"其他支出"科目，贷记"银行存款"等科目。

【例15-25】A事业单位接受社会捐赠一批特种材料，没有附相关凭据。此材料在市场上并无销售，无法可靠取得其价格，经批准以名义金额入账。接受捐赠时，发生税费支出80元，以银行转账支付。A事业单位应编制如下会计分录：

借：存货——特种材料   1
  贷：其他收入——捐赠收入   1
借：其他支出——捐赠税费支出   80
  贷：银行存款   80

2. 存货发出的核算

事业单位存货的发出事项主要有开展业务活动领用、对外捐赠、无偿调出等。存货在发出时，应当根据实际情况采用先进先出法、加权平均法或者个别计价法确定发出存货的实际成本。计价方法一经确定，不得随意变更。低值易耗品的成本于领用时一次摊销。

（1）存货的领用。事业单位开展业务活动等领用、发出存货时，按领用、发出存货的实际成本，借记"事业支出""经营支出"等科目，贷记"存货"科目。

【例15-26】A事业单位2月份"发料凭证汇总表"列明：总务处为开展有关业务活动领用B材料30 000元，科技开发中心为开展有偿服务活动领用B材料20 000元（不实行内部成本核算）。A事业单位应编制如下会计分录：

借：事业支出   30 000
    经营支出   20 000
  贷：存货——B材料   50 000

（2）对外捐赠、无偿调出。事业单位对外捐赠、无偿调出存货时，应转入待处置资产，按照存货的账面余额，借记"待处置资产损溢"科目，贷记"存货"科目；实际捐出、调出存货时，按照"待处置资产损溢"科目的相应余额，借记"其他支出"科目，贷记"待处置资产损溢"科目。

属于增值税一般纳税人的事业单位对外捐赠、无偿调出购进的非自用材料，转入待处置资产时，按照存货的账面余额与相关增值税进项税额转出金额的合计金额，借记"待处置资产损溢"科目，按存货的账面余额，贷记"存货"科目，按转出的增值税进项税额，贷记"应交税费——应交增值税（进项税额转出）"科目。

【例15-27】A事业单位为增值税一般纳税人，经批准将非自用乙材料无偿调给下属单位。该材料账面余额为80 000元，购入时支付的进项税额为10 400元。A事业单位应编制如下会计分录：

转入待处置资产时：
借：待处置资产损溢   90 400
  贷：存货——乙材料   80 000
    应交税费——应交增值税（进项税额转出）   10 400
实际发出时：
借：其他支出   90 400
  贷：待处置资产损溢   90 400

3. 存货清查盘点的核算

事业单位的存货应当定期进行清查盘点，每年至少盘点一次。对于发生的存货盘盈、盘亏或者报废、毁损，应当及时查明原因，按规定报经批准后进行账务处理。

（1）盘盈的存货，按照同类或类似存货的实际成本或市场价格确定入账价值；同类或类似存货的实际成本、市场价格均无法可靠取得的，按照名义金额入账。盘盈的存货，按照确定的入账价值，借记"存货"科目，贷记"其他收入"科目。

（2）盘亏或者毁损、报废的存货，转入待处置资产时，按照待处置存货的账面余额，借记"待处置资产损溢"科目，贷记"存货"科目。报经批准予以处置时，按照"待处置资产损溢"科目的相应余额，借记"其他支出"科目，贷记"待处置资产损溢"科目。

属于增值税一般纳税人的事业单位购进的非自用材料发生盘亏或者毁损、报废的，转入待处置资产时，按照存货的账面余额与相关增值税进项税额转出金额的合计金额，借记"待处置资产损溢"科目，按存货的账面余额，贷记"存货"科目，按转出的增值税进项税额，贷记"应交税费——应交增值税（进项税额转出）"科目。

处置存货过程中所取得的收入、发生的费用以及处置收入扣除相关处置费用后的净收入的账务处理规定，参见"待处置资产损溢"科目的相关内容。

【例15-28】A事业单位年终进行存货的清查盘点，发现甲材料盘盈20千克，按同类材料的成本计算其价值为1 500元；发现乙材料短缺40千克，每千克50元。A事业单位应编制如下会计分录：

甲材料盘盈时：

借：存货——甲材料	1 500
贷：其他收入	1 500

乙材料盘亏转入待处置资产时：

借：待处置资产损溢	2 260
贷：存货——乙材料	2 000
应交税费——应交增值税（进项税转出）	260

盘亏经批准予以处置时；

借：其他支出	2 260
贷：待处置资产损溢	2 260

【例15-29】A事业单位为增值税一般纳税人，年终盘点库材料时，发现非自用B材料发生毁损。该材料账面余额为8 000元，进项税额为1 040元；材料变价收入为1 200元，已收存银行。A事业单位应编制如下会计分录：

转入待处置资产时：

借：待处置资产损溢	9 040
贷：存货——B材料	8 000
应交税费——应交增值税（进项税额转出）	1 040

报经批准予以处置时：

借：其他支出	9 040
贷：待处置资产损溢	9 040

取得材料变价收入时：

借：银行存款	1 356
贷：待处置资产损溢	1 200
应交税费——应交增值税（销项税额）	156

第三节　非流动资产的核算

事业单位的非流动资产包括长期投资、固定资产、在建工程、无形资产及待处置资产损溢等。加强对非流动资的核算，对于如实反映和监督事业单位非流动资产的使用情况、财务状况和业务成果等具有重要的意义。

一、长期投资的核算

长期投资是指事业单位依法取得的，持有时间超过 1 年（不含 1 年）的各种股权和债权性质的投资。

事业单位依法利用货币资金、实物、无形资产等方式向其他单位的投资，一方面可以拓展事业单位的业务范围，提高资金的使用效益；另一方面可以取得一定的投资收益，弥补事业单位资金的不足，更好地开展公益性活动。

（一）长期投资的管理

事业单位主要从事非营利性活动，以社会效益为最高准则。其资金来源主要是财政拨款，长期投资并不构成其经济活动的主要内容。事业单位应当严格遵守国家法律、行政法规以及财政部门、主管部门有关事业单位对外投资的规定。

（1）严格控制对外投资。在保证单位正常运转和事业单位发展的前提下，按照国家有关规定可以进行长期投资的，应当履行相关审批程序。

（2）事业单位以实物、无形资产对外投资的，应按照国务院发布的《国有资产评估管理办法》及国家国有资产管理局发布的《国有资产评估管理办法实施细则》的有关规定进行资产评估。事业单位利用国有资产对外投资的，资产的国家所有性质不变。

（3）事业单位不得以财政拨款及其结余进行对外投资，不得从事股票、期货、基金和企业债券等投资，国家另有规定的除外。

（二）长期投资的账务处理

为了核算长期投资业务，应设置"长期投资"总账科目。该科目借方登记长期投资的增加额，如用货币资金投资时的实际支付的价款，用实物和无形资产投资时的评估确定或合同、协议确定的价值；贷方登记长期投资的减少额，如售出债券或到期收回债券的实际成本，收回经营投资的实际成本；期末借方余额，反映事业单位持有的长期投资成本。"长期投资"科目应当按照长期投资的种类和被投资单位等进行明细分类核算。长期投资包括长期股权投资和长期债券投资。

1. 长期股权投资的核算

（1）长期股权投资的取得。长期股权投资的取得方式主要包括支付货币资金、投出固定资产、投出无形资产等。长期股权投资在取得时，应当按照其实际成本作为投资成本。

①以货币资金取得的长期股权投资，按照实际支付的全部价款（包括购买价款以及税金、手续费等相关税费）作为投资成本，借记"长期投资"科目，贷记"银行存款"等科目；同时，按照投资成本金额，借记"事业基金"科目，贷记"非流动资产基金——长期投资"科目。

②以固定资产取得的长期股权投资，按照评估价值加上相关税费作为投资成本，借记"长期投资"科目，贷记"非流动资产基金——长期投资"科目，按发生的相关税费，借记"其他支出"科目，贷记"银行存款""应交税费"等科目；同时，按照投出固定资产对应的非流动资产基金，借记"非流动资产基金——固定资产"科目，按照投出固定资产已计提折旧，借记"累计折旧"科目，按投出固定资产的账面余额，贷记"固定资产"科目。

③以已入账无形资产取得的长期股权投资，按照评估价值加上相关税费作为投资成本，借记"长期投资"科目，贷记"非流动资产基金——长期投资"科目，按发生的相关税费，借记"其他支出"科目，贷记"银行存款""应交税费"等科目；同时，按照投出无形资产对应的非流动资产基金，借记"非流动资产基金——无形资产"科目，按照投出无形资产已计提摊销，借记"累计摊销"科目，按照投出无形资产的账面余额，贷记"无形资产"科目。

以未入账无形资产取得的长期股权投资，按照评估价值加上相关税费作为投资成本，借记"长期投资"科目，贷记"非流动资产基金——长期投资"科目，按发生的相关税费，借记"其他支出"科目，贷记"银行存款""应交税费"等科目。

【例15-30】A事业单位以一幢写字楼对甲单位进行投资入股，并参与甲单位的利润分配，共同承担投资风险。该写字楼评估价为2 500 000元，账面余额3 200 000元，已计提折旧1 200 000元。另外，A事业单位支付资产评估费45 000元。A事业单位应编制如下会计分录：

借：长期投资——股权投资——甲单位	2 545 000
贷：非流动资产基金	2 545 000
借：其他支出	45 000
贷：银行存款	45 000

同时：

借：非流动资产基金——固定资产	2 000 000
累计折旧	1 200 000
贷：固定资产	3 200 000

【例15-31】A事业单位以一项专有技术进行长期股权投资，无形资产的账面余额为185 000元，已计提摊销35 000元。投资协议价确定的无形资产价值为165 000元。A事业单位应编制如下会计分录：

借：长期投资——长期股权投资	165 000
贷：非流动资产基金——长期投资	165 000

同时：

借：非流动资产基金——无形资产	150 000
累计摊销	35 000
贷：无形资产——专有技术	185 000

（2）长期股权投资持有期间的收益和损失。长期股权投资持有期间，收到利润等投资收益时，按照实际收到的金额，借记"银行存款"等科目，贷记"其他收入——投资收益"科目。

因被投资单位破产清算等原因，有确凿证据表明长期股权投资发生损失，按规定报经批准后予以核销。将待核销长期股权投资转入待处置资产时，按照待核销的长期股权投资账面余额，借记"待处置资产损溢"科目，贷记"长期投资"科目；报经批准予以核销时，借记"非流动资产基金——长期投资"科目，贷记"待处置资产损溢"科目。

【例15-32】A事业单位持有乙公司2%的股权，年末，从乙公司分得利润15 000元，已收入银行存款。A事业单位应编制如下会计分录：

借：银行存款 15 000
 贷：其他收入——投资收益 15 000

【例15-33】A事业单位持有甲公司3%的股份，此长期股权投资的账面余额为450 000元。因甲公司经营不善实行破产清算，该项投资转入核销核算。A事业单位应编制如下会计分录：

转入待处置资产时：
借：待处置资产损溢 450 000
 贷：长期投资——股权投资 450 000

报经批准予以核销时：
借：非流动资产基金——长期投资 450 000
 贷：待处置资产损溢 450 000

（3）长期股权投资的转让。事业单位转让长期股权投资，转入待处置资产时，按照待转让长期股权投资的账面余额，借记"待处置资产损溢——处置资产价值"科目，贷记"长期投资"科目。实际转让时，按照所转让长期股权投资对应的非流动资产基金，借记"非流动资产基金——长期投资"科目，贷记"待处置资产损溢——处置资产价值"科目。转让长期股权投资过程中取得价款、发生相关税费以及转让价款扣除相关税费后的净收入的账务处理，参见"待处置资产损溢"科目相关内容。

【例15-34】A事业单位将以不动产投资入股所持有的乙公司2%的股权转让，该股权投资的账面余额为500 000元，实际转让时收到价款560 000元。转让过程中发生税费共计28 000元。A事业单位应编制如下会计分录：

转入待处置资产时：
借：待处置资产损溢——处置资产价值 500 000
 贷：长期投资——股权投资 500 000

实际转让时：
借：非流动资产基金——长期投资 500 000
 贷：待处置资产损溢——处置资产价值 500 000

收到转让价款时：
借：银行存款 560 000
 贷：待处置资产损溢——处置净收入 560 000

支付转让税费时：
借：待处置资产损溢——处置净收入 28 000
 贷：银行存款 28 000

处置净收入处理：
借：待处置资产损溢——处置净收入 532 000
 贷：应缴国库款 532 000

2. 长期债券投资的核算

（1）长期债券投资的取得。长期债券投资通常以货币资金购入，取得时，应当按照其实际成本作为投资成本。以货币资金购入的长期债券投资，按照实际支付的全部价款（包括购买价款以及税金、手续费等相关税费）作为投资成本，借记"长期投资"科目，贷记"银行存款"等科目；同时，按照投资成本金额，借记"事业基金"科目，贷记"非流动资产基金——长期投资"科目。

（2）长期债券投资的利息。长期债券投资持有期间收到利息时，按照实际收到的金额，借记"银行存款"等科目，贷记"其他收入——投资收益"科目。

（3）长期债券投资的转让和到期收回。对外转让或到期收回长期债券投资本息，按照实际收到的金额，借记"银行存款"等科目，按照收回长期投资的成本，贷记本科目，按照其差额，贷记或借记"其他收入——投资收益"科目；同时，按照收回长期投资对应的非流动资产基金，借记"非流动资产基金——长期投资"科目，贷记"事业基金"科目。

【例15-35】A事业单位购入三年期国库券2 000份，面值100元，票面年利率5%，款项共计20万元，以银行存款支付。A事业单位应编制如下会计分录：

长期债券取得时：

借：长期投资——债券投资 200 000

　　贷：银行存款 200 000

借：事业基金 200 000

　　贷：非流动资产基金——长期投资 200 000

第一年、第二年分别收到利息10 000元时：

借：银行存款 10 000

　　贷：其他收入——投资收益 10 000

第三年到期兑付时：

借：银行存款 210 000

　　贷：长期投资——债券投资 200 000

　　　　其他收入——投资收益 10 000

借：非流动资产基金——长期投资 200 000

　　贷：事业基金 200 000

二、固定资产的核算

（一）固定资产概述

1. 固定资产的概念

固定资产是指使用年限在1年以上（不含1年），单位价值在规定的标准以上，并在使用过程中基本保持原来物质形态的资产。

《事业单位财务规则》对固定资产的单位价值标准制定了具体的规定：一般设备在1 000元以上，专用设备在1 500元以上；单位价值虽未达到规定标准，但是耐用时间在1年以上（不含1年）的大批同类物资，也作为固定资产核算和管理。

2. 固定资产的分类

事业单位的固定资产一般分为以下六类：

（1）房屋和构筑物。这是指事业单位拥有占有权、控制权的房屋、建筑物及其附属设施。其中，房屋包括办公用房、生产经营用房、库房、职工食堂、锅炉房等；建筑物包括道路、围墙、水塔、雕塑等；附属设施包括房屋和建筑物内的电梯、通信线路、输电线路、水气管道等。

（2）专用设备。这是指事业单位根据业务工作的实际需要购置的各种具有专门性能和专门用途的设备，如科研单位的科研仪器、学校的教学仪器、医院的医疗器械等。

（3）通用设备。这是指事业单位用于业务工作的通用性设备，如办公用的家具、交通工具等。

（4）文物和陈列品。这是指博物馆、展览馆、纪念馆等文化事业单位的各种文物和陈列品，如古物、字画、纪念品、展品、藏品等。

（5）图书、档案。这是指专业图书馆、文化馆的书籍、资料，档案馆的档案，事业单位统一管理使用的业务用书及档案等，如单位图书室和阅览室的图书、档案室资料等。

（6）家具、用具、装具及动植物。

对于应用软件，如果其构成相关硬件不可缺少的组成部分，应当将该软件价值包括在所属硬件价值中，一并作为固定资产进行核算；如果其不构成相关硬件不可缺少的组成部分，应当将该软件作为无形资产核算。事业单位以经营租赁租入的固定资产，不作为固定资产核算，应当另设备查簿进行登记。购入需要安装的固定资产，应当先通过"在建工程"科目核算，安装完毕交付使用时再转入"固定资产"科目核算。

3. 固定资产的管理

事业单位应当根据固定资产的定义，结合本单位的具体情况，制定适合于本单位的固定资产目录、具体分类方法，作为进行固定资产核算的依据。

事业单位应当对固定资产进行定期或者不定期的清查盘点。年度终了前应当进行一次全面清查盘点，保证账实相符。

事业单位国有资产的处置包括出售、出让、转让、对外捐赠、报废、报损以及货币性资产损失核销等。事业单位占有、使用的房屋及构筑物、土地和车辆的处置，货币性资产损失的核销，单位价值或者批量价值在规定限额以上的资产的处置，须经主管部门审核后报同级财政部门审批；限额规定以下的资产处置报主管部门审批，主管部门将审批结果报同级财政部门备案。事业单位国有资产处置收入属于国家所有，应当按照政府非税收入管理的规定，实行"收支两条线"管理。

为了核算固定资产业务，应设置"固定资产"总账科目。该科目借方登记增加的固定资产原价；贷方登记减少的固定资产原价；期末借方余额，反映事业单位固定资产的原价。事业单位应当设置"固定资产登记簿"和"固定资产卡片"，按照固定资产类别、项目和使用部门等进行明细分类核算。出租、出借的固定资产，应当设置备查簿进行登记。

（二）固定资产的初始确认与计量

事业单位的固定资产应在取得时进行初始确认与计量。固定资产的取得方式主要有购入、自行建造、融资租入、接受捐赠和无偿调入等。固定资产在取得时，应当按照其实际成本入账。

1. 固定资产的购入

购入的固定资产，其成本包括购买价款、相关税费以及固定资产交付使用前所发生的可归属于该项资产的运输费、装卸费、安装调试费和专业人员服务费等；以一笔款项购入多项没有单独标价的固定资产，按照各项固定资产同类或类似资产市场价格的比例对总成本进行分配，分别确定各项固定资产的入账成本。

事业单位购入固定资产所使用的资金，可以是财政补助收入，也可以是上级补助收入等非财政补助资金。使用财政资金需要纳入政府采购规范，一般采用政府集中采购的方式。购入固定资产的核算可以分以下三种情况：

（1）购入不需安装的固定资产。这种情况应按照确定的固定资产成本，借记"固定资产"科目，贷记"非流动资产基金——固定资产"科目；同时，按照实际支付金额，借记"事业支出""经营支出""专用基金——修购基金"等科目，贷记"财政补助收入""零余额账户用款额度""银行存款"等科目。

（2）购入需要安装的固定资产。这种情况应先通过"在建工程"科目核算。安装完工交付使用时，借记"固定资产"科目，贷记"非流动资产基金——固定资产"科目；同时，借记"非流动资产基金——在建工程"科目，贷记"在建工程"科目。

（3）购入固定资产扣留质量保证金。这种情况应当在取得固定资产时，按照确定的成本，借记"固定资产"科目（不需安装）或"在建工程"科目（需要安装），贷记"非流动资产基金——固定资产、在建工程"科目。同时取得固定资产全款发票的，应当同时按照构成资产成本的全部支出金额，借记"事业支出""经营支出""专用基金——修购基金"等科目，按照实际支付金额，贷记"财政补助收入""零余额账户用款额度""银行存款"等科目，按照扣留的质量保证金，贷记"其他应付款"（扣留期在1年或1年）或"长期应付款"（扣留期在1年以上）科目；取得的发票金额不包括质量保证金的，应当同时按照不包括质量保证金的支出金额，借记"事业支出""经营支出""专用基金——修购基金"等科目，贷记"财政补助收入""零余额账户用款额度""银行存款"等科目。质保期满支付质量保证金时，借记"其他应付款""长期应付款"科目，或借记"事业支出""经营支出""专用基金——修购基金"等科目，贷记"财政补助收入""零余额账户用款额度""银行存款"等科目。

【例15-36】A事业单位以政府集中采购方式购入一批网络设备，价值350 000元，款项通过财政部门以直接支付方式支付。设备已经通过验收。A事业单位应编制如下会计分录：

借：固定资产——网络设备　　　　　　　　　　　　　　　　350 000
　　贷：非流动资产基金——固定资产　　　　　　　　　　　　350 000
借：事业支出——财政补助支出——基本支出　　　　　　　　350 000
　　贷：财政补助收入——基本支出　　　　　　　　　　　　　350 000

【例15-37】A事业单位购入一台需要安装的专业检测设备已经完工并交付使用。设备款为68 000元，安装费用为5 200元。A事业单位应编制如下会计分录：

借：非流动资产基金——在建工程　　　　　　　　　　　　　73 200
　　贷：在建工程——检测设备安装工程　　　　　　　　　　　73 200
借：固定资产——检测设备　　　　　　　　　　　　　　　　73 200
　　贷：非流动资产基金——固定资产　　　　　　　　　　　　73 200

【例15-38】A事业单位购入一台经营用专用设备，取得的增值税专用发票上注明的设备价款230 000元，增值税进项税额为29 900元，以银行存款支付，设备已交付使用。A事业单位应编制如下会计分录：

借：固定资产——专用设备	230 000
应交税费——应交增值税（进项税额）	29 900
贷：非流动资产基金——固定资产	259 900
借：经营支出	259 900
贷：银行存款	259 900

2. 固定资产的建造与改造

自行建造的固定资产，其成本包括建造该项资产至交付使用前所发生的全部必要支出。在原有固定资产基础上进行改建、扩建、修缮后的固定资产，其成本按照原固定资产账面价值（"固定资产"科目账面余额减去"累计折旧"科目账面余额后的净值）加上改建、扩建、修缮发生的支出，再扣除固定资产拆除部分的账面价值后的金额确定。

工程完工交付使用时，按自行建造过程中发生的实际支出，借记"固定资产"科目，贷记"非流动资产基金——固定资产"科目；同时，借记"非流动资产基金——在建工程"科目，贷记"在建工程"科目。已交付使用但尚未办理竣工决算手续的固定资产，按照估计价值入账，待确定实际成本后再进行调整。

【例 15-39】A 事业单位自行建造的一台安防设备完工，经验收后交付使用，其建造成本为 38 700 元。A 事业单位应编制如下会计分录：

借：固定资产——安防设备	38 700
贷：非流动资产基金——固定资产	38 700
借：非流动资产基金——在建工程	38 700
贷：在建工程——安防设备建造工程	38 700

3. 固定资产的融资租入

事业单位以融资租赁租入的固定资产，其成本按照租赁协议或者合同确定的租赁价款、相关税费以及固定资产交付使用前所发生的可归属于该项资产的运输费、途中保险费、安装调试费等确定。

（1）融资租入的固定资产，按照确定的成本，借记"固定资产"科目（不需安装）或"在建工程"科目（需安装），按照租赁协议或者合同确定的租赁价款，贷记"长期应付款"科目，按照其差额，贷记"非流动资产基金——固定资产、在建工程"科目。同时，按照实际支付的相关税费、运输费、途中保险费、安装调试费等，借记"事业支出""经营支出"等科目，贷记"财政补助收入""零余额账户用款额度""银行存款"等科目。

（2）定期支付租金时，按照支付的租金金额，借记"事业支出""经营支出"等科目，贷记"财政补助收入""零余额账户用款额度""银行存款"等科目。同时，借记"长期应付款"科目，贷记"非流动资产基金——固定资产"科目。

跨年度分期付款购入固定资产的账务处理，可参照融资租入固定资产的核算。

【例 15-40】A 事业单位以融资租赁方式租入一套专业通信设备，价值为 200 000 元，以银行存款支付设备调试费等 3 800 元。设备租期 5 年，租金按年支付，每年 40 000 元，租赁期满后设备归 A 事业单位所有。A 事业单位应编制如下会计分录：

租入设备并支付调试费用时：

借：固定资产——通信设备	203 800
贷：长期应付款	200 000
非流动资产基金——固定资产	3 800

借：事业支出——其他资金支出——基本支出　　　　　　　　　　　　　3 800
　　贷：银行存款　　　　　　　　　　　　　　　　　　　　　　　　　　　　3 800

使用财政补助资金支付第 1 年租金 40 000 元时：

借：事业支出——财政补助支出——基本支出　　　　　　　　　　　　40 000
　　贷：财政补助收入　　　　　　　　　　　　　　　　　　　　　　　　　40 000

借：长期应付款　　　　　　　　　　　　　　　　　　　　　　　　　　40 000
　　贷：非流动资产基金——固定资产　　　　　　　　　　　　　　　　　40 000

以后每年支付租金的会计分录相同，"固定资产"科目与"非流动资产基金——固定资产"科目的账面余额不一致，其差额为未支付的租金。

4. 固定资产的捐赠与调入

事业单位接受捐赠、无偿调入的固定资产，其成本按照有关凭据注明的金额加上相关税费、运输费等确定；没有相关凭据的，其成本比照同类或类似固定资产的市场价格加上相关税费、运输费等确定；没有相关凭据、同类或类似固定资产的市场价格也无法可靠取得的，该固定资产按照名义金额入账。

接受捐赠、无偿调入的固定资产，按照确定的固定资产成本，借记"固定资产"科目（不需安装）或"在建工程"科目（需安装），贷记"非流动资产基金——固定资产、在建工程"科目；按照发生的相关税费、运输费等，借记"其他支出"科目，贷记"银行存款"等科目。

【例 15-41】A 事业单位接受捐赠一批图书，所附发票说明价值为 50 000 元；接受捐赠的历史文物一项，没有证明其价值的相关凭据，同类或类似文物的市场价格也无法可靠取得；以现金支付运输费 150 元。A 事业单位应编制如下会计分录：

借：固定资产——图书　　　　　　　　　　　　　　　　　　　　　　50 000
　　　　　　　——文物　　　　　　　　　　　　　　　　　　　　　　　　　1
　　贷：非流动资产基金——固定资产　　　　　　　　　　　　　　　　　50 001

借：其他支出　　　　　　　　　　　　　　　　　　　　　　　　　　　　150
　　贷：库存现金　　　　　　　　　　　　　　　　　　　　　　　　　　　　150

（三）固定资产的折旧

1. 折旧的含义及范围

事业单位的固定资产经初始确认与计量后，在使用中会因磨损等因素导致价值的贬损。为真实反映固定资产的价值，可以建立固定资产折旧制度，对固定资产进行后续计量。折旧是指在固定资产使用寿命内，按照确定的方法对应折旧金额进行系统分摊。事业单位固定资产的应折旧金额为其成本，计提固定资产折旧不考虑预计净残值。

事业单位的固定资产折旧范围主要包括房屋构筑物、专用设备和通用设备等，文物和陈列品、动植物、图书、档案、以名义金额计量的固定资产不提折旧。

事业单位一般应当按月计提固定资产折旧。当月增加的固定资产，当月不提折旧，从下月起计提折旧；当月减少的固定资产，当月照提折旧，从下月起不提折旧。固定资产提足折旧后，无论能否继续使用，均不再计提折旧；提前报废的固定资产，也不再补提折旧。已提足折旧的固定资产，可以继续使用的，应当继续使用，规范管理。

2. 折旧的方法

事业单位一般应当采用年限平均法或工作量法计提固定资产折旧。固定资产折旧额的计算公式如下：

年折旧额＝固定资产原值÷预计使用年限

月折旧额＝年折旧额÷12

事业单位应当根据固定资产的性质和实际使用情况，合理确定其折旧年限。固定资产的使用寿命一般为其预计使用年限。固定资产因改扩建或修缮等原因延长其使用年限的，应当按照重新确定的固定资产成本以及重新确定的折旧年限，重新计算折旧额。

计提融资租入固定资产折旧时，应当采用与自有固定资产相一致的折旧政策。能够合理确定租赁期届满时将会取得租入固定资产所有权的，应当在租入固定资产尚可使用年限内计提折旧；无法合理确定租赁期届满时能够取得租入固定资产所有权的，应当在租赁期与租入固定资产尚可使用年限两者中较短的期间内计提折旧。

3. 累计折旧的核算

为了核算事业单位固定资产计提的累计折旧业务，应当设置"累计折旧"总账科目。该科目贷方登记折旧的增加；借方登记折旧的转销；期末贷方余额，反映事业单位计提的固定资产折旧累计数。"累计折旧"科目应当按照所对应固定资产的类别、项目等进行明细分类核算。

事业单位的固定资产在取得时其成本已经一次性计入了当期支出。为了兼顾事业单位的预算管理和财务管理的需求，固定资产采用了"虚提"折旧的模式：计提折旧时冲减其对应的非流动资产基金，而非计入当期支出。按月计提固定资产折旧时，按照应计提折旧金额，借记"非流动资产基金——固定资产"科目，贷记"累计折旧"科目。

【例15-42】A事业单位计提本月固定资产折旧，根据"固定资产折旧计算表"，本月应提折旧额为36 500元。A事业单位应编制如下会计分录：

借：非流动资产基金——固定资产　　　　　　　　　　　　　　36 500

　　贷：累计折旧　　　　　　　　　　　　　　　　　　　　　　36 500

（四）固定资产的后续支出

固定资产的后续支出是指固定资产在投入使用以后期间发生的与固定资产使用效能、使用状态直接相关的各种支出，如固定资产的改扩建、修缮、修理等事项的支出。与固定资产有关的后续支出，应分以下情况处理：

（1）为增加固定资产使用效能或延长其使用年限而发生的改建、扩建或修缮等后续支出。这类支出应当计入固定资产成本，通过"在建工程"科目核算，完工交付使用时转入"固定资产"科目。有关账务处理参见"在建工程"科目相关内容。

（2）为维护固定资产的正常使用而发生的日常修理等后续支出。这类支出应当计入当期支出但不计入固定资产成本，借记"事业支出""经营支出"等科目，贷记"财政补助收入""零余额账户用款额度""银行存款"等科目。

【例15-43】A事业单位对单位信息中心的空调设备进行了维护，保证了制冷系统运行的稳定性，以银行存款支出了有关费用860元。A事业单位应编制如下会计分录：

借：事业支出——其他资金支出——基本支出　　　　　　　　　860

　　贷：银行存款　　　　　　　　　　　　　　　　　　　　　　860

（五）固定资产的处置

事业单位固定资产的处置，包括出售固定资产、无偿调出固定资产对外捐赠固定资产和对外投资固定资产等。事业单位处置固定资产应当按照国家有关规定办理，并经过主管部门审核同意后报同级财政部门审批。除了对外投资业务，固定资产的处置应分以下情况处理：

1. 转入待处置资产损溢

出售、无偿调出、对外捐赠固定资产，转入待处置资产时，按照待处置固定资产的账面价值，借记"待处置资产损溢"科目，按照已计提折旧，借记"累计折旧"科目，按照固定资产的账面余额，贷记"固定资产"科目。

2. 实现固定资产处置

实际出售、调出、捐出时，按照处置固定资产对应的非流动资产基金，借记"非流动资产基金——固定资产"科目，贷记"待处置资产损溢"科目。

在处置过程中收取的价款和支付的费用应按照有关规定通过"待处置资产损溢"科目核算，如果"待处置资产损溢"科目有贷方余额，则表现为应上缴国库的款项。

【例15-44】A事业单位报同级财政部门批准，将一台不需用的办公设备出售。该设备的账面余额为48 000元，已计提折旧19 200元；出售该设备取得价款28 000元，同时支付相关费用1 300元，均通过银行存款转账。A事业单位应编制如下会计分录：

将账面价值转入待处置资产：

借：待处置资产损溢——处置资产价值　　　　　　　　　　　28 800
　　累计折旧　　　　　　　　　　　　　　　　　　　　　　19 200
　　贷：固定资产——办公设备　　　　　　　　　　　　　　　　48 000
借：非流动资产基金——固定资产　　　　　　　　　　　　　28 800
　　贷：待处置资产损溢——处置资产价值　　　　　　　　　　　28 800

收取价款和支付费用时：

借：银行存款　　　　　　　　　　　　　　　　　　　　　　31 640
　　贷：待处置资产损溢——处置净收入　　　　　　　　　　　　28 000
　　　　应交税费——应交增值税（销项税额）　　　　　　　　　3 640
借：待处置资产损溢——处置净收入　　　　　　　　　　　　1 300
　　贷：银行存款　　　　　　　　　　　　　　　　　　　　　　1 300

净收入上缴国库时：

借：待处置资产损溢——处置净收入　　　　　　　　　　　　26 700
　　贷：应缴国库款　　　　　　　　　　　　　　　　　　　　　26 700

（六）固定资产的清查盘点

事业单位的固定资产应当定期进行清查盘点，每年至少盘点一次。对于发生的固定资产盘盈、盘亏或者报废、毁损，应当及时查明原因，按规定报经批准后进行账务处理。

1. 固定资产盘盈的处理

对盘盈的固定资产，应按照同类或类似固定资产的市场价格确定入账价值；同类或类似固定资产的市场价格无法可靠取得的，按照名义金额入账。盘盈的固定资产，按照确定的入账价值，借记"固定资产"科目，贷记"非流动资产基金——固定资产"科目。

2. 固定资产盘亏的处理

对盘亏或者毁损、报废的固定资产，转入待处置资产时，按照待处置固定资产的账面价值，借记"待处置资产损溢"科目，按照已计提折旧，借记"累计折旧"科目，按照固定资产的账面余额，贷记"固定资产"科目；报经批准予以处置时，按照处置固定资产对应的非流动资产基金，借记"非流动资产基金——固定资产"科目，贷记"待处置资产损溢"科目；处置毁损、报废固定资产过程中所取得的收入、发生的相关费用以及处置收入扣除相关费用后的净收入的账务处理，参见"待处置资产损溢"科目相关内容。

【例15-45】A事业单位年终在固定资产清查过程中，发现一台电脑没有入账，该类电脑的市场价格为8 500元。A事业单位应编制如下会计分录：

借：固定资产——通用设备　　　　　　　　　　　　　　　　　8 500
　　贷：非流动资产基金——固定资产　　　　　　　　　　　　　8 500

【例15-46】A事业单位年终进行固定资产清查，拟报废一台打印机，其账面余额为6 000元，已提折旧5 800元，处置中没有发生变价收入和清理费用。A事业单位应编制如下会计分录：

转入待处置资产：

借：待处置资产损溢——处置资产价值　　　　　　　　　　　　　200
　　累计折旧　　　　　　　　　　　　　　　　　　　　　　　5 800
　　贷：固定资产——办公设备　　　　　　　　　　　　　　　　6 000

经财政部门批准，予以报废：

借：非流动资产基金——固定资产　　　　　　　　　　　　　　　200
　　贷：待处置资产损溢　　　　　　　　　　　　　　　　　　　200

三、在建工程的核算

（一）在建工程的内容

在建工程是指事业单位已经发生必要支出，但尚未完工交付使用的各种建筑（包括新建、改建、扩建、修缮等）和设备安装工程。

为了核算在建工程业务，应设置"在建工程"总账科目。该科目借方登记工程成本的增加；贷登记工程成本的结转；期末借方余额，反映事业单位尚未完工的在建工程发生的实际成本。

"在建工程"科目应当按照工程性质和具体工程项目等进行明细分类核算。

事业单位的基本建设投资应当按照国家有关规定单独建账，按照《国有建设单位会计制度》的要求单独核算，按照《事业单位会计制度》的规定至少按月并入事业单位的"大账"中，通过"在建工程"科目反映。事业单位应当在"在建工程"科目下设置"基建工程"明细科目，核算由基建账套并入的在建工程成本。

（二）建筑工程的账务处理

1. 建筑工程转入

将固定资产转入改建、扩建或修缮等时，按照固定资产的账面价值，借记"在建工程"科目，贷记"非流动资产基金——在建工程"科目；同时，按照固定资产对应的非流动资产基金，借记"非流动资产基金——固定资产"科目，按照已计提折旧，借记"累计折旧"科目，按照固定资产的账面余额，贷记"固定资产"科目。

2. 工程价款结算

根据工程价款结算账单与施工企业结算工程价款时，按照实际支付的工程价款，借记"在建工程"科目，贷记"非流动资产基金——在建工程"科目；同时，借记"事业支出"等科目，贷记"财政补助收入""零余额账户用款额度""银行存款"等科目。

3. 工程借款利息核算

事业单位为建筑工程借入的专门借款的利息，属于建设期间发生的，计入在建工程成本，借记"在建工程"科目，贷记"非流动资产基金——在建工程"科目；同时，借记"其他支出"科目，贷记"银行存款"科目。

4. 工程完工交付

工程完工交付使用时，按照建筑工程所发生的实际成本，借记"固定资产"科目，贷记"非流动资产基金——固定资产"科目；同时，借记"非流动资产基金——在建工程"科目，贷记"在建工程"科目。

【例 15-47】A 事业单位与某建筑公司签订协议，由其承包对 A 单位的一幢办公楼进行扩建。该办公楼账面余额为 350 万元，已计提折旧 125 万元，账面价值为 225 万元。该办公楼 3 个月完成扩建，共支付工程价款 120 万元，全部由财政直接支付。办公楼扩建完工后直接交付使用。A 事业单位应编制如下会计分录：

转入扩建时：

借：在建工程——建筑工程（办公楼） 　　　　　　　　2 250 000
　　贷：非流动资产基金——在建工程 　　　　　　　　　　2 250 000
借：非流动资产基金——固定资产 　　　　　　　　　　2 250 000
　　累计折旧 　　　　　　　　　　　　　　　　　　　1 250 000
　　贷：固定资产——办公楼 　　　　　　　　　　　　　3 500 000

结算工程价款时：

借：在建工程——建筑工程（办公楼） 　　　　　　　　1 200 000
　　贷：非流动资产基金——在建工程 　　　　　　　　　　1 200 000
借：事业支出——财政补助支出 　　　　　　　　　　　1 200 000
　　贷：财政补助收入 　　　　　　　　　　　　　　　　1 200 000

扩建工程完工后直接交付使用时：

借：固定资产——办公楼 　　　　　　　　　　　　　　3 450 000
　　贷：非流动资产基金——固定资产 　　　　　　　　　　3 450 000
借：非流动资产基金——在建工程 　　　　　　　　　　3 450 000
　　贷：在建工程——建筑工程（办公楼） 　　　　　　　　3 450 000

（三）设备安装工程的账务处理

1. 安装工程的转入

购入需要安装的设备，按照确定的成本，借记"在建工程"科目，贷记"非流动资产基金——在建工程"科目；同时，按照实际支付金额，借记"事业支出""经营支出"等科目，贷记"财政补助收入""零余额账户用款额度""银行存款"等科目。

融资租入需要安装的设备，按照确定的成本，借记本科目，按照租赁协议或者合同确定的租赁价款，贷记"长期应付款"科目，按照其差额，贷记"非流动资产基金——在建工程"科目。同时，按照实际支付的相关税费、运输费、途中保险费等，借记"事业支出""经营支出"等科目，贷记"财政补助收入""零余额账户用款额度""银行存款"等科目。

2. 工程安装费用核算

发生安装费用时，借记"在建工程"科目，贷记"非流动资产基金——在建工程"科目；同时，借记"事业支出""经营支出"等科目，贷记"财政补助收入""零余额账户用款额度""银行存款"等科目。

3. 工程完工交付

设备安装完工交付使用时，借记"固定资产"科目，贷记"非流动资产基金——固定资产"科目；同时，借记"非流动资产基金——在建工程"科目，贷记"在建工程"科目。

【例15-48】A事业单位购入一批需要安装的专业设备，设备价值及运费共计36 500元，通过单位零余额账户支付；安装设备时，通过银行存款支付安装费用850元。A事业单位应编制如下会计分录：

支付设备及运费款项时：

借：在建工程——设备安装工程（×设备）　　　　　　　　36 500
　　贷：非流动资产基金——在建工程　　　　　　　　　　　　36 500
借：事业支出——财政补助支出　　　　　　　　　　　　　36 500
　　贷：零余额账户用款额度　　　　　　　　　　　　　　　　36 500

支付安装费时：

借：在建工程——设备安装工程（×设备）　　　　　　　　　850
　　贷：非流动资产基金——在建工程　　　　　　　　　　　　　850
借：事业支出——财政补助支出　　　　　　　　　　　　　　850
　　贷：银行存款　　　　　　　　　　　　　　　　　　　　　850

设备安装完工交付使用时：

借：固定资产——专业设备　　　　　　　　　　　　　　　37 350
　　贷：非流动资产基金——固定资产　　　　　　　　　　　　37 350
借：非流动资产基金——在建工程　　　　　　　　　　　　37 350
　　贷：在建工程——设备安装工程（×设备）　　　　　　　　37 350

四、无形资产的核算

（一）无形资产的内容

无形资产是指事业单位持有的没有实物形态的可辨认非货币性资产，包括专利权、商标权、著作权、土地使用权、非专利技术等。事业单位购入的不构成相关硬件不可缺少组成部分的应用软件，应当作为无形资产核算。无形资产是事业单位资产的重要组成部分，在事业单位开展各项业务活动中发挥着重要作用。

为了核算无形资产业务，应设置"无形资产"总账科目。"无形资产"科目借方登记无形资产原价的增加；贷方登记无形资产原价的减少；期末借方余额，反映事业单位无形资产的原价。"无形资产"科目应当按照无形资产的类别、项目等进行明细核算。

（二）无形资产的初始确认与计量

事业单位的无形资产应在取得时进行初始确认。无形资产取得的方式主要包括外购、委托开发、自行开发、接受捐赠、无偿调入等。无形资产在取得时，应当按照其实际成本入账。

1. 外购无形资产

事业单位外购无形资产，其成本包括购买价款、相关税费以及可归属于该项资产达到预定用途所发生的其他支出。应按照确定的无形资产成本，借记"无形资产"科目，贷记"非流动资产基金——无形资产"科目；同时，按照实际支付金额，借记"事业支出"等科目,贷记"财政补助收入""零余额账户用款额度""银行存款"等科目。

2. 委托开发无形资产

委托软件公司开发软件视同外购无形资产进行处理。支付软件开发费时,按照实际支付金额,借记"事业支出"等科目,贷记"财政补助收入""零余额账户用款额度""银行存款"等科目。软件开发完成交付使用时,按照软件开发费总额,借记"无形资产"科目,贷记"非流动资产基金——无形资产"科目。

3. 自行开发无形资产

自行开发并按法律程序申请取得的无形资产,应按照依法取得时发生的注册费、聘请律师费等费用,借记"无形资产"科目,贷记"非流动资产基金——无形资产"科目;同时,借记"事业支出"等科目,贷记"财政补助收入""零余额账户用款额度""银行存款"等科目。依法取得前所发生的研究开发支出,应于发生时直接计入当期支出,借记"事业支出"等科目,贷记"银行存款"等科目。

4. 接受捐赠、无偿调入的无形资产

接受捐赠、无偿调入的无形资产,其成本按照有关凭据注明的金额加上相关税费等确定;没有相关凭据的,其成本比照同类或类似无形资产的市场价格加上相关税费等确定;按照确定的无形资产成本,借记"无形资产"科目,贷记"非流动资产基金——无形资产"科目;按照发生的相关税费等,借记"其他支出"科目,贷记"银行存款"等科目;没有相关凭据、同类或类似无形资产的市场价格也无法可靠取得的,该资产按照名义金额入账。

【例15-49】A事业单位用事业经费购入一项专利权,价值为180 000元,采用财政直接支付方式付款。A事业单位应编制如下会计分录:

借:无形资产——专利权　　　　　　　　　　　　　　180 000
　　贷:非流动资产基金——无形资产　　　　　　　　　　　180 000
借:事业支出——财政补助支出　　　　　　　　　　　180 000
　　贷:财政补助收入　　　　　　　　　　　　　　　　　180 000

【例15-50】A事业单位自行开发一项专用技术,并按法律程序申请取得专利证书。该专利技术在依法取得前共发生研究开发支出计96 000元;申请专利时发生注册费、聘请律师等费用8 500元,均以单位的零余额账户支付。A事业单位应编制如下会计分录:

支付依法取得前发生的研究开发支出时:

借:事业支出　　　　　　　　　　　　　　　　　　　96 000
　　贷:零余额账户用款额度　　　　　　　　　　　　　　96 000

依法取得专利权时:

借:无形资产——专利权　　　　　　　　　　　　　　8 500
　　贷:非流动资产基金——无形资产　　　　　　　　　　8 500
借:事业支出——财政补助支出——基本支出　　　　　8 500
　　贷:零余额账户用款额度　　　　　　　　　　　　　　8 500

【例15-51】A事业单位获得政府无偿提供的4 000平方米的土地使用权,该土地使用权的市场价格为每平方米12 000元。A事业单位应编制如下会计分录:

借:无形资产——土地使用权　　　　　　　　　　　48 000 000
　　贷:非流动资产基金——无形资产　　　　　　　　　48 000 000

（三）无形资产的摊销

1. 无形资产的摊销范围和摊销方法的确定

为了真实反映无形资产的价值，事业单位可以建立无形资产摊销制度，对无形资产进行后续计量。摊销是指在无形资产使用寿命内，按照确定的方法对应摊销金额进行系统分摊。

在无形资产摊销制度下，事业单位应当对无形资产进行摊销，以名义金额计量的无形资产除外。

事业单位应当采用年限平均法对无形资产进行摊销。无形资产的应摊销金额为其成本。

事业单位应当按照如下原则确定无形资产的摊销年限：法律规定了有效年限的，以法律规定的有效年限作为摊销年限；法律没有规定有效年限的，以相关合同或单位申请书中的受益年限作为摊销年限；法律没有规定有效年限，相关合同或单位申请书也没有规定受益年限的，按照不少于 10 年的期限摊销。

事业单位应当自无形资产取得当月起，按月计提无形资产摊销。因发生后续支出而增加无形资产成本的，应当按照重新确定的无形资产成本，重新计算摊销额。

2. 无形资产摊销的账务处理

为了核算无形资产摊销的业务，应设置"累计摊销"的总账科目。该科目贷方登记摊销额的增加，借方登记摊销额的转销；期末贷方余额，反映事业单位计提的无形资产摊销累计数。

"累计摊销"科目应当按照对应无形资产的类别、项目等进行明细分类核算。事业单位的无形资产与固定资产相同，采用"虚提"模式，在计提摊销时冲减相关净资产，而非计入当期支出。

（1）按月计提无形资产摊销时，按照应计提摊销金额，借记"非流动资产基金——无形资产"科目，贷记"累计摊销"科目。

（2）无形资产处置时，按照所处置无形资产的账面价值，借记"待处置资产损溢"科目，按照已计提摊销，借记"累计摊销"科目，按照无形资产的账面余额，贷记"无形资产"科目。

【例 15-52】A 事业单位外购的一项专利权 72 000 元，该专利权按法律规定的有效年限为 10 年，月末按照年限平均法计算折旧额并进行账务处理。A 事业单位应编制如下会计分录：

该专利权本月摊销额 = 72 000÷10÷12 = 600（元）

借：非流动资产基金——无形资产　　　　　　　　　　　　　　　　600

　　贷：累计摊销　　　　　　　　　　　　　　　　　　　　　　　600

（四）无形资产的后续支出

事业单位无形资产的后续支出是指无形资产使用以后的期间发生的与无形资产使用效能、使用状态直接相关的支出，如无形资产的升级改造、功能扩展、技术维护等。与无形资产有关的后续支出，应分以下情况处理：

1. 增加无形资产效能的支出

为增加无形资产的使用效能而发生的后续支出，如对软件进行升级改造或扩展其功能等所发生的支出，应当计入无形资产的成本，借记本"无形资产"科目，贷记"非流动资产基金——无形资产"科目；同时，借记"事业支出"等科目，贷记"财政补助收入""零余额账户用款额度""银行存款"等科目。

2. 维护无形资产的支出

为维护无形资产的正常使用而发生的后续支出，如对软件进行漏洞修补、技术维护等所发生的支出，应当计入当期支出但不计入无形资产成本，借记"事业支出"等科目，贷记"财政补助收入""零余额账户用款额度""银行存款"等科目。

【例 15-53】A 事业单位使用上级拨入的专项资金对单位的管理信息系统进行了升级，增加了资产管理、人员管理等模块，共发生支出 53 200 元，款项通过银行存款支付。同时，A 事业单位使用财政拨入的事业经费对单位的办公软件进行了维护，为系统运行稳定提供保障，共发生支出 2 800 元，款项通过零余额账户支付。A 事业单位应编制如下会计分录：

（1）管理信息系统的升级提升了效能，应计入无形资产成本：

借：无形资产——管理信息系统　　　　　　　　　　　　　　　53 200

　　贷：非流动资产基金——无形资产　　　　　　　　　　　　　53 200

借：事业支出——非财政专项资金支出——项目支出　　　　　　53 200

　　贷：银行存款　　　　　　　　　　　　　　　　　　　　　　53 200

（2）办公软件技术维护没有增加效能，应计入当期支出：

借：事业支出——财政补助支出——基本支出　　　　　　　　　　2 800

　　贷：零余额账户用款额度　　　　　　　　　　　　　　　　　2 800

（五）无形资产的处置

事业单位无形资产的处置，包括报经批准的转让、无偿调出、对外捐赠以及对外投资。应当分别以下情况处理：

1. 转出无形资产

转让、无偿调出、对外捐赠无形资产，转入待处置资产时，按照待处置无形资产的账面价值，借记"待处置资产损溢"科目，按照已计提摊销，借记"累计摊销"科目，按照无形资产的账面余额，贷记"无形资产"科目；实际转让、调出、捐出时，按照处置无形资产对应的非流动资产基金，借记"非流动资产基金——无形资产"科目，贷记"待处置资产损溢"科目。处置费用、收入及净损溢的处理与固定资产的处理类似。

2. 以无形资产对外投资

以已入账无形资产对外投资，应按照评估价值加上相关税费作为投资成本，借记"长期投资"科目，贷记"非流动资产基金——长期投资"科目，按发生的相关税费，借记"其他支出"科目，贷记"银行存款""应交税费"等科目；同时，按照投出无形资产对应的非流动资产基金，借记"非流动资产基金——无形资产"科目，按照投出无形资产已计提摊销，借记"累计摊销"科目，按照投出无形资产的账面余额，贷记"无形资产"科目。

【例 15-54】A 事业单位经批准转让一项专利权，该专利权的账面余额为 300 000 元，已提折旧 150 000 元，转让取得价款 180 000 元，款项已存银行。A 事业单位应编制如下会计分录：

转入待处置资产时：

```
借：待处置资产损溢                                     150 000
　　累计摊销                                          150 000
　　贷：无形资产——专利权                                    300 000
```

实际转让时：

```
借：非流动资产基金——无形资产                            150 000
　　贷：待处置资产损溢                                      150 000
```

收到转让价款时：

```
借：银行存款                                          180 000
　　贷：待处置资产损溢                                      180 000
```

计算应交增值税和城建税时：

增值税 = 180 000×6% = 10 800（元）

城建税 = 9 000×7% = 630（元）

```
借：待处置资产损溢                                      11 430
　　贷：应交税费                                           11 430
```

处置净收入时：

```
借：待处置资产损溢                                     168 570
　　贷：应缴国库款                                         168 570
```

（六）无形资产的核销

如果无形资产预期不能为事业单位带来服务潜力或经济利益的，应当按规定报经批准后将该无形资产的账面价值予以核销。

转入待处置资产时，按照待核销无形资产的账面价值，借记"待处置资产损溢"科目，按照已计提摊销，借记"累计摊销"科目，按照无形资产的账面余额，贷记"无形资产"科目；报经批准予以核销时，按照核销无形资产对应的非流动资产基金，借记"非流动资产基金——无形资产"科目，贷记"待处置资产损溢"科目。

【例15-55】A事业单位一项软件技术已经落后于目前的新型技术，不能再为单位带来经济利益，经批准予以核销。该软件技术的账面余额为85 000元，累计摊销为78 000元。A事业单位应编制如下会计分录：

```
借：待处置资产损溢——待处置资产价值                       7 000
　　累计摊销                                           78 000
　　贷：无形资产——软件技术                                  85 000
借：非流动资产基金——无形资产                             7 000
　　贷：待处置资产损溢                                       7 000
```

五、资产处置的核算

事业单位的资产处置包括资产的出售、出让、转让、对外捐赠、无偿调出、盘亏、报废、毁损以及货币性资产损失核销等。为加强国有资产管理，防止国有资产流失，合理处置事业单位的各项资产，正确反映资产的处置损溢，事业单位资产的处置应单独设置账户进行核算。

为了核算事业单位待处置资产的价值及处置损溢，应设置"待处置资产损溢"总账科目。该科目借方反映待处置资产净值的转入和相关税费；贷方反映待处置资产的收入；期末如为借方余额，反映尚未处置完毕的各种资产价值及净损失；期末如为贷方余额，反映尚未处置完毕的各种资产净溢余。年度终了报经批准处理后，"待处置资产损溢"科目一般应无余额。

"待处置资产损溢"科目应当按照待处置资产项目进行明细分类核算。对于在处置过程中取得相关收入、发生相关费用的处置项目，还应设置"处置资产价值""处置净收入"明细科目，进行明细分类核算。

事业单位处置资产一般应当先记入"待处置资产损溢"科目，按规定报经批准后及时进行账务处理；年度终了结账前一般应处理完毕。其主要账务处理如下：

（一）转入待处置资产

将各项核销、盘亏或者毁损、报废、对外捐赠、无偿调出、转让（出售）的资产转入待处置资产时，按照待处置资产的账面价值借记"待处置资产损溢——处置资产价值"科目，处置固定资产、无形资产的同时，还应借记"累计折旧""累计摊销"科目；按照待处置资产的账面余额贷记相应的资产科目。

（二）处置资产

报经批准予以处置资产时，按照待处置资产的价值借记"其他支出"科目（应收及预付款项的核销、处置存货等）或"非流动资产基金——长期投资、无形资产"科目（处置长期投资、固定资产、无形资产等），贷记"待处置资产损溢——处置资产价值"科目。

（三）处置收入与处置费用

处置资产过程中收到残值变价收入、转让价款、保险理赔和过失人赔偿等，按照收到的金额借记"库存现金""银行存款"等科目，贷记"待处置资产损溢——处置净收入"科目；处置资产过程中发生相关税费，按照支付的金额借记"待处置资产损溢——处置净收入"科目，贷记"库存现金""银行存款"等科目。

（四）处置净收入

资产处置完毕，按照处置收入扣除相关处置费用后的净收入，借记"待处置资产损溢——处置净收入"科目，贷记"应缴国库款"等科目。

有关待处置资产损溢的举例，参见本章各项资产的相关账务处理例题。

思考题

1. 事业单位资产包括哪些内容？
2. 事业单位现金管理的规定主要有哪些？
3. 事业单位的货币资金是指哪些项目？
4. 应收及预付款包括哪些内容？
5. 事业单位的财政应返还额度的核算如何进行？
6. 事业单位的存货包括哪些项目？收发存货如何计价？如何进行核算？
7. 什么是事业单位的对外投资？投资形式有几种类型？
8. 什么是事业单位的固定资产？其确认与计量标准是什么？
9. 什么是事业单位的无形资产？它具有哪些特点？

10. 什么是折旧和摊销？事业单位固定资产折旧和无形资产摊销计提的方法是什么？

11. 事业单位的"待处置资产损溢"科目与非流动资产的核算有何联系？

练习题

1. 某事业单位实行国库集中收付制度，本月授权支付额度 350 000 元到账，与核定用款计划相符，并收到代理银行转来的"授权支付到账通知书"。

2. 某事业单位购买一年期国债 100 000 元，以银行存款支付，持有 8 个月后出售，获得价款 103 200 元。

3. 年度终了，经对账确认某事业单位本年度财政直接支付额度预算指标为 5 200 000 元，当年财政已经实际完成支付 5 100 000 元；财政授权支付预算指标数为 30 000 元，财政部门已下达单位零余额账户的用款额度为 28 000 元，单位实际支取额度为 27 000 元。

4. 某事业单位开展经营活动，向乙企业销售产品一批，货款共计 150 000 元，增值税 25 500 元，收到 3 个月期的不带息商业汇票一张，面值 175 500 元。

5. 某事业单位采用政府采购方式购入自用甲材料，价值为 300 000 元，款项已经通过财政直接支付方式支付，材料已验收入库。

6. 某事业单位年终进行存货的清查盘点，发现甲材料盘盈 30 千克，按同类材料的成本计算其价值为 4 500 元；发现乙材料短缺 40 千克，每千克 50 元。

7. 某事业单位以一幢写字楼对甲单位进行投资入股，并参与甲单位的利润分配，共同承担投资风险。该写字楼评估价为 2 750 000 元，账面余额为 3 500 000 元，已计提折旧为 1 200 000 元，另外支付资产评估费 45 000 元。

8. 某事业单位以一项专有技术进行长期股权投资，无形资产的账面余额为 50 000 元，已计提摊销 30 000 元，投资协议价确定的无形资产价值为 40 000 元。

9. 某事业单位购入一台需要安装的专业检测设备已经完工并交付使用，设备款为 850 000 元，安装费用为 5 200 元，该款项实行财政直接支付。

10. 某事业单位以融资租赁方式租入一套专业通信设备，价值为 250 000 元，以银行存款支付设备调试费等 3 800 元。设备租期 5 年，租金按年支付，每年 40 000 元，租赁期满后设备归该事业单位所有。

11. 经批准，某事业单位报废一批已无法使用的电脑，其账面余额为 200 000 元，已提折旧 162 000 元。获上级批准，该事业单位将该批电脑变卖，取得价款 10 000 元，款项存入银行。

12. 某事业单位自行开发一项专利技术，并按法律程序申请取得专利证书。该专利技术在依法取得前共发生研究开发支出计 86 000 元；申请专利时发生注册费、聘请律师等费用 7 500 元，均以单位的零余额账户支付。

13. 某事业单位经批准转让一项专利权，该专利权的账面余额为 380 000 元，已提折旧 150 000 元，转让取得价款 150 000 元，款项已存银行。

请根据以上情况编制相应会计分录。

第十六章

事业单位负债与净资产的核算

事业单位在开展业务和进行经营活动时，可以通过负债来解决资金问题。同时，也会产生一些临时性的结算债务。事业单位的净资产是指资产扣除负债后的余额。两者都反映事业单位的资金来源及偿付问题。

通过本章的学习，应该掌握以下内容：

- 事业单位各项负债的内容及分类
- 事业单位各项净资产的形成和分类
- 各项负债的核算要求及账务处理
- 各项净资产的核算要求及账务处理

第一节 负债的核算

一、负债概述

（一）负债的确认与计量

负债是指事业单位所承担的能以货币计量的，需要以资产或劳务偿付的债务。事业单位的负债，包括从金融机构取得的借款、在开展业务活动中发生的待结算债务等款项。此外，事业单位代行政府职能收取的纳入预算管理的款项以及按规定收取的纳入财政专户管理的款项，应当上缴国库，在应缴未缴时也形成一项负债。

负债是由事业单位过去的经济业务或会计事项形成的现时义务，履行该义务预期会导致事业单位经济利益或者服务潜力的流出。负债只有在与该义务有关的经济利益或服务潜力能够流出事业单位，并且未来流出的经济利益或服务潜力的金额能够可靠地计量时才能予以确认。

事业单位的负债应当按照合同金额或实际发生额进行计量。例如，采购货物的应付账款是根据相关合同确定的，应缴国库的款项则是按照实际发生的金额确定的。

（二）负债的分类

事业单位的负债按照流动性，分为流动负债和非流动负债。流动负债是指预计在1年内（含1年）偿还的负债。事业单位的流动负债包括短期借款、应付及预收款项、应付职工薪酬、应缴款项等；非流动负债是指流动负债以外的负债。事业单位的非流动负债包括长期借款、长期应付款等。

事业单位应当建立健全财务风险控制机制，规范和加强借入款项管理，严格执行审批程序，不得违反规定举借债务和提供担保。

二、流动负债的核算

（一）短期借款的核算

短期借款是指事业单位借入的期限在 1 年内（含 1 年）的各种借款。事业单位可以根据业务活动的需要，从银行或其他金融机构取得短期借款，以补充资金的不足。短期借款是有偿使用的资金，需要按期偿还本金和利息。

为了核算短期借款业务，应当设置"短期借款"总账科目。该科目贷方登记借入的款项（本金）；借方登记偿还的款项（本金）；期末贷方余额，反映事业单位尚未偿还的短期借款本金。

"短期借款"科目应当按照贷款单位和贷款种类进行明细分类核算。

短期借款的主要账务处理如下：

借入各种短期借款时，按照实际借入的金额，借记"银行存款"科目，贷记"短期借款"科目；银行承兑汇票到期，本单位无力支付票款的，按照银行承兑汇票的票面金额，借记"应付票据"科目，贷记"短期借款"科目；支付短期借款利息时，借记"其他支出"科目，贷记"银行存款"科目；归还短期借款时，借记"短期借款"科目，贷记"银行存款"科目。

【例 16-1】A 事业单位为满足事业发展的资金需求，向工商银行借入 100 000 元，期限 6 个月，年利率为 6%，银行借款利息按季结算，季末一次支付当季利息。A 事业单位应编制如下会计分录：

借入款项时：

借：银行存款　　　　　　　　　　　　　　　　　　　　100 000
　　贷：短期借款项——工商银行　　　　　　　　　　　　100 000

支付第一季度利息时：

借：其他支出　　　　　　　　　　　　　　　　　　　　1 500
　　贷：银行存款　　　　　　　　　　　　　　　　　　　1 500*

*100 000×6%÷12×3＝1 500（元）

到期归还借款的本金及第二季度利息时：

借：短期借款　　　　　　　　　　　　　　　　　　　　100 000
　　其他支出　　　　　　　　　　　　　　　　　　　　　1 500
　　贷：银行存款　　　　　　　　　　　　　　　　　　　101 500

（二）应缴款项的核算

应缴款项是指事业单位应缴未缴的各种款项，包括应缴税费、应当上缴国库或财政专户的款项以及其他按照国家有关规定应当上缴的款项。

1. 应缴税费

应缴税费是事业单位在业务活动中按照有关规定应当缴纳的各种税费，包括增值税、城市维护建设税、教育费附加、车船税、房产税、城镇土地使用税、企业所得税等。事业单位作为社会组织，应当按照税法的规定履行纳税义务。当然，作为公益性社会组织，事业单位也享受较多的免税、减税等优惠政策。

为了核算应缴税费的业务，应设置"应交税费"总账科目。该科目贷方登记应缴纳的各种税款；借方登记实际缴纳的税款；期末借方余额，反映事业单位多缴纳的税费金额；期末贷方余额，反映事业单位应缴未缴的税费金额。"应交税费"科目应当按照应缴纳的税费种类进行明细分类核算。

事业单位代扣代缴的个人所得税，也通过"应交税费"科目核算。事业单位应缴纳的印花税不需要预提应缴税费，直接通过支出等有关科目核算，不在"应交税费"科目核算。

应缴税费的主要账务处理如下：

（1）增值税。增值税是对销售货物或者提供加工、修理修配以及进口货物的单位和个人，按其实现的增值额征收的税种。增值税的纳税人按其经营规模大小以及会计核算是否健全划分为一般纳税人和小规模纳税人。事业单位购入或销售材料缴纳增值税，应当区分自用材料和非自用材料。事业单位购入自用材料的增值税计入材料成本，无增值税缴纳事项。事业单位购入或销售非自用材料的，则有增值税纳税义务，并且区分一般纳税人和小规模纳税人两种情况进行核算。

按规定缴纳增值税的事业单位，应在"应交税费"科目下设置"应交增值税"明细科目，属于增值税一般纳税人的事业单位，其应缴纳增值税明细账中应设置"进项税额""已交税金""销项税额""进项税额转出"等专栏。具体账务处理如下：

第一，事业单位属于增值税一般纳税人的核算。

①购入非自用材料时，按确定的成本（不含增值税进项税额），借记"存货"科目，按增值税专用发票上注明的增值税额，借记"应交税费"科目（应交增值税——进项税额），按实际支付或应付的金额，贷记"银行存款""应付账款"等科目。

②购进的非自用材料发生盘亏、毁损、报废、对外捐赠、无偿调出等税法规定不得从增值税销项税额中抵扣进项税额的，将所购进的非自用材料转入待处置资产时，按照材料的账面余额与相关增值税进项税额转出金额的合计金额，借记"待处置资产损溢"科目，按材料的账面余额，贷记"存货"科目，按转出的增值税进项税额，贷记"应交税费"科目（应交增值税——进项税额转出）。

③销售应税产品或提供应税服务时，按包含增值税的价款总额，借记"银行存款""应收账款""应收票据"等科目，按扣除增值税销项税额后的价款金额，贷记"经营收入"等科目，按增值税专用发票上注明的增值税金额，贷记"应交税费"科目（应交增值税——销项税额）。

④实际缴纳增值税时，借记"应交税费"科目（应交增值税——已交税金），贷记"银行存款"科目。

第二，事业单位属于增值税小规模纳税人的核算。

①按照《中华人民共和国增值税暂行条例》的规定，购入货物时，不得抵扣进项税额。

②销售应税产品或提供应税服务，按实际收到或应收的价款，借记"银行存款""应收账款""应收票据"等科目，按实际收到或应收价款扣除增值税额后的金额，贷记"经营收入"等科目，按应缴增值税金额，贷记"应交税费"科目（应交增值税）。实际缴纳增值税时，借记"应交税费"科目（应交增值税），贷记"银行存款"科目。

【例16-2】A事业单位为增值税一般纳税人，购入经营用材料一批用于生产加工，材料不含税价格共计30 000元，增值税进项税额为3 900元，货税款全部用支票支付，货物已验收入库。A事业单位应编制如下会计分录：

借：存货——经营用材料	30 000
应交税费——应交增值税（进项税额）	3 900
贷：银行存款	33 900

【例16-3】A 事业单位为增值税一般纳税人，经营业务销售一批商品，销售收入36 000 元，增值税销项税额为 4 680 元，款项已收妥并存入银行。A 事业单位应编制如下会计分录：

借：银行存款	40 680
贷：经营收入	36 000
应交税费——应交增值税（销项税额）	4 680

【例16-4】A 事业单位为增值税一般纳税人，本月应缴纳增值税 1 020 元，通过银行转账支付。

| 借：应交税费——应交增值税（已交税金） | 1 020 |
| 　　贷：银行存款 | 1 020 |

【例16-5】B 事业单位为增值税小规模纳税人，购入经营用材料一批用于生产加工，材料含税价格为 9 360 元，货款尚未支付。B 事业单位应编制如下会计分录：

| 借：存货——经营用材料 | 9 360 |
| 　　贷：应付账款 | 9 360 |

【例16-6】B 事业单位为增值税小规模纳税人，经营部门销售商品一批，计 10 300 元（含税价），款项已存入银行。B 事业单位应编制如下会计分录：

借：银行存款	10 300
贷：经营收入	10 000
应交税费——应交增值税（销项税额）	300

（2）城市维护建设税、教育费附加。城市维护建设税和教育费附加是附加税费，是对缴纳增值税、消费税等主税的单位和个人，按其实际缴纳的主税税额分别按规定的税率征收的税和费。

按规定缴纳城市维护建设税和教育费附加的事业单位，应在"应交税费"科目下设置"应交城市维护建设税"和"应交教育费附加"明细科目进行明细分类核算。事业单位发生城市维护建设税、教育费附加纳税义务的，按税法规定计算的应缴纳税费金额，借记"待处置资产损溢——处置净收入"科目（出售不动产应缴纳的税费）或有关支出科目，贷记"应交税费"科目。实际缴纳时，借记"应交税费"科目，贷记"银行存款"科目。

【例16-7】A 事业单位经过计算，本月专业活动按规定税率计算城市维护建设税280 元、教育费附加 120 元。A 事业单位应编制如下会计分录：

借：事业支出	400
贷：应交税费——应交城市维护建设税	280
——应交教育费附加	120

（3）房产税、城镇土地使用税、车船税。房产税是以房产为征税对象，按房产的计税价值或租金收入向产权所有人征收的税种。城镇土地使用税是对在城市、县城、建制镇、工矿区范围内使用土地的单位和个人，以其实际占用的土地面积为计税依据并按规定税额征收的税种。车船税是对依法应当在车船登记管理部门登记的机动车辆和船舶

以及依法不需要在车船登记管理部门登记的在单位内部场所行驶或者作业的机动车辆和船舶的所有人或者管理人，按规定的年税额征收的税种。

按规定缴纳房产税、城镇土地使用税、车船税的事业单位，应在"应交税费"科目下设置"应交房产税""应交土地使用税""应交车船税"明细科目进行明细分类核算。事业单位发生房产税、城镇土地使用税、车船税纳税义务的，按税法规定计算的应缴纳税金数额，借记有关科目，贷记"应交税费"科目。实际缴纳时，借记"应交税费"科目，贷记"银行存款"科目。

【例16-8】A事业单位公务用车本年应缴纳车船税为1 350元，并通过零余额账户缴纳。A事业单位应编制如下会计分录：

借：事业支出——财政补助支出——基本支出　　　　　　　　　　　1 350
　　贷：应交税费——应交车船税　　　　　　　　　　　　　　　　　1 350
借：应交税费——应交车船税　　　　　　　　　　　　　　　　　　1 350
　　贷：零余额账户用款额度　　　　　　　　　　　　　　　　　　　1 350

（4）个人所得税。个人所得税是指对于在中国境内有住所或者没有住所而在中国境内居住满一年的个人，从中国境内和境外取得的所得，以及在中国境内无住所又不居住或者无住所而在中国境内居住不满一年的个人，从中国境内取得的所得征收的税种。现行个人所得税的纳税申报方法上，有由单位代扣代缴和个人自行申报两种方法。

按规定代扣代缴个人所得税的事业单位，应在"应交税费"科目下设置"应交个人所得税"明细科目进行明细分类核算。代扣代缴个人所得税时，按税法规定计算应代扣代缴的个人所得税金额，借记"应付职工薪酬"科目，贷记"应交税费"科目。实际缴纳时，借记"应交税费"科目，贷记"银行存款"科目。

【例16-9】A事业单位本月按税法计算的代扣代缴个人所得税额为85 000元。A事业单位应编制如下会计分录：

借：应付职工薪酬　　　　　　　　　　　　　　　　　　　　　　85 000
　　贷：应交税费——应交个人所得税　　　　　　　　　　　　　　85 000

（5）企业所得税。企业所得税是指对在中国境内的企业和其他取得收入的组织，就其生产经营所得和其他所得征收的税种。

按规定缴纳企业所得税的事业单位，应在"应交税费"科目下设置"应交企业所得税"明细科目进行明细分类核算。发生企业所得税纳税义务时，按税法规定计算的应缴纳税金数额，借记"非财政补助结余分配"科目，贷记"应交税费"科目。实际缴纳时，借记"应交税费"科目，贷记"银行存款"科目。

【例16-10】A事业单位年末按税法规定计算出本年度应纳税所得额为50 000元，适用所得税税率为25%，计算出应纳企业所得税额为12 500元。A事业单位应编制如下会计分录：

借：非财政补助结余分配　　　　　　　　　　　　　　　　　　　12 500
　　贷：应交税费——应交企业所得税　　　　　　　　　　　　　　12 500

事业单位发生其他纳税义务时，应按照应缴纳的税费金额，借记有关科目，贷记"应交税费"科目。实际缴纳时，借记"应交税费"科目，贷记"银行存款"等科目。

2. 应缴国库款

（1）应缴国库款的内容。应缴国库款是事业单位按规定应缴入国库的款项，应缴税费除外，主要包括政府性基金、行政事业性收费收入、罚没收入、国有资产置和出租收入等。事业单位均是国家出资举办，在为社会提供各种公益性服务的同时，还需要办理政府交办的事务，代行政府职能。这一过程中收取的纳入政府预算管理的款项，应当及时上缴国库，形成财政总预算会计的一般预算收入和基金预算收入。对于应缴国库款项，事业单位不得缓缴、截留、挪用或自行坐支，年终必须将当年的应缴国库款全部清缴入库。

为了核算应缴国库款业务，应设置"应缴国库款"总账科目。该科目贷方登记本单位取得的各种应上缴政府预算的收入；借方登记本单位实际上缴的数额；期末贷方余额，反映事业单位应缴入国库但尚未缴纳的款项。"应缴国库款"科目应当按照应缴国库的各款项类别进行明细分类核算。

（2）应缴国库款的主要账务处理。事业单位上缴国库的款项，是政府的非税收入，应当按照国库集中收付制度的要求进行收缴，并分别采用直接缴库和集中汇缴两种方式。

第一，采用直接缴库的方式。事业单位按照规定开具"非税收入一般缴款书"，缴款人持"非税收入一般缴款书"在规定期限内将应缴款项直接缴入国库。在这种方式下，事业单位开具"非税收入一般缴款书"时，可以不编制会计分录，只登记收入台账。

第二，采用集中汇缴的方式。事业单位使用"行政事业性收费收据"向缴款人收取款项后在规定期限内按收入项目汇总开具"非税收入一般缴款书"，将应缴款项缴入国库。在这种方式下，事业单位应通过"应缴国库款"科目核算：按规定计算确定或实际取得应缴国库的款项时，借记"银行存款"等科目，贷记"应缴国库款"科目；上缴款项时，借记"应缴国库款"科目，贷记"银行存款"等科目。

事业单位处置资产取得的应上缴国库的处置净收入的账务处理，参见"待处置资产损溢"科目的相关内容。

【例16-11】A事业单位按照规定征收政府性基金收入6 000元，该款项实行集中汇缴方式。A事业单位应编制如下会计分录：

收到收入时：

借：银行存款   6 000

    贷：应缴国库款   6 000

上缴时：

借：应缴国库款   6 000

    贷：银行存款   6 000

3. 应缴财政专户款

应缴财政专户款是事业单位按规定应缴入财政专户的款项。应缴入财政专户的款项是事业单位按规定收取的尚未纳入预算管理但实行财政专户管理的款项，如教育收费等。

事业单位按规定收取应上缴财政专户的资金，由财政部门建立的财政专户统一管理，实行"收支两条线"管理方式：事业单位收到的各项收费时必须上缴财政专户；使用这笔资金时，要向财政部门申请，经过审批后通过财政专户中返还。缴入财政专户的款项将形成财政总预算会计的财政专户管理资金收入。

为了核算应缴财政专户款业务，应设置"应缴财政专户款"总账科目。该科目贷方登记本单位收到的应缴款项；借方登记本单位实际上缴财政专户的资金；期末贷方余额，反映事业单位应缴入财政专户但尚未缴纳的款项。"应缴财政专户款"科目应当按照应缴财政专户的各款项类别进行明细分类核算。

事业单位应缴财政专户款的收缴方式与应缴国库款相同，也包括直接缴库和集中汇缴两种方式。其中，采用直接缴库方式时，事业单位只开具"非税收入一般缴款书"而不编制会计分录，只登记收入台账；采用集中汇缴方式时，事业单位则通过"应缴财政专户款"科目核算：取得应缴财政专户的款项时，借记"银行存款"等科目，贷记"应缴财政专户款"科目；上缴款项时，借记"应缴财政专户款"科目，贷记"银行存款"等科目。

【例16-12】A事业单位收到应上缴财政专户的教育收费65 000元，款项已存入银行，并在规定时间内上缴财政专户。A事业单位应编制如下会计分录：

收款时：

| 借：银行存款 | 65 000 |
| 贷：应缴财政专户款 | 65 000 |

缴款时：

| 借：应缴财政专户款 | 65 000 |
| 贷：银行存款 | 65 000 |

（三）应付职工薪酬的核算

1. 应付职工薪酬的内容

应付职工薪酬是事业单位按有关规定应付给职工及为职工支付的各种薪酬，包括基本工资、绩效工资、国家统一规定的津贴补贴、社会保险费、住房公积金等。应付职工薪酬具体可分为以下几类：

（1）应付工资（离退休费）。应付工资（离退休费）包括应付工资和应付离退休费。其中，应付工资是指事业单位按国家统一规定发放给在职人员的职务工资、级别工资、岗位工资、技术等级工资和绩效工资以及经国务院或人事部、财政部批准设立的津贴补贴；应付离退休费是指按国家统一规定，应发放给离退休人员的离休、退休费及经国务院或人事部、财政部批准设立的津贴补贴。

（2）应付地方（部门）津贴补贴。应付地方（部门）津贴补贴是指事业单位按照地方或部门出台的规定，发放给职工的津贴补贴。其中，津贴是因职工特殊或额外劳动而给予的补助；补贴是为了保证职工工资水平不受物价影响而给予的补贴。

（3）应付其他个人收入。应付其他个人收入是指按国家规定发给个人除上述以外的其他收入，主要包括误餐费、夜餐费、伙食补助费、市内交通费等。

（4）应付社会保障费。应付社会保障费是指事业单位按有关规定应付给社会保障机构的各种社会保障费，包括城镇职工基本养老保险费、失业保险费、基本医疗保险费、工伤保险费、生育保险费和住房公积金等。

2. 应付职工薪酬的核算

为了核算职工工资业务，应设置"应付职工薪酬"总账科目。该科目贷方登记应付薪酬的增加；借方登记应付薪酬的发放；期末贷方余额，反映事业单位应付未付的职工薪酬。"应付职工薪酬"科目应当根据国家有关规定按照"工资（离退休费）""地方

（部门）津贴补贴""其他个人收入"以及"社会保险费""住房公积金"等进行明细核算。

应付职工薪酬的主要账务处理如下：

（1）应付职工薪酬的计提。事业单位计算当期应付职工薪酬时，借记"事业支出""经营支出"等科目，贷记"应付职工薪酬"科目。

（2）应付职工薪酬的发放。事业单位向职工支付工资、津贴补贴等薪酬时，借记"应付职工薪酬"科目，贷记"财政补助收入""零余额账户用款额度""银行存款"等科目。

（3）缴纳社会保障及个人所得税。事业单位按照国家有关规定缴纳职工社会保险费和住房公积金，借记"应付职工薪酬"科目，贷记"财政补助收入""零余额账户用款额度""银行存款"等科目；按税法规定代扣代缴个人所得税，借记"应付职工薪酬"科目，贷记"应交税费——应交个人所得税"科目。

【例16-13】A事业单位计算本月应付在职事业编制人员的工资薪酬，其中，应付工资为 1 620 000 元，应付地方（部门）津贴补贴 950 000 元，应付其他个人收入 125 000 元，应付社会保险费 565 000 元（个人承担部分），应付住房公积金 256 000 元（个人承担部分）。工资发放除了其他个人收入以零余额账户用款额度支付外，其他薪酬发放实行财政直接支付方式。按照税法的规定，代缴个人所得税 225 000 元。A事业单位凭工资单和财政部门开具的拨款通知书，编制如下会计分录：

计算薪酬时：

借：事业支出——财政补助支出　　　　　　　　　　　　　3 516 000
　　贷：应付职工薪酬——工资（离退休费）　　　　　　　　　1 620 000
　　　　　　　　　　——地方（部门）津贴补贴　　　　　　　950 000
　　　　　　　　　　——其他个人收入　　　　　　　　　　　125 000
　　　　　　　　　　——社会保险费　　　　　　　　　　　　565 000
　　　　　　　　　　——住房公积金　　　　　　　　　　　　256 000

发放薪酬时：

借：应付职工薪酬　　　　　　　　　　　　　　　　　　　2 695 000
　　贷：财政补助收入　　　　　　　　　　　　　　　　　　2 345 000
　　　　零余额账户用款额度　　　　　　　　　　　　　　　　125 000
　　　　应交税费——应交个人所得税　　　　　　　　　　　　225 000

【例16-14】接上例，A事业单位通过零余额账户将本月职工薪酬中代扣的社会保险费 565 000 元、住房公积金 256 000 元和个人所得税 225 000 元分别转入社会保障机构、公积金管理中心账户和税务机关。A事业单位应编制如下会计分录：

借：应付职工薪酬——社会保险费　　　　　　　　　　　　565 000
　　　　　　　　　　——住房公积金　　　　　　　　　　　　256 000
　　应交税费——应交个人所得税　　　　　　　　　　　　　225 000
　　贷：零余额账户用款额度　　　　　　　　　　　　　　　1 046 000

（四）应付及预收账款的核算

事业单位在专业业务活动及其辅助活动、经营活动中，必然要同其他单位或个人、同本单位职工等发生经济关系，出现一些应付未付款项和预收款项等。应付及预收款项是指事业单位在开展业务活动中发生的各项债务，包括应付票据、应付账款、其他应付款等应付款项和预收账款。

1. 应付票据的账务处理

应付票据是指事业单位因购买材料、物资等而开出、承兑的商业汇票，包括银行承兑汇票和商业承兑汇票。事业单位在开展经营活动或其他业务活动时，可以采用商业汇票与供应商或劳务提供单位进行结算。事业单位签发的商业汇票一般为不带息票据。

为了核算商业汇票业务，应设置"应付票据"总账科目。该科目贷方登记本单位（或本单位申请承兑的银行）承兑的商业汇票的面额；借方登记本单位偿付的票据面额；期末贷方余额，反映事业单位开出、承兑的尚未到期的商业汇票票面金额。"应付票据"科目应当按照债权单位进行明细核算。事业单位应当设置"应付票据备查簿"，详细登记每一应付票据的种类、号数、出票日期、到期日、票面金额、交易合同号、收款人姓名或单位名称以及付款日期和金额等资料。应付票据到期结清票款后，应当在备查簿内逐笔注销。

应付票据的主要账务处理如下：

（1）开出、承兑商业汇票时，借记"存货"等科目，贷记"应付票据"科目。以承兑商业汇票抵付应付账款时，借记"应付账款"科目，贷记"应付票据"科目。

（2）支付银行承兑汇票的手续费时，借记"事业支出""经营支出"等科目，贷记"银行存款"等科目。

（3）商业汇票到期时，应当分以下情况处理：

① 收到银行支付到期票据的付款通知时，借记"应付票据"科目，贷记"银行存款"科目；

② 银行承兑汇票到期，本单位无力支付票款的，按照汇票票面金额，借记"应付票据"科目，贷记"短期借款"科目；

③ 商业承兑汇票到期，本单位无力支付票款的，按照汇票票面金额，借记"应付票据"科目，贷记"应付账款"科目。

【例16-15】A事业单位（一般纳税人）采用商业承兑汇票结算方式购入一批经营用材料，按合同规定开出一张无息商业汇票，票面金额10 000元，其中材料价款8 850元，增值税额1 150元，期限为6个月。材料已经验收入库。6个月后，A事业单位通过银行按期支付票据款。A事业单位应编制如下会计分录：

签发商业承兑汇票并收到材料时：

借：存货——材料　　　　　　　　　　　　　　　　　　　　　　8 850

　　应交税费——应交增值税（进项税额）　　　　　　　　　　　1 150

　　贷：应付票据　　　　　　　　　　　　　　　　　　　　　　　　10 000

到期支付票据面值和利息时：

借：应付票据　　　　　　　　　　　　　　　　　　　　　　　10 000

　　贷：银行存款　　　　　　　　　　　　　　　　　　　　　　　　10 000

2. 应付账款的账务处理

应付账款是指事业单位因购买材料、商品或接受劳务供应等业务而应付给供应单位的款项。应付账款和应付票据都是由于赊购行为而产生的负债，但是应付账款是尚未结清的债务（即采用未清账信用赊购方式时的赊购款），而应付票据是以承诺付款的票据为依据的延期付款的证明（也就是采用商业汇票赊购方式时的赊购款）。应付账款通常在购入货品的产权转移时或收到发票时，按发票金额入账。

为了核算应付账款业务，应设置"应付账款"总账科目。该科目贷方登记本单位购买材料物资、接受劳务的应付未付款项；借方登记本单位偿还的应付账款、以商业汇票抵付的应付账款；期末贷方余额，反映事业单位尚未支付的应付账款。"应付账款"科目应当按照债权单位（或个人）进行明细分类核算。

应付账款的主要账务处理如下：

（1）购入材料、物资等已验收入库但货款尚未支付的，按照应付未付金额，借记"存货"等科目，贷记"应付账款"科目。

（2）偿付应付账款时，按照实际支付的款项金额，借记"应付账款"科目，贷记"银行存款"等科目。

（3）开出、承兑商业汇票抵付应付账款，借记"应付账款"科目，贷记"应付票据"科目。

（4）无法偿付或债权人豁免偿还的应付账款，借记"应付账款"科目，贷记"其他收入"科目。

【例16-16】A事业单位向某供应商购入甲自用材料1 000千克，含增值税价格为15 000元，材料已经验收入库。月末，发票账单尚未到达，货款未付。A事业单位应编制如下会计分录：

　　借：材料——甲材料　　　　　　　　　　　　　　　　　　13 274
　　　　应交税费——应交增值税（进项税额）　　　　　　　　　1 726
　　　　贷：应付账款——某供应商　　　　　　　　　　　　　　　　15 000

【例16-17】接上例，A事业单位签发承兑商业承兑汇票一张，票面金额为15 000元，期限为4个月，抵付前欠某供应商的应付账款。A事业单位应编制如下会计分录：

　　借：应付账款——某供应商　　　　　　　　　　　　　　　15 000
　　　　贷：应付票据　　　　　　　　　　　　　　　　　　　　　15 000

如果上例A事业单位尚未支付的材料款受到供应商豁免偿还，A事业单位应编制如下会计分录：

　　借：应付账款——某供应商　　　　　　　　　　　　　　　15 000
　　　　贷：其他收入　　　　　　　　　　　　　　　　　　　　　15 000

3. 预收账款的账务处理

预收账款是指事业单位按照合同规定，向购货单位或接受劳务单位预收的款项。预收账款是以买卖双方协议或合同为依据的，由购货方预先支付一部分货款给供应方而发生的一项负债，这项负债要用以后的商品、劳务等偿还。如果事业单位到期无法履行合同，不能向购货单位或接受劳务的单位交付货品或提供劳务，预收的款项需如数退还。

为了核算预收账款业务，应设置"预收账款"总账科目。该科目贷方登记本单位预收的和补收的货款；借方登记本单位向预付款单位销售商品或提供劳务的收入、退回的余款；期末贷方余额，反映事业单位按合同规定预收但尚未实际结算的款项。"预收账款"科目应当按照债权单位（或个人）进行明细分类核算。

预收账款的主要账务处理如下：

（1）从付款方预收款项时，按照实际预收的金额，借记"银行存款"等科目，贷记"预收账款"科目。

（2）确认有关收入时，借记"预收账款"科目，按照应确认的收入金额，贷记"经营收入"等科目，按照付款方补付或退回付款方的金额，借记或贷记"银行存款"等科目。

（3）无法偿付或债权人豁免偿还的预收账款，借记"预收账款"科目，贷记"其他收入"科目。

【例16-18】A事业单位（一般纳税人）在开展经营活动中，向甲单位预收款项50 000元，存入银行。1月后，A事业单位将甲单位所订购的产品全部交给甲单位，货款100 000元，增值税13 000元，冲回原预收货款50 000元，不足部分由甲单位用支票补付。A事业单位应编制如下会计分录：

预收货款时：

借：银行存款　　　　　　　　　　　　　　　　　　　　　50 000
　　贷：预收账款——甲单位　　　　　　　　　　　　　　　　　50 000

交付产品时：

借：预收账款——甲单位　　　　　　　　　　　　　　　　113 000
　　贷：经营收入　　　　　　　　　　　　　　　　　　　　　100 000
　　　　应交税费——应交增值税（销项税额）　　　　　　　　13 000

甲单位补付货款时：

借：银行存款　　　　　　　　　　　　　　　　　　　　　63 000
　　贷：预收账款——甲单位　　　　　　　　　　　　　　　　63 000

4. 其他应付款的账务处理

其他应付款是指事业单位除应交税费、应缴国库款、应缴财政专户款、应付职工薪酬、应付票据、应付账款、预收账款之外的其他各项偿还期限在1年内（含1年）的应付及暂收款项，如存入保证金等。

为了核算其他应付款业务，应设置"其他应付款"总账科目。该科目贷方登记本单位发生的各种其他应付款项的应付、暂收额；借方登记本单位各种其他应付款项的付还或转销额；期末贷方余额，反映事业单位尚未支付的其他应付款。"其他应付款"科目应当按照其他应付款的类别以及债权单位（或个人）进行明细核算。

其他应付款的主要账务处理如下：

（1）发生其他各项应付及暂收款项时，借记"银行存款"等科目，贷记"其他应付款"科目。

（2）支付其他应付款项时，借记"其他应付款"科目，贷记"银行存款"等科目。

（3）无法偿付或债权人豁免偿还的其他应付款项，借记"其他应付款"科目，贷记"其他收入"科目。

【例16-19】A事业单位按合同计算本月应向B单位支付的租入固定资产租金为2 500元，该租入的固定资产用于经营活动。月末，A事业单位开出转账支票给B单位。A事业单位应编制如下会计分录：

计算租金时：

借：经营支出　　　　　　　　　　　　　　　　　　　　　2 500
　　贷：其他应付款——B单位　　　　　　　　　　　　　　　2 500

支付租金时：

借：其他应付款——B 单位　　　　　　　　　　　　　　　　　　　2 500

　　贷：银行存款　　　　　　　　　　　　　　　　　　　　　　　　　　2 500

三、非流动负债的核算

非流动负债是指流动负债以外的负债。事业单位的非流动负债包括长期借款、长期应付款等。其中，长期借款是指事业单位借入的期限超过 1 年（不含 1 年）的各种借款；长期应付款是指事业单位发生的偿还期限超过 1 年（不含 1 年）的应付款项，主要指事业单位融资租入固定资产发生的应付租赁款。

（一）长期借款的账务处理

为了核算事业单位的长期借款业务，应设置"长期借款"总账科目。该科目贷方登记借款的增加；借方登记借款的偿还；期末贷方余额，反映事业单位尚未偿还的长期借款本金。"长期借款"科目应当按照贷款单位和贷款种类进行明细分类核算。对于基建项目借款，还应按具体项目进行明细分类核算。

长期借款的主要账务处理如下：

（1）借入各项长期借款时，按照实际借入的金额，借记"银行存款"科目，贷记"长期借款"科目。

（2）为购建固定资产支付的专门借款利息，分以下情况处理：

①属于工程项目建设期间支付的，计入工程成本，按照支付的利息，借记"在建工程"科目，贷记"非流动资产基金——在建工程"科目；同时，借记"其他支出"科目，贷记"银行存款"科目。

②属于工程项目完工交付使用后支付的，计入当期支出但不计入工程成本，按照支付的利息，借记"其他支出"科目，贷记"银行存款"科目。

（3）其他长期借款利息，按照支付的利息金额，借记"其他支出"科目，贷记"银行存款"科目。

（4）归还长期借款时，借记"长期借款"科目，贷记"银行存款"科目。

【例 16-20】A 事业单位为建造网络信息中心，于 20×1 年 1 月 1 日向工商银行借款 2 000 000 元，借款期限 2 年，款项已存入银行，借款利率为 10%，每年年末付息一次，期满后一次还本。A 事业单位 20×1 年年初以借款支付工程款共计 1 200 000 元，20×2 年初以借款支付工程款共计 800 000 元。该网络信息中心于 20×2 年 6 月底完工，并交付使用。A 事业单位应编制如下会计分录：

① 20×1 年 1 月 1 日取得借款时：

借：银行存款　　　　　　　　　　　　　　　　　　　　　　　2 000 000

　　贷：长期借款——工商银行　　　　　　　　　　　　　　　　　　2 000 000

② 20×1 年年初支付工程款时：

借：在建工程　　　　　　　　　　　　　　　　　　　　　　　1 200 000

　　贷：非流动资产基金——在建工程　　　　　　　　　　　　　　　1 200 000

借：事业支出　　　　　　　　　　　　　　　　　　　　　　　1 200 000

　　贷：银行存款　　　　　　　　　　　　　　　　　　　　　　　　1 200 000

③ 20×1 年年末支付应计入工程成本的借款利息时：

借款利息＝2 000 000×10%＝200 000（元）

借：在建工程 200 000
　　贷：非流动资产基金——在建工程 200 000
借：其他支出 200 000
　　贷：银行存款 200 000

④ 20×2 年年初支付工程时：

借：在建工程 800 000
　　贷：非流动资产基金——在建工程 800 000
借：事业支出 800 000
　　贷：银行存款 800 000

⑤ 20×2 年年末支付应计入工程成本和计入当期支出的借款利息时：

应计入工程成本的借款利息＝2 000 000×10%×6/12＝100 000（元）

应计入当期支出的借款利息＝2 000 000×10%×6/12＝100 000（元）

借：在建工程 100 000
　　贷：非流动资产基金——在建工程 100 000
借：其他支出 200 000
　　贷：银行存款 200 000

⑥ 20×2 年 6 月网络信息中心交付使用时：

借：固定资产 2 300 000
　　贷：非流动资产基金——固定资产 2 300 000
借：非流动资产基金——在建工程 2 300 000
　　贷：在建工程 2 300 000

⑦ 20×3 年 1 月 1 日到期还本时：

借：长期借款——工商银行 2 000 000
　　贷：银行存款 2 000 000

（二）长期应付款的账务处理

长期应付款是事业单位发生的偿还期限超过 1 年（不含 1 年）的应付款项，如以融资租赁租入固定资产的租赁费、跨年度分期付款购入固定资产的价款等。

为了核算长期应付款业务，事业单位应设置"长期应付款"总账科目。发生长期应付款业务时，应登记"长期应付款"科目的贷方，支付应付款时应登记"长期应付款"科目的借方；期末贷方余额，反映事业单位尚未支付的长期应付款。"长期应付款"科目应当按照长期应付款的类别以及债权单位（或个人）进行明细分类核算。

长期应付款的主要账务处理如下：

（1）发生长期应付款时，借记"固定资产""在建工程"等科目，贷记"长期应付款"科目、"非流动资产基金"等科目。

（2）支付长期应付款时，借记"事业支出""经营支出"等科目，贷记"银行存款"等科目；同时，借记"长期应付款"科目，贷记"非流动资产基金"科目。

（3）无法偿付或债权人豁免偿还的长期应付款，借记"长期应付款"科目，贷记"其他收入"科目。

【例 16-21】A 事业单位购入一幢办公楼，价值为 2 680 000 元。根据购买合同的约定，A 事业单位将扣留 20%的价款作为质量保证金，扣留时间为 15 个月。A 事业单位应根据以下事项编制如下会计分录。

① 办公楼交付使用时，A 事业单位通过银行转账向房地产开发商支付款项 2 144 000 元，其余 536 000 元作为扣留的质量保证金，房地产开发商开具了全款发票。

借：固定资产——办公楼 2 680 000
    贷：非流动资产基金——固定资产 2 680 000
借：事业支出——其他资金支出 2 680 000
    贷：银行存款 2 144 000
        长期应付款——质量保证金 536 000

② 办公楼质量保证期满后，A 事业单位通过银行转账向房地产开发商支付剩余款项。

借：长期应付款——质量保证金 536 000
    贷：银行存款 536 000

第二节　净资产的核算

一、事业单位净资产概述

（一）净资产的确认与计量

事业单位的净资产是资产减去负债的差额，包括事业基金、非流动资产基金、专用基金、财政补助结转结余、非财政补助结转结余等。净资产归事业单位占有或使用，国家拥有事业单位净资产的所有权。事业单位处置各项净资产应当符合国家有关规定，报经财政部门、上级主管部门批准，事业单位可以按规定使用净资产，用于未来的事业发展或特定的使用方向。事业单位的某些净资产具有限定性，如专用基金；某些净资产不存在向资源提供者分配的问题，如结转和结余。

事业单位期末净资产金额取决于资产和负债的计量结果。当含有经济利益或服务潜力的经济资源流入事业单位时，将引起资产的增加或负债的减少，从而导致当期净资产的增加；当含有经济利益或服务潜力的经济资源流出事业单位时，将引起资产的减少或负债的增加，从而导致当期净资产的减少。净资产的计量与当期收支的数额密切相关，基本关系式如下：

净资产＝资产–负债
结转（余）＝收入–支出
期末净资产＝资产–负债+结转（余）

（二）净资产的分类

为了便于加强事业单位净资产的管理与核算，可将净资产分成结转和结余类净资产、基金类净资产。

1. 结转和结余类净资产

结转和结余是指事业单位年度收入与支出相抵后的余额。其中，结转资金是指当年预算已执行但未完成，或者因故未执行，下一年度需要按照原用途继续使用的资金；结余资金是指当年预算工作目标已完成，或者因故终止，当年剩余的资金。按照资金的来源，事业单位的结转和结余分为财政补助结转结余和非财政补助结转结余。

（1）财政补助结转结余。财政补助结转结余是指事业单位各项财政补助收入与其相关支出相抵后剩余滚存的、须按规定管理和使用的结转和结余资金，包括财政补助结转和财政补助结余。财政补助结转是需要结转到下一年度按原用途继续使用的财政补助资金。按照部门预算管理要求，财政补助结转分为基本支出结转和项目支出结转。基本支出结转是指用于基本支出的财政补助收入减去财政补助基本支出后有差额，包括人员经费和日常公用经费。项目支出结转是尚未完成项目支出的财政补助收入减去财政补助项目支出后的差额。项目支出结转资金结转下年按原用途继续使用。财政补助结余是事业单位已经完成预算工作目标的项目当年剩余的财政补助资金。因为基本经费收支差额按规定结转次年继续使用，全部列入财政补助结转项目中，所以财政补助结余即是项目支出结余。财政补助结转和结余的管理，应当按照同级财政部门的规定执行。

（2）非财政补助结转结余。非财政补助结转结余是指事业单位除财政补助收支以外的各项收入与各项支出相抵后的余额，包括非财政补助结转和非财政补助结余。非财政补助结转是指事业单位除财政补助收支以外的各专项资金收入与其相关支出相抵后剩余滚存的、须按规定用途使用的结转资金。非财政补助结转按照规定结转下一年度继续使用。非财政补助结余是指事业单位除财政补助收支以外的各非专项资金收入与各非专项资金支出相抵后的余额。非财政补助结余包括事业结余和经营结余。非财政补助结余可以按照国家有关规定提取职工福利基金，剩余部分转为事业基金用于弥补以后年度单位收支差额。

2. 基金类净资产

基金一般指一组具有专门的来源及规定用途的财务资源。基金需要设立方能存在，如果要求保证某项活动的资金需要，可以采用设立基金的方法，既可以充分组织资金来源，又能限定资金的使用。事业单位的基金是指事业单位按规定设置的有专门用途的净资，主要包括事业基金、非流动资产基金和专用基金。

（1）事业基金。事业基金是指事业单位拥有的非限定用途的净资产，其来源主要为非财政补助结余扣除结余分配后滚存的金额。事业单位开展各项业务活动，必须有一定的资金作为保障，事业基金是事业单位最基本的基金，主要用于事业单位的日常业务活动、平衡日常收支、弥补日常资金的不足、保证事业单位的正常运转。事业单位的各项基金按是否存在限制分为限定性基金和非限定性基金两种。事业基金则为非限定性基金，不限制基金的使用时间或具体用途，可以根据事业单位业务的需要灵活运用。

（2）非流动资产基金。非流动资产基金是指事业单位非流动资产占用的金额。事业单位为兼顾预算管理与财务管理对会计信息的需求，为每项非流动资产设置了基金项目，与非流动资产的净额相对应，既能将取得非流动资产付出的资金确认为支出，又能反映非流动资产的投资情况。事业单位的非流动资产基金包括长期投资基金、固定资产基金、在建工程基金、无形资产基金等。事业单位的非流动资产基金属于限定性基金，被各项非流动资产占用。

（3）专用基金。专用基金是指事业单位按规定提取或者设置的具有专门用途的净资产。事业单位的某些业务活动有特殊要求，需要有专门的渠道形成资金来源，并按规定的用途使用，需要设立专用基金。专用基金管理应当遵循先提后用、收支平衡、专款专用的原则，支出不得超出基金规模。因此，专用基金属于限定性基金，主要包括修购基金、职工福利基金和其他基金等。

修购基金是按照事业收入和经营收入的一定比例提取，并按照规定在相应的购置和修缮科目中列支（各列50%）以及按照其他规定转入，用于事业单位固定资产维修和购置的资金。事业收入和经营收入较少的事业单位可以不提取修购基金，实行固定资产折旧的事业单位不提取修购基金。

职工福利基金是按照非财政拨款结余的一定比例提取以及按照其他规定提取转入，用于单位职工的集体福利设施、集体福利待遇等的资金。

其他基金，即按照其他有关规定提取或者设置的专用资金。

二、结转和结余的核算

（一）财政补助结转的账务处理

为了核算事业单位滚存的财政补助结转资金，应设置"财政补助结转"总账科目。该科目贷方登记转入的财政补助收入；借方登记转入的财政补助支出；期末贷方余额，反映事业单位财政补助结转资金数额。"财政补助结转"科目应当设置"基本支出结转""项目支出结转"两个明细科目，并在"基本支出结转"明细科目下按照"人员经费""日常公用经费"进行明细核算；在"项目支出结转"明细科目下按照具体项目进行明细分类核算。"财政补助结转"科目还应按照《政府收支分类科目》中"支出功能分类科目"的相关科目进行明细分类核算。事业单位发生需要调整以前年度财政补助结转的事项，通过"财政补助结转"科目核算。

财政补助结转的主要账务处理如下：

（1）期末，将财政补助收入本期发生额结转入"财政补助结转"科目，借记"财政补助收入——基本支出、项目支出"科目，贷记"财政补助结转"科目（基本支出结转、项目支出结转）；将事业支出（财政补助支出）本期发生额结转入"财政补助结转"科目，借记"财政补助结转"科目（基本支出结转、项目支出结转），贷记"事业支出——财政补助支出（基本支出、项目支出）"科目或"事业支出——基本支出（财政补助支出）、项目支出（财政补助支出）"科目。

（2）年末，完成上述结转后，应当对财政补助各明细项目执行情况进行分析，按照有关规定将符合财政补助结余性质的项目余额转入财政补助结余，借记或贷记"财政补助结转"科目（项目支出结转——××项目），贷记或借记"财政补助结余"科目。

（3）年末，按规定上缴财政补助结转资金或注销财政补助结转额度的，应按照实际上缴资金数额或注销的资金额度数额，借记"财政补助结转"科目，贷记"财政应返还额度""零余额账户用款额度""银行存款"等科目。取得主管部门归集调入财政补助结转资金或额度的，编制相反会计分录。

（二）财政补助结余的账务处理

为了核算事业单位滚存的财政补助项目支出结余资金业务，应设置"财政补助结余"总账科目。该科目的借贷方应根据符合财政补助结余性质的项目余额登记。期末贷方余额，反映事业单位财政补助结余资金数额。"财政补助结余"科目应当按照《政府收支分类科目》中"支出功能分类科目"的相关科目进行明细分类核算。发生需要调整以前年度财政补助结余的事项，通过"财政补助结余"科目核算。

财政补助结余的主要账务处理如下：

（1）年末，对财政补助各明细项目执行情况进行分析，按照有关规定将符合财政补助结余性质的项目余额转入财政补助结余，借记或贷记"财政补助结转——项目支出结转（××项目）"科目，贷记或借记"财政补助结余"科目。

（2）按规定上缴财政补助结余资金或注销财政补助结余额度的，应按照实际上缴资金数额或注销的资金额度数额，借记"财政补助结余"科目，贷记"财政应返还额度""零余额账户用款额度""银行存款"等科目。取得主管部门归集调入财政补助结余资金或额度的，编制相反会计分录。

【例16-22】A事业单位20×1年12月有关财政补助收入和支出科目的本月发生额如表16-1所示。

表16-1　非财政补助的各项收入和支出科目本月发生额　　　单位：元

收入科目		贷方金额	支出科目		借方金额
财政补助收入	基本支出	715 000	事业支出——财政补助支出	基本支出	668 000
	项目支出	125 000		项目支出	115 000

A事业单位月末进行财政补助结转，应编制如下会计分录：

借：财政补助收入 840 000
　　贷：财政补助结转——基本支出结转 715 000
　　　　　　　　　　——项目支出结转 125 000
借：财政补助结转——基本支出结转 668 000
　　　　　　　　　　——项目支出结转 115 000
　　贷：事业支出 783 000

【例16-23】年末，A事业单位对财政补助项目执行情况进行分析，本年度财政补助的项目中，甲项目已经完成，项目当年剩余资金为35 000元；乙项目因故终止，项目当年剩余资金为12 000元。这两个项目符合财政补助结余资金性质。其余项目均未完成，资金需要结转下一年度继续按原项目安排使用。A事业单位进行年末财政补助结余的处理，应编制如下会计分录：

借：财政补助结转——项目支出结转（甲项目） 35 000
　　　　　　　　　　——项目支出结转（乙项目） 12 000
　　贷：财政补助结余 47 000

【例16-24】接上例，根据项目管理的要求，A事业单位已经完成的甲项目当年剩余资金35 000元予以注销，抵财政应返还额度中的未下达授权支付额度；因故终止的乙项目当年剩余资金12 000元需要上缴财政部门，已经通过零余额账户予以上缴。A事业单位应编制如下会计分录：

借：财政补助结余 47 000
　　贷：财政应返还额度——授权支付额度 35 000
　　　　零余额账户用款额度 12 000

（三）非财政补助结转和非财政补助结余分配的账务处理

1. 非财政补助结转

非财政补助结转资金有两个特点：一是属于非财政补助资金，二是属于专项资金。为了核算事业单位除财政补助收支以外的各专项资金收入与其相关支出相抵后剩余滚存的、须按规定用途使用的结转资金，应设置"非财政补助结转"总账科目。该科目贷方登记非财政补助的各专项收入的转入；借方登记非财政补助的各专项支出的转入；期末贷方余额，反映事业单位非财政补助专项结转资金数额。"非财政补助结转"科目应当按照非财政专项资金的具体项目进行明细分类核算。事业单位发生需要调整以前年度非财政补助结转的事项，通过"非财政补助结转"科目核算。

非财政补助结转的主要账务处理如下：

（1）期末非财政补助结转。将事业收入、上级补助收入、附属单位上缴收入、其他收入本期发生额中的专项资金收入结转入"非财政补助结转"科目，借记"事业收入""上级补助收入""附属单位上缴收入""其他收入"科目下各专项资金收入明细科目，贷记"非财政补助结转"科目；将事业支出、其他支出本期发生额中的非财政专项资金支出结转入"非财政补助结转"科目，借记"非财政补助结转"科目，贷记"事业支出——非财政专项资金支出"或"事业支出——项目支出（非财政专项资金支出）""其他支出"科目下各专项资金支出明细科目。

（2）年末处理非财政补助项目结余资金。完成上述结转后，应当对非财政补助专项结转资金各项目情况进行分析，将已完成项目的项目剩余资金区分以下情况处理：缴回原专项资金拨入单位的，借记"非财政补助结转"科目（××项目），贷记"银行存款"等科目；留归本单位使用的，借记"非财政补助结转"科目（××项目），贷记"事业基金"科目。

2. 非财政补助结余分配

非财政补助结余分配是指事业单位本年度非财政补助结余分配的情况和结果。事业单位取得的事业结余和经营结余要按照规定在国家、单位和职工之间进行分配。具体核算程序如下：

（1）将事业结余和经营结余结转到非财政补助结余分配科目。

（2）计算应缴所得税。经营结余要按照企业所得税法的规定缴纳企业所得税。

（3）按规定比例计算应提取的专用基金。职工福利基金是按税后的非财政补助结余的一定比例提取的专门用于单位职工集体福利设施、集体福利待遇等的资金。

（4）结转未分配非财政补助结余。将分配后结余转入事业基金，用于弥补以后年度单位收支差额。

为了核算非财政补助结余分配的业务，应设置"非财政补助结余分配"总账科目。

非财政补助结余分配的主要账务处理如下：

（1）年末，将"事业结余"科目余额结转入"非财政补助结余分配"科目，借记或贷记"事业结余"科目，贷记或借记"非财政补助结余分配"科目；将"经营结余"科目贷方余额结转入"非财政补助结余分配"科目，借记"经营结余"科目，贷记"非财政补助结余分配"科目。

（2）有企业所得税缴纳义务的事业单位计算出应缴纳的企业所得税，借记"非财政补助结余分配"科目，贷记"应交税费——应交企业所得税"科目。

（3）按照有关规定提取职工福利基金的，按提取的金额，借记"非财政补助结余分配"科目，贷记"专用基金——职工福利基金"科目。

（4）年末，按规定完成上述处理后，将"非财政补助结余分配"科目余额结转入事业基金，借记或贷记"非财政补助结余分配"科目，贷记或借记"事业基金"科目。

年末结账后，"非财政补助结余分配"科目应无余额。

（四）事业结余和经营结余的账务处理

1. 事业结余

事业结余是事业单位一定期间除财政补助收支、非财政专项资金收支和经营收支以外各项收支相抵后的余额。事业结余属于非财政补助结余。

为了核算事业结余的业务，应设置"事业结余"总账科目。该科目贷方登记从有关收入科目的转入数，借方登记从有关支出科目转入数；期末如为贷方余额，反映事业单位自年初至报告期末累计实现的事业结余；如为借方余额，反映事业单位自年初至报告期末累计发生的事业亏损。年末结账后，"事业结余"科目应无余额。

事业结余的主要账务处理如下：

（1）期末事业结余结转。期末，将事业收入、上级补助收入、附属单位上缴收入、其他收入本期发生额中的非专项资金收入结转入"事业结余"科目，借记"事业收入""上级补助收入""附属单位上缴收入""其他收入"科目下各非专项资金收入明细科目，贷记"事业结余"科目；将事业支出、其他支出本期发生额中的非财政、非专项资金支出，以及对附属单位补助支出、上缴上级支出的本期发生额结转入"事业结余"科目，借记"事业结余"科目，贷记"事业支出——其他资金支出"或"事业支出——基本支出（其他资金支出）、项目支出（其他资金支出）"科目、"其他支出"科目下各非专项资金支出明细科目、"对附属单位补助支出""上缴上级支出"科目。

（2）年末事业结余转入非财政补助结余分配。年末，完成上述结转后，将"事业结余"科目余额结转入"非财政补助结余分配"科目，借记或贷记"事业结余"科目，贷记或借记"非财政补助结余分配"科目。

2. 经营结余

经营结余是事业单位一定期间各项经营收支相抵后余额弥补以前年度经营亏损后的余额。经营结余属于非财政补助结余。

为了核算经营结余的业务，应设置"经营结余"总账科目。该科目贷方登记从"经营收入"科目转入的本期实现的经营收入额；借方登记从"经营支出"科目转入的本期发生的经营支出额；期末如为贷方余额，反映事业单位自年初至报告期末累计实现的经营结余弥补以前年度经营亏损后的经营结余；如为借方余额，反映事业单位截至报告期末累计发生的经营亏损。年末结账后，"经营结余"科目一般无余额；如为借方结余，反映事业单位累计发生的经营亏损。

经营结余的主要账务处理如下：

（1）期末经营结余结转。期末，将经营收入本期发生额结转入"经营结余"科目，借记"经营收入"科目，贷记"经营结余"科目；将经营支出本期发生额结转入"经营结余"科目，借记"经营结余"科目，贷记"经营支出"科目。

（2）年末经营结余转入非财政补助结余分配。年末，完成上述结转后，如"经营结余"科目为贷方余额，将"经营结余"科目余额结转入"非财政补助结余分配"科目，借记"经营结余"科目，贷记"非财政补助结余分配"科目；如"经营结余"科目为借方余额，为经营亏损，不予结转。

【例16-25】A事业单位20×1年12月非财政补助的各项收入和支出科目本月发生额如表16-2所示。

表 16-2　非财政补助的各项收入和支出科目本月发生额　　　　　单位：元

收入科目名称	贷方金额	支出科目名称	借方金额
事业收入	260 000	事业支出——其他资金支出	280 000
上级补助收入	200 000	事业支出——非财政专项资金支出	75 000
其中：专项资金收入	100 000	上缴上级支出	40 000
附属单位上缴收入	80 000	对附属单位补助支出	60 000
经营收入	50 000	经营支出	37 250
其他收入	30 000	其他支出	72 750
合计	620 000	合计	565 000

A 事业单位本月进行非财政补助结转，应编制如下会计分录：

①结转非财政专项资金收支：

借：上级补助收入　　　　　　　　　　　　　　　　　　　　　　100 000

　　贷：非财政补助结转　　　　　　　　　　　　　　　　　　　　　　100 000

借：非财政补助结转　　　　　　　　　　　　　　　　　　　　　　75 000

　　贷：事业支出——非财政专项资金支出　　　　　　　　　　　　　　75 000

②结转非专项资金收支：

借：事业收入　　　　　　　　　　　　　　　　　　　　　　　　260 000

　　上级补助收入　　　　　　　　　　　　　　　　　　　　　　100 000

　　附属单位上缴收入　　　　　　　　　　　　　　　　　　　　80 000

　　其他收入　　　　　　　　　　　　　　　　　　　　　　　　30 000

　　贷：事业结余　　　　　　　　　　　　　　　　　　　　　　　　470 000

借：事业结余　　　　　　　　　　　　　　　　　　　　　　　　452 750

　　贷：事业支出——其他资金支出　　　　　　　　　　　　　　　　280 000

　　　　上缴上级支出　　　　　　　　　　　　　　　　　　　　　40 000

　　　　对附属单位补助支出　　　　　　　　　　　　　　　　　　60 000

　　　　其他支出　　　　　　　　　　　　　　　　　　　　　　　72 750

③结转经营收支：

借：经营收入　　　　　　　　　　　　　　　　　　　　　　　　50 000

　　贷：经营结余　　　　　　　　　　　　　　　　　　　　　　　　50 000

借：经营结余　　　　　　　　　　　　　　　　　　　　　　　　37 250

　　贷：经营支出　　　　　　　　　　　　　　　　　　　　　　　　37 250

④转入非财政补助结余分配：

借：事业结余　　　　　　　　　　　　　　　　　　　　　　　　17 250

　　贷：非财政补助结余分配　　　　　　　　　　　　　　　　　　　17 250

借：经营结余　　　　　　　　　　　　　　　　　　　　　　　　12 750

　　贷：非财政补助结余分配　　　　　　　　　　　　　　　　　　　12 750

【例 16-26】接上例，假设 A 事业单位的非财政补助结转项目年末已完成，剩余资金为 25 000 元，按规定 50%通过银行缴回专项资金拨入单位，50%留归本单位使用。

A事业单位的经营结余按25%的税率缴纳企业所得税，按照税后非财政补助结余的30%提取职工福利基金。A事业单位应编制如下会计分录：

①结转已完成项目的非财政补助剩余资金：

借：非财政补助结转 25 000

贷：银行存款 12 500

事业基金 12 500

②计提经营结余应缴纳的企业所得税：

企业所得税=12 750×25%=3 187.5（元）

借：非财政补助结余分配 3 187.5

贷：应交税费——应交企业所得税 3 187.5

③计提职工福利基金：

职工福利基金=［17 250+（12 750-3 187.5）］×30%=8 043.75（元）

借：非财政补助结余分配 8 043.75

贷：专用基金——职工福利基金 8 043.75

④结转非财政补助结余分配：

借：非财政补助结余分配 18 768.75

贷：事业基金 18 768.75

三、各项基金核算

（一）事业基金的账务处理

事业基金是指事业单位拥有的非限定用途的净资产，主要来源为非财政补助结余扣除结余分配后滚存的金额。除此之外，留归本单位使用的非财政补助专项剩余资金和对外转让或到期收回长期债券投资成本金额也是事业基金的来源。事业基金是一项非限定用途的净资产，可以用于事业发展和弥补事业亏损，调节年度之间的收支平衡。事业单位应当加强事业基金的管理，遵循收支平衡的原则，统筹安排、合理使用，支出不得超出基金规模。

为了核算事业基金的业务，应设置"事业基金"总账科目。该科目的贷方登记年终转入的当期未分配结余等增加数；借方登记自行支配资金结余的减少数；期末贷方余额，反映事业单位历年积存的非限定用途净资产的金额。事业单位发生需要调整以前年度非财政补助结余的事项，通过"事业基金"科目核算。国家另有规定的，从其规定。

事业基金的主要账务处理如下：

（1）年末，将"非财政补助结余分配"科目余额转入事业基金，借记或贷记"非财政补助结余分配"科目，贷记或借记"事业基金"科目。

（2）年末，将留归本单位使用的非财政补助专项（项目已完成）剩余资金转入事业基金，借记"非财政补助结转——××项目"科目，贷记"事业基金"科目。

（3）以货币资金取得长期股权投资、长期债券投资，按照实际支付的全部价款（包括购买价款以及税金、手续费等相关税费）作为投资成本，借记"长期投资"科目，贷记"银行存款"等科目；同时，按照投资成本金额，借记"事业基金"科目，贷记"非流动资产基金——长期投资"科目。

（4）对外转让或到期收回长期债券投资本息，按照实际收到的金额，借记"银行存款"等科目，按照收回长期投资的成本，贷记"长期投资"科目，按照其差额，贷记或借记"其他收入——投资收益"科目；同时，按照收回长期投资对应的非流动资产基金，借记"非流动资产基金——长期投资"科目，贷记"事业基金"科目。

【例 16-27】A 事业单位以银行存款购买 3 年期国债 100 000 元，年利率为 4.8%，3 年期满兑付本金和利息。A 事业单位应编制如下会计分录：

购入国债时：

借：长期投资	100 000
贷：银行存款	100 000
借：事业基金	100 000
贷：非流动资产基金——长期投资	100 000

兑付本金和利息时：

借：银行存款	114 400
贷：长期投资	100 000
其他收入	14 400
借：非流动资产基金——长期投资	100 000
贷：事业基金	100 000

（二）非流动资产基金的账务处理

非流动资产基金是事业单位非流动资产占用的金额。为兼顾预算管理和财务管理的需求，事业单位取得各项非流动资产时，应当按照取得成本增加其对应的非流动资产基金；计提折旧、摊销和处置非流动资产时，应冲减其对应的非流动资产基金。

为了核算非流动资产基金的业务，应设置"非流动资产基金"总账科目。该科目贷方登记非流动资产的增加数；借方登记非流动资产的减少数；期末贷方余额，反映事业单位非流动资产占用的金额。"非流动资产基金"科目应当设置"长期投资""固定资产""在建工程""无形资产"等明细科目，进行明细分类核算。

非流动资产基金的主要账务处理如下：

（1）非流动资产基金应当在取得长期投资、固定资产、在建工程、无形资产等非流动资产或发生相关支出时予以确认。取得相关资产或发生相关支出时，借记"长期投资""固定资产""在建工程""无形资产"等科目，贷记"非流动资产基金"科目等有关科目；同时或待以后发生相关支出时，借记"事业支出"等有关科目，贷记"财政补助收入""零余额账户用款额度""银行存款"等科目。

（2）计提固定资产折旧、无形资产摊销时，应当冲减非流动资产基金。计提固定资产折旧、无形资产摊销时，按照计提的折旧、摊销额，借记"非流动资产基金"科目（固定资产、无形资产），贷记"累计折旧""累计摊销"科目。

（3）处置长期投资、固定资产、无形资产以及以固定资产、无形资产对外投资时，应当冲销该资产对应的非流动资产基金。以固定资产、无形资产对外投资，按照评估价值加上相关税费作为投资成本，借记"长期投资"科目，贷记"非流动资产基金"科目（长期投资），按发生的相关税费，借记"其他支出"科目，贷记"银行存款"等科目；同时，按照投出固定资产、无形资产对应的非流动资产基金，借记"非流动资产基金"科目（固定资产、无形资产），按照投出资产已提折旧、摊销，借记"累计折旧""累计摊销"科目，按照投出资产的账面余额，贷记"固定资产""无形资产"科目。出售或以其他方式处置长期投资、固定资产、无形资产，转入待处置资产时，借记"待处置资产损溢""累计折旧"（处置固定资产）或"累计摊销"（处置无形资产）科目，贷记"长期投资""固定资产""无形资产"等科目。实际处置时，借记"非流动资产基金"科目（有关资产明细科目），贷记"待处置资产损溢"科目。

非流动资产基金账务处理的例子参见资产的核算的相关例题，在此不再赘述。

（三）专用基金的账务处理

专用基金是指事业单位按规定提取或设置的有专门用途的资金，主要包括修购基金、职工福利基金和其他专用基金等。

专用基金的管理应遵循"先提后用、收支平衡、专款专用"的原则。先提后用是指各项专用基金必须根据规定的来源渠道，在取得资金以后，才能安排使用。在提取各项专用基金时，应严格按照《事业单位财务规则》的规定，不得随意提高标准，支出不得超过基金规模。收支平衡是指各项专用基金应各自量入为出，各自组织收支平衡。专款专用是指各项专用基金都应当按照规定的用途使用，不得相互占用和挪用。要通过保证各项专用基金使用的合理合法，起到促进事业单位持续健康发展的作用。

为了核算专用基金的业务，应设置"专用基金"总账科目。该科目贷方登记按照规定提取的各项专用基金的增加数；借方登记各项专用基金的减少数；期末贷方余额，反映事业单位专用基金余额。"专用基金"科目应当按照专用基金的类别进行明细核算。

专用基金的主要账务处理如下：

（1）提取修购基金。修购基金的提取应按照事业收入和经营收入的一定比例提取，确认为本期的事业支出和经营支出，并按照规定在相应的购置费和修缮费科目中列支（各列50%）。也可按照规定，从其他渠道转入修购基金。事业收入和经营收入较少的事业单位可以不提取修购基金，实行固定资产折旧的事业单位不提取修购基金。按规定提取修购基金的，按照提取金额，借记"事业支出""经营支出"科目，贷记"专用基金"科目（修购基金）。

（2）提取职工福利基金。职工福利基金应按照非财政拨款结余的一定比例提取以及按照其他规定提取转入，并用于单位职工的集体福利设施、集体福利待遇。年末，按规定从本年度非财政补助结余中提取职工福利基金的，按照提取金额，借记"非财政补助结余分配"科目，贷记"专用基金"科目（职工福利基金）。

（3）提取其他专用基金。其他专用基金是指事业单位按有关规定提取或设置的专用基金，如住房公积金等。应按照提取金额，借记有关支出科目或"非财政补助结余分配"等科目，贷记"专用基金"科目；若有按规定设置的其他专用基金，按照实际收到的基金金额，借记"银行存款"等科目，贷记"专用基金"科目。

（4）使用专用基金。按规定使用专用基金时，借记"专用基金"科目，贷记"银行存款"等科目；使用专用基金形成固定资产的，还应借记"固定资产"科目，贷记"非流动资产基金——固定资产"科目。

【例16-28】A事业单位不实行固定资产折旧制度。该单位本年度事业收入为620 000元，经营收入为60 000元，提取比例都是5%。A事业单位年终根据提取比例增设修购基金，应编制如下会计分录：

借：事业支出		31 000
经营支出		3 000
贷：专用基金——修购基金		34 000

【例16-29】年末，A事业单位按30%的比例从"非财政补助结余分配"贷方余额70 000元中提取职工福利基金21 000元。A事业单位应编制如下会计分录：

借：非财政补助结余分配	21 000
贷：专用基金——职工福利基金	21 000

【例16-30】A事业单位从职工福利基金中支付职工集体福利项目40 000元，以银行存款支付。A事业单位应编制如下会计分录：

借：专用基金——职工福利基金	40 000
贷：银行存款	40 000

【例16-31】A事业单位使用修购基金购买一批电脑，价值为165 000元，以银行存款支付。A事业单位应编制如下会计分录：

借：专用基金——修购基金	165 000
贷：银行存款	165 000
借：固定资产	165 000
贷：非流动资产基金——固定资产	165 000

思考题

1. 事业单位的负债包括哪些内容？
2. 应缴国库款和应缴财政专户款的核算内容有何不同？
3. 应缴税费的核算内容包括哪些？
4. 事业单位的应付职工薪酬主要核算内容是什么？
5. 事业单位的长期应付款核算哪些业务？
6. 什么是事业单位的结转和结余？具体包括哪些内容？
7. 事业基金的主要来源有哪些？
8. 事业单位的专用基金具体包括哪些部分？
9. 什么是非流动资产基金？具体包括哪些内容？
10. 事业单位的财政补助结转与非财政补助结转有何不同？
11. 财政补助结余与非财政补助结余主要核算什么资金？两者之间有何联系与区别？

练习题

1. 某事业单位为满足事业发展的资金需求，从工商银行借入150 000元，期限为6个月，年利率为3.9%，银行借款利息按季结算，季末一次支付当季利息。

2. 某事业单位为增值税一般纳税人，经营业务销售一批商品，销售收入为38 000元，增值税销项税额为4 940元，款项已收妥并存入银行。

3. 某事业单位为增值税一般纳税人，购入经营用材料一批用于生产加工，材料不含税价格共计 37 000 元，增值税进项税额为 4 810 元。货款、税款全部用支票支付。货物已验收入库。

4. 某事业单位为增值税小规模纳税人，增值税税率为 3%。本月购入经营用材料一批用于生产加工，材料含税价格为 19 260 元，货款尚未支付。本月经营部门销售商品一批，计 25 750 元（含税价），款项已存入银行。

5. 某事业单位本月按照规定征收政府性基金收入 8 000 元，该款项实行集中汇缴方式。

6. 某事业单位本月收到应上缴财政专户的教育收费 85 000 元，款项已存入银行，并在规定时间内上缴财政专户。

7. 某事业单位计算本月应付在职事业编制人员的工资薪酬，其中应付工资为 1 820 000 元，应付地方（部门）津贴补贴 850 000 元，应付其他个人收入 125 000 元，应付社会保险费 565 000 元（个人承担部分），应付住房公积金 276 000 元（个人承担部分）。工资发放除了其他个人收入以零余额账户用款额度支付外，其他薪酬发放实行财政直接支付方式。按照税法规定，代缴个人所得税 235 000 元。该事业单位凭工资单和财政部门开具的拨款通知书进行工资核算。

8. 某事业单位（一般纳税人）采用商业承兑汇票结算方式购入一批经营用材料，按合同规定开出一张无息商业汇票，票面金额 16 950 元，其中材料价款 15 000 元，增值税额 1 950 元，期限为 6 个月。材料已经验收入库。6 个月后，该事业单位通过银行按期支付票据款。

9. 某事业单位按合同计算本月应向 B 单位支付的租入固定资产租金为 2 000 元，该租入的固定资产用于专业活动。月末，该事业单位开出转账支票给 B 单位。

10. 某事业单位购入一幢办公楼，价值为 280 万元。根据购买合同的约定，A 事业单位将扣留 20% 的价款作为质量保证金，扣留时间为 15 个月。

请根据以上情况编制相应会计分录。

11. 某事业单位 20×2 年 11 月 30 日有关结转和结余科目余额分别为：财政补助结转 5 500 元、非财政补助结转 10 000 元、事业结余 8 000 元和经营结余 2 000 元；同年 12 月有关收入和支出科目发生额如表 16-3 所示。

表 16-3　收入和支出科目发生额

收入科目		贷方金额(元)	支出科目		借方金额(元)
事业收入	财政补助收入	850 000	事业支出	财政补助支出	785 000
	非专项资金收入	200 000		非财政专项资金支出	40 000
	专项资金收入	50 000		其他资金支出	240 000
上级补助收入		110 000	对附属单位补助支出		50 000
经营收入		50 000	经营支出		40 000
附属单位上缴收入		80 000	上缴上级支出		35 000
其他收入		20 000	其他支出		70 000

假设本年度财政补助结转有50%符合财政补助结余性质，非财政补助结转专项资金项目年末全部完成，剩余资金40%留归本单位，60%已通过银行缴回专项资金拨入单位。

要求：

（1）编制结转12月财政补助收入与支出的会计分录；

（2）编制结转12月非财政补助专项资金收入与支出的会计分录；

（3）计算本年度的事业结余和经营结余，并编制有关收支结转的会计分录；

（4）编制结转本年度的事业结余和经营结余的会计分录；

（5）计算本年度财政补助结余，并编制结转会计分录；

（6）编制结转本年度非财政补助已完成项目的剩余资金的会计分录。

12. 某事业单位20×2年实现事业收入120 000元、经营收入80 000元，发生事业支出150 000元（其中，财政补助支出70 000元、其他资金支出80 000元）、经营支出53 000元。

要求：

（1）分别按5%和10%计提事业收入和经营收入的修购基金，并编制会计分录；

（2）按25%的所得税税率计算经营结余应缴纳的企业所得税，并编制会计分录；

（3）按30%计提职工福利基金，并编制会计分录；

（4）计算本年度分配非财政补助结余金额，并编制将其转入事业基金的会计分录。

第十七章

事业单位收入与支出的核算

事业单位为了开展业务活动及其他活动，应依法取得非偿还性的资金收入，用于相关的资金耗费，这就形成了收入与支出。

通过本章的学习，应该掌握以下内容：

- 事业单位的各项收入与支出的分类及内容
- 对各项收入与支出在管理方面的规定及要求
- 各项收入与支出的账务处理

第一节　事业单位收入与支出的含义及管理

一、事业单位收入的含义及管理

（一）事业单位收入的含义

事业单位的收入是指事业单位开展业务及其他活动依法取得的非偿还性资金，主要包括财政补助收入、事业收入、上级补助收入、附属单位上缴收入、经营收入和其他收入等。对于事业单位的收入，应从以下几方面理解其含义：

1. 事业单位的收入是为开展业务活动和其他活动而取得的

事业单位的主要活动不是直接从事物质资料的生产、交通运输和商品流通，而是在教育、文化、体育、卫生等领域组织和开展各项业务活动和其他活动。由于这些活动具有非营利性的特点，因此事业单位开展业务活动的资金耗费一般不能从事业收入中得到完全的补偿，需要从财政部门获得财政补助收入，从主管部门或上级单位获得上级补助收入，来解决其开展正常业务所需资金。同时，事业单位还可以通过开展有偿服务活动和生产经营活动获得事业收入和经营收入，以补偿业务活动的资金耗费。

2. 事业单位的收入是依法取得的

事业单位取得的任何收入，都必须符合国家的有关法律、法规和规章制度的规定。事业单位开展业务活动的各项收费项目、收费范围和收费标准必须按照国家的有关规定，经过法定程序报经批准后方可取得。

3. 事业单位的收入是通过多种形式、多种渠道取得的

在社会主义市场经济条件下，事业单位的收入来源形式和渠道呈多元化趋势。既有财政或上级单位拨入或下级单位上缴的，又有本单位自己组织的。在财政或上级单位的拨款中，既有财政性资金，又有非财政性资金；既有经常性补助，又有专项拨款。在本单位自己组织的收入中，既有单位开展正常业务活动取得的经营收入，又有对外投资取得的收益、存款的利息收入等其他收入。这是一个大收入概念，是事业单位在某一时期所取得的所有收入。

4. 事业单位的收入是非偿还性的

事业单位取得的各项收入，是不需要偿还的，可以用于业务活动和其他活动。事业单位取得的需要偿还的资金，应当作为负债处理，不能作为单位的收入处理。

（二）事业单位收入的管理及核算规定

1. 事业单位收入的管理原则

事业单位收入的管理原则主要如下：

（1）收入统管，保证收入的合法性与合理性。事业单位应当将各项收入全部纳入单位预算，实行统一核算、统一管理。同时，各部门、单位在组织收入时，属于行政事业性收费的要使用省以上（含省）财政部门统一监制的票据；属于经营性收入的应使用税务发票，并照章纳税。各种收费项目和收费标准，必须按规定程序报经国家有关部门批准，对于各种收入要取之得当，用之合理，严禁乱收、滥用。

（2）依法合理组织各项收入，缴纳各种税费。要根据国家的有关收费政策和管理制度，将事业单位组织收入的活动纳入正确轨道，强调收入的合法性与合理性。收费时，要开具行政事业性收费专用发票。对按规定应上缴预算的收入和应上缴财政的收入要及时上缴，不能直接作为事业收入处理。对经营服务性收入，要依法缴纳各项税费。

（3）充分利用现有条件积极组织收入，提高经费自给率和自我发展能力。有条件的事业单位要按市场经济的要求，充分利用现有人、财、物等资源和设备，拓宽服务领域，扩大财源，增强自我发展能力。

（4）正确处理社会效益和经济效益的关系。事业单位开展各种组织收入的活动，必须将社会效益放在首位，必须有利于事业的发展，有利于社会主义精神文明建设。同时，事业单位组织各项收入要按照市场经济规律办事，讲求经济效益。事业单位要将社会效益和经济效益有机结合起来，不能片面追求经济效益，要在获得社会效益的同时取得较好的经济效益。

2. 注意划清各种收入界限

正确理解各项收入的含义还必须从性质上划清各种收入的界限，尤其是以下主要收入的界限：

（1）财政补助收入与上级补助收入的界限。财政补助收入是指事业单位按照核定的部门预算和经费申报关系，从同级财政部门取得的各类财政拨款，包括正常经费和专项资金，不包括国家对事业单位的基本建设投资。

上级补助收入是指事业单位从主管部门和上级单位取得的非财政补助收入，即事业单位的上级单位用自身组织的收入或集中下级单位的收入拨给事业单位的资金。

（2）事业收入与经营收入的界限。事业收入是指事业单位开展专业业务活动及辅助活动所取得的收入。所谓专业业务活动，是指事业单位根据本单位专业特点所从事或开展的主要业务活动。通俗地讲，也可以叫做"主管业务"。例如，文化事业单位的演出活动、教育事业单位的教学活动等。辅助活动是指与专业业务活动相关，直接为专业业务活动服务的行政管理活动、后勤服务活动及其他有关活动。例如，科研单位的科研收入、技术收入、科普活动收入、试制产品收入等，均作为事业收入处理。

经营收入是指事业单位在专业业务活动及其辅助活动之外开展非独立核算经营活动取得的收入。例如，科研单位的产品（商品）销售收入、经营服务收入等。事业单位的经营收入必须同时具备以下两个特征：一是经营活动取得的收入，而不是专业业务活动及其辅助活动取得的收入；二是非独立核算经营活动取得的收入，而不是独立核算经营活动取得的收入。因此，事业单位经营活动规模较大的，应当尽可能进行独立核算，执行企业财务制度。有些事业单位经营活动规模较小、不便或无法独立核算的，可纳入经营收入中核算。

区分事业收入和经营收入的标准主要是看取得收入的业务活动性质，如果是开展专业业务活动及其辅助活动取得的收入，就是事业收入；如果是在专业活动及其辅助活动以外取得的收入就是经营收入。对少部分事业收入与经营收入的性质和内容相互有交叉、难以准确划分清楚的，由主管部门和财政部门根据实际情况予以认定。

（3）经营收入与附属单位上缴收入的界限。经营收入是事业单位附属非独立核算单位开展经营活动或者某些经营性项目而获得的经济收入。所谓独立核算，是指单位对其经济活动或预算执行过程及其结果，独立地、完整地进行会计核算，如校办企业。学校的非独立核算是指单位从上级单位领取一定数额的物资、款项从事业务活动，不独立计算盈亏，把日常发生的经济业务资料报给上级集中进行会计核算，如学校的车队、食堂等后勤单位。

附属单位上缴收入是指事业单位附属独立核算单位按有关规定上缴的收入，包括附属的事业单位上缴的收入和附属的企业上缴的利润等。附属单位补偿上级单位在事业支出中垫支的各种费用，应当相应冲减支出，不能作为缴款收入处理。

（三）事业单位收入的确认

事业单位应根据业务性质合理确定收入的实现。财政补助收入、事业收入、上级补助收入以及附属单位上缴收入等，应当在收到款项时予以确认。经营性收入应当在提供劳务或发出商品同时收讫价款或者取得索取价款的凭证时予以确认。对于长期项目的收入，应当根据年度完成进度予以确认。当事业单位取得的收入为实物时，应根据有关凭证确认其价值；没有凭证可供确认的，可参照市场价格确定。

二、事业单位支出的分类及管理

支出是指事业单位开展业务及其他活动发生的资金耗费和损失。事业单位应当将各项支出全部纳入单位预算，建立健全支出管理制度。事业单位的支出多种多样，需要加强其分类管理。同时，事业单位的各种支出关系到业务的完成和事业计划的实现，应该加强其核算和监督。下面结合支出的分类，说明事业单位各项支出的主要内容。

（一）事业单位支出的分类

事业单位由于收入的来源多元化，支出也多种多样，但支出的主要分类有以下几方面：

1. 按支出对象的分类

事业单位的支出按其对象的不同，可分为本单位业务支出和对上下级的缴拨款支出两大类。

（1）本单位业务支出。本单位业务支出是指在本单位各项业务活动过程中发生的各种支出，包括人员经费支出和公用经费支出两类。

人员经费支出是指为了开展业务活动的需要，用于个人方面的支出，包括基本工资、津贴补贴、奖金、职工福利费、社会保障缴费、伙食费等。其金额与相关人员的数量有关。

公用经费支出是指为了完成有关业务任务，实现事业活动的目的，用于公共业务方面的支出，包括办公费、印刷费、会议费、装备购置费、工程建设费、劳务费和其他费用。其金额通常与业务活动的规模有关。

（2）对上下级的缴拨款支出。对上下级的缴拨款支出是指事业单位向上级单位上缴的款项和向下属独立核算单位拨付的补助款等。

2. 按支出用途的分类

按支出用途分类主要指事业支出，即按照《政府收支分类科目》中的"支出经济分类"的"款"级科目分类，并设置三级明细科目，进行明细核算。

（1）工资福利支出类。该类反映单位开支的在职职工和临时聘用人员的各类劳动报酬以及为上述人员缴纳的各项社会保险费等。该类下设的"款"级内容包括基本工资、津贴补贴、奖金、社会保障缴费、伙食费、伙食补助费、绩效工资和其他工资福利支出等。

（2）商品和服务支出类。该类反映事业单位购买商品和服务的支出，不包括用于购置固定资产等的支出。该类下设的"款"级内容包括办公费、印刷费、咨询费、手续费、水费、电费、邮电费、取暖费、物业管理费、差旅费、因公出国（境）费、维修（护）费、租赁费、会议费、培训费、公务招待费、专用材料费、被装购置费、劳务费、委托业务费、工会经费、福利费、公车运行维护费、其他交通费、税金及附加费和其他商品和服务支出等。

（3）对个人和家庭的补助类。该类反映事业单位用于对个人和家庭的补助支出。该类下设的"款"级内容包括离休费、退休费、退职（役）费、抚恤金、生活补助、救济费、医疗费、助学金、奖励金、生产补贴、住房公积金、提租补贴、购房补贴和其他对个人和家庭的补助支出等。

（4）基本建设支出类。该类反映各级发展与改革部门集中安排的用于购置固定资产、战略性和应急性储备、土地和无形资产以及购建基础设施、进行大型修缮所发生的支出。该类下设的"款"级内容包括房屋建筑物购建、办公设备购置、专用设备购置、基础设施建设、大型修缮、信息网络及软件购置更新、物资储备、公务用车购置、其他交通工具购置和其他基本建设支出等。

（5）其他资本性支出类。该类反映非各级发展与改革部门集中安排的用于购置固定资产、战略性和应急性储备、土地和无形资产以及购建基础设施、进行大型修缮等所发生的支出。该类下设的"款"级内容包括房屋建筑物购建、办公设备购置、专用设备购置、基础设施建设、大型修缮、信息网络及软件购置更新、物资储备、土地补偿、安置补助、地上附着物和青苗补偿、拆迁补偿、公务用车购置、其他交通工具购置和其他资本性支出等。

3. 按支出性质的分类

事业单位支出按其性质的不同，可分为财政补助支出和非财政补助支出。

（1）财政补助支出。财政补助支出是事业单位用财政补助收入安排的各项支出，主要发生在事业单位的事业支出中。

（2）非财政补助支出。非财政补助支出是事业单位用财政补助收入以外的资金安排的支出，包括用事业收入、上级补助收入、附属单位上缴收入、经营收入和其他收入等安排的支出。对附属单位的补助支出、上缴上级支出、经营支出、其他支出属于非财政补助支出，事业支出既包括财政补助支出又包括非财政补助支出。

（二）事业单位支出的管理及核算规定

事业单位应该加强其支出的核算，控制不合理的资金耗费和支出，保证会计信息的真实性，提高资金的使用效率，并促进各项业务的顺利进行。

1. 严格执行国家财政财务制度和财经纪律

事业单位必须严格执行国家财政财务制度和财经纪律，按照规定的各项事业支出的开支范围和标准，加强支出原始凭证的审核，从源头上进行严格的控制。

2. 对支出实行分类管理，保持合理的支出结构

支出管理的重点是事业支出和经营支出。事业支出应当根据财政补助收入、上级补助收入、事业收入和其他收入的情况统筹安排。上述收入原则上不得用于经营支出。人员经费支出和公用经费支出应保持一个合理的比例。要加强项目资金支出的管理，定期向财政部门或主管部门报送项目资金使用情况。要加强经济核算，采取切实可行的措施控制支出，不断提高资金的使用效益。

3. 划清主要支出的界限，保证支出用途符合规定

按支出管理和资金管理要求，事业单位应该划清以下几方面的支出界限：

（1）划清单位支出与个人支出的界限。

（2）划清事业支出与经营支出的界限。

（3）划清事业支出与对附属单位补助支出、上缴上级支出的界限。

第二节　业务收入的核算

事业单位通过开展专业业务活动及其辅助活动可取得事业收入，开展专业业务活动及其辅助活动以外的非独立核算经营活动可取得经营收入。

一、事业收入的核算

事业收入是指事业单位通过开展专业业务活动及其辅助活动所取得的收入。所谓专业业务活动，是指事业单位根据本单位专业特点所从事或开展的主要业务活动。所谓辅助活动，是指与其专业业务活动相关的、直接为专业业务活动服务的单位行政管理活动、后勤服务活动以及其他有关活动。

（一）事业收入的种类

在我国，由于事业单位的种类较多，因不同行业的事业单位从事不同的专业业务活动及其辅助活动而有所不同，事业收入在会计上也应划分不同的类别。下面以学校、文化事业单位、医院等事业单位的事业收入分类为例进行说明。

1. 中小学校的事业收入

中小学的事业收入是指中小学开展教学及其辅助活动依法取得的收入，包括义务教育阶段学生缴纳的杂费、非义务教育阶段学生缴纳的学费、借读学生缴纳的借读费、住宿学生缴纳的住宿费以及按照有关规定向学生收取的其他费用等。

2. 高等学校的事业收入

高等学校的事业收入是指高等学校开展教学、科研及其辅助活动所取得的收入，包

括教育事业收入和科研收入。

（1）教育事业收入是指高等学校开展教学及其辅助活动所取得的收入，包括通过学历和非学历教育向学生个人或者单位收取的学费、住宿费、委托培养费、考试考务费、培训费和其他教育事业收入等。

（2）科研收入是指高等学校开展科研及其辅助活动所取得的收入，包括通过承接科技项目、开展科研协作、转化科技成果、进行科技咨询所取得的收入等。

3. 文化事业单位的事业收入

文化事业单位取得的收入主要如下：

（1）演出（放映）收入，即艺术表演团体进行各类文艺演出所取得的收入、各类文艺演出和从事电影、录像放映所取得的分成收入。

（2）技术服务收入，即文化事业单位提供各种技术指导、技术咨询、技术服务所取得的收入。

（3）委托代培收入，即文化事业单位举办各种文化艺术培训班所取得的收入。

（4）复印复制收入，即图书馆、文化馆、群艺馆、展览馆、美术馆、纪念馆等对外提供馆藏资料的复印复制等项目服务所取得的收入。

（5）外借人员劳务收入，即文化事业单位对外提供演职人员、技术人员等所取得的劳务收入。

4. 医院的事业收入

医院取得的业务收入主要如下：

（1）医疗收入，即医院在开展医疗服务活动中取得的收入，包括门诊收入和住院收入。

（2）科教项目收入，即医院取得的除财政补助收入外专门用于科研、教学项目的补助收入。

（二）事业收入的账务处理

为了核算事业收入业务，应设置"事业收入"总账科目。该科目贷方登记收到（或取得）的专业业务活动的收入和辅助活动的收入金额；借方登记期末结转的金额；平时只表现贷方余额，反映事业收入的本期累计数。

"事业收入"科目应当按照事业收入类别、项目、《政府收支分类科目》中"支出功能分类"相关科目等进行明细核算。事业收入中如有专项资金收入，还应按具体项目进行明细分类核算。

1. 采用财政专户返还方式管理的事业收入账务处理

采用财政专户返还方式管理的事业收入也称为财政专户返还收入，是财政部门通过财政专户返还事业单位的业务收入。这项收入是事业单位的业务收入，同时也属于财政资金。如果一项事业收费是代行政府职能，并已经纳入财政专户管理的收费目录，事业收入需要按"收支两条线"方式管理：当收到收入时先应确认为财政专户返还收入并按规定上缴；当收到从财政专户返还的收入时才确认为事业收入。这项业务的账务处理有以下步骤：

（1）收到应上缴财政专户的事业收入时，按照收到的款项金额，借记"银行存款""库存现金"科目，贷记"应缴财政专户款"科目。

（2）向财政专户上缴款项时，按照实际上缴的款项金额，借记"应缴财政专户款"

科目，贷记"银行存款"等科目。

（3）收到从财政专户返还的事业收入时，按照实际收到的返还金额，借记"银行存款"等科目，贷记"事业收入"科目。

2. 其他事业收入账务处理

如果事业单位的收入未纳入财政专户管理，则事业单位提供的服务等业务收到的收入不需要上缴财政专户，在收到款项时即可确认为事业收入。收到事业收入时，按照收到的款项金额，借记"银行存款""库存现金"等科目，贷记"事业收入"科目。属于增值税一般纳税人的事业单位应当按照扣除增值税销项税额后的金额确认事业收入。

3. 期末结账

将"事业收入"科目本期发生额中的专项资金收入结转入非财政补助结转，借记"事业收入"科目下各专项资金收入明细科目，贷记"非财政补助结转"科目；将"事业收入"科目本期发生额中的非专项资金收入结转入事业结余，借记"事业收入"科目下各非专项资金收入明细科目，贷记"事业结余"科目。期末结账后，"事业收入"科目应无余额。

【例17-1】A事业单位收到银行通知，该单位开展专业业务活动取得事业服务费32 000元、学术活动收入12 000元，已划入本单位账户。其中，事业服务费采用财政专户返还方式管理。A事业单位应编制如下会计分录：

借：银行存款 44 000
　　贷：应缴财政专户款 32 000
　　　　事业收入 12 000

【例17-2】期末，按规定上缴上述事业服务费，当收到从财政专户返还的事业服务费时，应确认为事业收入。A事业单位应编制如下会计分录：

上缴时：

借：应缴财政专户款 32 000
　　贷：银行存款 32 000

收到返还时：

借：银行存款 32 000
　　贷：事业收入 32 000

【例17-3】A事业单位收到国库支付中心委托代理银行转来"财政直接支付入账通知书"，财政部门通过直接支付的方式，用财政专户管理的资金为事业单位支付相关费用81 000元。此款项是A事业单位上缴的检验服务费。A事业单位应编制如下会计分录：

借：事业支出——财政补助支出——基本支出 81 000
　　贷：事业收入 81 000

【例17-4】A市勘测设计院完成一项移动电话宽带网的建设项目设计任务，取得收入88 000元，已存入银行。该事业单位应编制如下会计分录：

借：银行存款 88 000
　　贷：事业收入 88 000

【例17-5】A市邮电科学研究院（一般纳税人）销售新开发的电子产品一批，不含增值税的销售收入为80 000元，增值税税率为13%。款项已全部收到，并存入银行。

该事业单位应编制如下会计分录：

借：银行存款　　　　　　　　　　　　　　　　　　　　　　90 400
　贷：事业收入　　　　　　　　　　　　　　　　　　　　　　80 000
　　　应交税金——应交增值税（销项税额）　　　　　　　　10 400

【例17-6】接上例，该事业单位已销产品中，因部分产品规格不符合要求发生退货，其价款（不含增值税）为4 000元。该事业单位已将其款项退回购货单位。该事业单位应编制如下会计分录：

借：事业收入　　　　　　　　　　　　　　　　　　　　　　　4 000
　　应交税金——应交增值税（销项税额）　　　　　　　　　　520
　贷：银行存款　　　　　　　　　　　　　　　　　　　　　　4 520

【例17-7】接上例，期末，该事业单位本年度发生的"事业收入"科目贷方余额为2 000 000元，有关明细科目贷方余额为"技术服务收入"1 000 000元、"学术活动收入"800 000元、专项资金收入200 000元。该事业单位进行期末结账，应编制如下会计分录：

借：事业收入——技术服务收入　　　　　　　　　　　　1 000 000
　　　　　　——科研收入　　　　　　　　　　　　　　　800 000
　　　　　　——专项资金收入　　　　　　　　　　　　　200 000
　贷：事业结余　　　　　　　　　　　　　　　　　　　1 800 000
　　　非财政资金结转　　　　　　　　　　　　　　　　　200 000

二、经营收入的核算

经营收入是指事业单位在专业业务活动及其辅助活动之外开展非独立核算经营活动所取得的收入。经营收入是一种有偿收入，以提供各项服务或商品为前提，是事业单位在经营活动中通过收费等方式取得的。

（一）经营收入的特征

事业单位的经营收入，一般必须同时具备以下两个特征：

第一，事业单位的经营收入是开展经营活动所取得的收入，而不是开展专业业务活动及其辅助活动所取得的收入。例如，科研事业单位的社会咨询服务活动所取得的收入，属于经营收入；而科研单位为政府等有关单位提供科研服务取得的规费收入，属于事业收入。又如，教育事业单位（学校）对社会开展服务活动，或利用闲置固定资产开展有偿服务取得的收入，属于经营收入；而向学生收取的学杂费，属于专业业务及其辅助活动取得的收入，应作为事业收入处理。

第二，事业单位的经营收入是开展非独立核算的经营活动取得的收入，而不是开展独立核算的经营活动取得的收入。例如，学校非独立核算的车队取得的收入和发生的支出，报由学校财务部门集中进行会计核算。因此，车队对外服务取得的收入和发生的支出应作为经营收入和经营支出处理。又如，学校的校办企业单独设置财会机构或单独配备财会人员、单独设置会计账簿、单独计算盈亏，就是独立核算的经营活动。学校收到校办企业上缴（或分配）的纯收入，应作为附属单位上缴收入，而不能作为经营收入处理。

（二）经营收入的种类

事业单位经营收入的种类主要如下：

（1）销售收入，即事业单位非独立核算部门销售商品取得的收入。

（2）经营服务收入，即事业单位非独立核算部门对外提供经营服务取得的收入。

（3）租赁收入，即事业单位出租房屋、场地和设备等取得的收入。

（4）其他经营收入，即事业单位在专业业务活动及其辅助活动以外取得的除上述各项收入之外的收入。

（三）经营收入的账务处理

为了核算经营收入业务，应设置"经营收入"总账科目。该科目贷方登记取得的经营收入；借方登记冲销和期末结转额；平时的贷方余额表示本期经营收入累计额。"经营收入"科目应当按照经营活动类别、项目、《政府收支分类科目》中"支出功能分类"相关科目等进行明细分类核算。

1. 经营收入的确认

经营收入应当在提供服务或发出存货，同时收讫价款或者取得索取价款的凭据时，按照实际收到或应收的金额确认收入。

属于增值税小规模纳税人的事业单位实现经营收入，按实际出售价款，借记"银行存款""应收账款""应收票据"等科目，按出售价款扣除增值税额后的金额，贷记"经营收入"科目，按应缴增值税金额，贷记"应交税费——应交增值税"科目。

属于增值税一般纳税人的事业单位实现经营收入，按包含增值税的价款总额，借记"银行存款""应收账款""应收票据"等科目，按扣除增值税销项税额后的价款金额，贷记"经营收入"科目，按增值税专用发票上注明的增值税金额，贷记"应交税费——应交增值税（销项税额）"科目。

2. 期末结账

期末，将"经营收入"科目本期发生额转入经营结余，借记"经营收入"科目，贷记"经营结余"科目；期末结账后，"经营收入"科目应无余额。

【例17-8】A大学非独立核算的车队向外单位提供服务，取得运输服务收入16 000元，增值税税率为9%，销项税额1 440元，款项已存入银行。该单位应编制如下会计分录：

借：银行存款　　　　　　　　　　　　　　　　　　　　　　17 4400

　　贷：经营收入　　　　　　　　　　　　　　　　　　　　　16 000

　　　　应交税费——应交增值税（销项税额）　　　　　　　　　1 440

【例17-9】A事业单位（一般纳税人）的非独立核算部门销售新开发产品一批，不含增值税售价为100 000元，增值税税率为13%；同时，收到转账支票一张，金额为60 000元，其余价款尚未收到。该单位应编制如下会计分录：

借：银行存款　　　　　　　　　　　　　　　　　　　　　　60 000

　　应收账款　　　　　　　　　　　　　　　　　　　　　　53 000

　　贷：经营收入　　　　　　　　　　　　　　　　　　　　100 000

　　　　应交税费——应交增值税（销项税额）　　　　　　　　13 000

【例17-10】B事业单位（小规模纳税人）出租闲置房屋用于经营活动，取得半年租金4 800元，已存入银行。增值税税率为3%。该单位应编制如下会计分录：

借：银行存款　　　　　　　　　　　　　　　　　　　　　　4 800

　　贷：经营收入　　　　　　　　　　　　　　　　　　　　4 660

　　　　应交税费——应交增值税（销项税额）　　　　　　　　　140

【例 17-11】期末，A 事业单位"经营收入"科目贷方余额为 116 000 元，全部转入"经营结余"科目。该单位应编制如下会计分录：

借：经营收入　　　　　　　　　　　　　　　　　　　　116 000
　　贷：经营结余　　　　　　　　　　　　　　　　　　　　116 000

第三节　缴拨款收入及其他收入的核算

缴拨款收入包括拨款收入和缴款收入。拨款收入是指财政部门或上级单位拨给事业单位的各种款项，如财政补助收入和上级补助收入；缴款收入是指附属单位上缴收入和其他收入。

一、财政补助收入的核算

财政补助收入是指事业单位按照部门预算隶属关系从同级财政部门取得的各类财政拨款。它来源于政府预算资金，是国家对发展各项事业的投入，用来弥补事业单位经费的不足，促使事业单位更好地开展公益性服务活动。

（一）财政补助收入的确认与管理

在国库集中收付制度下，财政部门对事业单位的拨款包括财政直接支付和财政授权支付。其中，财政直接支付方式与行政单位的核算相同，事业单位根据部门预算向财政部门提出支付申请，财政部门审核后，通过财政零余额账户直接将款项支付给收款人并通知事业单位确认。因此，事业单位在确认财政补助收入时，实际上已经使用了财政资金。财政授权支付方式也与行政单位的核算相同，事业单位根据部门预算向财政部门申请用款额度，财政部门审核后，将额度下达到代理银行，事业单位以银行通知确认财政补助收入。

尚未实行国库集中收付改革的事业单位，通过财政实拨资金方式取得财政补助收入。实拨资金方式是传统拨款方式，财政资金直接进入单位的开户银行并确认，再由单位按照部门预算使用资金。

按照部门预算管理的要求，财政补助收入分为基本支出补助和项目支出补助。基本支出补助是指事业单位用于维持正常运转和完成日常工作任务而从同级财政部门取得的补助款项，包括人员经费和日常公用经费。项目支出补助是指事业单位为了完成特定工作任务和事业发展目标，在基本支出补助之外从同级财政部门取得的补助款项。项目支出补助必须专款专用、单独核算、专项结报。

为了加强预算资金的核算与管理，事业单位应根据审批的部门预算编报季度分月用款计划。在申请当期财政补助时，要填写"预算经费请拨单"并进行上报。事业单位在使用财政补助收入时，应按计划控制用款，不得随意改变资金用途。资金的用途如果确实需要调整，应报同级财政部门审批。

（二）财政补助收入的账务处理

为了核算财政补助收入业务，应设置"财政补助收入"总账科目。该科目贷方登记本单位收到的财政补助款；借方登记缴回或核销数；平时贷方余额表示财政补助收入的本期累计数。

"财政补助收入"科目应当设置"基本支出"和"项目支出"两个明细科目，两个明细科目下按照《政府收支分类科目》中"支出功能分类"的相关科目进行明细分类核算。同时，在"基本支出"明细科目下按照"人员经费"和"日常公用经费"进行明细分类核算；在"项目支出"明细科目下按照具体项目进行明细分类核算。

1. 财政直接支付方式下的核算

在财政直接支付方式下，事业单位根据财政国库支付执行机构委托代理银行转来的"财政直接支付入账通知书"及原始凭证，按照通知书中的直接支付入账金额，借记有关科目，贷记"财政补助收入"科目。因购货退回等发生国库直接支付款项退回的，属于以前年度支付的款项，按照退回金额，借记"财政应返还额度"科目，贷记"财政补助结转""财政补助结余""存货"等有关科目；属于本年度支付的款项，按照退回金额，借记"财政补助收入"科目，贷记"事业支出""存货"等有关科目。

年度终了，根据本年度财政直接支付预算指标数与当年财政直接支付实际支出数的差额，借记"财政应返还额度——财政直接支付"科目，贷记"财政补助收入"科目。

【例17-12】在国库集中收付制度下，A事业单位发生的有关财政补助收入的财政直接支付业务，应编制如下会计分录：

（1）根据财政国库支付中心委托代理银行转来的"财政直接支付入账通知书"及有关原始凭证，登记支付文献印刷费的相关收入5 000元。

借：事业支出 5 000
　　贷：财政补助收入——基本支出补助 5 000

（2）根据代理银行转来的"财政直接支付入账通知书"及有关原始凭证，登记购入汽车一辆160 000元，汽车已投入使用。

借：事业支出 160 000
　　贷：财政补助收入——基本支出补助 160 000
借：固定资产 160 000
　　贷：非流动资产基金——固定资产 160 000

（3）根据代理银行通知，使用财政直接支付方式采购的存货因质量问题予以退回，相关金额退回65 000元，其中属于上年度支付的款项30 000元，属于本年度支付的款项35 000元。

借：财政应返还额度 30 000
　　财政补助收入——基本支出补助 35 000
　　贷：存货 65 000

【例17-13】年度终了，A事业单位通过对账确认本年度财政直接支付预算指标数为2 500 000元，当年财政直接支付实际数为1 850 000元，本年度财政直接支付预算指标数与当年财政直接支付实际支出数的差额为650 000元，该差额全部为日常公用经费。A事业单位应编制如下会计分录：

借：财政应返还额度 650 000
　　贷：财政补助收入——基本支出补助 650 000

2. 财政授权支付方式下的核算

在财政授权支付方式下，事业单位根据代理银行转来的"授权支付到账通知书"，按照通知书中的授权支付额度，借记"零余额账户用款额度"科目，贷记"财政补助收入"科目。

年度终了，事业单位本年度财政授权支付预算指标数大于零余额账户用款额度下达数的，根据未下达的用款额度，借记"财政应返还额度——财政授权支付"科目，贷记"财政补助收入"科目。

【例17-14】在国库集中收付制度下，A事业单位发生的有关财政补助收入的财政授权支付业务，应编制如下会计分录：

（1）根据代理银行转来的"授权支付到账通知单"，与分月用款计划核对后，登记住房补贴的授权用款额度180 000元。

借：零余额账户用款额度　　　　　　　　　　　　　　　　　180 000
　　贷：财政补助收入——基本支出补助　　　　　　　　　　　　　180 000

（2）从零余额账户支付本月的住房补贴180 000元。

借：事业支出——基本支出（住房补贴）　　　　　　　　　　　180 000
　　贷：零余额账户用款额度　　　　　　　　　　　　　　　　　180 000

3. 实拨资金方式的核算

在实拨资金方式下，事业单位实际收到财政补助收入时，按照实际收到的金额，借记"银行存款"等科目，贷记"财政补助收入"科目。

【例17-15】A事业单位收到开户银行通知，财政部门拨入的经费800 000元已收到，其中基本支出经费450 000元，项目支出经费350 000元。A事业单位应编制如下会计分录：

借：银行存款　　　　　　　　　　　　　　　　　　　　　　800 000
　　贷：财政补助收入——基本支出补助　　　　　　　　　　　　　450 000
　　　　　　　　　　　——项目支出补助　　　　　　　　　　　　350 000

4. 期末结账的核算

期末，将"财政补助收入"科目本期发生额转入财政补助结转，借记"财政补助收入"科目，贷记"财政补助结转"科目。期末结账后，"财政补助收入"科目应无余额。

【例17-16】期末，A事业单位的"财政补助收入"科目贷方余额950 000元，有关明细科目贷方余额为基本支出补助650 000元，项目支出补助300 000元，进行期末结账。A事业单位应编制如下会计分录：

借：财政补助收入——基本支出补助　　　　　　　　　　　　　650 000
　　　　　　　　　　——项目支出补助　　　　　　　　　　　　300 000
　　贷：财政补助结转　　　　　　　　　　　　　　　　　　　　950 000

二、上级补助收入的核算

（一）上级补助收入的内容

上级补助收入是指事业单位从主管部门和上级单位取得的非财政性补助收入。这是主管部门或上级单位用自身组织的收入或集中下级单位的收入拨给下级事业单位的非财政性资金。上级补助收入并不是事业单位的常规性收入，而是一种调剂下级单位资金收支余缺的机动财力。

上级补助收入需要按照主管部门或上级单位的要求进行管理，按规定的用途安排使用。按照使用要求的不同，上级补助收入分为专项资金收入和非专项资金收入。专项资金收入应当专款专用、单独核算、专项结报；当年未完成的项目结转到下年继续使用，已经完成项目有结余的资金，应按规定缴回原拨款单位或留归单位转入事业基金。非专项资金收入是主管部门或上级单位拨入用于维持正常运行和保障日常工作所需的资金，无限定性用途，年度有结余可转入单位的事业结余并进行分配。

为了核算上级补助收入业务，应设置"上级补助收入"总账科目。该科目贷方登记实际收到主管部门或上级单位的资金数；借方登记期末结账转销数；平时的贷方余额表示上级补助收入本期累计数。期末结账后，"上级补助收入"科目无余额。

"上级补助收入"科目应当按照发放补助单位、补助项目、《政府收支分类科目》中"支出功能分类"相关科目等进行明细核算。上级补助收入中如有专项资金收入，还应按具体项目进行明细核算。

（二）上级补助收入的账务处理

1. 平时核算

收到上级补助收入时，按照实际收到的金额，借记"银行存款"等科目，贷记"上级补助收入"科目。

2. 期末结账

期末，将"上级补助收入"科目本期发生额中的专项资金收入结转入非财政补助结转，借记"上级补助收入"科目下各专项资金收入明细科目，贷记"非财政补助结转"科目；将"上级补助收入"科目本期发生额中的非专项资金收入结转入事业结余，借记"上级补助收入"科目下各非专项资金收入明细科目，贷记"事业结余"科目。

【例17-17】A事业单位本期发生下列有关上级非财政性补助资金的经济业务，应编制如下会计分录：

（1）收到银行通知，上级单位拨入的非财政性补助资金300 000元，其中用于乙科研项目资金250 000元，用于弥补事业经费不足的资金50 000元，已收妥入账。

借：银行存款	300 000
贷：上级补助收入——乙科研项目	250 000
——事业经费	50 000

（2）期末，将"上级补助收入"科目贷方余额300 000元，有关明细贷方余额为"乙科研项目"250 000元，"事业经费"50 000元，进行期末结账。

借：上级补助收入——乙科研项目	250 000
——事业经费	50 000
贷：非财政补助结转	250 000
事业结余	50 000

三、附属单位上缴收入的核算

（一）附属单位上缴收入的内容

附属单位上缴收入是指事业单位附属的独立核算单位按照有关规定上缴的各项收入。附属单位是指事业单位内部设立的、实行独立核算的下级单位，与上级单位存在一定的体制关系。附属单位归还事业单位在支出中垫付的各种费用，应当冲减相应的支出；事业单位与附属单位之间的往来款，都不能作为附属单位上缴收入处理。附属单位上缴收入是事业单位完成事业计划所需资金的必要补充，事业单位应当对其附属单位的业务活动和上缴款项实行计划管理，并加强调控和监督。

按照使用要求不同，附属单位上缴收入分为专项资金收入和非专项资金收入。专项资金收入是附属单位上缴的用于完成特定工作任务的款项。该部分款项的使用必须专款专用、单独核算、专项结报；非专项资金收入是附属单位上缴的用于保障其正常运转、完成日常工作任务的款项，无限定用途。

为了核算附属单位缴款业务，应设置"附属单位上缴收入"总账科目。该科目贷方登记收到实际上缴的款项；借方登记退回数和冲销数；平时的贷方余额表示附属单位本期累计缴款额。年终结账后，"附属单位上缴收入"科目无余额。"附属单位上缴收入"科目应当按照附属单位、缴款项目、《政府收支分类科目》中"支出功能分类"相关科目等进行明细分类核算。附属单位上缴收入中如有专项资金收入，还应按具体项目进行明细分类核算。

（二）附属单位上缴收入的账务处理

1. 平时核算

收到附属单位缴来款项时，按照实际收到金额，借记"银行存款"等科目，贷记"附属单位上缴收入"科目。

2. 期末结算

期末，将"附属单位上缴收入"科目本期发生额中的专项资金收入结转入非财政补助结转，借记"附属单位上缴收入"科目下各专项资金收入明细科目，贷记"非财政补助结转"科目；将"附属单位上缴收入"科目本期发生额中的非专项资金收入结转入事业结余，借记"附属单位上缴收入"科目下各非专项资金收入明细科目，贷记"事业结余"科目。

期末结账后，"附属单位上缴收入"科目应无余额。

【例 17-18】A 事业单位本期发生如下附属单位缴款业务，应编制如下会计分录：

（1）收到银行通知，独立核算的附属甲单位按规定标准上缴收入 480 000 元，已收妥入账。

借：银行存款　　　　　　　　　　　　　　　　　　　　　　　480 000
　　贷：附属单位上缴收入——甲单位　　　　　　　　　　　　　480 000

（2）期末，"附属单位上缴收入"科目贷方余额 500 000 元，其中附属甲单位上缴的非专项资金 480 000 元，乙单位上缴的专项资金 20 000 元，进行期末结转。

借：附属单位上缴收入——甲单位　　　　　　　　　　　　　　480 000
　　　　　　　　　　——乙单位（×专项）　　　　　　　　　　20 000
　　贷：非财政补助结转　　　　　　　　　　　　　　　　　　　20 000
　　　　事业结余　　　　　　　　　　　　　　　　　　　　　　480 000

四、其他收入的核算

（一）其他收入的内容

其他收入是指事业单位除财政补助收入、事业收入、上级补助收入、附属单位上缴收入和经营收入以外的各项收入，包括投资收益、银行存款利息收入、租金收入、捐赠收入、现金盘盈收入、存货盘盈收入、收回已核销应收及预收款项、无法偿付的应付及预收款项等。

按照使用要求不同，其他收入分为专项资金收入和非专项资金收入。专项资金收入是事业单位用于完成特定工作任务的其他收入。该部分款项的使用必须专款专用、单独核算、专项结报；非专项资金收入是事业单位用于保障其正常运转、完成日常工作任务的其他收入，无限定用途。

为了核算其他收入业务，应设置"其他收入"总账科目。该科目贷方登记取得的其他收入；借方登记其他收入期末结转额；平时的贷方余额表示本期其他收入累计额。年终结账后，"其他收入"科目无余额。

"其他收入"科目应当按照其他收入的类别、《政府收支分类科目》中"支出功能分类"相关科目等进行明细分类核算。对于事业单位对外投资实现的投资净损益，应单设"投资收益"明细科目进行核算；其他收入中如有专项资金收入（如限定用途的捐赠收入），还应按具体项目进行明细分类核算。

（二）其他收入的账务处理

1. 投资收益的核算

（1）对外投资持有期间收到利息、利润等时，按实际收到的金额，借记"银行存款"等科目，贷记"其他收入"科目（投资收益）。

（2）出售或到期收回国债投资本息，按照实际收到的金额，借记"银行存款"等科目，按照出售或收回国债投资的成本，贷记"短期投资""长期投资"科目，按其差额，贷记或借记"其他收入"科目（投资收益）。

【例17-19】A事业单位购买的1年期国库券到期，实际收到的本息额118 000元，并已存入银行，其债券投资的账面成本为100 000元。A事业单位应编制如下会计分录：

借：银行存款　　　　　　　　　　　　　　　　　118 000
　　贷：短期投资　　　　　　　　　　　　　　　　100 000
　　　　其他收入——投资收益　　　　　　　　　　 18 000

2. 银行存款利息收入、租金收入的核算

收到银行存款利息、资产承租人支付的租金，按照实际收到的金额，借记"银行存款"等科目，贷记"其他收入"科目。

【例17-20】A事业单位出租礼堂使用权，取得租金收入20 000元，并已存入银行。A事业单位应编制如下会计分录：

借：银行存款　　　　　　　　　　　　　　　　　 20 000
　　贷：其他收入——固定资产出租收入　　　　　　 20 000

3. 捐赠收入的核算

（1）接受捐赠现金资产，按照实际收到的金额，借记"银行存款"等科目，贷记"其他收入"科目。

（2）接受捐赠的存货验收入库，按照确定的成本，借记"存货"科目，按照发生的相关税费、运输费等，贷记"银行存款"等科目，按照其差额，贷记"其他收入"科目。接受捐赠固定资产、无形资产等非流动资产，不通过"其他收入"科目核算。

【例17-21】A事业单位获得某企业未限定用途的捐赠收入58 000元。A事业单位应编制如下会计分录：

借：银行存款　　　　　　　　　　　　　　　　　 58 000
　　贷：其他收入——捐赠收入　　　　　　　　　　 58 000

4. 现金盘盈收入和存货盘盈收入的核算

（1）每日现金账款核对中如发现现金溢余，属于无法查明原因的部分，借记"库存现金"科目，贷记"其他收入"科目。

（2）盘盈的存货，按照确定的入账价值，借记"存货"科目，贷记"其他收入"科目。

【例17-22】A事业单位月末盘点现金和存货，发现现金溢余50元，无法查明该现金的归属；发现乙材料盘盈20千克，每千克350元，尚未入账。A事业单位应编制如下会计分录：

```
借：库存现金                                           50
    存货                                            7 000
    贷：其他收入——现金盘盈收入                          50
              ——存货盘盈收入                        7 000
```

5. 收回已核销应收及预付款项和无法偿付的应付及预收款项的核算

对已核销应收账款、预付账款、其他应收款在以后期间收回的款项，应按照实际收回的金额，借记"银行存款"等科目，贷记"其他收入"科目；无法偿付或债权人豁免偿还的应付账款、预收账款、其他应付款及长期应付款，借记"应付账款""预收账款""其他应付款""长期应付款"等科目，贷记"其他收入"科目。

【例17-23】A事业单位通过银行收回已核销的应收账款4 000元。A事业单位应编制如下会计分录：

```
借：银行存款                                        4 000
    贷：其他收入                                    4 000
```

【例17-24】A事业单位经营业务的一项应付账款，账面余额为3 580元，因债权人长期消失无法联系，予以核销。A事业单位应编制如下会计分录：

```
借：应付账款                                        3 580
    贷：其他收入——无法偿付的款项                    3 580
```

6. 期末结账的核算

期末，将"其他收入"科目本期发生额中的专项资金收入结转入非财政补助结转，借记"其他收入"科目下各专项资金收入明细科目，贷记"非财政补助结转"科目；将"其他收入"科目本期发生额中的非专项资金收入结转入事业结余，借记"其他收入"科目下各非专项资金收入明细科目，贷记"事业结余"科目。期末结账后，"其他收入"科目应无余额。

【例17-25】期末，A事业单位"其他收入"科目贷方余额510 000元，有关明细科目余额为"投资收益"25 000元，"捐赠收入"335 000元（其中限定用途资金为35 000元），"固定资产出租收入"150 000元。A事业单位进行期末结转，应编制如下会计分录：

```
借：其他收入——投资收益                            25 000
          ——捐赠收入                           335 000
          ——固定资产出租收入                    150 000
    贷：事业结余                                  475 000
        非财政补助结转                            35 000
```

第四节　业务活动支出的核算

事业单位的业务活动支出主要有事业支出和经营支出。

一、事业支出的核算

事业支出是事业单位开展各项专业业务活动及其辅助活动发生的实际支出。它是事业单位支出的主体，是对财政补助收入、上级补助收入、事业收入、经营收入和其他收入等各种收入来源综合安排使用的结果。事业支出包括财政性资金支出和非财政性资金的支出。

（一）事业支出的分类

事业支出按照不同的分类方法，可以分为不同类型。在前述对事业单位支出的分类进行分析的基础上，本节主要从核算事业支出的内容进行分类。

1. 按部门预算管理的要求，事业支出可分为基本支出和项目支出

（1）基本支出是指事业单位为了保障其正常运转、完成日常工作任务而发生的人员支出和公用支出。其中，人员支出是指为了开展专业活动需要用于个人方面的支出，如基本工资、津贴补贴及奖金、社会保障缴费、离休费、退休费、助学金、医疗费、住房补贴等。人员支出在支出经济分类科目中体现为"工资福利支出"与"对个人和家庭的补助"两个部分；公用支出是指为了完成事业活动，用于公共服务方面的开支，包括办公费、印刷费、咨询费、水电费、邮电费、取暖费、物业管理费、差旅费、维修（护）费、租赁费等。公用支出在支出经济分类科目中体现为"商品和服务支出""其他资本性支出"等科目中属于基本支出的内容。

（2）项目支出是指事业单位为了完成特定工作任务和事业发展目标，在基本支出之外所发生的支出，包括基本建设、有关事业发展专项计划、专项业务、大型修缮、大型购置、大型会议等项目支出。项目支出在经济分类科目中体现为"基本建设支出""商品和服务支出"和"其他资本性支出"等科目中属于项目支出的内容。项目支出具有专项性、独立性和完整性的特点。

2. 按资金类型分类，事业支出可分为财政补助支出、非财政专项资金支出和其他资金支出

（1）财政补助支出是事业单位使用财政补助收入安排的事业支出。

（2）非财政专项资金支出是事业单位使用非财政补助收入安排的有指定项目和用途的专项资金支出。该项支出应当专款专用、单独核算、专项结报，并接受财政部门或者主管部门的监督检查和验收。

（3）其他资金支出是事业单位使用除了财政补助收入和非财政专项资金以外的资金安排的事业支出。该支出属于事业支出中的非财政非专项资金支出。

（二）事业支出的账务处理

为了核算事业支出业务，应设置"事业支出"总账科目。该科目借方登记实际发生的属于事业支出范围的数额；贷方登记期末结转数；平时的借方余额反映本期事业支出本期累计数。

"事业支出"科目应当按照"财政补助支出""非财政专项资金支出"和"其他资金支出"等层级进行明细核算,并按照《政府收支分类科目》中"支出功能分类"相关科目进行明细核算;"基本支出"和"项目支出"明细科目下应当按照《政府收支分类科目》中"支出经济分类"的"款"级科目进行明细分类核算;同时在"项目支出"明细科目下按照具体项目进行明细分类核算。具体明细科目层次如表17-1所示。

表17-1 "事业支出"明细科目表

总账科目	一级明细	二级明细	三级明细	预算科目
事业支出	财政补助支出	基本支出	人员经费	功能分类 经济分类
			日常公用经费	
		项目支出	项目名称	
			……	
	非财政专项资金支出	项目支出	项目名称	
			……	
	其他资金支出	基本支出	人员经费	
			日常公用经费	
		项目支出	项目名称	
			……	

1. 日常事业支出业务的核算

(1)为从事专业业务活动及其辅助活动人员计提的薪酬等,借记"事业支出"科目,贷记"应付职工薪酬"等科目。

(2)开展专业业务活动及其辅助活动领用的存货,按领用存货的实际成本,借记"事业支出"科目,贷记"存货"科目。

(3)开展专业业务活动及其辅助活动中发生的其他各项支出,借记"事业支出"科目,贷记"库存现金""银行存款""零余额账户用款额度""财政补助收入"等科目。

【例17-26】A事业单位采用财政授权支付方式,本月发生以下业务:

①总务部门购买办公用品一批,金额为380元,并持有关发票到财务处报销。A事业单位应编制如下会计分录:

借:事业支出——基本支出　　　　　　　　　　　　　　　　　　380

　贷:零余额账户用款额度　　　　　　　　　　　　　　　　　　380

②收到银行转来的付款通知,支付上月电话费1 000元。A事业单位应编制如下会计分录:

借:事业支出——基本支出　　　　　　　　　　　　　　　　　1 000

　贷:零余额账户用款额度　　　　　　　　　　　　　　　　　1 000

【例17-27】A事业单位采用政府采购方式购置办公设备,已和供货商签订合同,金额为800万元。其中,财政性资金400万元,非财政性专项资金400万元。A事业单位应编制如下会计分录:

①已收到代理银行转来的财政直接支付入账通知书:

借:事业支出——财政补助支出——基本支出　　　　　　　　4 000 000

　　　　——非财政专项资金支出——项目支出　　　　　　　4 000 000

　　　　贷：财政补助收入——基本支出　　　　　　　　　　　　　　　4 000 000
　　　　　　银行存款　　　　　　　　　　　　　　　　　　　　　　　4 000 000
　　②设备已到达并验收：
　　　　借：固定资产　　　　　　　　　　　　　　　　　　　　　　　8 000 000
　　　　　　贷：非流动资产基金——固定资产　　　　　　　　　　　　8 000 000
　　【例17-28】A事业单位按规定标准和实有人数，计提本月从事专业业务及其辅助活动人员的薪酬300 000元。A事业单位应编制如下会计分录：
　　　　借：事业支出——财政补助支出——基本支出　　　　　　　　　　300 000
　　　　　　贷：应付职工薪酬　　　　　　　　　　　　　　　　　　　300 000
　　【例17-29】A事业单位为完成科研项目领用一批专用材料，实际成本5 900元，该材料使用上级单位以非财政补助资金拨入的科研经费购入。A事业单位应编制如下会计分录：
　　　　借：事业支出——非财政专项资金支出——项目支出　　　　　　　5 900
　　　　　　贷：存货　　　　　　　　　　　　　　　　　　　　　　　5 900
　　【例17-30】A事业单位用事业收入支付一笔公务接待费用3 600元，款项以银行存款支付。此款项为非财政补助、非专项资金。A事业单位应编制如下会计分录：
　　　　借：事业支出——其他资金支出——基本支出　　　　　　　　　　3 600
　　　　　　贷：银行存款　　　　　　　　　　　　　　　　　　　　　3 600
　　2. 期末结账的核算
　　期末，将"事业支出"科目（财政补助支出）本期发生额结转入"财政补助结转"科目，借记"财政补助结转——基本支出结转、项目支出结转"科目，贷记"事业支出"科目（财政补助支出——基本支出、项目支出或基本支出——财政补助支出、项目支出——财政补助支出）；将"事业支出"科目（非财政专项资金支出）本期发生额结转入"非财政补助结转"科目，借记"非财政补助结转"科目，贷记"事业支出"科目（非财政专项资金支出或项目支出——非财政专项资金支出）；将"事业支出"科目（其他资金支出）本期发生额结转入"事业结余"科目，借记"事业结余"科目，贷记"事业支出"科目（其他资金支出或基本支出——其他资金支出、项目支出——其他资金支出）。期末结账后，"事业支出"科目应无余额。
　　【例17-31】期末，A事业单位的"事业支出"科目借方余额为750 000元，有关明细科目借方余额为"财政补助支出——基本支出"250 000元、"财政补助支出——项目支出"150 000元、"非财政专项资金支出——项目支出"120 000元、"其他资金支出——基本支出"80 000元、"其他资金支出——项目支出"150 000元。进行期末结账。A事业单位应编制如下会计分录：
　　　　借：财政补助结转　　　　　　　　　　　　　　　　　　　　　400 000
　　　　　　非财政补助结转　　　　　　　　　　　　　　　　　　　　120 000
　　　　　　事业结余　　　　　　　　　　　　　　　　　　　　　　　230 000
　　　　　　贷：事业支出——财政补助支出——基本支出　　　　　　　　250 000
　　　　　　　　　　　——财政补助支出——项目支出　　　　　　　　　150 000
　　　　　　　　　　　——非财政专项资金支出——项目支出　　　　　　120 000
　　　　　　　　　　　——其他资金支出——基本支出　　　　　　　　　　80 000
　　　　　　　　　　　——其他资金支出——项目支出　　　　　　　　　150 000

二、经营支出的核算

经营支出是指事业单位在专业业务活动及其辅助活动之外开展非独立核算经营活动所发生的各项支出。

（一）经营支出的内容

事业单位为弥补事业经费的不足，更好地开展公益性服务活动，可以开展经营类的业务活动。事业单位开展非独立核算经营活动所发生的一切支出，应当正确归集各项费用；无法直接归集的，应当按规定的标准或比例合理分摊。经营支出与相关经营收入应当配比。对于独立核算的经营活动，应当按企业会计准则和制度的规定单独进行核算，不在"经营支出"科目中反映。经营支出属于事业单位的非财政非专项资金支出，如果事业单位的生产、加工经营业务实行内部成本核算，则经营支出为已销产品成本。

（二）经营支出的账务处理

为了核算经营支出业务，应设置"经营支出"总账科目。该科目借方登记经营支出的实际发生数；贷方登记经营支出收回数和期末结转数；平时的借方余额反映经营支出本期累计数，年终结账后无余额。"经营支出"科目应当按照经营活动类别、项目、《政府收支分类科目》中"支出功能分类"相关科目等进行明细分类核算。

如果事业单位的生产、加工经营业务实行内部成本核算，可在"经营支出"科目下设置"生产成本"明细科目，归集核算自行加工存货所发生的实际成本（包括耗用的直接材料费用、发生的直接人工费用和分配的间接费用）。

1. 日常经营支出业务核算

（1）为在专业业务活动及其辅助活动之外开展非独立核算经营活动人员计提的薪酬等，借记"经营支出"科目，贷记"应付职工薪酬"等科目。

（2）在专业业务活动及其辅助活动之外开展非独立核算经营活动领用、发出的存货，按领用、发出存货的实际成本，借记"经营支出"科目，贷记"存货"科目。

（3）在专业业务活动及其辅助活动之外开展非独立核算经营活动中发生的其他各项支出，借记"经营支出"科目，贷记"库存现金""银行存款""应交税费"等科目。

2. 期末结账核算

期末，将"经营支出"科目本期发生额转入经营结余，借记"经营结余"科目，贷记"经营支出"科目。期末结账后，"经营支出"科目应无余额。

【例17-32】A事业单位本月发生以下经营业务，应编制如下会计分录：

（1）计提本月从事非独立核算经营活动的职工工资90 000元：

借：经营支出——工资	90 000	
贷：应付职工薪酬		90 000

（2）为加工生产领用材料，实际成本50 000元：

借：经营支出——存货	50 000	
贷：存货		50 000

（3）开出转账支票支付本月非独立核算经营业务的办公费10 000元：

借：经营支出——办公费	10 000	
贷：银行存款		10 000

（4）月末，结转本月经营支出总额 150 000 元：

借：经营结余   150 000

    贷：经营支出   150 000

第五节　其他活动支出的核算

事业单位的其他活动支出包括上缴上级支出、对附属单位补助支出和其他支出等项目。

一、上缴上级支出的核算

（一）上缴上级支出的内容

上缴上级支出是指事业单位按照财政部门和主管部门的规定上缴上级单位的支出。有上缴上级支出的单位是实行独立核算并附属于上级单位的事业单位，根据本单位与上级之间的体制安排，事业单位取得的各项收入应当按规定的标准或比例上缴上级单位。上缴上级支出属于非财政非专项资金支出，事业单位需要上缴上级单位的款项通常是事业单位的事业收入、经营收入和其他收入。

为了核算上缴上级支出的业务，应设置"上缴上级支出"总账科目。该科目借方登记上缴上级单位的资金数；平时借方余额，反映上缴上级支出的本期累计数；期末应将该科目的借方余额全数转入"事业结余"科目，结账后该科目无余额。"上缴上级支出"科目应当按照收缴款项单位、缴款项目、《政府收支分类科目》中"支出功能分类"相关科目等进行明细分类核算。该科目与上级单位的"附属单位上缴收入"科目相对应。

（二）上缴上级支出的账务处理

（1）按规定将款项上缴上级单位的，按照实际上缴的金额，借记"上缴上级支出"科目，贷记"银行存款"等科目。

（2）期末，将"上缴上级支出"科目本期发生额转入事业结余，借记"事业结余"科目，贷记"上缴上级支出"科目。期末结账后，"上缴上级支出"科目应无余额。

【例 17-33】A 事业单位按规定的标准向上级单位缴款 80 000 元，已开出转账支票。A 事业单位应编制如下会计分录：

借：上缴上级支出——上级单位   80 000

    贷：银行存款   80 000

【例 17-34】期末，A 事业单位"上缴上级支出"科目借方余额为 380 000 元，进行期末结账。A 事业单位应编制如下会计分录：

借：事业结余   380 000

    贷：上缴上级支出   380 000

二、对附属单位补助支出的核算

（一）对附属单位补助支出的内容

对附属单位补助支出是指事业单位用财政补助收入之外的收入对附属单位补助发生的支出。附属单位是指实行独立核算的下级单位，事业单位作为上级单位，可以使用自有经费对下属单位进行各项补助，支持所属单位事业的发展。对附属单位补助支出属于非财政非专项资金的支出，事业单位可以使用事业收入、经营收入和其他收入等非财政性资金对附属单位给予补助。

为了核算对附属单位补助支出的业务，应设置"对附属单位补助支出"的总账科目。该科目借方登记对附属单位的补助支出数；平时借方余额，反映对附属单位补助支出的本期累计数；期末应将该科目的借方余额全数转入"事业结余"科目，结账后该科目无余额。"对附属单位补助支出"科目应当按照接受补助单位、补助项目、《政府收支分类科目》中"支出功能分类"相关科目等进行明细分类核算。该科目与附属单位的"上级补助收入"科目相对应。

（二）对附属单位补助支出的账务处理

（1）发生对附属单位补助支出的，按照实际支出的金额，借记"对附属单位补助支出"科目，贷记"银行存款"等科目。

（2）期末，将"对附属单位补助支出"科目本期发生额转入事业结余，借记"事业结余"科目，贷记"对附属单位补助支出"科目。期末结账后，"对附属单位补助支出"科目应无余额。

【例17-35】A事业单位用自有资金付给附属乙单位一次性补助50 000元，并已通过银行支付。A事业单位应编制如下会计分录：

借：对附属单位补助支出——乙单位   50 000
 贷：银行存款   50 000

【例17-36】期末，A事业单位"对附属单位补助支出"科目借方余额为150 000元，进行期末结账。A事业单位应编制如下会计分录：

借：事业结余   150 000
 贷：对附属单位补助支出   150 000

事业单位的组织层次较多，需分层次进行会计核算。"上缴上级支出""对附属单位补助支出"这两个科目就反映了事业单位上下级之间的上缴、补助关系。此外，还需要设置相关的会计科目进行核算，有关会计科目之间的对应关系见表17-2所示。

表17-2　上下级单位上缴、补助会计科目对应表

上级事业单位	本级事业单位	下级事业单位
对附属单位补助支出	上级补助收入	
	附属单位上缴收入	上缴上级支出
	对附属单位补助支出	上级补助收入
附属单位上缴收入	上缴上级支出	

三、其他支出的核算

（一）其他支出的内容

其他支出是指事业单位除事业支出、上缴上级支出、对附属单位补助支出、经营支出以外的各项支出，包括利息支出、捐赠支出、现金盘亏损失、资产处置损失、接受捐赠（调入）非流动资产发生的税费支出等。

按照支出的使用要求，其他支出分为专项资金支出和非专项资金支出。专项资金支

出是用其他收入中的专项资金收入安排的支出；非专项资金支出是用其他收入中非专项资金收入安排的支出。

为了核算其他支出业务，应设置"其他支出"的总账科目。该科目借方登记实际支出数；平时借方余额，反映其他支出的本期累计数；期末应将该科目的借方余额全数转入"事业结余"科目，结账后该科目无余额。"其他支出"科目应当按照其他支出的类别、《政府收支分类科目》中"支出功能分类"相关科目等进行明细分类核算。其他支出中如有专项资金支出，还应按具体项目进行明细分类核算。

（二）其他支出的账务处理

1. 利息支出的核算

事业单位支付银行借款利息时，借记"其他支出"科目，贷记"银行存款"科目。

【例 17-37】A 事业单位因专业业务发展需要，从银行借入一笔 3 年期的长期借款，现按规定支付本期借款利息 12 500 元。A 事业单位应编制如下会计分录：

借：其他支出——利息支出　　　　　　　　　　　　　　　　　　12 500
　　贷：银行存款　　　　　　　　　　　　　　　　　　　　　　　　12 500

2. 捐赠支出的核算

（1）事业单位对外捐赠现金资产时，借记"其他支出"科目，贷记"银行存款"等科目。

（2）事业单位对外捐出存货时，应先将捐出存货转入"待处置资产损溢"科目借方，实际捐出时，借记"其他支出"科目，贷记"待处置资产损溢"科目。对外捐赠固定资产、无形资产等非流动资产，不通过"其他支出"科目核算。

【例 17-38】A 事业单位为支持赈灾活动，通过银行向中国红十字会捐款 120 000元，捐赠帐篷 100 套，每套 200 元。A 事业单位应编制如下会计分录：

借：其他支出——捐赠支出　　　　　　　　　　　　　　　　　　140 000
　　贷：银行存款　　　　　　　　　　　　　　　　　　　　　　　　120 000
　　　　待处置资产损溢　　　　　　　　　　　　　　　　　　　　　20 000

3. 现金盘亏损失的核算

事业单位在每日现金账款核对中如发现现金短缺，属于无法查明原因的部分，报经批准后，借记"其他支出"科目，贷记"库存现金"科目。

【例 17-39】A 事业单位当日对现金进行核对时发现短缺 25 元，无法查明原因，经批准予以核销。A 事业单位应编制如下会计分录：

借：其他支出——现金盘亏损失　　　　　　　　　　　　　　　　　　25
　　贷：库存现金　　　　　　　　　　　　　　　　　　　　　　　　　　25

4. 资产处置损失的核算

事业单位逾期 3 年或以上、有确凿证据表明无法收回的应收及预付款项以及盘亏或毁损、报废的存货，应当转入"待处置资产损溢"科目。报经批准后予以核销时，借记"其他支出"科目，贷记"待处置资产损溢"科目。

【例 17-40】A 事业单位报经批准核销待处置的坏账 5 800 元。A 事业单位应编制如下会计分录：

借：其他支出——资产处置损失　　　　　　　　　　　　　　　　5 800
　　贷：待处置资产损溢　　　　　　　　　　　　　　　　　　　　　5 800

5. 接受捐赠（调入）非流动资产发生税费支出的核算

事业单位接受捐赠、无偿调入非流动资产发生的相关税费、运输费等，借记"其他支出"科目，贷记"银行存款"等科目；以固定资产、无形资产取得长期股权投资，所发生的相关税费计入"其他支出"科目。具体账务处理参见"长期投资"科目相关内容。

【例 17-41】A 事业单位接受某公司捐赠办公用笔记本电脑 20 台，每台价格为 8 500 元（不考虑增值税），直接交有关部门使用，发生了运输费 830 元，以现金支付。A 事业单位应编制如下会计分录：

借：其他支出——捐赠税费支出　　　　　　　　　　　　　　830
　　贷：库存现金　　　　　　　　　　　　　　　　　　　　　　830
借：固定资产　　　　　　　　　　　　　　　　　　　170 830
　　贷：非流动资产基金　　　　　　　　　　　　　　　　170 830

6. 期末结账核算

期末，将"其他支出"科目本期发生额中的专项资金支出结转入非财政补助结转，借记"非财政补助结转"科目，贷记"其他支出"科目下各专项资金支出明细科目；将"其他支出"科目本期发生额中的非专项资金支出结转入事业结余，借记"事业结余"科目，贷记"其他支出"科目下各非专项资金支出明细科目。期末结账后，"其他支出"科目应无余额。

【例 17-42】期末，A 事业单位"其他支出"科目借方余额为 300 000 元，有在关明细科目借方余额中，非专项资金支出为"利息支出"35 000 元、"捐赠支出"140 000 元、"资产处置损失"5 000 元；专项资金支出为"×课题支出"120 000 元。A 事业单位进行期末结账，应编制如下会计分录：

借：非财政补助结转　　　　　　　　　　　　　　　　120 000
　　事业结余　　　　　　　　　　　　　　　　　　　180 000
　　贷：其他支出——×课题支出　　　　　　　　　　　120 000
　　　　　　　　——利息支出　　　　　　　　　　　　 35 000
　　　　　　　　——捐赠支出　　　　　　　　　　　　140 000
　　　　　　　　——资产处置损失　　　　　　　　　　　5 000

思考题

1. 事业单位的收入和支出各包括哪些内容？

2. 各项收入和支出应如何确认与计量？

3. 财政补助收入与上级补助收入有何区别？

4. 事业支出是如何进行分类的？

5. 比较事业收入与经营收入、事业支出与经营支出的区别。

6. 对附属单位补助支出与上级补助收入有何关系？

7. 附属单位上缴收入和上缴上级支出有何关系？

8. 其他收入与其他支出包括的内容是否相互对应？

练习题

1. 某事业单位收到银行通知，本单位开展专业业务活动取得事业服务费 28 000 元、学术活动收入 15 000 元，已划入本单位账户。其中，事业服务费采用财政专户返还方式管理。期末，该事业单位按规定上缴上述事业服务费。当收到从财政专户返还的事业服务费时，该事业单位应确认为事业收入。

2. 某事业单位收到国库支付中心委托代理银行转来"财政直接支付入账通知书"，财政部门通过直接支付的方式，用财政专户管理的资金为该事业单位支付相关费用51 000 元。

3. 某事业单位非独立核算的车队向外单位提供服务，取得运输服务收入 10 000 元，款项已存入银行。

4. 某事业单位（小规模纳税人）出租闲置房屋用于经营活动，取得半年租金 5 600元，已存入银行。

5. 某事业单位根据财政国库支付中心委托代理银行转来的"财政直接支付入账通知书"及有关原始凭证，登记支付文献印刷费 8 000 元。

6. 某事业单位收到银行通知，上级部门拨入的非财政性补助资金 600 000 元，其中用于乙科研项目资金 450 000 元，用于弥补事业经费不足的资金 150 000 元。

7. 某事业单位收到银行通知，独立核算的附属乙单位按规定标准上缴收入 580 000元，已收妥入账。

8. 某事业单位接银行通知，获得某公司未限定用途的捐赠收入 80 000 元。

9. 某事业单位经营业务的一项应付账款，账面余额为 6 580 元，因债权人长期消失无法联系，予以核销。

10. 某事业单位采用政府采购方式购置办公设备，已和供货商签订合同，金额为600 万元。其中，财政性资金 300 万元，非财政性专项资金 300 万元。该事业单位已收到代理银行转来的"财政直接支付入账通知书"，设备已运达并验收。

11. 某事业单位为完成科研项目领用一批专用材料，实际成本 8 900 元，该材料是使用上级单位以非财政补助资金拨入的科研经费购入的。

12. 某事业单位签发现金支票购买经营业务用办公用品 5 300 元。

13. 某事业单位按规定的标准向上级单位缴款 90 000 元，已开出转账支票。

14. 某事业单位用非财政补助收入支付附属单位补助款 50 000 元。

15. 事业单位因专业业务发展需要，从工商银行借入一笔 3 年期的长期借款，现按规定支付本期借款利息 5 000 元。

16. 某事业单位接受某公司捐赠办公用笔记本电脑 20 台，每台价格为 7 500 元（不考虑增值税），直接交有关部门使用；发生了运输费 800 元，以现金支付。

17. 某事业单位月末盘点，发现现金短缺 150 元，无法查明原因，经单位领导批准作为其他支出处理。

请根据以上情况编制相应会计分录。

第十八章

事业单位会计报告

期末，事业单位需要编制会计报表反映本单位财政资金和非财政资金的使用情况和结果。本章从事业单位会计报告的概述出发，具体介绍主要会计报表的内容与编制。

通过本章的学习，应该掌握以下内容：

- 事业单位会计报告的构成及分类
- 会计报表的编制程序
- 事业单位主要会计报表的内容及编制

第一节 事业单位会计报告概述

事业单位会计报告是反映事业单位财务状况和收支情况的书面文件，是财政部门、上级主管单位、事业单位内部及其他报告使用者，了解事业单位事业发展情况、制定政策、指导单位预算执行情况的重要会计信息，也是编制下年度财务收支计划的基础。

一、会计报告的构成

事业单位会计报告是反映事业单位某一特定日期的财务状况和某一会计期间的事业成果、预算执行等会计信息的总结性书面文件。它由会计报表、会计报表附注和财务情况说明书构成。

（一）会计报表

会计报表是以表格形式反映事业单位的财务状况、收入支出情况和其他会计信息的报表，是会计报告中最重要的组成部分。事业单位的会计报表主要包括资产负债表、收入支出表、财政补助收入支出表以及有关附表。

（1）资产负债表是指反映事业单位在某一特定日期的财务状况的报表。

（2）收入支出表是指反映事业单位在某一会计期间的事业成果及其分配情况的报表。

（3）财政补助收入支出表是指反映事业单位在某一会计期间财政补助收入、支出、结转及结余情况的报表。

（二）会计报表附注

会计报表附注是指对在会计报表中列示项目的文字描述或明细资料以及对未能在会计报表中列示项目的说明等。事业单位的会计报表附注至少应当披露下列内容：

（1）遵循《事业单位会计准则》《事业单位会计制度》的声明。

（2）单位整体财务状况、业务活动情况的说明。

（3）重要资产处置情况的说明。

（4）重大投资、借款活动的说明。

（5）以名义金额计量的资产名称、数量等情况以及以名义金额计量理由的说明。

（6）以前年度结转结余调整情况的说明。

（7）有助于理解和分析会计报表需要说明的其他事项。

（三）财务情况说明书

财务情况说明书是事业单位财务状况、事业成果的变动情况及原因所做的数字和文字说明，是事业单位会计报告的有机组成部分。财务情况说明书的内容主要包括事业单位收入及其支出、结转、结余及其分配、资产负债变动、对外投资、资产出租出借、资产处置、固定资产投资、绩效考评的情况，对本期或者下期财务状况发生重大影响的事项以及需要说明的其他事项。

二、会计报告的作用

事业单位会计报告对其使用者来说具有重要的作用，主要体现在以下方面：

（一）利用会计报告及其他有关业务资料做出正确的决策

对会计报告反映的数据，可以分析、检查本单位预算的执行情况，评价增收节支的效果，找出存在的问题和差距，吸收好的管理经验，借以改进其财务管理工作，并为编制下期预算提供科学的依据。

（二）为财政部门掌握总体情况提供数据

财政部门利用各单位上报的会计报告，可以掌握各事业单位预算执行的进度，核算总预算支出，便于核拨预算资金，安排好财政收支计划；可以监督事业单位财经法规、政策的遵守情况，有效地行使宏观调控的职能。

（三）为出资者和债权人提供信息

事业单位的出资者和债权人利用会计报告，可以分析单位资金的利用情况，监督事业单位执行国家财经法规、政策和信贷、结算纪律，并据以制定出资、贷款、提供信用的决策。

（四）为上级部门提供考核依据

主管单位利用会计报表可以了解和掌握本单位的事业发展、各项收支情况，以便汇总上报本单位的收支情况，并作为对单位的考核。

三、会计报告的编制要求

事业单位的会计报告是主管部门和财政部门以及其他报表使用者，了解事业单位财务状况和经营业绩的主要信息来源，也是事业单位加强内部管理、进行管理决策的重要依据。因此，事业单位必须全面、真实、及时地编制会计报告，并提供给有关部门和其他报表使用者。

（一）会计报表应按月报和年报（决算）两种形式编报

事业单位的会计报表分为月报和年报。月份会计报表和年度会计报表应按财政部决算通知规定及主管部门要求的格式和期限报出。年报应抄同级国有资产管理部门。事业单位各会计报表的名称、编号及编制期如表18-1所示。

表 18-1　事业单位的财务报表

编号	财务报表名称	编制期
会事业 01 表	资产负债表	月度、年度
会事业 02 表	收入支出表	月度、年度
会事业 03 表	财政补助收入支出表	年度
	附注	年度

（二）上级单位需要编报汇总会计报表

事业单位的会计报表需要层层汇总。上级单位要在编制本级会计报表的基础上，根据本级会计报表和经审查过的所属单位会计报表，编制汇总会计报表，并将上下级之间的对应科目数字冲销后，逐级汇总上报。上报上级单位和同级财政部门的会计报表必须经会计主管人员和单位负责人审阅签章并加盖公章。

（三）会计报告要按规定报送

国有事业单位应按《事业单位会计制度》规定的格式、内容和期限向财政部门或主管单位报送会计报表，中央各部门，省、自治区、直辖市财政厅（局）可根据工作需要增设会计报表。事业单位内部管理需要的特殊会计报表，由单位自行规定。会计报告必须做到内容完整、数字真实、计算准确、统一连贯、报送及时。

四、会计报表的编报程序

编制会计报告最主要的工作是编制会计报表。月报和年报的编报程序基本相同，根据有关账户的余额及发生额编制资产负债表、收入支出表和财政补助收入支出表等。但年报编报前，需要做好年终清理结算和结账工作。具体来说，事业单位在年度终了前，应根据财政部门或主管部门的决算编审工作要求，对各项收支账目、往来款项、货币资金和财产物资等进行全面的年终清理结算，并在此基础上办理年终结账。年终清理结算的主要事项如下：

（一）清理核对年度各项缴拨款项、上缴下拨款项数字

年终前，对财政部门、上级单位和所属各单位之间的全年预算数（包括追加、追减和上、下划数字）以及应上缴、拨补的款项等，都应按规定逐笔进行清理结算，保证上下级之间的年度预算数、领拨经费数与上缴下拨数一致。为了准确反映各项收支数额，凡属本年度的应拨、应缴款项，均应在 12 月 31 日前汇达对方。主管会计单位对所属各单位的拨款应截至 12 月 25 日，逾期一般不再下拨。

（二）清理核对各项预算收支和应缴款项

凡属本年的各项收入，都应及时入账。属于本年的各项支出，应按规定的支出用途如实列报。本年的各项应缴款项，应在年终前全部上缴国库和财政专户。实行国库集中收付制度的单位，要按规定做好年终预算结余资金的结转与核算。

（三）清理核对年度其他款项的数字

事业单位的往来款项应尽量清理完毕，银行存款的账面余额应与银行对账单的余额核对相符，现金的账面余额应与库存现金的实有数额核对相符，有价证券的账面数字应与有价证券的实有数额核对相符。

（四）财产物资的清理盘点

年终前，应对各项财产物资进行清理盘点。发生盘盈或盘亏的，应及时查明原因，按规定进行处理，调整账务，做到账实相符、账账相符。

第二节　事业单位主要会计报表的编制

事业单位会计报表是反映事业单位财务状况和预算执行情况的书面文件，主要包括资产负债表、收入支出表、财政补助收入支出表和财务情况说明书等。

一、资产负债表的内容与编制

资产负债表是反映事业单位在某一特定日期财务状况的报表。它能够反映事业单位资产、负债、净资产及其相互关系以及事业单位的偿债能力和财务前景。资产负债表按编制的时间不同，分为月报和年报。

资产负债表可向有关方面提供的信息资料包括：第一，事业单位掌管的资产分布结构和状况；第二，事业单位负债状况；第三，事业单位基金情况；第四，通过对资产负债表的分析，可以提供事业单位财务实力，短期偿债能力和支付能力信息以及资产负债变化情况及财务状况的发展趋势。

（一）资产负债表的格式

按照现行会计制度，事业单位资产负债表是根据"资产＝负债+净资产"的平衡原理设置的，为账户式资产负债表，左方列示资产各项目，右方列示负债和净资产各项目，左右两方总额平衡。资产负债表的基本格式如表18-2所示。

表18-2　资产负债表

编制单位：　　　　　　　　　　　　　　年　月　日　　　　　　　　　　　会事业01表　　单位：元

资产	期末余额	年初余额	负债和净资产	期末余额	年初余额
流动资产：			流动负债：		
货币资金			短期借款		
短期投资			应交税费		
财政应返还额度			应缴国库款		
应收票据			应缴财政专户款		
应收账款			应付职工薪酬		
预付账款			应付票据		
其他应收款			应付账款		
存货			预收账款		
其他流动资产			其他应付款		
流动资产合计			其他流动负债		
非流动资产：			流动负债合计		

表18-2(续)

资　产	期末余额	年初余额	负债和净资产	期末余额	年初余额
长期投资			非流动负债:		
固定资产			长期借款		
固定资产原价			长期应付款		
减: 累计折旧			非流动负债合计		
在建工程			负债合计		
无形资产			净资产:		
无形资产原价			事业基金		
减: 累计摊销			非流动资产基金		
待处置资产损溢			专用基金		
非流动资产合计			财政补助结转		
			财政补助结余		
			非财政补助结转		
			非财政补助结余		
			1. 事业结余		
			2. 经营结余		
			净资产合计		
资产总计			负债和净资产总计		

（二）资产负债表的编制方法

一张完整的资产负债表，应当包括表首、正表与附列资料，编制报表时，应从这些方面进行填列。

表首应当填写编表单位的名称、编号、编表日期和计量单位等。

正表中包括"期末余额"和"年初余额"两栏数字。其中，"年初余额"栏内各项数字，应当根据上年年末资产负债表"期末余额"栏内数字填列。如果本年度资产负债表规定的各个项目的名称和内容同上年度不相一致，应对上年年末资产负债表各项目的名称和数字按照本年度的规定进行调整，填入本表"年初余额"栏内；"期末余额"栏内各项数字，应当根据资产、负债和净资产类科目的期末余额填列。其具体方法如下：

（资产类项目）

（1）"货币资金"项目，反映事业单位期末库存现金、银行存款和零余额账户用款额度的合计数。本项目应当根据"库存现金""银行存款""零余额账户用款额度"科目的期末余额合计填列。

（2）"短期投资"项目，反映事业单位期末持有的短期投资成本。本项目应当根据"短期投资"科目的期末余额填列。

（3）"财政应返还额度"项目，反映事业单位期末财政应返还额度的金额。本项目应当根据"财政应返还额度"科目的期末余额填列。

（4）"应收票据"项目，反映事业单位期末持有的应收票据的票面金额。本项目应当根据"应收票据"科目的期末余额填列。

（5）"应收账款"项目，反映事业单位期末尚未收回的应收账款余额。本项目应当根据"应收账款"科目的期末余额填列。

（6）"预付账款"项目，反映事业单位预付给商品或者劳务供应单位的款项。本项目应当根据"预付账款"科目的期末余额填列。

（7）"其他应收款"项目，反映事业单位期末尚未收回的其他应收款余额。本项目应当根据"其他应收款"科目的期末余额填列。

（8）"存货"项目，反映事业单位期末为开展业务活动及其他活动耗用而储存的各种材料、燃料、包装物、低值易耗品及达不到固定资产标准的用具、装具、动植物等的实际成本。本项目应当根据"存货"科目的期末余额填列。

（9）"其他流动资产"项目，反映事业单位除上述各项之外的其他流动资产，如将在1年内（含1年）到期的长期债券投资。本项目应当根据"长期投资"等科目的期末余额分析填列。

（10）"长期投资"项目，反映事业单位持有时间超过1年（不含1年）的股权和债权性质的投资。本项目应当根据"长期投资"科目期末余额减去其中将于1年内（含1年）到期的长期债券投资余额后的金额填列。

（11）"固定资产"项目，反映事业单位期末各项固定资产的账面价值。本项目应当根据"固定资产"科目期末余额减去"累计折旧"科目期末余额后的金额填列。

"固定资产原价"项目，反映事业单位期末各项固定资产的原价。本项目应当根据"固定资产"科目的期末余额填列。

"累计折旧"项目，反映事业单位期末各项固定资产的累计折旧。本项目应当根据"累计折旧"科目的期末余额填列。

（12）"在建工程"项目，反映事业单位期末尚未完工交付使用的在建工程发生的实际成本。本项目应当根据"在建工程"科目的期末余额填列。

（13）"无形资产"项目，反映事业单位期末持有的各项无形资产的账面价值。本项目应当根据"无形资产"科目期末余额减去"累计摊销"科目期末余额后的金额填列。

"无形资产原价"项目，反映事业单位期末持有的各项无形资产的原价。本项目应当根据"无形资产"科目的期末余额填列。

"累计摊销"项目，反映事业单位期末各项无形资产的累计摊销。本项目应当根据"累计摊销"科目的期末余额填列。

（14）"待处置资产损溢"项目，反映事业单位期末待处置资产的价值及处置损溢。本项目应当根据"待处置资产损溢"科目的期末借方余额填列，如"待处置资产损溢"科目期末为贷方余额，则以"-"号填列。

（15）"非流动资产合计"项目，按照"长期投资""固定资产""在建工程""无形资产""待处置资产损溢"项目金额的合计数填列。

（负债类项目）

（16）"短期借款"项目，反映事业单位借入的期限在1年内（含1年）的各种借款。本项目应当根据"短期借款"科目的期末余额填列。

（17）"应交税费"项目，反映事业单位应纳未纳的各种税费。本项目应当根据

"应交税费"科目的期末贷方余额填列，如"应交税费"科目期末为借方余额，则以"-"号填列。

（18）"应缴国库款"项目，反映事业单位按规定应缴入国库的款项（应交纳税费除外）。本项目应当根据"应缴国库款"科目的期末余额填列。

（19）"应缴财政专户款"项目，反映事业单位按规定应缴入财政专户的款项。本项目应当根据"应缴财政专户款"科目的期末余额填列。

（20）"应付职工薪酬"项目，反映事业单位按有关规定应付给职工及为职工支付的各种薪酬。本项目应当根据"应付职工薪酬"科目的期末余额填列。

（21）"应付票据"项目，反映事业单位期末应付票据的金额。本项目应当根据"应付票据"科目的期末余额填列。

（22）"应付账款"项目，反映事业单位期末尚未支付的应付账款的金额。本项目应当根据"应付账款"科目的期末余额填列。

（23）"预收账款"项目，反映事业单位期末按合同规定预收但尚未实际结算的款项。本项目应当根据"预收账款"科目的期末余额填列。

（24）"其他应付款"项目，反映事业单位期末应付未付的其他各项应付及暂收款项。本项目应当根据"其他应付款"科目的期末余额填列。

（25）"其他流动负债"项目，反映事业单位除上述各项之外的其他流动负债，如承担的将于1年内（含1年）偿还的长期负债。本项目应当根据"长期借款""长期应付款"等科目的期末余额分析填列。

（26）"长期借款"项目，反映事业单位借入的期限超过1年（不含1年）的各项借款本金。本项目应当根据"长期借款"科目的期末余额减去其中将于1年内（含1年）到期的长期借款余额后的金额填列。

（27）"长期应付款"项目，反映事业单位发生的偿还期限超过1年（不含1年）的各种应付款项。本项目应当根据"长期应付款"科目的期末余额减去其中将于1年内（含1年）到期的长期应付款余额后的金额填列。

（净资产类项目）

（28）"事业基金"项目，反映事业单位期末拥有的非限定用途的净资产。本项目应当根据"事业基金"科目的期末余额填列。

（29）"非流动资产基金"项目，反映事业单位期末非流动资产占用的金额。本项目应当根据"非流动资产基金"科目的期末余额填列。

（30）"专用基金"项目，反映事业单位按规定设置或提取的具有专门用途的净资产。本项目应当根据"专用基金"科目的期末余额填列。

（31）"财政补助结转"项目，反映事业单位滚存的财政补助结转资金。本项目应当根据"财政补助结转"科目的期末余额填列。

（32）"财政补助结余"项目，反映事业单位滚存的财政补助项目支出结余资金。本项目应当根据"财政补助结余"科目的期末余额填列。

（33）"非财政补助结转"项目，反映事业单位滚存的非财政补助专项结转资金。本项目应当根据"非财政补助结转"科目的期末余额填列。

（34）"非财政补助结余"项目，反映事业单位自年初至报告期末累计实现的非财政补助结余弥补以前年度经营亏损后的余额。本项目应当根据"事业结余""经营结余"科目的期末余额合计填列，如"事业结余""经营结余"科目的期末余额合计为亏损数，则以"－"号填列。在编制年度资产负债表时，本项目金额一般应为"0"；若不为"0"，本项目金额应为"经营结余"科目的期末借方余额（"－"号填列）。

"事业结余"项目，反映事业单位自年初至报告期末累计实现的事业结余。本项目应当根据"事业结余"科目的期末余额填列，如"事业结余"科目的期末余额为亏损数，则以"－"号填列。在编制年度资产负债表时，本项目金额应为"0"。

"经营结余"项目，反映事业单位自年初至报告期末累计实现的经营结余弥补以前年度经营亏损后的余额。本项目应当根据"经营结余"科目的期末余额填列，如"经营结余"科目的期末余额为亏损数，则以"－"号填列。在编制年度资产负债表时，本项目金额一般应为"0"；若不为"0"，本项目金额应为"经营结余"科目的期末借方余额（"－"号填列）。

【例 18-1】A 事业单位 20×2 年 12 月 31 日结账后各资产、负债和净资产类会计科目余额表如表 18-3 所示。据此编制该事业单位的资产负债表。

表 18-3　会计科目余额表

20×2 年 12 月 31 日　　　　　　　　　　　　　　单位：元

资产	借方余额	负债和净资产	贷方余额
库存现金	3 500	短期借款	120 000
银行存款	161 500	应付账款	8 000
短期投资	22 500	预收账款	3 000
财政应返还额度	38 000	其他应付款	2 000
应收票据	12 000	长期借款	320 000
应收账款	40 000	事业基金	100 000
预付账款	13 000	非流动资产基金	1 909 000
其他应收款	4 500	专用基金	60 000
存货	331 000	财政补助结转	28 000
长期投资	161 000	非财政补助结转	12 000
固定资产	1 957 500	非财政补助结余	0
累计折旧	−507 000	事业结余	0
在建工程	86 000	经营结余	0
无形资产	266 000		
累计摊销	−53 000		
待处置资产损溢	51 000		
合计	2 587 000	合计	2 587 000

其中：长期投资项目中有 1 年内到期的长期债券投资 40 000 元；长期借款项目中有 1 年到期偿还的借款为 85 000 元。

12 月 31 日编制的资产负债表为年度资产负债表时，"年初余额"栏内各项数字，应当根据上年年末资产负债表"期末余额"栏内数字填列（本例题略）；"期末余额"栏内各项数字根据各账户的期末余额直接填列、合并填列或分析填列。编制完成的年度资产负债表如表 18-4 所示。

表 18-4 资产负债表 会事业 01 表

编制单位：A 事业单位　　　　　　　　20×2 年 12 月 31 日　　　　　　　　　　单位：元

资　产	期末余额	年初余额	负债和净资产	期末余额	年初余额
流动资产：		略	流动负债：		略
货币资金	165 000		短期借款	12 000	
短期投资	22 500		应交税费	0	
财政应返还额度	38 000		应缴国库款	0	
应收票据	12 000		应缴财政专户款	0	
应收账款	40 000		应付职工薪酬	0	
预付账款	13 000		应付票据	0	
其他应收款	4 500		应付账款	8 000	
存　货	331 000		预收账款	3 000	
其他流动资产	40 000		其他应付款	2 000	
流动资产合计	666 000		其他流动负债	85 000	
非流动资产：			流动负债合计	218 000	
长期投资	121 000		非流动负债：		
固定资产	1 450 000		长期借款	235 000	
固定资产原价	1 957 000		长期应付款	0	
减：累计折旧	507 500		非流动负债合计	235 000	
在建工程	86 000		负债合计	453 000	
无形资产	213 000		净资产：		
无形资产原价	266 000		事业基金	100 000	
减：累计摊销	53 000		非流动资产基金	1 090 000	
待处置资产损溢	51 000		专用基金	60 000	
非流动资产合计	1 921 000		财政补助结转	28 000	
			财政补助结余	12 000	
			非财政补助结转	25 000	
			非财政补助结余	0	
			1. 事业结余	0	
			2. 经营结余	0	
			净资产合计	2 134 000	
资产总计	2 587 000		负债和净资产总计	2 587 000	

主要项目的金额填列说明：

（1）货币资金项目＝库存现金＋银行存款＋零余额账户用款额度
　　　　　＝3 500＋161 500＋0＝165 000（元）

（2）长期投资项目＝161 000-40 000（作为其他流动资产项目）＝121 000（元）

（3）固定资产项目＝1 957 500-507 500＝1 450 000（元）

（4）无形资产项目＝266 000-53 000＝213 000（元）

（5）长期借款项目＝320 000-85 000（作为其他流动负债项目）＝235 000（元）

（6）其他项目均可根据各账户的期末余额直接填列。

二、收入支出表的内容与编制

（一）收入支出表的概念与作用

收入支出表是反映事业单位在某一会计期间内各项收入、支出和结转结余情况以及年末非财政补助结余的分配情况的报表，是事业单位的主要会计报表之一，属于动态报表。收入支出表按照编制报送时间的划分，可分为月报和年报两种。

事业单位收入支出表的作用，表现在它可以综合地反映事业单位在一定期间内收入的来源、支出的用途以及结余的形成与分配情况等多方面的会计信息。这些信息对于财政部门、上级主管部门和其他有关方面了解情况、掌握政策、指导单位预算执行等，具有重要的作用。事业单位本身还可以通过收入支出表，作为判断经营成果、评价业绩、加强财务管理、预测未来发展趋势的依据。

（二）收入支出表的格式内容与编制方法

事业单位的收入支出表包括表首、正表两大部分，有关栏目应当根据相关账户发生额及余额分析填列。

表首应当填写编表单位的名称、编号（会事业 02 表）、编表日期和金额单位等。

正表中包括了本月数和本年累计数两大栏目。"本月数"栏反映各项目的本月实际发生数。在编制年度收入支出表时，应当将本栏改为"上年数"栏，反映上年度各项目的实际发生数。如果本年度收入支出表规定的各个项目的名称和内容同上年度不一致，应对上年度收入支出表各项目的名称和数字按照本年度的规定进行调整，填入本年度收入支出表的"上年数"栏。"本年累计数"栏反映各项目自年初起至报告期末止的累计实际发生数。编制年度收入支出表时，应当将本栏改为"本年数"。月报内容是指一至三项的数字；年报内容还要包括四至七项的数字。

收入支出表中的数字，应当与其他会计报表中相应栏目的数字保持一致。

事业单位收入支出表的格式如表 18-5 所示。

表 18-5　收入支出表　　　　　　　　　　　会事业 02 表

编制单位：　　　　　　　　　年　月　　　　　　　　单位：元

项目	本月数	本年累计数
一、本期财政补助结转结余		
财政补助收入		
减：事业支出（财政补助支出）		
二、本期事业结转结余		
（一）事业类收入		
1. 事业收入		
2. 上级补助收入		
3. 附属单位上缴收入		
4. 其他收入		
其中：捐赠收入		
减：（二）事业类支出		

表18-5（续）

项目	本月数	本年累计数
1. 事业支出（非财政补助支出）		
2. 上缴上级支出		
3. 对附属单位补助支出		
4. 其他支出		
三、本期经营结余		
经营收入		
减：经营支出		
四、弥补以前年度亏损后的经营结余		
五、本年非财政补助结转结余		
减：非财政补助结转		
六、本年非财政补助结余		
减：应交企业所得税		
减：提取专用基金		
七、转入事业基金		

事业单位的收入支出表采用多步式结构，各项目的内容和编制方法如下：

（本期财政补助结转结余）

（1）"本期财政补助结转结余"项目，反映事业单位本期财政补助收入与财政补助支出相抵后的余额。本项目应当按照本表中"财政补助收入"项目金额减去"事业支出（财政补助支出）"项目金额后的余额填列。

（2）"财政补助收入"项目，反映事业单位本期从同级财政部门取得的各类财政拨款。本项目应当根据"财政补助收入"科目的本期发生额填列。

（3）"事业支出（财政补助支出）"项目，反映事业单位本期使用财政补助发生的各项事业支出。本项目应当根据"事业支出——财政补助支出"科目的本期发生额填列，或者根据"事业支出——基本支出（财政补助支出）""事业支出——项目支出（财政补助支出）"科目的本期发生额合计填列。

（本期事业结转结余）

（4）"本期事业结转结余"项目，反映事业单位本期除财政补助收支、经营收支以外的各项收支相抵后的余额。本项目应当按照本表中"事业类收入"项目金额减去"事业类支出"项目金额后的余额填列，如为负数，以"-"号填列。

（5）"事业类收入"项目，反映事业单位本期事业收入、上级补助收入、附属单位上缴收入、其他收入的合计数。本项目应当按照本表中"事业收入""上级补助收入""附属单位上缴收入""其他收入"项目金额的合计数填列。

"事业收入"项目，反映事业单位开展专业业务活动及其辅助活动取得的收入。本项目应当根据"事业收入"科目的本期发生额填列。

"上级补助收入"项目，反映事业单位从主管部门和上级单位取得的非财政补助收入。本项目应当根据"上级补助收入"科目的本期发生额填列。

"附属单位上缴收入"项目，反映事业单位附属独立核算单位按照有关规定上缴的收入。本项目应当根据"附属单位上缴收入"科目的本期发生额填列。

"其他收入"项目，反映事业单位除财政补助收入、事业收入、上级补助收入、附属单位上缴收入、经营收入以外的其他收入。本项目应当根据"其他收入"科目的本期发生额填列。

"捐赠收入"项目，反映事业单位接受现金、存货捐赠取得的收入。本项目应当根据"其他收入"科目所属相关明细科目的本期发生额填列。

（6）"事业类支出"项目，反映事业单位本期事业支出（非财政补助支出）、上缴上级支出、对附属单位补助支出、其他支出的合计数。本项目应当按照本表中"事业支出（非财政补助支出）""上缴上级支出""对附属单位补助支出""其他支出"项目金额的合计数填列。

"事业支出（非财政补助支出）"项目，反映事业单位使用财政补助以外的资金发生的各项事业支出。本项目应当根据"事业支出——非财政专项资金支出""事业支出——其他资金支出"科目的本期发生额合计填列，或者根据"事业支出——基本支出（其他资金支出）""事业支出——项目支出（非财政专项资金支出、其他资金支出）"科目的本期发生额合计填列。

"上缴上级支出"项目，反映事业单位按照财政部门和主管部门的规定上缴上级单位的支出。本项目应当根据"上缴上级支出"科目的本期发生额填列。

"对附属单位补助支出"项目，反映事业单位用财政补助收入之外的收入对附属单位补助发生的支出。本项目应当根据"对附属单位补助支出"科目的本期发生额填列。

"其他支出"项目，反映事业单位除事业支出、上缴上级支出、对附属单位补助支出、经营支出以外的其他支出。本项目应当根据"其他支出"科目的本期发生额填列。

（本期经营结余）

（7）"本期经营结余"项目，反映事业单位本期经营收支相抵后的余额。本项目应当按照本表中"经营收入"项目金额减去"经营支出"项目金额后的余额填列，如为负数，以"-"号填列。

（8）"经营收入"项目，反映事业单位在专业业务活动及其辅助活动之外开展非独立核算经营活动取得的收入。本项目应当根据"经营收入"科目的本期发生额填列。

（9）"经营支出"项目，反映事业单位在专业业务活动及其辅助活动之外开展非独立核算经营活动发生的支出。本项目应当根据"经营支出"科目的本期发生额填列。

（弥补以前年度亏损后的经营结余）

（10）"弥补以前年度亏损后的经营结余"项目，反映事业单位本年度实现的经营结余扣除本年初未弥补经营亏损后的余额。本项目应当根据"经营结余"科目年末转入"非财政补助结余分配"科目前的余额填列，如该年末余额为借方余额，以"-"号填列。

（本年非财政补助结转结余）

（11）"本年非财政补助结转结余"项目，反映事业单位本年除财政补助结转结余之外的结转结余金额。如本表中"弥补以前年度亏损后的经营结余"项目为正数，本项目应当按照本表中"本期事业结转结余""弥补以前年度亏损后的经营结余"项目金额的合计数填列，如为负数，以"-"号填列。如本表中"弥补以前年度亏损后的经营结余"项目为负数，本项目应当按照本表中"本期事业结转结余"项目金额填列，如为负数，以"-"号填列。

（12）"非财政补助结转"项目，反映事业单位本年除财政补助收支外的各专项资金收入减去各专项资金支出后的余额。本项目应当根据"非财政补助结转"科目本年贷方发生额中专项资金收入转入金额合计数减去本年借方发生额中专项资金支出转入金额合计数后的余额填列。

（本年非财政补助结余）

（13）"本年非财政补助结余"项目，反映事业单位本年除财政补助之外的其他结余金额。本项目应当按照本表中"本年非财政补助结转结余"项目金额减去"非财政补助结转"项目金额后的金额填列，如为负数，以"-"号填列。

（14）"应交企业所得税"项目，反映事业单位按照税法规定应缴纳的企业所得税金额。本项目应当根据"非财政补助结余分配"科目的本年发生额分析填列。

（15）"提取专用基金"项目，反映事业单位本年按规定提取的专用基金金额。本项目应当根据"非财政补助结余分配"科目的本年发生额分析填列。

（转入事业基金）

（16）"转入事业基金"项目，反映事业单位本年按规定转入事业基金的非财政补助结余资金。本项目应当按照本表中"本年非财政补助结余"项目金额减去"应交企业所得税""提取专用基金"项目金额后的余额填列，如为负数，以"-"号填列。

上述（10）~（16）项目，只有在编制年度收入支出表时才填列；编制月度收入支出表时，可以不设置此7个项目。

【例18-2】A事业单位20×2年有关收入、支出科目本年发生额如表18-6所示。

表18-6   收入、支出科目发生额表

20×2年

单位：元

科目名称	本年累计数	科目名称	本年累计数
事业支出	15 000 000	财政补助收入	10 000 000
其中：财政补助支出	9 400 000	上级补助收入	1 824 000
非财政专项资金支出	280 000	事业收入	6 180 000
其他资金支出	5 320 000	附属单位上缴收入	300 000
对附属单位补助支出	1 512 000	经营收入	252 000
上缴上级支出	972 000	其他收入	144 000
经营支出	156 000	其中：捐赠收入	75 000
其他支出	60 000		
其中：非财政专项资金支出	13 000		
其他资金支出	47 000		
支出合计	17 700 000	收入合计	18 700 000

其他相关资料如下：

（1）A事业单位"非财政补助结转"科目贷方发生额中专项资金收入转入金额合计数为319 000元，本年借方发生额中专项资金支出转入金额合计数为293 000元；20×1年度资产负债表中的经营结余期末借方余额为5 000元。

（2）A事业单位的经营结余适用税率为25%，并按照30%的比例计提职工福利基金。

根据上述资料编制的 A 事业单位 20×2 年度收入支出表如表 18-7 所示。

表 18-7　收入支出表　　　　　　　　　　会事业 02 表

编制单位：　　　　　　　　　　20×2 年　　　　　　　　　　单位：元

项目	本月数	本年累计数
一、本期财政补助结转结余	（略）	600 000
财政补助收入		10 000 000
减：事业支出（财政补助支出）		9 400 000
二、本期事业结转结余		304 000
（一）事业类收入		8 448 000
1. 事业收入		6 180 000
2. 上级补助收入		1 824 000
3. 附属单位上缴收入		300 000
4. 其他收入		144 000
其中：捐赠收入		75 000
减：（二）事业类支出		8 144 000
1. 事业支出（非财政补助支出）		5 600 000
2. 上缴上级支出		972 000
3. 对附属单位补助支出		1 512 000
4. 其他支出		60 000
三、本期经营结余		96 000
经营收入		252 000
减：经营支出		156 000
四、弥补以前年度亏损后的经营结余		91 000
五、本年非财政补助结转结余		395 000
减：非财政补助结转		26 000
六、本年非财政补助结余		369 000
减：应交企业所得税		22 750
减：提取专用基金		110 700
七、转入事业基金		235 550

主要项目的填列说明如下：

（1）本期财政补助结转结余 = 财政补助收入 - 事业支出（财政补助支出）

　　　　　= 10 000 000 - 9 400 000 = 600 000（元）

（2）本期事业结转结余 = 事业类收入 - 事业类支出

　　　　　= 8 448 000 - 8 144 000 = 304 000（元）

（3）本期经营结余 = 经营收入 - 经营支出 = 252 000 - 156 000 = 96 000（元）

（4）弥补以前年度亏损后的经营结余 = 96 000 - 5 000 = 91 000（元）

（5）本年非财政补助结转结余 = 304 000 + 91 000 = 395 000（元）

非财政补助结转 = 319 000 - 293 000 = 26 000（元）

（6）本年非财政补助结余＝395 000－26 000＝369 000（元）

应交企业所得税＝91 000×25％＝22 750（元）

提取专用基金＝369 000×30％＝110 700（元）

（7）转入事业基金＝369 000－22 750－110 700＝235 550（元）

三、财政补助收入支出表的内容及编制

（一）财政补助收入支出表的概念及格式

财政补助收入支出表是指事业单位在某一会计年度财政补助收入、支出、结转及结余情况的报表，是事业单位的主要会计报表之一，属于动态报表。事业单位有一定数额的资金来源于财政拨款，这部分资金的取得与使用应当符合部门预算管理的要求，因此按年编制财政补助收入支出表事业单位年终核算的重要工作。

通过财政补助收入支出表，可以提供事业单位某一会计期间财政补助收入、支出的规模及结构情况；可以提供事业单位某一会计期间财政补助结转结余的规模及结构情况。

（二）财政补助收入支出表的内容及编制方法

完整的财政补助收入支出表由表首和正表构成。

表首应当填写报表名称、编制单位名称、编号（会事业 03 表）、编制单位、编表时间和金额单位等内容。

正表由"本年数"和"上年数"两栏组成。"本年数"一栏数据应根据相应账户或报表的数额填列；"上年数"一栏数据应根据上年报表的"本年数"栏内数额填列。其具体格式如表 18-8 所示。

表 18-8　财政补助收入支出表　　　　　　　　　会事业 03 表

编制单位：　　　　　　　　　　年度　　　　　　　　　　单位：元

项目	本年数	上年数
一、年初财政补助结转结余		
（一）基本支出结转		
1. 人员经费		
2. 日常公用经费		
（二）项目支出结转		
××项目		
（三）项目支出结余		
二、调整年初财政补助结转结余		
（一）基本支出结转		
1. 人员经费		
2. 日常公用经费		
（二）项目支出结转		
××项目		
（三）项目支出结余		

表18-8(续)

项目	本年数	上年数
三、本年归集调入财政补助结转结余		
(一)基本支出结转		
1. 人员经费		
2. 日常公用经费		
(二)项目支出结转		
××项目		
(三)项目支出结余		
四、本年上缴财政补助结转结余		
(一)基本支出结转		
1. 人员经费		
2. 日常公用经费		
(二)项目支出结转		
××项目		
(三)项目支出结余		
五、本年财政补助收入		
(一)基本支出		
1. 人员经费		
2. 日常公用经费		
(二)项目支出		
××项目		
六、本年财政补助支出		
(一)基本支出		
1. 人员经费		
2. 日常公用经费		
(二)项目支出		
××项目		
七、年末财政补助结转结余		
(一)基本支出结转		
1. 人员经费		
2. 日常公用经费		
(二)项目支出结转		
××项目		
(三)项目支出结余		

财政补助收入支出表"本年数"栏各项目的内容和填列方法如下:

(1)"年初财政补助结转结余"项目及其所属各明细项目,反映事业单位本年初财政补助结转和结余余额。各项目应当根据上年度财政补助收入支出表中"年末财政补助结转结余"项目及其所属各明细项目"本年数"栏的数字填列。

（2）"调整年初财政补助结转结余"项目及其所属各明细项目，反映事业单位因本年发生需要调整以前年度财政补助结转结余的事项，而对年初财政补助结转结余的调整金额。各项目应当根据"财政补助结转""财政补助结余"科目及其所属明细科目的本年发生额分析填列。如调整减少年初财政补助结转结余，以"-"号填列。

（3）"本年归集调入财政补助结转结余"项目及其所属各明细项目，反映事业单位本年度取得主管部门归集调入的财政补助结转结余资金或额度金额。各项目应当根据"财政补助结转""财政补助结余"科目及其所属明细科目的本年发生额分析填列。

（4）"本年上缴财政补助结转结余"项目及其所属各明细项目，反映事业单位本年度按规定实际上缴的财政补助结转结余资金或额度金额。各项目应当根据"财政补助结转""财政补助结余"科目及其所属明细科目的本年发生额分析填列。

（5）"本年财政补助收入"项目及其所属各明细项目，反映事业单位本年度从同级财政部门取得的各类财政拨款金额。各项目应当根据"财政补助收入"科目及其所属明细科目的本年发生额填列。

（6）"本年财政补助支出"项目及其所属各明细项目，反映事业单位本年度发生的财政补助支出金额。各项目应当根据"事业支出"科目所属明细科目本年发生额中的财政补助支出数填列。

（7）"年末财政补助结转结余"项目及其所属各明细项目，反映事业单位截至本年末的财政补助结转和结余余额。各项目应当根据"财政补助结转""财政补助结余"科目及其所属明细科目的年末余额填列。

第三节　会计报表的审核、汇总与分析

一、事业单位会计报表的审核

（一）会计报表审核的内容

事业单位会计报表编制完成后，为了保证会计报表的质量，维护财经纪律，需要对会计报表进行认真审核。具体审核内容主要包括：

（1）审核编制范围是否全面，是否有漏报和重复编报的现象。

（2）审核编制方法是否符合财政部颁布的《事业单位会计制度》，是否符合事业单位会计决算报告的编制要求。

（3）审核编制内容是否真实、完整、准确，审核单位会计账簿与报表是否相符，金额单位是否正确，有无漏报、重报项目以及虚报和瞒报等弄虚作假现象。

（4）审核报表中的相关数据是否衔接一致，包括报表之间的数据、分户数据与汇总数据、报表数据与计算机录入数据之间是否衔接一致。

（5）将报表与上年数据资料进行核对，审核数据变动是否合理。

（二）会计报表审核的方法与工作方式

事业单位会计报表审核的方法应采取人工审核与计算机审核相结合。

1. 人工审核

人工审核包括政策性审核与规范性审核。政策性审核主要侧重于以现行财务制度和有关政策规定为依据，对重点指标进行审核；规范性审核主要侧重于会计报告编制的正确性和真实性勾稽关系等方面的审核。

2. 计算机审核

计算机审核是利用软件提供的数据审核功能，逐项审核报表的表内表间关系、检查数据的逻辑性及数据的完整性。

事业单位会计报表审核的工作方式可根据实际情况采取本单位自行审核、上级部门集中会审和委托中介机构审核等多种方式。

二、事业单位会计报表的汇总

事业单位会计报表经过审核后，主管会计单位应根据本级报表和审核后的所属单位报表，编制汇总会计报表，并经逐级汇总，由主管部门上报财政部门。汇总会计报表的种类、内容、格式与各事业单位会计编制的报表相同。

主管会计单位编制的汇总报表主要是资产负债表、收入支出表和财政补助收入支出表。编制的一般程序如下：

（1）主管会计单位应先编制本单位的资产负债表、收入支出表和财政补助收入支出表。

（2）与经审核无误的所属单位的资产负债表、收入支出表和财政补助收入支出表汇总编制成本部门的汇总报表。

（3）在汇编中，为了避免上下级重复计列收入和支出，应将上下级单位之间对应项目的数字予以冲销。需要冲销的项目是本单位的"对附属单位补助支出"与所属单位的"上级补助收入"；本单位的"附属单位上缴收入"与所属单位的"上缴上级支出"。其他项目的数字应将本单位报表与所属单位报表中相同的项目数字相加后直接填列。

三、事业单位会计报表分析

事业单位会计报表分析又称财务分析，是以会计报表及其他资料为依据，采用比较分析法和比率分析法等分析技术与方法，对事业单位的预算执行情况、资产使用情况物收入支出情况进行剖析与评价的过程。在编制会计决算报表后，事业单位应当对本年度财务活动进行分析，发现财务管理中存在的问题，分析问题产生的原因，总结经验与教训，撰写财务分析报告。

（一）财务分析的内容

事业单位财务分析的内容主要包括预算编制与执行情况、资产使用情况和收入支出情况等。

1. 预算编制与执行情况分析

主要分析事业单位实际收支与预算安排之间的差异及其差异产生的原因。预算执行情况的分析应着重预算支出执行情况的分析，可以通过编制"预算支出执行情况分析表"进行，分别列示预算支出各项目的上年实际数、本年预算数、本年实际数以及本年实际数占上年实际数的比重和占本年预算数的比重，并分析各项目本年实际数与预算数产生差异的原因。

2. 资产使用情况分析

主要分析事业单位的固定资产、无形资产、存货等资产是否得到充分有效地使用，是否存在闲置浪费、丢失、毁损和非正常报废的现象。通过将资产的数量与其产生的事业成果进行比较，考核事业单位资产的利用效率和利用效果。

3. 收入支出情况分析

主要分析事业单位各项收入、支出的变动及结构情况，考核收入尤其是支出的合理性。对于支出，要分析是否存在超标准开支、铺张浪费现象，找出差距及原因。

（二）财务分析的指标

根据《事业单位财务规则》的规定，事业单位的财务分析主要采用财务比率分析法，主要分析指标有以下几方面：

1. 预算收入和支出完成率

这是衡量事业单位收入和支出总预算及分项预算完成程度的指标。计算公式为：

预算收入完成率＝年终执行数÷（年初预算数±年中预算调整数）×100%

其中，年终执行数是年度实际取得的预算收入数，不含上年结转和结余收入数；年初预算数是财政部门年初下达的预算收入数；年中预算调整数是预算执行过程中报经财政部门批准的预算收入调增或调减的数额。

预算支出完成率＝年终执行数÷（年初预算数±年中预算调整数）×100%

其中，年终执行数是年度实际发生的预算支出数，不含上年结转和结余支出数；年初预算数是财政部门年初批准的预算支出控制数；年中预算调整数是预算执行过程中报经财政部门批准的预算支出调增或调减的数额。

2. 人员支出、公用支出占事业支出的比率

这是衡量事业单位事业支出结构的财务指标。计算公式为：

人员支出比率＝人员支出÷事业支出×100%

其中，人员支出是事业支出中人员经费支出的数额，根据部门决算报表中"事业支出"中"人员经费支出"的数额确定；事业支出是事业单位年度事业支出的总额，根据部门决算报表中"事业支出"的数额确定。

公用支出比率＝公用支出÷事业支出×100%

其中，公用支出是事业支出中日常公用经费支出的数额，根据部门决算报表中"事业支出"中"日常公用经费支出"的数额确定。

3. 人均基本支出

这是衡量事业单位按照实际在编人数平均的基本支出水平的财务指标。计算公式为：

人均基本支出＝（基本支出－离退休人员支出）÷实际在编人数

其中，基本支出是事业支出中用于完成日常工作任务而发生的支出，根据部门决算报表中"事业支出"中"基本支出"的数额确定；离退休人员支出是发放给离退休人员的离休费、退休费及其他方面的支出；实际在编人数是事业单位在编人数的平均数。

4. 资产负债率

这是衡量事业单位利用债权人提供资金开展业务活动的能力以及反映债权人提供资金的安全保障程度的财务指标。计算公式为：

资产负债率=负债总额÷资产总额×100%

其中，资产总额是事业单位年末资产的数额，负债总额是事业单位年末负债的数额。这两个指标可根据事业单位的资产负债表中的"资产总计""负债总计"的数额确定。

此外，除了上述财务指标外，主管部门和事业单位可以根据本单位的业务特点增加财务分析指标，如事业收入增长率、经营收入增长率、固定资产利用率、流动比率等。

思考题

1. 什么是事业单位会计报告？它主要包括哪些内容？
2. 事业单位有哪些主要会计报表？它们按照编制时间划分为哪几类？
3. 事业单位的会计报表附注和财务情况说明书包括哪些内容？
4. 事业单位的资产负债表、收入支出表和财政补助收入支出表的含义是什么？
5. 事业单位财务分析指标主要包括哪些内容？
6. 如何对年度资产负债表和收入支出表进行汇总？

练习题

1. 资料：乙事业单位20×2年11月30日的资产负债表和20×2年11月的收入支出表如表18-9和表18-10所示。假设：该单位免缴纳企业所得税；本年度财政补助收入和支出无专项资金收支；以前年度未发生经营亏损。

表18-9　资产负债表

编制单位：乙事业单位　　　　　　　　20×2年11月30日　　　　　　　　单位：元

资　产	期末余额	年初余额	负债和净资产	期末余额	年初余额
流动资产：		（略）	流动负债：		（略）
货币资金	135 200		短期借款	80 000	
短期投资	11 500		应交税费	4 000	
财政应返还额度			应缴国库款		
应收票据	20 000		应缴财政专户款		
应收账款	30 000		应付职工薪酬	120 000	
预付账款	10 000		应付票据		
其他应收款	13 000		应付账款	120 000	
存货	258 000		预收账款		
其他流动资产			其他应付款	3 700	
流动资产合计	477 700		其他流动负债		
非流动资产：			流动负债合计	327 700	
长期投资	25 000		非流动负债：		
固定资产	110 000		长期借款	60 000	
固定资产原价	150 000		长期应付款		

表18-9（续）

资　产	期末余额	年初余额	负债和净资产	期末余额	年初余额
减：累计折旧	40 000		非流动负债合计	60 000	
在建工程	230 000		负债合计	387 700	
无形资产			净资产：		
无形资产原价			事业基金	40 000	
减：累计摊销			非流动资产基金	365 000	
待处置资产损溢			专用基金	10 000	
非流动资产合计	365 000		财政补助结转	10 000	
			财政补助结余		
			非财政补助结转	10 000	
			非财政补助结余	20 000	
			1. 事业结余	10 000	
			2. 经营结余	10 000	
			净资产合计	455 000	
资产总计	842 000		负债和净资产总计	842 700	

表18-10　收入支出表

编制单位：乙事业单位　　　　　　20×2 年 11 月　　　　　　单位：元

项目	本月数	本年累计数
一、本期财政补助结转结余	（略）	10 000
财政补助收入		850 000
减：事业支出（财政补助支出）		840 000
二、本期事业结转结余		20 000
（一）事业类收入		450 000
1. 事业收入		250 000
2. 上级补助收入		100 000
3. 附属单位上缴收入		80 000
4. 其他收入		20 000
其中：捐赠收入		
减：（二）事业类支出		430 000
1. 事业支出（非财政补助支出）		280 000
2. 上缴上级支出		30 000
3. 对附属单位补助支出		50 000
4. 其他支出		70 000
三、本期经营结余		10 000
经营收入		50 000
减：经营支出		40 000

2. 乙事业单位 12 月份发生如下经济业务：

（1）通过银行上缴上月税费 4 000 元。

（2）收到授权支付额度 7 000 元，随即开出支付令从零余额账户中支取 7 000 元购买复印纸一批。

（3）支付从事专业活动职工薪酬 120 000 元，实行财政直接支付。

（4）以银行存款支付临时工工资 50 000 元。

（5）收到非独立核算经营活动销售产品款项，发票上注明的货款为 30 000 元，增值税税额为 3 900 元。款项已存入银行。

（6）开展专业活动取得事业收入 60 000 元，款项已存入银行。

（7）归还到期的 1 年期银行借款本息 63 600 元，其中本金 60 000 元，利息 3 600 元。

（8）计提本月从事专业活动人员薪酬 120 000 元，该薪酬将在下年年初由财政补助收入支付。

（9）年末盘点材料和固定资产，发现经营用 A 材料多出 10 千克，该类材料的市场价格为每千克 100 元；一台电脑没有入账，该类电脑的市场价格为 12 000 元。

（10）12 月 31 日通过对账确认本年度财政直接支付预算指标数为 100 000 元，当年财政直接支付实际数为 90 000 元；财政授权支付预算指标数为 20 000 元，财政部门已下达到单位零余额账户的用款额度为 18 000 元，均为基本支出。

3. 要求：

（1）根据本年度 12 月发生的经济业务编制会计分录，并对涉及"事业支出"和"财政补助收入"科目的要求列出二级明细科目。

（2）结转本年度 12 月份各类收支。

（3）本年度非财政补助结转专项资金年末全部完成，剩余资金全部留归本单位使用。编制结转非财政补助结转的会计分录。

（4）结转本年度事业结余和经营结余。

（5）根据有关规定，按结余的 30% 提取职工福利基金，并编制会计分录。

（6）结转本年度未分配非财政补助结余。

（7）编制 20×2 年度资产负债表和收入支出表。

参考文献

［1］中华人民共和国财政部. 财政总预算会计制度［EB/OL］. http://www.gov.cn/xinwen/2015−10/23/content_2952675.htm.

［2］财政部会计司. 行政事业单位新会计制度汇编［M］. 北京：中国财政经济出版社，2015.

［3］中华人民共和国财政部. 事业单位会计制度 2012［M］. 北京：经济科学出版社，2013.

［4］中华人民共和国财政部. 行政单位会计制度 2013［M］. 北京：中国财政经济出版社，2014.

［5］赵建勇. 预算会计［M］. 5 版. 上海：上海财经大学出版社，2014.

［6］李海波，刘学华. 新编预算会计［M］. 7 版. 上海：立信会计出版社，2012.

［7］中共中央直属机关事务管理局. 新编预算会计［M］. 北京：中国财政经济出版社，2001.

［8］林万祥，曹钟候. 政府与事业单位会计［M］. 北京：中国财政经济出版社，2000.

［9］耿建新，徐泓. 事业单位会计［M］. 北京：经济日报出版社，1997.

［10］门惠英，李燕. 新编国家预算教程［M］. 北京：航空工业出版社，1995.

［11］中华人民共和国财政部. 财政总预算会计制度［M］. 北京：中国财政经济出版社，1997.

［12］财政部《事业单位财务规则讲座》编写组. 事业单位财务规则讲座［M］. 北京：测绘出版社，1997.

［13］全国预算会计研究会预算会计课题组. 新预算会计制度知识问答［M］. 杭州：浙江人民出版社，1997.